臺灣政經史系列第二輯02 陳天授主編

元華文創

Four Centuries of Criticism in Zen
Buddhism of East Asia

東亞現代批判
禪學思想四百年

從當代臺灣本土觀察視野的研究開展及其綜合性解說

A Study of its Development and Comprehension, from the Perspective of Contemporary Taiwan

第二卷

從明末到明治到當代臺灣的四百年新視野,

首次被長歷史跨距的系統性與批判性開展,

針對東亞現代批判禪學思想的本土原創性深描。

江燦騰 —— 著

一部溫故知新的批判禪學思想著作：
略論江著從明末「社會禪」到東亞現代「批判禪學思想」的相關歷程

張崑將

臺灣師範大學東亞系教授兼國際與社會科學院副院長

我的專業是近代東亞儒學思想與日本武士道文化研究，特別是從中日儒學思想比較起家，再漸次擴及到朝鮮與越南的東亞儒學比較。因此，一方面我不是東亞現代批判禪學思想的專家，雖偶而觸及東亞儒佛思想的論諍，但也實非佛學研究專家，要為本書寫序，實超出我的專業。但承作者厚愛，或許考量我一向站在近代東亞思想比較的視野看問題，能給本書提出不一樣的清新觀點，故不揣淺陋，忝為寫序。

首先，如作者在導論中所說：「近三十多年，本書作者已陸續發表對於明清民國佛教思想史論研究、討論過關於近代中國佛教思想的開展與爭辯、也對日本殖民統治時期的臺灣新禪學運動、也出版過戰後臺灣漢傳佛教發展史和戒嚴以來當代臺灣本土佛教的多元開展新貌等，已有十餘種相關著作。因而，才能逐漸具備構想全書體系初步輪廓的相關外在條件。」

因此，本書幾乎彙集了作者一生有關佛教思想史的著作精華，扣緊「現代批判禪學思想」之主題，在空間上橫跨東亞區域，在時間上縱貫四百年來的現象，使得「現代批判禪學思想」這個現象，跨越了日本學者在 1980 年代提出的「批判佛教」。

所謂「批判佛教」係指日本學者及一些西方學者探討與反省戰前佛教界遷

就統治階級利益，從而轉向國家主義造成「偽佛教」、「偽禪學」的佛教現象，動搖佛教信仰的根本性問題，學界將之稱為「批判佛教」的研究。

但作者「現代批判禪學思想」的視角並不侷限於這個戰爭時代，而是將當代「東亞批判禪學思想」這個獨特課題的時間軸遠溯到四百年前的明代佛教現象，空間軸則延伸到日本與臺灣的批判禪學現象，作者彷如要帶領讀者進入穿越時空的太空梭，既縱貫又橫攝地以時空交錯方式，清楚交代東亞批判禪學的來龍去脈。

並且，據我所知，作者早在 2006 年於大陸出版其《晚明佛教改革史》一書時，即提到他的研究與日本學者荒木見悟教授著作，[1]特別是《憂國烈火禪：禪僧覺浪道盛之苦鬥》一書的密切關連性。[2]

不過，作者又認為，有關明代禪宗史的研究，若以現在的學術觀點，來重新分類和檢討，迄今為止，雖可分為四種。[3]而以日本學者荒木見悟所代表的

---

[1] 荒木見悟：《佛教と儒教》（東京：研文出版，1993），已由大陸杜勤等譯出，名為《佛教與儒教》（鄭州：中州古籍出版社，2005）。另外，荒木的《中國心學の鼓動と佛教》（福岡：中國書店，1995）一書，最近將由臺灣學者廖肇亨翻譯出版。江燦騰即受上述著作的影響。

[2] 荒木見悟的《憂國烈火禪：禪僧覺浪道盛之苦鬥》一書（以下簡稱《憂國烈火禪》，東京：研文出版）其實是成於 1990 年，也就是荒木老先生生年近九秩高齡的力作。並且，根據這本書的後記，早在二十幾年前（1972）年，荒木先生已經有關於覺浪道盛（1592-1659）的小文章。換言之，荒木先生早就長期注意覺浪道盛這位處於憂國之世而又具烈火性格的禪僧，尤其是荒木先生經歷過太平洋戰爭，美軍轟炸日本，甚至親證長崎核爆，歷經子喪妻傷，滿目瘡痍後的日本，他之所以會注意到晚明這位剛性烈火的禪僧，應不無其個人生命的投射。

[3] 江燦騰的分類論述及說明如下：「若以現在的學術觀點，再來重新分類和檢討的話，則迄今為止，有關明代禪宗史的研究，除一般傳統式的通史撰寫或佛門人物的介紹之外，在類型上，較具現代學術性的代表者及其相關研究型態的區別，約可分為四種。第一種，就是以日本學者荒木見悟所代表的，關於傳統禪思想或陽明與禪學交涉的精深廣鑽研，而其所開拓的主題之多、範圍之廣，在當代，可謂已罕有其匹，令人歎為觀止！不過，他在寫法上和表達上，主要仍沿習傳統模式，創新處不大。第二種，是以日本學者長谷部幽蹊的明清佛教教團史研究和其相關係譜的資料整理為代表，他也堪爲此領域的『百科學者』。第三種是以臺灣新一代曾留日的廖肇亨博士爲代表，其大量研究，是以無中心的多元禪文化之綜合交涉為主，與當代歐美的新文化研究，有其異曲同工之妙。……至於第四種類型，就是由我所代表的，其特色是，綜合政治經濟和社會思想的多層面視角，針對明代佛教社會中，較長期的禪宗事業發展基礎及其經營困境，提出清楚、具體、有根據和有問題意識的相關實例透視，以瞭解其歷史存在及其持續發展的各種可能面向，來提供今人有興趣者之參考。而本書全部內容，就是此一成果的最完整呈現。……」引自江燦騰，《晚明佛教改革史》（桂林：廣

第一種，雖是關於傳統禪思想或陽明學與禪學交涉的精深廣博鑽研，並且儘管在主題的開拓上出類拔粹，極為高明，但在論述的表達形式方面，則其多半仍依循傳統模式，而少有突破。

反之，以臺灣學者論述風格作為代表的他，雖被歸類為第四種，但其特色是，「綜合政治經濟和社會思想的多層面視角，針對明代佛教社會中，較長期的禪宗事業發展基礎及其經營困境，提出清楚、具體、有根據和有問題意識的相關實例透視，以了解其歷史存在及其持續發展的各種可能面向，來提供今人有興趣者之參考」，所以是與荒木氏所代表的日本撰述風格有別的。

再者，特別值得一提的是，作為代表臺灣學者撰述風格之一的江燦騰（1946-），學界習知他是臺灣佛教史研究的權威，因他在攻讀博士階段，早已名聞學界，而其所著《臺灣近代佛教的變革與反思》（東大，2003），以及《晚明佛教改革史》（廣西師範大學出版社，2006），可說是他的臺灣與明末佛教研究的雙璧。

而此兩書都是作者走過生命垂死的抗癌經驗後之研究成果：[4] 前書是新思考和辛勤寫作的最新產品，後書《晚明佛教改革史》則是將積累多年之力著集結後，改寫而出版。

另外，在臺灣學界有不少熟悉作者的研究及個性的人都知道，要讓作者佩服的研究者，海內屈指可數，甚至於許多有名的禪學研究專家，也都在其批判射程之內。但是，我發現有一個例外，那就是荒木見悟先生。

因為根據作者《晚明佛教改革史》的自序中，提及他是如何透過荒木氏深邃的思考問題，以幫忙自己尋求問題的思考方式，並且看到荒木氏出版《憂國烈火禪》，情緒激昂到不能自已，推崇此書可與陳援庵先生的《清初僧諍記》在精神上彼此呼應。

西師範大學出版社，2006）大陸版序。

[4] 江燦騰於 1996 年在臺大歷史研究所攻讀博士之際，爆發「多發性骨髓癌」，瀕臨猝死邊緣，幸獲救治，迄今仍需靠藥物控制。

　　但，無論荒木與陳援庵二氏的著作，他們都一致關心那時代禪僧憂國濟世的胸懷與精神，所以我姑且以「社會禪」稱之，因而作者長期以來所關注的佛教研究，同樣也是偏重「社會禪」。至於什麼是「社會禪」呢？

　　其實，我們可以用作者的話來說，就是「禪的實踐是有社會性的」（自序），意即「社會禪」概念，是將佛教（乃至任何宗教）作為國家、社會和地方有機體的一部份，彼此互動交流，參與社會改革或是自己本身是個改革運動家，絕不是自滿於佛理的世界而不聞世事，也不單是只作為靜態的木乃伊供人解剖。

　　簡言之，所謂「社會禪」，即是「動態的」、「參與的」、「積極入世的」。

　　再者，據我所知，在日本，禪學長期與武士相結合，也呈現所謂「武士禪」（もののふ禪）的特色；而在中國動盪不安的時代，也有禪師提出類似「武士禪」的概念，如宋代大慧宗杲提出「菩提心即忠義心」，世間法即出世法，二者融為一體。晚明甚至也有，朝宗通忍（？-1648）所說的「軍旅便是佛法」。[5]

　　荒木見悟（1917-）嘗指出，晚明這種把禪悟與人倫一體化的大慧宗杲禪風現象，與國運衰微、民生困苦，以及因戰爭、瘟疫導致四野死屍的狀態有關。晚明甚至出現朱子學者陳幾亭（1585-1645）所說「禪家之作用，近於霸」的風潮，紫柏達觀（1543-1603）即被稱為「霸禪」者，這都與大慧禪的活躍型態有關。[6]

　　而荒木氏之所以會提出「憂國烈火」一詞，用來代表明末覺浪道盛之禪法，更與當時他所遭遇到那種堪稱天崩地裂般的大動盪時代密不可分。因此，正如荒木氏在其書中所指出的那樣，晚明「社會禪」的勃興，其實是從明代中期陽明學興盛以來，即一直存在的現象。所以，反映在陽明的良知說方面，便同樣具有救急藥或催命符的兩面刃性質，乃至明末時期佛教叢林改革所衍生的相

---

[5]　朝宗通忍禪師有關軍旅佛法的記載，參《朝宗通忍語錄》，收入藍吉富主編：《禪宗全書‧語錄部第22卷》（臺北：彌樂出版社，1989），卷十，〈復沈司馬〉，頁23。

[6]　荒木見悟：《陽明學の位相》（東京：研文出版社，1992年），頁248-250。

關批判禪學思想，之所以顯著趨向社會化的時代現象亦然。

　　因而，當時所用於叢林改革新特效藥，同樣也曾產生兩種不同情形：一種是效果之有無會很明顯，另一種即是其所產生的副作用，亦不可避免。於是，明末禪門，便在這股新思潮之下，也出現二派不同改革路線，一種是穩健派如雲棲袾宏（1535-1615）講「禪淨一致」之說，企圖遏止霸禪等世俗化之禪的現象；而另一種激進派如憨山德清（1546-1623）與紫柏達觀等，則不惜捲入現實政權之爭，來從事叢林改革。

　　於是，根據上述狀況，若用來對照時，我們便可以看到荒木氏《憂國烈火禪》的主人公，是覺浪道盛禪師，而江氏《晚明佛教改革史》的核心人物，則是憨山德清禪師。但是，二書作者都指出：晚明佛教高僧，均仍寄望國家或王權體制，可以為紛亂的時代有所作為；並且，不僅如萬曆三高僧（憨山、紫柏、雲棲）如此，其他如稍後時期的藕益智旭（1599-1655）、永覺元賢（1578-1657）、湛然圓澄（1561-1626）等，都同樣有這個傾向。[7] 因此，荒木氏在分析晚明佛教現象時，即曾提及：霸禪、武士禪、忠義禪、怨禪、烈火禪等等，皆屬他所謂的「社會禪」。而本書作者，其所特關注明末佛教人物的叢林改革，則更是討論明末「社會禪」的當代實踐狀況。

　　所以，本書的前期是強調明末叢林改革的「社會禪」時代特質，然後再進一步提煉，並建構成本書的——東亞現代「批判禪學」思想四百年的形成史新詮釋體系。因此本書的彙集，就我個人的觀察，實具有以下重大的學術意義：

---

[7]　相關的論點，可參荒木見悟原著‧周賢博譯：《近世中國佛教的曙光：雲棲袾宏之研究》（臺北：慧明文化出版社，2001），頁 84-88。

一、用歷史學角度研究「東亞現代批判禪學思想」發展史的意義而言

本書回溯「東亞現代批判禪學思想」的源流至四百年前的明末論諍。揭開了長期以來只糾纏於近代批判禪學思想的見樹不見林之狀態，並且明清之際大量的流亡僧，進入日本也牽動日本佛教界的發展，故溯源到明末批判禪學思想大諍變的發展，是理之所至、事之當然。

更重要的是，作者因是歷史學出身，有著歷史學家考察的敏銳度，這是一般只注意佛教哲學或思想集中在知識菁英階層所向來欠缺的視角。

因為一個宗教團體，無論其內部的階層組織、運作模式的變革或是在外部的社會地位與影響，都脫離不了當代時空政治、經濟與社會的脈絡因素，也攸關佛門能否維持其「根源性」與「純粹性」的重大課題，因此作者為何特重宗教的「世俗化」或「社會化」這個現象，發現明末何以「禪」、「淨」兩宗獨盛，高僧輩出的同時，不免也出現佛教或禪學的轉向，這當然也與「批判禪學」的催生有莫大的關係。

因此作者會特別注意明末禪僧對於正法抉擇大爭辯、大變革的社會時空基礎，細膩地看出在這個特定的歷史時空環境如何醞釀出批判禪學有關知識論，窺探二者的辯證關係。

二、從復活及重新評估一些「批判禪學」的思想家而言

作者在本書重新評估幾位幾乎已被學界忘了的佛學或禪學人物及其作品，如戰前忽滑谷快天所著《禪學批判論》原創性的重要性。

作者由忽滑谷快天《武士宗教》的出版，追溯胡適與鈴木大拙長期有關禪學思想史的激辯，胡適固然開啟了禪學學術的研究典範，但作者敏銳觀察到胡適的方法論受到忽滑早期的《禪學思想史》啟發有關，從而引起日本學者柳田

聖山與山內舜雄重新評估忽滑谷快天批判禪學的重要性。沒有作者這個抽絲剝繭的洞見觀察，恐怕忽滑谷快天還繼續埋沒在學術界的探究視野中。

三、從臺灣本土觀察擴及東亞視野的批判禪學思想交涉而言

如作者書名附標題所點出的─「從當代臺灣本土觀察視野的研究」，這種從臺灣作為觀察的視野，往往能洞見東亞文化思想匯流的交涉史，因為臺灣在近代發展史中本具豐富的東亞文化交流特色，如作者所說新舊兼容的「雙源匯流」（1949 年以前為「前源流」，1949 以後為「後源流」）現象並逐漸「逆中心互動傳播」到源流中。如實言之，無論是前後源流，中國源流是大宗，但因臺灣受日本殖民統治，日本文化也摻雜在這兩個前後源流中，可說是小宗，這就是臺灣「雙源匯流」之所以帶有複雜的東亞性之緣故。

一般臺灣做佛教史研究並不擅長從東亞視野看臺灣，缺乏宏觀的歷史視野，但作者能將臺灣佛教史研究，提出宏觀的方法論並帶出東亞視野且得到國外學者的重視，堪稱不易。

由於本書係從舊瓶中裝出新酒，讓我想起孔子所說：「溫故知新，可以為師矣。」我將「溫故知新」挪來對作者這本書進行兩個衍義：一個是從自己苦思的研究中再更挖到更深層的新東西，另一個是從別人的研究啟發中，發展出更深更新的東西。

前者的「溫故知新」是指三、四十年前，作者不常用「批判禪學」這個學術用語，即便偶爾用，也不成系統，縱使作者每篇有關佛教現象或佛教史的研究中都有「批判禪學」的意味，但今天用「批判禪學」，將之當成方法論，貫穿過去三、四十年來的研究成果，擲地有聲，既推陳又出新。

後者的「溫故知新」是指作者從事研究禪學史研究是受到胡適與鈴木大拙的長期筆戰而啟發，不知不覺「加入」了他們的筆戰，並挖出胡適先生的禪學

思想批判確曾受日本曹洞宗學者忽滑谷快天的影響，才對神會的研究有突破，於是一個幾乎在學界被埋沒的忽滑谷快天，因為作者的發現，重新評估當代的批判禪學思想論諍。

　　本書的「溫故知新」很鮮明帶領我們從書中第一部一開始就探討明末禪僧對於正法抉擇大爭辯的現實歷程溯源，作者從明末罕被注意到的曹洞宗重要禪師湛然圓澄（1516-1626）的《慨古錄》新史料中，發現濃厚的批判禪學思想味道，所謂：「去古日遠，叢林之規掃地盡矣。佛日將沉，僧寶殆滅，吾懼三武之禍，且起於今日也。能無嘆乎？」顯然作者透過禪學內部深層吶喊而敏銳觀察到具有原滋原味的「批判禪學」，透過湛然和尚的深層吶喊，感受到佛門受到國家嚴重滲透，社會高度世俗化，以及佛門本身嚴重腐敗化的多重因素，縱然有明末四大高僧看似禪學再興，但透過此書全面性地檢討叢林弊端，使得禪林的舊問題有了新意義的詮釋，作者在此嗅出早期關於現代批判禪學思想的韻味，並打開他鋪陳此後四百年來批判禪學的原點與脈絡的緊密連結關係，並由此擴散到東亞區域中，做一比較宏觀地橫攝且縱貫的現代性批判禪學思想之考察。

　　其實，任何學問都是「溫故」才能「知新」，學術創新不會憑空而來，任何一篇論文一定是在陳年史料中，被作者的洞見觀察，窺出嶄新的解釋與意義，彷如孟子所說「掘井汲泉」一樣，一旦泉挖得夠深，愈發現其源泉不斷，新發現、新意義便如湧泉而出。作者本書透過「東亞現代批判禪學思想」這樣主軸概念的重構，不但讓學界耳目一新，又如湧泉活水，當給當代東亞佛教思想史學界增添另一個里程碑。

序江著《東亞現代批判禪學思想四百年》一書的理性批判詮釋學

劉宇光

復旦大學哲學學院副教授

　　2020 年 8 月中旬，收到江燦騰教授的電郵，邀請我為他超過四十萬言的臺灣佛教史新作《東亞現代批判禪學思想四百年：從當代臺灣本土觀察視野的研究開展及其綜合性解說》撰寫〈序言〉。筆者的主要研究領域，首先是唯識、中觀等偏印藏論書的經院佛學；其次是佛教在現代脈絡下與國家政權和社會之間的關係，近數年皆以泰、緬、大馬等佛教為例作研究。

　　因此無論東亞佛教的禪學思想或臺灣佛教史，其實都不是我的學術專長，與作者江教授研究方向重合的範圍有限。

　　然而，當我接到江教授的邀請時，稍作考慮即答應了誠邀。因為個人在中國大陸大學從事教、研工作多年後，想借此拜讀大作《東亞現代批判禪學思想四百年》之機會，回頭重新認識臺灣佛教，尤其循某種思想史角度進入議題。雖然與江教授的研究之間的共通範圍有限，但在其眾多論著中，這是第四部拜讀的江教授著作。

　　對於有欠耐性的讀者來說，驟眼看去，此書諸章的部份議題，可能有人會認為：既然作者在其先前的著作中，似都已有相當論述，則何故作舊地重遊？而且，這部書的諸多議題之間，似乎並不是像一般學者，當其從事某某議題四百年史的討論時，通常所會直接採取的，那種以順時序的前後歷史因果關係，來貫串相關論述的作法。

　　於是，這些欠耐性的讀者，就會因此覺得本書作者，更像地理學家對沉積

岩多層地質的考古發掘那樣，對於其論述全書各章的過程中所出現的時序先後，似乎也並未提出相關的歷史因果的可能性關聯解釋，而只是像在提供一種呈現單線、直接而明確的詮釋框架而已。至於其間可能性的因與果兩者關係，也同樣似乎無論其關係的隱顯、主從、單複、正反等，也同樣都可能令其無有固定連結模式可循的理解困難。

　　然而，誠如本書作者所指出的，如果沒有他先前的諸多研究作為本書的論述結構基礎，即難以有此書現在的此一詮釋體系之出現。我們據此可知，此書諸章，除了為江教授根據本身各相關議題的先前研究成果，再作進一步跟進，或更新理解外，另一個重要的作用，就是此次他直接將一個橫跨近四百年之久的諸多事例與議題上，改為放在其內含的重要主題：以臺灣佛教史舞台，作為其全書第二卷各章的論述歸宿。

　　此從其書名副標題「從當代臺灣本土觀察視野的研究開展及其綜合性解說」，亦可一目了然。因而，其間不同歷史階段、事態及議題，所疊積出來的環節之間，自然就不會是以直線的緊密邏輯因果關係來呈現。

　　如此一來，全書各章的連結當中，也隨之出現彼此間的斷、續因果關係，甚或出現不少處，是以隔代交錯等複雜情況來呈現。不用說，這顯然對於初讀者，的確會增加閱讀或理解其全書論述邏輯結構上的不少困難度。

　　但，我們此處，更要關心的問題，其實是必須繼續追問：能夠貫穿全書各章之間一系列各自性質迥異的事態與議題之那道軸線是什麼？這才是瞭解作者論述其全書時的核心詮釋文本之所在。

　　因而，我們在追溯其具有一系列性質迥異的事態與議題的那道線時，便可以將觀察視角，轉至其間所源自不同版本與形態的「理性」探討依據。對於此一指涉之另一同義詞，若改用作者自己的話來說，即是其書題上的「批判」一詞。

　　我們根據作者自己在其導論中的相關說明，可知其運用此書題上的「批判」一詞，其實是源自西方的觀念時所採納的意思。因而，實際上「批判」就

是「理性」最主要的活動方式之一，於是作者在其全書各章，便是透過重新審視好些既定認知的相關歷史淵源、沿革變化，及成素結構，而梳理其被遺忘與遮蔽的原委，並借此為其他的理解，或據以開拓出其全書主題的指涉空間，以作為其引導論述主軸線的前提之用。

然而，即便如是，作者並沒有將「批判」或「理性」作單一的理解，亦沒有將這些成份視為與佛教的禪宗思想或修煉方法論。質言之，他其實只是處在完全對立不相容的關係中，卻沒有將之等同為所謂傳統與現代之間對立的東亞佛教變奏來詮釋。所以其「批判」一詞，在其全書諸章主題內，即出現各有其不同色彩，並可簡單將其梳理為以下數點：

首先，所謂「批判」雖然借用自西方，但並非用以劃分佛教思想內、外與否的判準，即使傳統的佛教思想內，亦存在佛教局內的批判能力與理性傳統，第二、三章所述明末佛教因明與知識論的重現，所試圖形成的新風，即為一例。之後數章，當其論及日治時代受日本僧侶教育影響的多位臺籍僧人時，作者對當時佛教及其觀念的重新檢討，實際上也不是直接來自完全現代世俗意義下的理性與批判，卻是源於日本明治維新之後，曹洞禪宗等佛教教派以知識與教育為載體對傳統所作的檢討，其制度化的平臺則是來自曹洞宗駒澤大學。

另一類例子則是佛教透過與齋教、帶有一貫道背景的現代禪等佛教淵源的民間佛教的批判性對話，重新彰顯佛教的理性。除了無論是純屬傳統漢傳，和多少帶有現代影響日本佛教的兩類局內理性與批判，漢傳和日本的佛教均同樣得面對現代世俗理性的查考，這包括從歷史學、哲學等學術理性，到政治理性，甚至某種實用主義式的工具理性皆作出詢問。

所以，在佛教內、外理性批判下，明清以來，被目作近乎不需置疑的禪思想，在臺灣的佛教史上，其實一直遇到四方八面的提問，並迫其面對疑問，而難以完全處身於「超越理性」的安逸與平靜。

其次，理性作為批判的學理能力是一回事，但在具體的臺灣佛教歷史身上，它是如何出現，卻往往是另一性質的問題。雖然其間不乏偶然的因素，但

實際每多與現實的政治有直接或間接的關係。

扼言之，前述在不同時期，為臺灣佛教禪思想帶來衝擊的不同版本理性與批判，其實多與臺灣歷史上不同政權的更替，所帶來的知識體系和意識形態有著「密切但卻是間接」的關係。換言之，其指涉不同版本的理性，其實是搭多次政權更替之便車進場。

然而，在這一問題上，作者透過審慎的分析指出，與一般完全訴諸意識形態分析時的預設，略顯稍異的是，這當兩者（政權更替與佛教思想變革）之間的相互關係，其實並不全都只是：直接、必然及刻意而嚴密的全盤規劃，所衍生出來的辯證發展。作者在書中舉出相當多的例子，說明只是出於新政權與新佛教組織之間，雙方另有算盤與詮釋目的，故其內在矛盾的存在，甚至出現無心插柳柳成蔭的狀況，也很有可能是出自新政權與新佛教組織之間，彼此偶然選擇結果。

因而簡單來說，本書作者在其書中，一旦涉及有關理性、知識及批判時，往往便會先行詳細專章論述，相關思想的變革，且無可例外的，其必須搭著不同政權的便車進場，才有可能。但，作者又接著指出：這並不表示不同政權與佛教想知識的批判之間，一定都具有直接、徹底而刻意，如指使臂般的指揮鍊關係；而後者常常是，對外來政權行使殖民或類殖民統治，作意識形態反映時會有的不期而遇的新內涵出現。

但，為何會這樣呢？這其實涉及歷史發展現時的多樣性與異質性之間的相互辯證發展問題。所以，以下我們即以書中所涉及的日治時期的例子作說明。

根據書中詳盡解說，當時來自日本本土的曹洞、臨濟及真宗的來臺發展，最初雖是搭著日本政府拓殖臺灣之便車進場，但初期配合官方軍事行動的任務結束後，各宗仍選擇在臺繼續發展，則本質上並非官方當局的「早有預謀」，而是來臺的日本佛教各宗基於需要在臺開拓新的佈教區，以解決其在日本國內因面臨現代化衝擊所遭遇的宗教壓縮，才有其後續的在臺多方經營。

　　但，也因此，在臺佈教之初日本教派之間充滿競爭，甚至於日本佛教與日本殖民政府之間，同樣也是彼此相礙。

　　再者，根據書中所述，我們同樣也可以清楚地知道，當時日本佛教各派在臺持續進行日本佛教殖民大業的一環時，其實已是進入第二階段各宗設立在臺「開教使」之後的事了。而且，日本佛教在當時，雖在表面上好像是在執行殖民主義的宗教政策，當中甚至還包括參與教授日文或提供獎學金給予一些曾涉身武裝抗日的臺灣本土民間教派，以便借助宗教教育來協助官方所欲達成的政治收編等目的。

　　然而，各宗在上述的配合官方作為的幕後，往往又衍生出其與官方政治算盤不同方向的新殖民主義「辯證」開展。此即在其透過教育所作的收編過程中，也同時性地培養出更具現代視野與能力的在地性反抗。

　　即以書中論及留學駒澤大學的臺僧為例，彼等初期都是殖民主義教育的「辯證」產物。可是，之後因其長期置身被殖民統治下的現實政治環境中，並深受其影響，於是逐漸衍生出在其反殖民立場的社會改革運動，甚至更進一步體現在其名副其實的左翼佛教思想的陳述與具體行為上。

　　而彼等的這一立場，其實比單純反殖民行為或論述，更可以令我們更洞察到其中存在的，現代殖民主義背後的特質，即資本主義制度。

　　於是，我若再進一步追溯影響其思想左傾的根源，則其實在本屬執行殖民主義宗教政策的日本曹洞宗及其駒澤大學知識新傳統內，本來就有其反抗的源頭。當時最著名的典型例子，就是有一位曹洞宗僧內山愚童，因其發動農民抗稅，而依大逆罪處決，因而留學駒澤的部份臺僧的左翼傾向，正是對此的共鳴與伸延。

　　所以，批判與理性雖是搭著殖民統治等，所謂不同政權更替的便車進場，其間固然不全是出於殖民主義的有計劃預謀，而且即使是在其有預謀的規劃內，也不見得不會發生殖民主義的「辯證」。於是，從殖民主義政策出發的深刻同化企圖，之後就有可能反而變質成了培養其反抗者的最主要溫床。

　　因而，根據以上所述，我們便可清楚知道其間所存在的多元性與異質性的歷史現實發展。我們甚至還可據以推論：貫串此書諸章主題的「理性」或「批判」背後，所輾轉牽連的知識與政治的關係，並不只是循上而下的政權角度，同時也包括自下而上，同樣依諸類理性或作直接抗爭，或虛與委蛇地作周旋的受壓制者角度。

　　第三，本書的立論是以「東亞為視野，但以臺灣為立足點」。這與時下漢傳佛教研究更常見的「以中國為視野，以中國為立足點」的角度相映成趣。誠如前段指出，政權的更替間接促成理性、批判及宗教思想等觀念的更替，但觀念與政權不同的，是政權的更替是替代性，但理性與宗教思想的更替很多時候不是替代性的，卻是叠積性，即不單雜然前陳，卻也可隔代遺傳。

　　而這些來自不同歷史階段與地域背景的漢傳佛教，乃至不同教派與智思傳統的日本佛教，皆共同沉積成臺灣佛教在禪學思想上的成份與養份。

　　然而，臺灣並非完全只是沒有自己取向的被動受飼者，卻是在不同時期逐漸消化與沉澱這諸多元素，形成雖然同屬最廣義漢傳佛教，甚或東亞佛教（East Asian Buddhism）一環。但據其歷史、文化、地緣及宗教的構成而言，已明顯異別於「更典型」的主流漢傳佛教，特徵之一即在其前述多層理性的「批判」或拷問下，所逐漸透出，但仍在開衍中的可能新貌。

　　正是處在邊緣與夾縫上，比中心板塊更具迴轉的需要與反思的條件，這一特質甚至具有在思想上推撞因巨大而難以轉身與自拔的板塊之先機與潛質。事實上這在廣義的東亞佛教，臺灣並非唯一例子。姑且先莫論日、韓、越等已另成文字的傳統，即使仍然同屬華文世界，筆者曾深入分析的現代馬來西亞「南方漢傳佛教」便與臺灣佛教在最寬闊的漢傳佛教世界中，有著異曲同工之妙，能夠對所立足的土地、社會及傳統有所本，則落地生根即落葉歸根，當他鄉是故鄉時，又何患花果飄零之有？

　　畢竟即使古典中國文化而言，亦強調「諸夏」之說，意即漢文化從來都不應是定於一尊的，漢文化如是，漢傳佛教亦然。

最後，以臺灣佛教禪學思想四百年的批判史為主題的此一著作，固然可視為作者江燦騰教授在學術海洋佈網 30 年時機成熟之際的其中一個收網步伐，但另一方面其實也在不知不覺間，為臺灣佛教思想研究打開了另一張網。

過去近十年筆者透過系統研讀及多次深入田野，探討上座部佛教在面對現代從知識、價值到制度的衝擊時是如何作回應，雖然略涉緬甸與斯里蘭卡，但主例集中在泰國，而時段與臺灣佛教差異有限，均是 19-20 世紀，背景亦多相類近之處，其佛教內、外的僧、俗宗教知識群體前後歷百有餘年的批判與回應，堪足與此書所述的臺灣佛教思想批判史相互發明。

經江教授此書等研究的梳理，臺灣佛教的研究之視野，除繼續深化與日、中兩傳的交織探索外，其實亦是時候讓臺灣佛教的研究與議題，走進國際佛教及國際佛教學術，像日本佛教、韓國佛教、馬來西亞佛教般，以其自身的獨特傳統和經歷，與漢傳以外更廣濶的佛教文明，檢視彼此在現代世界中可相互發明與砥礪之處，而江教授的《東亞現代批判禪學思想四百年》其實就是可嘗試走出這一步的跑道。

民國 109 年 9 月 24 日，文山

致謝辭

本書的書名與討論的主題內容，都是之前少有學者提及的。但，在此領域學術研究中，能有真正原創性論述出現，並在邏輯思辨上足以成立，則是本書作者近四十年多來，最想達成的崇高目標。

因此，不同於當代日本佛教學者，近二十年來所出現並在北美學術圈被熱烈討論過一陣子的「批判佛教」論述模式，本書另行提出有關「東亞現代批判禪學四百年」成立史的新論述模式。

但，目前本書內容的思辨邏輯，是否能真正確立？則有待出版後，必然會面臨來自各方面學界與不同學者的對其嚴格檢驗。

這正與任何正規運動比賽一樣，所有激烈比賽後的最後優勝者，都必然是在完全遵守運動規則的情況下，才會被終審裁判無異議的確認其比賽有效性。所以，本書的內容也不例外，一定得通過類似的學術檢驗才算數。

不過，此處要對書名中的「東亞現代」一詞，略作說明。事實上，本書在此處的用法，只包含有二層含義：

一、論述的東亞地理範圍，只限中國大陸、日本與臺灣三地而已。

二、東亞中的現代性，雖與源自歐美的現代思潮有關，但本書的歷史時段，特別指涉近四百年的現代思潮影響而已。

因此，本書中的「東亞現代」，並不能嚴格對照目前臺灣官方教材新課綱中的「東亞」概念涵義。為何呢？

事實上，據我的理解，臺灣教育部新十二年國教中的社會科的課綱，所稱謂的「東亞」，其實是一個正在演變中的廣義新區域概念。

因為，若要牽涉臺灣的歷史視野與現狀歷史，就一定要包括東北亞與東南亞的區域，以及中國大陸與臺灣地區，所以這是西太平洋諸國的連帶概念，其

背後則是近代世界史視野下的新東亞現代概念。而與其相關的本土性、現代性、當代性與新區域性，就構成我們目前教科書新課綱的「東亞」相關概念及其內涵。

可是，由於本書的主題，只是著重討論「批判禪學思想四百年」而已，既然議題已有所限定，自然不會全面涉及上述近代世界史視野下的「新東亞」現代概念，而是只涉及局部性的有限範圍而已。

最後，本書能夠順利出版，必須感謝的人，真是太多了。像已故的柳田聖山教授、荒木見悟教授、聖嚴法師、水月法師、慧嶽法師、張忠棟教授、曹永和教授、賴鵬舉醫師、黃有興先生、于凌波先生等，過去都是曾大力幫忙過我的。另外，我在博碩士階段以及之後迄今，則有藍吉富教授、王見川博士、松金公正博士、野口善敬教授、張珣教授、楊儒賓教授、林鎮國教授、葛兆光教授、邱敏捷教授、侯坤宏教授、釋依觀比丘尼、闞正宗教授、華敏慧大德等，以及來自社會各界的多種獎學金贊助等，都是讓我能持續進行本書相關探討的最大助緣。我在此都特致上感謝之意。

不過，就最近的情況來說，首先要感謝陳添壽教授的慧眼獨具，願意讓本書納入其主編的叢書系列之一。並且，元華文創的前蔡佩玲總編輯、現任遇總編輯、李欣芳主編、陳欣欣編輯等這幾位，也是我要再三感謝她們的。至於特別為本書撰寫序文介紹的張崑將教授、劉宇光教授，更是我要衷心禮敬的！彼等實堪稱我生平論學的少數知音。

當然，本書出版前，日本現任駒澤大學佛教學部石井公成教授的數次來函指教，以及提供多份關參考資料，也是讓我銘記在心的。

目　次

一部溫故知新的批判禪學思想著作：略論江著從明末「社會禪」到東亞現代「批判禪學思想」的相關歷程／張崑將

序江著《東亞現代批判禪學思想四百年》一書的理性批判詮釋學／劉宇光

致謝辭

第十四章　戰後兩岸提倡傳統應用禪學的代表性人物南懷瑾：

第十五章　解嚴以來「現代禪在家教團」在臺灣大都會區的

第八章　戰前東亞佛教的國際交流與臺灣現代佛學研究

　　本章分兩大部分，第一部分先討論二十世紀初期日本帝國主義操控下，兩岸漢傳佛教互動與新舊思潮的衝擊，第二部分討論日治時代臺灣現代佛學研究史的發展狀況，從中可以看見日本殖民統治下有關忽滑谷快天的現代禪學著作，對於日治臺灣現代禪學思想的深遠影響。

　　讀者須知，日治時期的臺灣佛教，雖處在異族的日本帝國主義的殖民統治之下，但是臺灣和大陸佛教之間的交流，依然持續進行，並未中斷。而所以未中斷的原因，大致上是兩個主要的理由：

　　（一）是基於本島人口居大多數的閩粵漢人移民，在宗教信仰習俗方面，和移民原居地的信仰習慣關係密切、影響深遠──這種伴隨種族、血緣、地緣和生活禮俗，所長期感染和滲透的宗教文化意識，並非短期內的隔離所能輕易割斷。

　　（二）是配合日本在大陸地區勢力擴張的需要，藉兩岸華人的佛教交流，達成日華親善的效果，以緩和在中國境內日益高漲的反日情緒。

　　因此，臺灣民眾原有的華人祖籍背景，及其所承襲的佛教信仰習慣，在日本統治當局欲達成「日華親善」的大目標下，事實上是可以作為一種交流的媒介來運用。亦即，日本統治當局其實就是操縱此一兩岸華人佛教交流活動的幕後黑手。而大陸佛教界之所以願意來臺交流，一方面是如上所述的傳統的因素使然──基於兩岸原有的共同種族血緣、共同傳承的佛教信仰內涵──這一背景之影響；另一方面，則是欲向臺灣佛教徒募款，以補貼本身的經濟困窘，所以屢次應邀來臺弘法。

　　所以在日治時期，有關中日臺三角的國際佛教交流，除少數的例外，通常都具備了三個現實的因素：

　　（一）由於日本佛教各宗派自清末以來，即曾長期處心積慮地努力，要突破一再遭受的所謂「中國布教權」的限制，但仍要到大正後期，才能真正突破，然後才得以在日華親善名義下展開日華雙方的佛教交流。因此，日本官方或日本僧侶，其實才是兩岸華人漢族佛教交流的指導者或監督者。

　　（二）縱使海峽兩岸在日華親善的名義下，曾展開多次華人漢族佛教方面的廣泛交流，但大陸佛教團體來臺交流，仍頗有助於彼等極需的宗教募款。

　　（三）由於不同的大陸佛教人士來臺交流，因而同時也帶入了彼等正在推廣的新佛教理念，並促使臺灣佛教界開始對其作出回應。

　　例如，大陸的佛教代表團，於日本舉行「東亞佛教聯合會」之後，便有部份代表在北京教界名人道階法師的率領之下，連同當時活躍一時的在家居士團體「中華佛化新青年會」代表張宗載、甯達蘊兩人，打著「中日親善」的旗號，順道來臺訪問和募款。而彼等在臺期間，也曾獲得日本在臺殖民當局和全島佛教界人士的高度重視及熱情接待，可以說，交流是相當成功。

　　並且，更重要的意義在於：這是臺灣本島的漢人佛教信仰圈內，自日本在臺殖民統治之後，首次接觸到的、來自對岸在家居士團體輸入的新佛教理念，因而直接衝擊的力道，也將相對大增。

　　由上所述，可知這是臺灣佛教近代史上，一段較不尋常的、中日臺三角的國際佛教交流經驗。故底下將結合新出土的佛教史料，加以探討，並重構此段史實[1]。

---

[1]　本文承王見川先生提供《佛化新青年》的各期影印資料，特此志謝。

一、相關研究的檢討及時代背景簡述

（一）日、臺、中三地佛教交涉史研究之檢討

　　在本章展開探討之前，有必要先就學界的研究成果略作回顧。然而，嚴格來講，在臺灣政治解嚴（1987）之前，臺灣學界事實上並無專著或單篇論文，討論過此一問題的。只有筆者曾在《太虛前傳》（臺北：新文豐出版公司，1993）中，透過太虛的來臺、訪日和參加東亞佛教大會的經過，將日、臺、中的三角佛教關係，曾作了部分說明。後來，清華大學社會學研究所李丁讚教授，根據筆者提供的相關著作[2]，加上盧蕙馨、陳慧劍、張維安等人提供的資料，於 1996 年發表長文〈宗教與殖民——臺灣佛教的變遷與轉型，1895-1995〉，特別就「殖民」與「階層化」的問題，進行討論，亦即殖民者與被殖民者之間的相互關係，透過「階層化」的過程，加以上／下、優／劣、高／低、主／從的定位，於是原有的強勢宰製關係，便被變更為合理化的發展，使原有的強勢宰製關係具有了被接納的正當性。但，如此一來，被殖民者本身的「文化原子」（※或可譯為本土文化的基本成份），也將可能隨之消失。可是，戰後經過「去殖民」的努力之後，臺灣佛教卻產生了文化再生，各種不同的教派相繼誕生[3]。以上的這些論述，的確是一個重要而嶄新的探討角度，可以說，在臺灣佛教史這一領域，具有開創性的研究意義。

　　問題在於，此文雖然針對「殖民」與「階層化」的問題，能清楚地闡明兩者的關聯性，但其中存在的兩個最大缺陷：其一是，此文在有關「階層化」的論述裡，只是朝單向化和定型化的發展來觀察，並未考慮到就長期發展來看，是否會出現逆轉或定位鬆動的情形；其二是，所引用的部分個案，不足以概括

---

[2]　拙著為，《20 世紀臺灣佛教的轉型與發展》（高雄：淨心文教基金會，1995）。

[3]　見李丁讚，〈宗教與殖民——臺灣佛教的變遷與轉型，1895-1995〉，載《中央研究院民族所集刊》第 81 期（臺北：中央研究院民族學研究所，1996）春季號，頁 19。

日治時期臺灣佛教的全貌。雖然文中亦能注意到臺灣基層的佛教徒不易被改變[4]，但卻不知在精英階層例如林秋梧和高執德等，從日本受完佛教大學的專業訓練返臺後，已具有不劣於殖民者僧侶的專業與自覺，亦即：實際上已逐漸出現定位鬆動的情形。此外，此文雖涉及中、日、臺三者佛教的關係，但還是用「殖民」與「去殖民」二分法的概括觀點來論述，於是中、日、臺三角佛教藉日華親善的大架構所形成的這一層關係，便整個被忽略了。因此筆者將在本章中針對此一被忽略的側面，進行較完整的討論。

　　至於另一篇重要的相關論文，是由王見川和李世偉共同具名發表的〈日治時期臺灣佛教的認同與選擇——以中、臺佛教交流為例〉一文[5]。此文是以通論性質，舉許多個案來說明日治時期臺灣佛教徒依然與中國大陸僧侶有密切的往來，所以戰後臺灣僧侶才會很願意與來臺的大陸逃難僧侶合作和相處融洽。雖然此文在處理中、臺佛教交流中的認同與選擇問題，假若可以不涉及或懂得區隔並非中、日、臺三角佛教的交流時，則以上論述的思考邏輯應可以成立，也接近部分史實；但，由於此文實際上並未區隔所討論的層次及其相關的界限何在？則很容易會與全面性的交流混為一談，成了一大缺點。事實上，在日本殖民統治下的臺灣佛教僧侶，不論要認同中日雙方的佛教傳承，或欲逐漸與大陸佛教疏離，乃至在日華親善的大架構下進行所謂中、日、臺三角佛教交流，在性質上是有差異的，故在討論時，應先區隔所討論的側面和界限為何，才不致將問題混淆了。

　　另外，王見川、李世偉和松金公正、釋篒慧、范存武等人，也合編了《臺灣佛教史年表——日治篇》（中壢：圓光佛學研究所，1999，試刊本），全書

---

[4]　見李丁贊，〈宗教與殖民——臺灣佛教的變遷與轉型，1985-1995〉，載《中央研究院民族所集刊》第 81 期，春季號，頁 26-7。

[5]　此文原為夏潮基金會等在澳門舉辦的【中國意識與臺灣意識演討會】（1999.7.13-4）而寫的。見夏潮基金會編，《中國意識與臺灣意識論文集》（臺北：海峽學術出版社，1999），頁 431-67。後來收在李、王合著，《臺灣的宗教與文化》（臺北：博揚文化，1999），頁 29-68。

170 頁，內容包括日治時期的臺灣佛教、其它宗教信仰、教外大事，以及作為對照之用的，同時期中、日佛教大事記。此書的優點，是取材多元、廣泛，特詳於中國佛教的部分，但也因此過於簡略臺灣佛教的部分，出現了本末倒置的處理瑕疵。再者，書中亦未清楚區分史事的輕重主從，連不具重要意義的平庸記載，亦大量羅列於清單內，故仍需再增刪，否則參考價值不大。雖然如此，若編輯時，先能有中日臺三角佛教交流的清楚意識，則書中相關資料俱在，不難彼此呈有機的串聯，可見編輯者只隱微意識到此問題而已——否則絕非僅止於像目前這樣，只是平行羅列中日臺三方的佛教史料，而不將其交織起來。

　　或許有人會問：為何日華親善的大架構，在討論日治時期的臺灣佛教史，不能加以忽略？這是因臺灣佛教發展的大環境其實受制於日本對華政策的影響，亦即日本在中國大陸擴張勢力的順逆處境，將連帶影響華僧與臺僧的互動。恰好第一次世界大戰後，大陸華北的知識青年，因不滿日本代替德國佔領中國山東租借地的主權，爆發了著名的大規模愛國反日的「五四運動」，於是使日華關係出現了大逆轉，華人仇日與排日的情緒，逐漸高漲和蔓延開來。

　　此一新情勢，對日本企圖長期在華的擴張與發展是相關不利的，為了避免排日情勢在華人日漸高漲的民族主義猛烈激盪下繼續惡化，於是日本政府大力發動日華親善的宣傳攻勢，並積極設法促進日華互相交流，同時還放出風聲說，欲效法美國退還部分庚子賠款，供中國在野賢達人士做發展文化事業之用。

　　日本政府此舉，立刻引起大陸佛教界各派人馬的高度興趣，紛紛主動或間接地向日本駐華使節，表達爭取此款的意願，進而促成 1925 年首屆「東亞佛教聯合會」在東京芝區公園增上寺的召開。而當時處在日本殖民統治下的臺灣佛教代表，不但奉官方指派，以「臺灣代表」的身份與會，並在會後接待來臺參訪的大陸佛教代表。換言之，日華親善的大架構，實際上對促成日治時期中日臺三角佛教的積極交流，具有關鍵性的主導作用，故無法將其排除不談。

　　由此看來，更加證明：本章將討論日治時期中、日、臺三者佛教在日華親善大架構下的相互關係和交流，是有其必要了。最起碼，迄今尚無正式的論文，針對此一問題進行討論。所以本章的探討，是有其必要的。

（二）簡述相關的佛教動態與時代背景

　　其次，有關本章所涉及的相關佛教動態與時代背景，也有必要在此先略提示，以助讀者理解。基本上，日治時期，自「西來庵事件」（1915）之後，由於所謂臺人的「武裝抗日」大致已告一段落了，並且當時相關的內外大環境，正處於一段較自由和較安定的歲月，故這對當時臺灣本土佛教「大法派」的發展來說，也可謂一難逢的良機。此因先前清領時期，傳統中國的一些硬性的宗教管制規定，在日本殖民當局展開對臺的有效統治之後，便被新時代政教分離的法律規定所取代了；而在日本殖民統治下的臺灣社會，由於有日本來臺佛教各宗各派的傳教和輔導，以及第一次世界大戰之後新時代思潮的推波助瀾，因此相對而言，地域性和血緣性比較淡薄的臺灣本土佛教信仰，反而更能契理契機，為更多的信仰者所接受，使教勢的發展極為快速和明顯。具體的特徵，即表現在新道場的相繼出現，新的佛教活動更加頻繁和規模更大。不論從組織方面或佛教人物來說，較之過去的小規模或數量稀少，如今則膨脹地到了讓人無法忽視的地步。臺佛教發展的景氣階段，可以說已正式來臨了。

　　問題在於，此一發展的有利時機，雖是難逢的大好環境，可是對於身處其中的佛教道場經營者來說，如何善用此良機？或趁勢擴張道場數量？或藉此加強和其它佛教勢力的結盟？都是很重要的決策考量。而其中，尤以究竟要選擇依靠日本佛教勢力？或加強和大陸佛教的聯誼？都關係到本身道場未來的發展，所以取捨之間，是相當費心力的。

　　基本上，當時的臺灣佛教界，不論日本佛教方面或臺灣本土佛教方面，都採大陸和臺灣雙方一併拉攏的手法，單挑一方的，幾乎沒有。差別其實是由誰做主的優先問題。也因此，日僧採取收本島僧侶為傳法之徒的作法，就是在彼

此原有宗派聯誼之外的另一更直接的操控手段。

　　反過來說，臺灣本土僧侶，也同樣有採取既和日本佛宗派聯誼，又極力拉攏大陸佛教僧侶的雙重做法。因而，彼此的行動與策略之間，便會出現微妙的隙縫和相互疏離的跡象，甚至還可能導致未來雙方是否能進一步合作的重要考量。

　　然而，以下要探討大正昭和之際中日臺三角的國際佛教交流，及其對臺灣佛教界造成新衝擊的緣由，一定仍得涉及到「東亞佛教聯合會」在日本召開這一事件的本末，否則無法釐清其中複雜的國際交涉過程和事件發展的因果關係。

　　此因這一近代亞洲佛教首次在日本召開的國際會議，雖主要由中日兩國的佛教代表所主導，但臺灣、朝鮮和東南亞部份國家的佛教代表，也派出代表，赴日參與大會，並達成若干的大會結議，所以其國際佛教會議的性質是毋庸置疑的。

　　而當時海峽兩岸的佛教代表，不但共同參與大會，互相交換意見，更在大會後，藉此大會機緣，促成「中華佛教聯合會代表團」中的「佛化新青年會」主要領導者的來臺訪問，形成另一波兩岸佛教交流的高潮。

　　故有必要在探討中華「佛化新青年會」代表團來臺作國際交流之前，先說明「東亞佛教聯合會」為何會在日本召開？召開的真正目的是為了甚麼？其間臺灣代表的出席意味著甚麼作用？以及大會最後達成了哪些的共同結議？

二、「東亞佛教聯合會」的在日召開

（一）「東亞佛教聯合會」召開的原因

　　要瞭解有關「東亞佛教聯合會」為何會在日本召開，以及此次在日本舉辦大會的真正目的又是為了甚麼？可從以下兩個遠因，和一個近因來理解。所謂

兩個遠因是：1. 中國布教權爭議的後續發展。2.緩和「五四運動」後高漲的反日浪潮。所謂一個近因是：太虛的佛教事業之牽線。底下再分別加以論述。

1.遠因之一：中國布教權爭議的後續發展

為何要將「東亞佛教聯合會」的在日本召開，視為是日本佛教界多年來爭取在中國自由布教權的後續發展呢？

事實上，此一遠因極為關鍵，甚至可以說它是促成此次「東亞佛教聯合會」召開的核心歷史背景和宗教利益的所在，並且是歷經了多次的交涉失敗和種種波折，才有此突破性的成果出現。

一個最明顯和具體的例子，就是從清季以來，介入中國佛教內部事務極深、對日本佛教在中國的自由布教權爭取最力的日本曹洞宗僧侶水野梅曉（1878-1949），不但在民國成立之後，繼續不停地爭取在中國的自由布教權，並且也是促成此次「東亞佛教聯合會」在日本召開的關鍵人物[6]。因此其間的

---

[6] 根據日本佛教學者道端良秀著，徐明、何燕生中譯，《日中佛教友好二千年史》（北京：商務印書局，1992 年）一書，關於水野梅曉的貢獻，即曾提到：「他（水野梅曉）始終往來于日中兩國之間，為日中佛教友好交流付出了不少努力。大正十四年（1925）在東京召開的東亞佛教大會，和中國方面事前進行的聯繫主要是靠他的努力。如果沒有他的努力，這次大會也就不能召開，這並非言過其實。」原書，頁 130。事實上，水野梅曉是當時對中國近現代佛教史瞭解最深的人，在「東亞佛教大會」召開前後，他出版了《支那佛教近世史の研究》（東京：支那時報社，1925 年）、《支那佛教の現狀に就いて-》（東京:支那時報社，1926 年）兩書，是最扼要但視野全面和資料權威的力作，幾乎是當時日本佛教學者認識該領域的主要參考書。後繼的藤井草宣，所著的《最近日支佛教の交涉》（東京：東方書院，1933 年），也是深受水野梅曉的啟發。近人釋東初所著的《中國佛教近代史》（臺北:東初出版社，1974 年初版、1984 年再版），書中有關清季的日僧在華活動，主要就是由上述的著作取材的。而 1986 年 10 月，在《辛亥革命研究》第 6 號上，由中村義所發表的〈水野梅曉在清日記〉，更是大爆內幕地揭發水野氏在明治四十四年（1911）11 月至 45 年（1912）1 月，即辛亥革命期間，與中國革命領袖各方交涉革命後在華教權的詳細狀況，和水野氏對此事的深入見解。（*此資料，承臺大歷史所博士班童長義學弟，在日本請久保田博子影印全文，特此致謝）。不過，所謂在「中國自由布教權的爭議」主要是指民國四年，日本政府和袁世凱簽訂〈5 號 21 條〉，其中中國布教權的條款，是列入第 5 號第 7 條，但歷經 25 次的談判，仍被袁政府婉拒，而遭擱置。當時日本佛教界的精英，如島地大等、水野梅曉、上野專一、高島米峰、和田對白、渡邊海旭、澤柳政太郎、安藤鐵腸、小川平吉、內藤湖南等都在《新佛教》第 16 卷第 6 號（1915 年 6 月）專刊討論〈支那內地布教權問題〉，而水野梅曉的專論是〈支那布教權の起源と現狀〉，為該事件的歷史發展的一篇重要論述。見二葉憲香監修，赤松徹真、福島寬隆主編，《新佛教論集下》（京都：

密切相關性，是毋庸置疑的。

　　這是由於日本佛教和中國佛教之間的長期歷史交流，在明末清初時，曾因德川幕府的海禁政策而中斷了往來[7]。直到明治維新以後，日本國內部份宗派的僧侶，鑒於日本政府在宗教政策上出現重大的轉變[8]，以及和日本佛教有長期歷史淵源的中國大陸，在十九世紀下半葉之後，西洋列強的天主教和耶穌教的傳教士，借著歷次不平等條約的簽訂，逐漸取得在中國境內的自由傳教權[9]，不但之前被禁而遭清廷沒收的教產得以發還，新傳入者亦可合法購地建教堂、設學校，向中國民眾自然傳教。因此首先有日本淨土真宗本願寺派的僧侶，來到中國瞭解情況和試行「開教」[10]，其後日本宗曹洞宗的僧侶亦踏上中國境內，

永田文昌堂，1979 年），頁 1044-84。

[7] 根據木宮泰彥的講法，中日佛教的交流中斷，是在享保 11 年（1726），原因是：「清商等只知營私利，行使種種詭計，幕府乃斷然停之。自此中國僧度日者，完全停止。」此處指的中國僧，主要是來自福建黃蘗山、杭州之靈隱寺等僧人，赴日的原因和明末清初渡日開創日本黃蘗宗的隱元隆琦派下的影響有關，但受清商的連累，致使交流中斷。見氏著，陳捷譯《中日交通史》（臺北：九思出版公司，1978 年臺二版），頁 383。

[8] 此處指的是明治維新初期所採取的神佛分離和廢佛毀釋政策，導致日本佛教的再生和往外發展。參考家永三郎、赤松俊秀、圭室諦成主編，《日本佛教史（三）‧近世近代篇》（京都：同朋社，1980 年第六刷），頁 251-306。掘一郎等編，豐田武等執筆，《明治以降宗教制度百年史》（東京：日本文化廳，1970 年），頁 1-106。

[9] 清季不平等條約中，以道光 24 年（1844），所簽訂的〈中法五口通商章程〉第 22 款，首先同意法國得在條約口岸建立教堂。同年中美簽訂的〈中美通商章程〉第 17 款，也同意美國在通商口岸得建立教堂。咸豐八年（1858），〈中法天津條約〉第 13 款，承認外國人有在中國內地的傳教權，並保護其教產所有權。同年簽訂的〈中俄天津條約〉第 8 款、〈中美津條約〉第 29 款、〈中英天津條約〉第八款，都同意給予我國民眾對基督教有信教權，外國傳教士可在中國內地傳教權，並保護其教產所有權。清咸豐 10 年（1860），〈中法北京條約〉中，進一步同意天主教收回之前禁教時遭沒收的教堂、教產，以及在中國境內有購買土地建教堂之權利。以上參考黃運喜，〈從《教務檔》看清末中日佛教關係〉，載林明昌主編，《國際佛學年刊》（臺北：國際佛學研究中心，1992 年），頁 80-87。

[10] 明治六年（1873），日本淨土真宗東本院寺派的僧侶小栗棲香頂，鑒於西洋列強的入侵，耶穌教大舉在東方的國度傳播，為了抗拒這一西潮的漫延，他認為：應促使中、日、印三個古老的佛教國家共同合作，而行動的第一步，就是先赴中國瞭解狀況。於是他先在日本找華僧學華語，再赴北京尋訪和增強中國語文。在北京期間，還和雍和宮的蒙古僧侶學喇嘛教的教理、教史，回日本後，據以寫成《喇嘛教沿革》十四冊。但最重要的是，他用漢文撰出《北京護法論》1 卷 17 章，對中、日、印

從事中日佛教聯誼和佛教僧教育的工作[11]。

　　但，長期以來，日僧一直欲爭取在中國地區擁有自由的布教權，一如清末以來，西洋各國傳教士藉不平等條約的簽訂在中國地區所擁有者。不過，日僧雖多方奔走交涉，甚至由日本政府代為出面向中國政府施壓和爭取，仍遭到中國官方人士的強烈反對[12]，以致於雖歷經清末和民初的多年努力，都未能獲得中國政府的同意[13]。迄民國十四年十一月初「東亞佛教聯合會」在日本東京增上寺召開前後，依然如此。

　　因此，當時實際參與中日佛教聯誼活動的日本佛教學者藤井草宣，在所著《最近日支佛教の交涉》一書中，歷數日本自明治維新以來，以迄民國十四年（1925）「東亞佛教聯合會」在日本召開時的中日佛教交流狀況時，就坦言：

> 此次東亞佛教聯合會，可說是從明治六年（1873）小栗棲香頂肇始，重新開啟日支兩國佛教徒的複交以來，已歷經五十餘年之久的總決算和

三國佛教徒的合作，提出呼籲，以及針對中國佛教的衰敗狀況，提出各種改善方案。三年後（1976）的秋季，小栗棲香頂再赴大陸，在上海英出租借的北京路，開設「上海別院」，進行在中國開教的第一步。有關真宗本院寺派的中國開教情形，詳藤井草宣，《最近日支佛教の交涉》，頁6-18的討論。道端良秀的《中日佛教友好二千年史》一書中，關於此一部份，全據藤井草宣之書的記載而論。其它的相關著作亦然，不一一列舉。

[11] 日本曹洞宗的僧侶，以水野梅曉於明治三十五年（1902），到中國的發展為最先，其日後的成就也最大。雖然同宗的來馬琢道於大正二年（1913），曾巡禮江浙地區的中國佛教，並撰有《蘇浙見學錄》（東京：鴻盟社，1913年）。以及大正七、八年（1928-9）之間的村上素道、大正十一（1922）年的秋野孝道和高橋竹迷等僧侶到中國巡禮佛教狀況，但都無太大影響，遠不如水野梅曉的長期耕耘那樣大。見藤井草宣，前引書，頁19-20，以及道端良秀前引書，頁130-33的討論。

[12] 清季中國官方反對日本佛教在華擁有布教權的各方意見甚多，其基本論點如下：一、西洋的天主教和耶穌教是因中國原無此教，方才准其傳教。二、日本佛教原傳自中國，且中國低階民眾迄今信佛仍多，不勞日僧再傳。三、〈中日通商行船條約〉第25條第2節的「一體均沾」的規定，與日僧布教權的取得無關。四、日僧在華活動，有政治陰謀在後，若不制止，後患無窮。五、日僧在華活動，已有不良前科，故不能開放在華布教權給與日僧。而其中袁世凱以北洋大臣的身份，於光緒31年3月初9日和25日，兩度函請反對日僧在華布教，最具代表性。見中央研究院近代史研究所編印，《中國近代史料彙編——教務教案檔》第七輯（1981年初版），頁1164-7。

[13] 民國以後的日僧在華布教權之爭取，主要的交涉對象，就是清末以北洋大臣身份堅決反對日僧在華擁有布教權的袁世凱，故其不能得逞，乃勢所必然。

　　一大結論。同時也將成為爾後日支佛教關係的新出發點。[14]

　　由此可知，日本佛教各宗的僧侶，在最終獲得中國地區的自由布教權之前，必得改弦易轍，先能與中國佛教的重要領導階層，互相交流，於是而有「東亞佛教聯合會」的在日本召開。其目的就是期望能借著此一共同聯誼大會活動，能先進一步建立起雙方合作和日華親善[15]的密切關係。

　　因而將此次「東亞佛教聯合會」的召開，視為日本多年來爭取在中國自由布教權的後續發展，也是合理的和必要的。

2. 遠因之二：緩和「五四運動」後高漲的反日浪潮

　　根據常田力在《日支共存史》[16]的看法，中國近代排日抗日的肇因，是在「日俄戰爭」之後，日本產業發達、國家擴大建設，於是著力經營中國南滿洲的產業開發，雙方的依存加深，因而在中國境內和留日的中國學生中開始流傳日本因國內土地狹小、資源不足，非靠中國的物產和經濟來彌補不可的論調。日後的排日運動，基本上以抵制日貨為基調，就是出於這樣的認知角度。

　　而民國四年（1915），第一次世界大戰之翌年，日本政府向中國的袁世凱政府提出繼承「日俄戰爭」餘緒的各項利益，總結為惡名昭彰「二十一條款」，要求袁世凱政府簽約就範，使得中國民眾對日的反感加深。

　　等到第一次世界大戰後，日本又藉口參戰，意圖繼承德國在山東省的各項利益，而華人亦自認為參戰勝利國，不應再遭此不平等的利益侵奪，於是環繞著「歸還山東」的主權和各項利益問題，不久即華人的知識份子間演變為歸還國土主權、抵禦外侮的民族主義運動——民國八年（1919）爆發的「五四運動」，即導源此一「歸還山東」的運動訴求，因此排日抗日和抵制日貨的風氣，

---

[14]　、藤井草宣，前引書，頁 47、

[15]「中日親善」一語，既是當時中日佛教交流的目標，也是用來宣傳的口號，因此於當時相關的佛教文獻上，一再出現。而〈水野梅曉在清日記〉，講得尤其具體和詳細。

[16]　常田力，《日支共存史》（臺北：臺灣新民報社，1939年）。

迅速在沿海的都會區蔓延開來。再加上第一次世界大戰後，蘇聯扶植共產勢力
在中國出現，並和中國革命軍合流，於是使得華人的排日運動，更為日益壯大
和複雜。[17]

　　由於當時面對的現實情勢是華人高漲的排日情緒，為了緩和這種日益高
漲的反日情緒，藉「東亞佛教聯合會」的召開，日華佛教的親善活動，拉近雙
方的距離、有效改變民眾的對日敵意，也是可以理解的。因此，民國十四年
（1925）在日本舉辦「東亞佛教聯合會」，設定的主賓即為中國佛教的代表[18]，
而當時最現實的問題，無疑的就是如何達成中日親善[19]——或者用目的的語言
來說，是為了降低華人排日的強烈敵意。

　　假如上述的觀察是合理的，則民國十四年十一月初，「東亞佛教聯合會」
的在日召開，絕不能只是當作中日兩國民眾間單純的佛教友誼交流，而是在本
質上應視為具有外交上重大意義的民間佛教交流，所以當時段祺瑞主政下的
北洋政府才會由教育部撥鉅款贊助此一活動[20]，並且日本在華使節也從旁協力
甚多。至於大會的召開，是否真能達到此一緩和作用，則是另一回事。[21]

---

[17] 苗田力，《日支共存史》，頁 71-80。

[18] 見道端良秀，前引書，頁 139。

[19] 根據柴田廉的說法，他於 1921 年旅遊上海之際，正值日本本土談論「日支親善論」的高潮，而此
一「日支親善論」的熱烈議論，不但未有效消弭華人的反日情緒，反而因流露「仁弱論」的跡象，
煽起更強烈的排日氣勢。見氏著，《臺灣同化策論》（臺北：晃文館，1923 年二刷），〈序〉，頁
1。

[20] 當時段祺瑞政府，于當年八月，由教育部撥銀六千元，作為出席大會的費用。見藤井草宣，前引書，
頁 38。

[21] 此一歷史事件的發展過程，如單從日華佛教交流的角度來看，其實存在著和華人國家民族利益衝突
的對立性：因一方面是日本在華的一些軍事、外交和經濟上的作為，日益激起華人的反感，民眾排
日的情緒日漸高漲；另一方面，則日本佛教人士和中國佛教人士的交流日益密切、利害相關，甚至
進一步促成互相聯誼和合作的機會。因此當時中國佛教界的此種親日傾向，從民族主義的立場來看，
似乎是不妥當的卻又情有可原，也可說是一種相當弔詭和微妙的宗教情勢。但，從現實面來看，由
於日本當時有意退回部份「庚子賠款」，作為中國境內的文化事業之用，消息一流傳開來，對各界
人馬都造成很大的誘惑。尤以佛教界的太虛和「佛化新青年會」，最為積極爭取。換言之，爭取或
分享日本退回的「庚子賠款」，其實是最初太虛與日本佛教交流的一大誘因。

3. 一個近因：太虛的佛教事業之牽線

　　太虛（1980-1947）是中國近代史上最著名的佛教改革運動家，在「東亞佛教聯合會」召開之前，他所創辦的「武昌佛學院」，已在佛教界享有極高的聲譽，日本來華的僧侶，亦早已將其視為值得吸收或聯絡的對象[22]，但，真正促使「東亞佛教聯合會」召開的關鍵舉動，還是太虛在江西廬山大林寺的佛教講習會所牽的線。亦即，在「東亞佛教聯合會」召開之前，其實還有太虛所創立的「世界佛教聯合會」，為其前導。

　　換言之，「東亞佛教聯合會」的召開，其實是導源於太虛的「世界佛教聯合會」之掛牌和活動。

　　但，為何「世界佛教聯合會」之掛牌和活動，會出現在江西廬山的大林寺呢？

　　因江西廬山，自東晉慧遠（334—416）在此結社共修以來，久為中國佛教的著名道場。但，民國以後，廬山南方，雖仍有秀峰、萬杉、棲賢、海會等大寺院，北面則從黃龍、天地以至東西二林，皆成荒廢之區。不過，自牯嶺闢為避暑風景區之後，基督教堂林立其間，佛寺與佛教徒，則罕有留駐其地者。至民國十一年（1922）夏季，太虛至牯嶺漫遊，見佛剎淪為牧地，而西洋教堂反矗立其間，大生感慨，決定在大林寺舊址上修建一講堂，作為暑期演講佛學之用。太虛的此一決定，旋獲「武昌佛學院」董事會的同意和贊助，撥款向官方的「廬山清丈局」購地。當時地已出售他人，乃透過種種關係而取得，並開始在原大林寺舊址上建講堂、客室等。

　　隔年（1923）夏天，新大林寺講堂正式開辦暑期佛學演講會，除太虛本人外，湯用彤、黃季剛、張仲如等學界人士，亦應邀演講。聽眾除遊客、佛教徒外，基督徒亦側身其中，時生問難。雖然如此，在此辦活動的用意，也不過是

---

[22] 日僧覺隨，曾親訪太虛之事，見《太虛大師全書》第29冊（臺北：善導寺，1980，三版），頁252-3。

藉此平衡一下西洋教會的優勢，除此之外，並無作更大規模的組織和活動之計畫。但，當時負責建房舍的嚴少孚，居然異想天開，擅作主張，就在新落成的大林寺講堂前，掛上一「世界佛教聯合會」的大招牌，而太虛上山之後，發現此事，因不忍掃大家的興，也未要求撤除此一名實不符的大招牌。不料，此一大招牌上的字眼，立刻引起新大林寺講堂斜對面一家日本旅館、駐九江日本領事、銀行等人員的注意。特別是日本駐九江領事江戶千太郎，居然以日本佛教的名義，申請加入「世界佛教聯合會」，並告知明年（1924）日本佛教將派代表來此，參加「世界佛教聯合會」的演講活動。

何以日本方面，會對此一空洞的大招牌，產生如此大的興趣？因當時大林寺的新建講堂，並非專為「世界佛教聯合會」的使用，而在事實上，除了那塊「世界佛教聯合會」的大招牌之外，也不存在著「世界佛教聯合會」的這一組織。以日方在中國的耳目之眾、觀察之細，豈有對此實際狀況毫無所知之理。並且最後，還弄假成真，憑空誕生了「世界佛教聯合會」這一組織，其中應非單純的原因所促成的。

其實，正如本章之前已提到的情形，近代中國佛教的涉外組織或活動，本質上都關連時局的變動和國際間的外交關係。因此，儘管類似「世界佛教聯合會」這種跨國際的佛教組織，在當時乃前所未有的經驗；尤其在中國境內爆發「五四運動」之後，反日情緒正日益高漲之時，日本官方和佛教界卻積極尋求與中國佛教界的組織聯誼，絕非好奇和天真的舉動。背後的謀略，如加以分析，亦不難窺見。

日本佛教僧侶自清末以來，即在中國境內四處活動，日本佛教的布教師，一如西洋傳教士在中國，除宗教活動之外，亦兼有洞悉中國境內虛實和結交同質團體，以配合本國政治、經濟勢力於中國發展的任務在[23]。清末日本真宗擬

---

[23] 見楊文會，〈支那佛教振興策〉一文的說明，載《楊仁山文集》（臺北：文殊出版社，1987），頁 38-9。瓠尊在〈論國人宜注意謨罕默德式的佛教〉一文提到：「……往歲日僧水野梅曉。在長沙創舉僧學堂。與湘人交好者頗眾。故老王湘綺。亦與作文字之遊。既歸日本。乃著一書。名曰湖南。

對中國寺院提供保護，以免寺產因清廷實施「廟產興學」政策而被充公或被掠奪[24]；以及民初對袁世凱政府施壓，要求簽訂在中國境內自由傳教的條款等，都是具體的例子。

　　至於太虛本人在民國以後的活躍狀況，日本佛教方面知之甚稔。因太虛不但曾來臺弘法，也曾東渡扶桑，對日本佛教的教育制度，有相當的瞭解。其後在北京傳授日本密教修法的日僧覺隨，更親訪太虛，告以要訪中國境內最堪傳法之人，而太虛即為首選，力勸太虛東渡學法。

　　太虛無意去，而由其弟子大勇發心東渡習密[25]。此事在 1921 年 10 月底，距廬山大林寺的講堂掛牌和活動，也不過年餘之隔罷了。

　　另外，日本大穀大學的教授稻田圓成，在 1923 年曾至「武漢佛教會」訪太虛不遇，再轉道來廬山，與太虛談中日佛教聯誼之事。當時，新大林寺講堂的講經會，仍未正式活動，除了「世界佛教聯合會」的大招牌之外，亦無此一組織，而太虛和稻田圓成兩人，即有如下的對話：

太虛：先生（指稻田）至中國遊歷甚久，對中日佛教有何聯合進行之計畫乎？

稻田：中日佛教之聯合，以兩國佛教之情形互相開曉為先。兩國佛教徒，共謀意思溝通，推廣佛化，今遂有世界佛教聯合之動機。我國佛教徒，已有國巡曆之計畫和觀光，大概今秋三十餘名一團可來華。其次，留學生交換亦為一法。余回國後，勸說朋友，選二三學生，擬使留學佛學院，以得如貴校之高野山留學生為幸！

　　于湘中實業政治。利源弊藪。調查廟遺。湘人見其書者。始知彼雖僧侶。固一國家暗派之偵探也。」載《佛化新青年報》第 2 卷第 5、6 合號（1924--8），「雜纂」，頁 10。

[24] 有關清末「廟產興學」的問題，可參考昨拙著，《太虛大師前傳》（臺北：新文豐出版公司，1993），頁 38-41。

[25] 見《太虛大師全書》（臺北善導寺版）第 29 冊，頁 253。

太虛：本會之設，有聯合中日佛教徒，以聯合進行傳播佛教於歐美之意
　　　思。中日國民，近來隔礙殊甚！唯佛教原無國界，且中日兩國素
　　　為佛教盛行之地，中日之佛教徒，當如何設法，以融化兩國國民
　　　之隔礙，以發展東亞之文明，而得與歐美人並雄於世界乎？

稻田：貴說同感。切希中日佛教徒親和疏通，為兩國親善之先驅！布教
　　　世界人類，俾佛教日增輝，法源常流，一洗西人神我的物質的頭腦，
　　　實全人類之幸福也！[26]

　　由此一對話內容，可發現日人之目標有二：一是增進中日佛教的瞭解與聯
誼；二是互派留學生。此二目標，其實又可歸結為以佛教徒為媒介，以改善兩
國間的親善關係。而太虛在談話中，一再提起中日民間的「隔礙」，其實也是
強烈感受到「五四運動」後，在中國境內日益高漲的反日情緒，所以建議中日
雙方的佛教徒，可為「中日親善」盡一份心力。

　　但是，太虛對中日交換留學生，顯然沒有太大的興趣。太虛著重的是聯合
日本的佛教勢力，以影響他迄今仍未去過的西洋地區。因歐戰後，有科學破產、
西方文明沒落之說，故太虛難免受此時代的論調所鼓舞，而有如上之打算[27]。

　　不過，在另一方面，當年（1923）夏季講經會，由於有日本駐九江領事江
戶千太郎的到訪，太虛也向江戶千太郎介紹自己的佛教思想事業，以及中日佛
教應聯合向歐美人士傳播佛法的意願，很得江戶千太郎領事的共鳴；江戶千太
郎並將此次兩人會談的內容和意義，寫成報告，呈報日本外務大臣，獲得重視，
於是日方正式決定派講師，隔年來華參與「世界佛教聯合會」在廬山牯嶺大林
寺講堂舉行的弘法活動[28]。

---

[26] 見印順編，《太虛大師年譜》（臺北：正聞出版社，1986，五版），頁160-2。

[27] 見太虛，〈論梁漱溟東西文化及其哲學〉，收在《太虛大師全書》（臺北善導寺版），第25冊，頁302-4。

[28] 見水野梅曉，《支那佛教の現狀に就いて-》，頁91。

　　為了因應此一事實的需要，於是太虛正式向當時的北洋政府提出申請成立「世界佛教聯合會」的組織許可。

　　太虛的申請書，並附有《世界佛教聯合會簡章》共十條[29]，此十條的內容，如加以分析的話，很明顯是乙太虛現有的廬山大林寺講堂、人脈和講經會為主體而稍予修飾者。因此，充其量，這只是一夏令營式的講經活動組織，是以到廬山牯嶺的避暑客為物件，等於表明了「世界佛教聯合會」其實只是一局部性的聯誼組織。

　　此外，為了不過份突出與日本佛教界的新關係，在條文中，全無提及辦年會並將與日本佛教進行實質聯誼之事，而是將其含在當中來進行。具名此申請文件的發起人，以太虛為首，包括各界名流：

> 釋太虛、釋道階、釋現明、釋圓瑛、釋覺先、釋佛源、釋密林、釋大春、
> 釋竺庵、釋大勇、李紹芬、蔣維喬、施肇曾、孫嘉棠、陳時、莊蘊寬、
> 夏同龢、彭曉山、查賓臣、劉西樵、梁啟超、馬冀平、王弘願、康寄遙、
> 吳壁華、張紹曾、陳裕時、高佐國、鄧振瓊、關錫延、李經義、宗彝、
> 王明福、彭小田、謝健、湯薌銘、皮鶴齡、王道芸、杜承修、許子靜、
> 李開侁、趙均騰、孫安國、李慧空、陳康、胡瑞霖、楊開甲、劉國標、

---

[29] 太虛的申請書，附有《世界佛教聯合會簡章》，計10條，其內容如下：「第一條，本會以聯合世界各國研究佛學之人士，傳佈全球為宗旨。第二條，本會會所設於『漢口佛教會』。第三條，本會每年開暑期演講會若干日，由本會預約各國研究佛學之人士蒞會輪流演講。第四條，暑期演講會設于廬山西谷之大林寺，比年華洋人士憩暑牯嶺者甚多，藉此易於聯絡世界各國研究佛學人士。第五條，本會發起人及由發起人介紹加入而志願贊助本會之進行者，皆為本會會員。第六條，本會會員內有擔任常年經費者得為會董，由會董互選董長一人，任期兩年、以提議決議本會一切應辦事宜。另由本會函推名譽會董，無定額。第七條，本會講演事宜，由會董公請主講一人總主持之。講演員由主講商推，無定額。第八條，本會設坐辦一人，由任董員公推之。文書、會計、招待、庶務各一人，由坐辦商同會董長選任之，任期一年，連任無限。第九條，本會會員，皆有募集經常費及傳佈佛教之責任。第十條，本會章如有未盡事宜，得于開董事會時，提議修改之。」轉引釋東初，《中國佛教近代史》上冊（臺北：東初出版社，1984，再版），頁279。

　　唐大圓、孫紹箕。[30]

　　這些名單，除道階、圓瑛、覺先較能代表其實佛教團體之外，大多是「漢口佛教會」或「武昌佛學院」的贊助者。連道階、圓瑛、覺先三人，也是和太虛為多年知交，並非外人。至於和太虛不和，或有法義之諍的，如諦閑、印光、歐陽竟無等，則不見列名其中。雖然如此，在官方正式核准之前，一切都不算數。公文是透過當時湖北督軍蕭耀南的轉呈，以〈湖北督軍公署第 2403 號訓令〉，諮送北洋政府的內務、外交兩部會簽核准。其間，蕭耀南督軍還兩次電請主管官署幫忙，始順利獲准。一旦核准，剩下來的，就是太虛如何進行活動了。

　　民國十三年（1924）夏季，太虛正式以「世界佛教聯合會」的名義，發出演講通告，宣佈九條相關的事宜，但重要的是第三、第五、第六，這三條。其中，第三條是規定時間：訂 1924 年 7 月 2 日至 21 日（陰曆六月初一至二十），為整個活動期間。第五條規定，「凡未經本聯合會先期奉邀之名流，屆時適在廬山避暑，自願任演說者，亦得由本會隨時邀請演說」。第六條規定，「演說本以佛學為主要材料，但如有願將世間一切科學、哲學及其它宗教上之教義，認為與佛學有比較考證之必要者，亦得隨時提出討論之」[31]。

　　從第五、第六兩條來看，應是為演講會預留較大的參與空間，使邀請的人和不速之客，皆有發言機會；且發言主題，非嚴格限制純粹佛學者，亦為擴大容納發言內涵。如此一來，太虛擁有極大的彈性，來安排即將來臨的大會事誼。

　　為了召開名符其實的「世界佛教聯合會」，太虛曾請孫厚在等集資，加蓋了石樓十間為宿舍，併發函邀請暹羅、緬甸、錫蘭等國派代表來。但這些國家都未派代表來，只有到廬山避暑的洋人中，有曾在錫蘭、印度住過的英國人，

---

[30] 見《海潮音》第 5 卷第 8 期。
[31] 見釋東初，前引書，頁 281。

曾在安南住過的法國人，及一德國人、一芬蘭人，自稱是信佛的，皆被邀請演說，並出席「世界佛教聯合會」。不過，洋人的參與，其實只是煙幕，用來沖淡真正的重頭戲，即中日雙方的佛教親善聯誼活動，以免遭到媚日的批評。

　　此次出席「世界佛教聯合會」的中日代表，中國方面有湖北了塵、趙南山、湖南性修、江蘇常惺、浙江武仲英、上海張純一、安徽竹庵、江西李證剛、四川黃肅方等十餘人。日本方面，則有法相宗法隆寺貫主佐伯定胤、東京帝國大學教授木村泰賢博士、水野梅曉、大德寺派管長代理勝平大喜、權田雷斧代理小林正盛、上海東亞僧園向出哲堂共六人[32]，由史維煥擔任翻譯。相較之下，中方代表人數雖多，學術份量則弱許多。大會原欲邀請梁啟超、歐陽竟無來演講，皆以不克分身推辭。但雙方除演講活動之外，大會的召開，才是重頭戲。

　　在第一次的預備會議中，太虛提議分成三階段進行，即：

中國國內各省之聯合。

東亞有佛教各國之聯合。

將東亞佛教真理，傳及歐美各國，乃能成為事實上之「世界佛教聯合會」，此時不過理想而已。[33]

　　第一次會議結束，經與會代表同意，先商組一「中華佛教聯合會」。

　　第二次會議，原以東亞各國佛教為聯合之重點，但東亞各國中，僅日本派代表來，於是巧妙地改以「中日佛教聯合會」為主題。同時決定明年（1925）在日本召開，由「中華佛教聯合會」派代表出席赴會。

　　第三次會議，更順理成章地變成了「中日代表聯席會議」。中方代表李隱塵被推為主席，他大談「謀中日佛教之聯合，希望同志一心，弘揚佛法，普及全世界」[34]。釋東初在其《中國佛教近代史》的著作中，據此資料而引申說：

---

[32] 見藤井草宣，《最近日支佛教の交涉》（東京：東方書院，1933），頁 33。

[33] 見釋東初，前引書，頁 282。

[34] 見釋東初，前引書，頁 282。

> 于此可知，「世界佛教聯合會」，雖以世界為目的，實際上是欲藉佛教關係，團結中日兩國人民精神，安定亞洲，實現世界和平。[35]

此說從當時的環境看，顯然有待商榷，因當時中國還未統一，正受日本侵略，並掀起強烈的排日情緒，佛教徒豈可無國家觀念？中日合作，在當時實不便堂皇地直語，李隱塵顯然有失慮之處。

太虛的警覺性，遠高於李隱塵，不論他的真正動機是甚麼？他的言詞絕不赤裸裸地直接提出「中日佛教聯合」這樣的說法，而是將其按置在「世界佛教聯合會」的大名義之下。因此，他的發言為：

> 由佛教關係而起聯合，既名「世界佛教聯合會」，世界各國均可聯合開會，故明年請由日本籌開聯合會，此為中日兩國佛教徒及人民實行團結的開始。[36]

但日方代表，木村泰賢提出異議，認為日本願意召開明年的大會，但西洋人既未加入，名實不符，主張定名為「東亞佛教聯合會」，等西洋各佛教國願加入時，再更名為「世界佛教聯合會」未晚。

經過中日雙方代表一再交換意見，太虛最後雖同意木村泰賢的看法，卻又技巧地折衷說：「今日於聯合會上商議名稱，表顯中國人之理想和日本人之實踐，各有精神。然明年開『東亞佛教聯合會』所提理想，依然是世界的，希望事理相契。」[37]此種高明應對的外交詞令，真是令人驚歎！

會中，木村泰賢又提出三項建議：

希望中國佛教團體，統一辦一「中華佛教大學」。

派遣佛教徒留學東西洋各國，考察佛教情形。

---

[35] 見釋東初，前引書，頁282-3。

[36] 見釋東初，前引書，頁282-3。

[37] 見釋東初，前引書，頁284。

希辦佛教講演所，將深理化淺，期普及於世界；辦翻譯所，將佛法真理傳播西洋。

此三項建議，皆極中肯，但對口口聲聲要組織「世界佛教聯合會」，要發揚東方佛教精神，以感化西洋社會的太虛來說，木村的一、二兩點，豈不是暗示：中國方面，在佛教思想教育及對外的理解，都須加強嗎？不過，整個大會，還是促成了兩件事：

「中華佛教聯合會」，於 1925 年成立。

「東亞佛教聯合會」，於 1925 年在日本召開。

至於「世界佛教聯合會」，仍然保持，但要等待西洋各國願加入時，再開會。由此看來，太虛的「世界佛教聯合會」，原先只是作為廬山牯嶺夏令營的短期弘法之用，針對的是到當地避暑的西洋人，有和廬山基督教的活動一別苗頭的意味在。

但在日方的巧妙策略操控之下，卻整個轉移為日華佛教親善的聯誼活動。可見日方之處心積慮和手段的高明有效。

不過，作為此次大會日本代表引導員的水野梅曉，則批評說：

> ……此次佛教大會，非常冷落，發起人方面，中國僧侶列席者，不過三十名左右，對於英、美、德、那威、日本等遠來之客，殊屬歉疚。但為世界佛教留可喜之記錄，固不必以到會者之多寡論成敗也。[38]

（二）日本佛教代表團的會外聯誼活動

1. 與「支那內學院」的交流

日本佛教代表的來華聯誼，雖是由太虛的「世界佛教聯合會」所牽的線，但太虛一系固然重要，正如前引日僧水野梅曉的批評，仍不足以代表當時中國

---

[38] 原題為〈日人批評佛教大會〉，載《佛化新青年》第 2 卷第 7、8 合號，「報告」，頁 8。

境內的其它重要佛教團體，例如和太虛齊名的歐陽漸及其創辦的「支那內學院」，即是日方極欲拉攏的對象。

相對的，由於日方派出的代表，不論社會聲望和佛學素養，都是相當有份量的，加上引導員日僧水野梅曉，從清末到民國，一直在中國境內活動，對各地區的佛教道場、人物和文獻資料，不但熟悉，而且搜羅齊全，為當時中日學者之最。

事實上，在「東亞佛教聯合會」召開前後，水野梅曉所撰寫的兩本關於中國近代史的著作[39]，堪稱此類著作的權威鼻祖，迄今仍有參考價值[40]。由於有如是之行家在牽線和嚮導[41]，加上人選適當、學養深厚[42]，所以日本佛教代表團足跡所訪之處，皆大受歡迎。

上海為一國際性的大都會，華洋雜處，但佛教團體極多，其中由王一亭、江味農等有力人士所主導的「上海功德林」、奉印光為導師的「上海常濟會」、施肇曾領導的「世界佛教居士林」等，都是社會聲望很高的在家佛教團體，影響力極大。

當日本代表團一行乘「長崎號」抵滬時，在王一亭、丁福保、狄楚青等社會名流籌畫之下，上海佛教界最先給予此次來華的日方佛教代表盛大的歡迎。接著轉往南京，先是由「支那內學院」派代表往碼頭接待，「南京佛教聯合會」

---

[39] 水野梅曉的著作，一是《支那佛教の現狀に就いて-》（東京：支那時報社，1926）；二是《支那佛教近世史の研究》（東京：支那時報社，1925）。

[40] 釋東初的《中國佛教近代史》上冊，包括「東亞佛教大會」的活動在內，有多處是參考了水野梅曉的著作的。

[41] 有關這一點，根據水野梅曉本人的回憶，因事前太虛本人曾特別拜拜他幫忙，所以他不得不暫時擱下新創「支那時報社」的繁重工作，全程為日方來華代表聯絡和嚮導。見氏著，《支那佛教の現狀に就いて-》，頁92。

[42] 有關這一點，根據水野梅曉本人的回憶，日本佛教聯合會，最先推薦的人選，一是梵文學泰斗東京帝國大學教授高楠順次郎博士，另一則是唐代傳至中國的法相宗，法隆寺管長佐伯定胤。後因高楠順次郎博士忙於《大正藏》的刊行事宜，於是改由其高徒同樣是東京帝國大學教授的木村泰賢博士代表來華，可見日本選人的慎重。見氏著，《支那佛教の現狀に就いて-》，頁91-2。

會長印宣、教育廳長蔣維喬和「支那內學院」院長歐陽漸三人發起，於毗盧寺開歡迎大會，隨後日方代表即前往拜訪以研究唯識學聞名的「支那內學院」，由院長歐陽竟無和呂澂親自接待，介紹院內組織及教學、研究概況。

該院學務主任兼大學部教師呂澂，曾就日方代表木村泰賢，質疑兩小時[43]，與法相宗法隆寺貫主佐伯定胤，討論唯識學一小時[44]。佐伯定胤對「支那內學院」的學術實力，大為讚歎，於是決定：

以日本法隆寺及東京帝國大學印度哲學研究室的名義，與「支那內學院」訂定交換知識及書籍之約。

由藥師專橋本與「支那內學院」訂定交換西藏文佛典之約。

水野梅曉聲明願由日本捐贈《新修大正藏》一部，給「內學院圖書館」，並贈書籍。[45]

在廬山演講會之後，日方代表訪問平、津時，除與北方的佛教團體，如韓清淨的「三時學會」、道階等領導的「北京佛教青年會」，展開交流之外，佐伯又對北方的佛教界宣佈：

此遊見中國法相宗，由歐陽居士提倡，使千載絕學復興，深表欽佩。

法相宗出於印度，為東亞文化之源泉，今後希望日華聯合，共興斯學，推廣於世界。

此次來華，摹印窺基大師像，為唐代原作品，保存在日本，中國本土早已無存，故特送給南京「支那內學院」收藏。[46]

由此可見，日方代表對「支那內學院」的重視和肯定。也因此，「支那內學院」對隔年在日本召開的「第一界東亞佛教聯合會」，不表排斥，歐陽竟無

---

[43] 見藤井草宣，《最近日支佛教の交涉》，頁33。

[44] 見釋東初，前引書，頁291。

[45] 見釋東初，前引書，頁291-2。

[46] 見釋東初，前引書，頁292-3。

本人甚至被列名為「世界佛教聯合會」新的名譽董事之一[47]。由此看來，顯然日方的策略是成功的！

2. 對中華「佛化新青年會」的觀察與肯定

就當時日方中國佛教通的水野梅曉看來，中國境內的佛教學術機構，以太虛的「武昌佛學院」和歐陽漸的「支那內學院」為兩大權威[48]，除此之外，以上海施肇曾擔任林長的「世界佛教居士林」，勢力最大，可以說拉攏了這三個團體，則幾乎中國南方地區的佛教組織和人脈，即可大部份掌握在手[49]。

但在知識青年社群中，當時中國境內「佛化新青年會」的組織和運動，正如火如荼地展開。這是迥然不同於傳統的出家或在家團體的新佛教青年運動。來華參與廬山講習會後，應邀到「武昌佛學院」以及「北京佛教青年會」參觀之後，代表之一的木村泰賢博士，對「佛化新青年會」，給予極高的評價[50]。回日本後，在所撰的〈支那佛教事情〉一文中，木村博士提到：

> ……其間計畫周詳，規模宏遠，屹立長江上游，有宰製一切之威權，操縱一切之資格者，則為武漢之佛學院與佛教會。《佛化報》、《海潮音》《佛化新青年》等雜誌，皆其宣傳之機關報。對於佛化運動，甚為活潑有力也！是等運動，不出於職業宗教家之僧侶，而出於側面之護法精神。彼等所唱之高調，確信能救濟世界之人心！[51]

木村是東京帝國大學的文學博士，主授印度梵文學，在當時可謂頂尖的佛

---

[47] 見水野梅曉，《支那佛教の現狀に就いて-》，頁94。

[48] 見水野梅曉，《支那佛教の現狀に就いて-》，頁20。

[49] 見水野梅曉，《支那佛教近世史の研究》，頁85。

[50] 木村泰賢所指的，可能是針對由陳維東發起、太虛擔任「總導師」的「武漢佛化新青年會」而言，但因張、寧後來也和日本來華代表貼得很近，所以兼指張、寧所代表的「佛化新青年會」，也說得過去。

[51] 轉引印順編，《太虛大師年譜》，頁180-1。

教學者,故說服力甚強。但木村的文章,提到所謂「佛化運動」以護法為主體,僧侶反居其後,究竟是怎麼回事呢?

　　此事和《佛化新青年》的言論有關[52],而這有極大的成份,是由太虛佛學思想衍生出來的。此外,就外部環境的影響來說,「五四運動」以後,中國知識青年籌組反基督教的「非基督教學生同盟」[53],此一組織和活動,對「佛化新青年會」的催生,也是重要因素[54]。按「佛化新青年會」是民國十一年(1922)四月,由北京平民大學的信佛學生張宗載等人,聯合京、津、滬、鄂各大學研究哲學和佛學的學生所組成的,原先叫「北京平民大學新佛化青年團」。

　　民國十一年六月,張宗載、甯達蘊轉學到「武昌佛學院」第一期,當住院旁聽生[55],受到太虛的特別賞識[56]。民國十二年(1923)張、甯結合李時諳[57]、周浩雲等人,在「漢口佛教會」成立「佛化新青年會」[58],並出版《佛化新青

---

[52] 有關《佛化新青年》的研究,最早是水野梅曉,而非王見川所指的釋東初。水野梅曉的研究,見《支那佛教の現狀に就いて-》,頁 58-62;97-8。王見川的意見,見氏撰,〈張宗載、甯達蘊與民國時期的「佛化新青年會」〉,載《圓光佛學學報》第 3 期(1999-2),頁 326。

[53] 有關此一問題的研究,可參考葉昌仁,《五四以後的反對基督教運動──中國政教關係的解析》(臺北:久大文化公司,1992)。

[54] 即前者是被作為對抗的物件,才產生後者的組織。

[55] 見太虛,〈太虛自傳〉,收在《太虛大師全書》(臺北善導寺版),頁 263。

[56] 張宗載,在其〈三十自序歌〉,提到:「……至佛學院甚蒙虛師優待,特別施教,不一年而獲益良多」。原載《佛音》第 3 年 7、8 合期(1926-8);本文轉引王見川,〈張宗載、甯達蘊與民國時期的「佛化新青年會」〉,載《圓光佛學學報》第 3 期,頁 327。

[57] 李時諳,原名宗唐。時諳為外號,是湖北省議員,民國九年在武昌皈依太虛,是熱心護持太虛佛教事業的俗家弟子。後雖於民國十二年冬季,私自到江蘇寶華山隆昌寺求戒,出家為僧,仍禮太虛為師,因此取法名「大愚」。後以避關念佛,持《華嚴經・普賢行願品》,至民國十五年冬天,自稱親見普賢菩薩現身,授以神咒,靈驗無比,又得陳元白為之鼓吹,故曾一度轟動全國。太虛視其為「佛門怪傑」。見太虛,〈太虛自傳〉,收在《太虛大師全書》(臺北善導寺版),頁 234-5。

[58] 王見川說,「佛化新青年會」是參酌「基督教青年會」而取的。見王見川,〈張宗載、甯達蘊與民國時期的「佛化新青年會」〉,載《圓光佛學學報》第 3 期,頁 329-340。但這其實是錯解資料,因〈佛化新青年會在武漢成立宣言〉明明說:「定名為『佛化新青年會』,意味基督教青年會為十九世紀以前受基督教舊化的舊青年;而二十世紀以後之世界,必為受佛法新化的新青年,……」兩者針鋒相對,而前者被視為將被後者取代,哪裡是參酌?另外,陳維東,〈佛化新青年的說明〉,全文也未提到任何與基督教青年會有關的字眼。見《佛化新青年》第 1 卷第 8 號(1923-11),頁 1-

年》；同年六月二十日[59]，又將會址遷回北京象坊橋觀音寺[60]，結合佛教界親太虛的道階[61]、覺先等，展開全面性的社會推廣運動。

「佛化新青年會」的靈魂人物之一，張宗載原是四川人，曾就讀北京平民大學，是「五四運動」後，常活躍於學生愛國運動的狂熱份子之一。

「五四運動」前，由於陳獨秀在北京創辦《新青年》雜誌，獲得青年學者如胡適、錢玄同等人的贊同和支持，鼓吹「新文化運動」，對北方各大學的知識青年，產生極大的影響。民國八年，「五四運動」爆發後，青年學生熱衷於參與街頭示威遊行和辦雜誌傳播思想，陳獨秀和胡適等人的「新文化運動」的理念，更因此在沿海城市及內地各大學的知識份子中，激起強烈的共鳴。

當時「民主」與「科學」，成了主要的運動訴求。而順此知識革命的思潮，西洋的各種政治、經濟、社會、哲學等新學說，皆紛紛湧入中國。其中對中國日後影響最深遠的，是俄國布林雪維克革命成功的經驗與共產社會主義的傳入中國。不但陳獨秀本人成了中國共產黨的創黨者，《新青年》也轉向為左派雜誌，因此共產社會主義迅速擴散在激進的知識青年中。

恰好太虛自清末以來，即醉心於各種社會主義，雖一直未獲保守派僧人的支持，興趣卻始終不衰。「五四運動」爆發後，他創辦《海潮音》雜誌，也順應時代潮流，將社會主義的思想與佛教相結合，像主張「農禪工禪」、「服務社會」、「自食其力」、「和尚下山」等論調都是[62]。1921 年的〈僧自治說〉，

5。

[59] 見〈本會總會機關已遷回北京〉，載《佛化新青年》第 1 卷第 4 號，頁 17。

[60] 遷回北京，是出於太虛的建議。見《海潮音》第五卷，〈武漢癸亥年鑒〉。轉引釋印順編，《太虛大師年譜》，頁 162。但，《佛化新青年》第 1 卷第 4 號，「特載」提到，將「漢口總辦事處遷回北京，漢口作為分會」。「啟事」則說：「本會此次由漢遷京，是全依眾會員意見，以漢地為商場，非文化發展之地，議決吾會中央機關仍以北京為基礎，以後不再隨時動搖……」頁 2。

[61] 道階當時已退任觀音寺住持，但仍設法，將寺前一塊空地，捐給「佛化新青年會」社辦事處之用。

[62] 見釋太虛，〈人工與佛化之新僧化〉、〈唐代禪宗與社會思潮〉，收入《太虛大師全書》（臺北善導寺版）第 18 冊，頁 163-6；第 20 冊，頁 206-236。

更明目張膽地鼓勵佛弟子，要在「自由的共產主義下」，從事農礦、勞工、醫藥、教化、藝術為「成佛之因」；在「和平的全民主義下」，則可為員警、律師、官吏、議員、商賈等[63]。

在這樣新潮、社會主義化的佛教理論之下，絲毫不遜於當時學生運動中所傳播的各種激進思想，其能得到張宗載、甯達蘊等人的共鳴，並奉之為導師，是不足為異的。但是，在 1921 年以前，太虛屢次欲組織全國性的佛教團體，以及欲在傳統寺院中進行新教育理論的實驗，皆因保守派的強力抵制，而告失敗。張宗載和甯達蘊於 1923 年於「漢口佛教會」再出發的「佛化新青年會」，顯然也得到太虛本人的激賞，因此仿照張、甯「佛化新青年會」的模式，在廬山大林寺籌組的「世界佛教聯合會」之下，也設立了一個「世界佛化新青年會」的隸屬組織[64]。這些組織的推動，一方面是想借助日本佛教會的強大力量[65]，結合各國的佛教組織，以便進行太虛轉化歐美人士信佛的計畫；一方面，則想借助佛教知識青年的活動能力，達到改造傳統佛教的目標。

這兩種運動，幾乎是同時發動的，因此印順將 1923 年 7 月，當作太虛「世界佛教運動」的開始，是正確的[66]。

當時對此運動的有利因素，是 1923 時，國共合作的北伐戰爭猶未開始。武漢地區的政客、名流、北洋將領、鉅商等，皆頗激賞太虛的佛教事業，因此以武漢為中心，可朝北洋政系下的華北、華東等各地展開。

此在太虛的原意，也是考慮到：於 1923 年在廬山大林寺的夏季講經會，

---

[63] 見釋印順編，《太虛大師年譜》，頁 121-2。

[64] 此一組織，一年後，由「武昌佛學院」的學生陳維東發起，太虛任「總導師」，成立「武漢佛化新青年會」。見《佛化新青年》第 2 卷第 2 號（1924-6），「報告」，頁 2。

[65] 其實，更切確的說，正如太虛曾向來訪的稻葉圓成表示過的，除了亞洲佛教應聯合向歐美弘法之外，也希望分享部份日本欲退回的「庚子賠款」，作為佛教文化之用。見水野梅曉，《支那佛教の現狀に就いて-》，頁 91。亦即分享「庚子賠款」的誘因，是太虛和其後「佛化新青年會」願意與日方交流的大推動力之一。

[66] 見釋印順編，《太虛大師年譜》，頁 162。

已演變為「世界佛教聯合會」的籌備，同時，亦可展開「世界佛化新青年」的運動。不過，張宗載、甯達蘊等人的「佛化新青年會」，既肇端於北京地區，因此太虛建議彼等，將組織從武漢在遷回北京宣內象坊橋觀音寺[67]，結合京區的僧界名流道階、覺先等人，共同推動。

　　不久，由社會名流和著名學者如蔡元培、梁啟超、胡瑞霖、章太炎、江亢虎等人的具名支持，並向各校的學生介紹，因而獲得極大的迴響，加入者甚多。

　　為了使此一組織發揮推廣到各地，道階等甚至成立「佛化新青年世界宣傳隊」，到各縣市宣傳，放幻燈片，以鼓舞聽眾興趣。太虛與道階、轉道、覺光、會泉、性願、圓瑛、持松、大勇等僧界名流，一同具名，發出通電，呼籲全體教界人士向世界宣傳進軍。而整個電文，亦反映太虛向來所持的思想，如：

> ……乃者劫運日減佛法衰，嗟龍象之無靈，慨人天其誰護……加以歐化東來，世緣全變，科學哲理之精，駕風馭電，政教藝術所向，滅國亡家。不能通世界常識，全失發言資格；不加入文化團體，坐待他人支配。區區佛門，寥寥寺廟，計三十年來，一迫於戊戌維新，再挫於辛亥革命，三排於外教，四斥於新潮。若不方便護持，將歸天演淘汰，……
> 「佛化新青年會」者，白衣中多善知識，青年界尤大發心……妙現俗諦，擁護三寶，發行雜誌，暢行五洲，分設機構，漸遍行省。借科學哲學以轉法輪，于社會文化而作佛事，……向世界以宣傳，旁及蟹文灌輸新知，加演幻燈，尤助多聞。……可謂任大力宏，悲智深遠者也。[68]

　　從電文來看，太虛等人，似乎將整個佛教復興的新希望，完全寄託於「佛化新青年會」的會務發展上。而一組織和太虛關係密切、思想相近，又具活動

---

[67] 此寺是太虛至北京講經常往之地，屬道階法師之地盤。
[68] 載《佛化新青年》第 2 卷第 5、6 合號（1924-8-30）「通信」頁 1。

力和發展性，如善加利用，對他未來的改革事業，幫助將甚大[69]。可是，張宗載、甯達蘊等「佛化新青年會」的核心人物，是俗家的佛教知識青年，充滿改革傳統佛教的理想，與太虛為出家僧侶，必須考慮到現實佛教界的困境，在立場上和心態上，是大有差異的。

　　初期，這些意識型態的差異，因共同弘法的物件是廣大的社會，不涉及教團內部本身的改革問題[70]，所以不致因佛教界僧侶的激烈反彈而浮現；但隨著「佛化新青年會」的大受歡迎、組織快速擴充以後，兩者的差異性便會因自主性的不同，而產生磨擦，甚至分裂。

　　「佛化新青年會」既擁有新社會主義的利器，又身負振興佛教現代化的大任，彼等遂以狂熱的姿態，四處活動，並大肆批評傳統佛教的落伍型態。民國十三年（1924）七月初，在《佛化新青年》第 2 卷第 3 號，首頁刊出造成大風波的新版〈佛化新青年對於世界人類同胞所負的八大使命〉（以下簡稱八大使

---

[69] 王見川認為「佛化新青年會」是張宗載等人創立的，與太虛關係不大。又根據民國十五年一篇，張宗載對太虛有微詞的書信，就說他與太虛是「合作關係」，而非「指導關係」。然後說筆者的此一論點，是「搞錯了」。見氏撰〈張宗載、甯達蘊與民國時期的「佛化新青年會」〉，載《圓光佛學學報》第 3 期，頁 330。問題是，張、甯在「武昌佛學院」受太虛本人教近一年，張也承認獲益甚大。其次，太虛與張、甯所主持的「佛化新青年會」的關係，是有階段性的不同，而這正是問題的關鍵所在。其分水嶺，應是民國 13 年 7 月，在《佛化新青年》第 2 卷第 3 號首頁上，刊登一篇新版的〈佛化新青年對世界同胞所負的八大使命〉，不久即相繼引起教內的強烈反彈，才使太虛後來逐漸對張、甯的「佛化新青年會」的公開支持，轉為保守有限度的支持。經濟上的未支持，甚至成了「佛化新青年會」的會務致命傷。這就是民國十五年，張宗載於書信中，對太虛有微詞的背景。其實，「佛化新青年會」的俗家性格和太虛的差異，始終是筆者關注的，那也是問題的焦點所在。至於要反駁王氏的看法，其實很容易。因為新版的〈八大使命〉的文章一刊出，佛教界反彈的對象，應是只針對張、甯等人，但為何也紛紛致書太虛本人，表示抗議呢？難道大家都「稿錯了」？試想，太虛既是師長，又為會務導師，曾出錢和掛名支持，例如第 1 卷第 1 號的《佛化新青年》，即公開表明：「今次簡章各種規定，及所定宗旨，均同太虛法師及海內深佛學人士，再三斟酌完善。」（頁 2）可見太虛涉入的程度。另外，「武漢佛化新青年會」成立時（按：此會雖有其自主性，理論上應屬分會性質），太虛還擔任「總導師」一職。見《佛化新青年》第 2 卷第 2 號，「報告」，頁 2。但王氏仍說，兩者是「合作關係」，不是「受太虛影響」或「指導關係」。筆者研究佛教史幾十年，還是第一次碰到這種無法曉解如何推論出來的高論？敬請高明的讀者指教一、二。

[70] 見本文以下所引，原始的「八大使命」全文即知。

命）之文，震撼了當時的整個中國佛教界。

但，這一新版的八大使命檔，其原始的基本綱領，在《佛化新青年》的創刊號，早已經登載了；前面還有一段宗旨的說明，提到：

> 本會為甚麼要發出這八大使命？因為要使各界的兄弟姊妹們，都知道我們的宗旨同我們的志願，件件皆是實行的，不如（是）空說的，是實在的，不是假設的，是誠懇的，不是欺騙的，是新鮮的，不是腐朽的，是真理的，不是迷信的，而且我們要作的事，是根據釋迦文佛入涅盤時明訓：依法不依人，依義不依語，依了義不依不了義，依智不依識，本一己良心的覺悟所到，去作大無畏，大犧牲，向著光明自由的路上進行，將眾生不成佛，誓不成佛的擔子，放在自己的肩上，來作佛化的新青年大運動。使世界上暴惡的人化為仁慈，慳貪的人化為信義，智能的人安然樂道，焊力的人欣然尚德，一切兵禍慘殺流血的事，完全消去，自由平等的安樂的事，完全產生，所以要發出這種始命，總望大家都來說明我們達到這個目的，我們想各位都是具大覺悟，大慈悲的人，必能多表同情來成此美舉。[71]

接著，就列出本會八大使命的原始全文：

> 本會第一件使命——在剷除舊佛徒的腐汙，顯露出佛化的真面目，使懸想中的他方淨土，變在在人間可能實現的新新社會。
>
> 本會第二件使命——在打破一切鬼教神教中學西學的迷信，使有志和我們同作這種工作的人，得著一條極平穩安舒的路，走入這可能可是無煩無惱的極樂世界。
>
> 本會第三件使命——是用極慈悲極善巧的方法，去擴張實行我們實行

---

[71] 載《佛化新青年》創刊號（漢口：古樓隱寺街，1923-1），頁1。

佛化的新青年領域，建設我們所要求的新社會，使黑暗迷昏的人世界，
變成莊嚴燦爛的佛國。

本會第四件使命——是要代人類受無量苦，替人類拔除生活上一切罪
惡，使一切罪惡與人類的生活脫離關係，凡空間被貪嗔癡三毒沾染的地
方，使劫濁、見濁、煩惱濁，眾生濁，命濁都從根本打消。

本會第五件使命——是要用佛化的救世新方法，使人類澈底覺悟，從三
昧安詳（祥）而起，以平等心，見平等性，立平等法，行平等事，去貪
嗔癡三毒，完成真、善、美三德。以良好的優生學，化度一切男女，具
得蓮花化身，容顏美好，究竟快樂。

本會第六件使命——是要化除男女色相，消滅字典上你，我，他三個字，
使人人不知道有你，不知道有我，不知道有他，只知道「即人即佛」。

本會第七件使命——是要以大智、大慧、大慈、大悲、大勇猛、大無畏
的大願力，消化一切疆域，破除一切階級，在十年內使無處不有實行佛
化所刷新出的新村、報社、公園，小、中、大學，工廠、幼稚園、圖書
館。

本會第八件使命——是要發明衛生學、醫學，使球人類的色身生命與法
身會命，皆不致夭殤，生、老、病、死諸苦，都能免去。[72]

　　此一文件，基本上只是一些雜有社會主義願景，再用常用的佛教術語來包
裝的行動綱領。其內容指涉的，又都是人類的普遍現象，所以佛教界和非佛教
界的人士，沒有反對的理由，甚至還一致支持。但，八大使命中，三、四、五、
六，其實是空洞的願景描述，例如第四件使命說：要代人類受無量苦，拔除社
會上千萬種罪，使其從根本上解脫。……[73]沒有實際的意義，可置之不論。至

---

[72]　載《佛化新青年》創刊號（漢口：古樓隱寺街，1923-1），頁 1-2。

[73]　見《佛化新青年》第 2 卷第 4 號，頁 1。水野梅曉，《支那佛教の現狀に就いて-》，頁 62。

於後來引起反彈的是第一、第二兩件使命；具實踐意義的，則是第七、第八兩件使命[74]。茲將後來更改或補充的這四大件使命內容引錄如下：

本會第一件使命，在革除數千年老大帝國時代舊佛教徒的腐敗習企氣，露出新世運。非宗教式的佛化真精神，非為極少數人偏枯沉淪的厭世死法，乃是為全人類去殺脫苦享福自在的樂園，使空想的他方極樂淨土，能真實出現於人間，造成福慧圓滿之新新社會、真真樂土。[75]

本會第二件使命，在打破一切鬼教（不論主有鬼無鬼）、神教（不論主多神一神無神）中西新舊偶像式、銅像式的陋習。迷圈牢式的物質迷，使同志工作的人，德著一條大解脫的平安覺路，走入真實無煩惱的清淨世界。

⋯⋯⋯⋯

本會第七件使命，誓以大慈、大悲、大喜、大舍、大般若慧、大金剛心、大勇猛、大無畏的大願力、大忍辱力，使各界的怨仇，各界的怨恨，各階級的爭鬥罵詈，漸漸地起大醫王佛化學的作用。在若干年內，世界上無處不有圓覺佛化的新團體、圖書館、同樂部、報館、平民新劇場、小中大學、工廠、無遮大會、食堂、幼稚園、養老院、廢疾院、新村、新市、萬佛樂園、新華嚴曼荼羅淨土。

本會第八件使命，要發明養生學、醫學、長壽學、無量壽不死學，使人類色身生命和法身慧命，皆不致夭殤。生老病死，一切痛苦，都能免去，

---

[74] 這是將該會〈簡章〉第 10 條經營事業的專案，納入其中的。見水野梅曉，《支那佛教の現狀に就いて-》，頁 60。

[75] 此文註銷後，蔡念生（運辰）致函質疑，為何反對淨土？甯達蘊居然回答說：「淨土一宗。為佛所說。凡屬佛子。絕無反對。蘊平時亦持淨土一法。為修養之具。執敢無理功擊者。蘊文所指為一般帶假面具之徒。徒以彌陀作自己護身符。賴佛為生。欺騙世人。⋯⋯」顯然只能用新舊二分法逃避指責，可見其理論的脆弱性。見《佛化新青年》第 2 卷第 7、8 合號，「通信」頁 5。

皆大歡喜，立地成佛。[76]

為何有這些改變或補充呢？其實是因當年（1924）五月十一日，北大發行的《政治週刊》刊登麟符的一篇〈非梁卓如的印度與中國文化之親屬的關係〉，文章的重點，在反駁梁啟超的看法，麟符認為：

> 佛學有亡國的嫌疑。印度自然是宋明以外的顯例。中國的半亡國。怕不是半亡國佛化的關係。現代陸象山、王陽明、梁啟超、張君勱一般標榜新宋學的人們。如果認真把泰（戈爾）詩翁宣傳起來。那麼，亡國是可以預定的了。[77]

這是當時北京學界，對亞洲首位獲得諾貝爾文學獎的印度詩哲泰戈爾來華訪問，所到之處，造成旋風的反彈和強烈批評。雖然「佛化新青年會」不久前才熱烈招待和大捧泰戈爾[78]，如今則完全轉向。

因此，同年七月初出版的《佛化新青年》在第 2 卷第 3 號，即刊出新版的八大使命宣言，以及靈華等人檢討舊宗教的文章[79]。接著一期，更特載〈佛化新青年會民國十三年宣言〉，並於標題之旁，有兩行重點說**脫離亡國嫌疑，老大帝國式的舊佛教。建設物質精神、體用俱備，覺人救世，改造社會的新佛化**

---

[76] 見《佛化新青年》第 2 卷第 4 號（1924-8-1），頁 1。水野梅曉，《支那佛教の現狀に就いて-》，頁 62-3。

[77] 見《佛化新青年》第 2 卷第 4 號，頁 1。

[78] 《佛化新青年》第 2 卷第 2 號（1924-6），幾乎就是歡迎泰戈爾的專輯。

[79] 其實靈華即劉仁航，之前，即《佛化新青年》第 2 卷第 1 號（1924-5）「特載」欄，他所撰的〈為佛化新青年會世界宣傳隊委員長張宗載、邵福宸兩君及諸委員出發宣傳佛化普告全球人士文〉，已透露出此一傾向的訊息，但此文仍不能視為該會具體的行動綱領。靈華接著又撰〈新世紀由非宗教入新宗教之趨勢與佛化〉，登在該刊第 2 卷第 3 號「論壇」的第一篇，重提舊調。但，仍要到該刊第 2 卷第 4 號，刊登〈佛化新青年會民國十三年宣言〉，才算是正面標示其整體動向和新內涵的宣示。

[80]。可以說，為了呼應麟符此文，而把原八大使命整個內容，變得更詳細，更具批判性，連帶其指涉的對象，也呼之欲出；但，其吹牛的程度，較之太虛的宗教烏托邦「佛法僧園」[81]，還要離譜。雖然水野梅曉曾將全文譯為日文，並提到，此文發表後，隔年（1925）三月，在北京宣武門內二龍坑迤北貴門關十三號，有一所「北京高級職工學校」開學，收十六歲以上的高級生和簡易科生各四十名，施以各種職工專業課程，據說即是呼應此佛化主義的理想而開辦的[82]。但，仔細分析的話，整個檔其實是小階級的幻想，參雜著一點社會主義的理想[83]，加上反宗教的情結和一些青年人的改革熱情，所編造出來的佛教文獻。雖然如此，從當時的外在環境來看，這八大使命的說法，也不能說其內容，完全沒有針對性。因當時中國各地民眾普遍性地貧窮、文盲、饑餓、衛生條件不佳、營養不良、遭遇戰亂、被掠奪和受歧視等[84]，使得民眾嚮往無憂、豐足、安定和歡樂的人間淨土。這是此文件問世後，在社會上引起極大共鳴的原因[85]。

　　但，以在家居士，而罵倒一切傳統的佛教僧侶及其修行方式，在現實上不但無改善的可行性，在宗教倫理上也打破僧尊俗卑的倫理慣例，所以造成僧界的心理抗拒，因此矛頭紛紛指向幕後的黑手太虛本人，使得太虛後來遭受極大的壓力，而不得不逐漸和「佛化新青年會」保持某種程度的疏離[86]。為此，後

---

[80] 見《佛化新青年》第 2 卷第 4 號，頁 1。

[81] 太虛的「佛法僧園」內容，見拙著，《太虛大師前傳》，頁 136-143。

[82] 見水野梅曉，《支那佛教の現狀に就いて-》，頁 63。

[83] 見〈閩南佛化新青年宣言〉，載《佛化新青年》第 2 卷第 1 號（1924--5），「雜纂」頁 1。

[84] 見《佛化新青年》第 2 卷第 4 號所載的「劫海春秋」之戰爭慘劇之報導，頁 1-3。以及同刊，第 2 卷第 5、6 號，「劫海春秋」各省水災之慘劇報導，頁 1-18。其它各號亦有類似報導，茲不俱引。此一「劫海春秋」的系列報導，是新闢的專欄，以報導中國境內的各種災難、人禍的慘狀為主，讀來令人震撼和難過。這大概是該刊最具現實關懷的部份吧！

[85] 水野梅曉提到，「八大使命」的檔發表後，很受各地青年的歡迎。見水野梅曉，《支那佛教の現狀に就いて-》，頁 61。

[86] 釋東初曾評論說：「佛化新青年會，原為在家奉佛居士所主持，其對佛教制度的觀感，多所隔膜，故其改革佛教的意見，不獨違背佛教的立場，且違背傳統的佛教制度。例如第二使命，在打破一切鬼教神教，乃至一切偶像的主張，顯然過於偏激，近於唯物思想者的口氣，遭受各方攻擊乃意料中

來還引起張宗載、甯達蘊等人的不滿，一度公開在《佛音》雜誌上，發牢騷說：

> 函中所謂我等「知受知遇者誰乎，即太虛法師是也」。虛師固為我等崇拜之一人，然尚未能全知我等者也。使虛師能知我等，彼此披肝瀝膽，盡力合作，則中國佛教之前途，定能特別光大，絕不至如今徒有虛浮之現象，而少真實之建設也。蓋虛師當代僧界中之難得人物，卻缺乏知人之明，每限於宵小佛徒之包圍，而陷於孤立少援。此殆不可掩之事實，非我等有不滿於虛師之處也。[87]

相對於民國十二年（1923）八月八日，張、甯兩人寫信給太虛說：

> ……我師之在中華。真我輩青年之指南針。佛門改革之不倒翁。吾會全體會員。亦當奉為化身菩薩。……[88]

可見到民國十五年（1926）時，張、甯已公然發出對太虛的怨懟之語，因此雙方貌合神離的實際狀況，可以說已躍然紙上。不過，儘管如此，因在此之前，除了在寺院叢林遭到強烈的反彈之外，由於「佛化新青年會」先前曾在各地成功地宣傳造勢，因此在社會知識份子和大學青年之間[89]，依然有其一定的號召力和聲勢，所以才會令來華的東京帝大教授木村泰賢博士，留下極深刻的

的事。佛化新青年會通電，雖列有太虛大師，但其八大使命，並非出自太虛本人，散發傳單，攻擊印老，更非太虛大師所知。這種幼稚手段，不特於佛教革新運動無益，必徒增長老們對佛化新青年會的怨恨，而一切新仇舊恨卻集中於太虛一人，而加深佛教的裂痕。」見氏著，《中國佛教近代史》上冊，頁311。

[87] 載《佛音》第三年第五期，頁27-8。轉引王見川，〈張宗載、甯達蘊與民國時期的「佛化新青年會」〉，載《圓光佛學學報》第3期，頁330。

[88] 此信載《佛化新青年》第1卷第6號，「通訊」頁4。

[89] 靈華（劉仁航）在所撰的〈為佛化新青年會世界宣傳委員長張宗載、邵福宸兩君及諸委員出發宣傳佛化普告全球人士文〉，已透露出，爭取的對象，應以獲在家佛教新青年的支持為主，舊式老僧則為強烈批判的對象。載《佛化新青年》第2卷第1號（1924-5）「特載」，頁1-4。

印象[90]。

　　此外，在會務推展方面，閩南泉州地區，由於有親太虛系統的僧侶會泉、轉道、轉物等人的支持，吸引了不少參與者，因而有「閩南佛化新青年會」的分會組織[91]。臺僧林玠宗，因到福建受戒和求法，對「佛化新青年會」的理念，也起共鳴，所以「東亞佛教聯合會」之前，一度曾在福建積極參與「閩南佛化新青年會」的分會活動[92]。由於這個機緣，「東亞佛教聯合會」之後，「佛化新青年會」的要角張宗載、甯達蘊、道階等人來臺訪問時，便由臺僧林玠宗居間聯絡和嚮導，雙方合作極為密切[93]。

　　以上即是「東亞佛教聯合會」召開的相關背景，和中日佛教之間的互動狀況。所以大會的主角是大陸佛教代表和日本佛教代表，至於臺灣佛教的代表，其實是配角，只是作為大陸佛教和日本佛教之間交流的部份媒介而已。

---

[90] 其實「佛化新青年會」一直在報導日方代表木村泰賢和佐伯定胤的來華動態，幾乎接近巴結的程度。並且之前，還一度向日本駐華使節，要求分享部分退回的「庚子賠款」。見《佛化新青年》第 2 卷第 4 號，「通信」頁 1。雖然如此，木村提到的，可能主要是指陳維東發起的「武漢佛化新青年會」，因其文章皆未提到武漢以外的地區。不過，水野梅曉，《支那佛教の現狀に就いて-》則對張、甯領導的「佛化新青年會」評價甚高，視為「可期待的中國唯一的教化團體」。見氏著，，頁 61。

[91] 見《佛化新青年》第 2 卷第 1 號（1924-5），「雜纂」〈閩南佛化新青年宣言〉，頁 1；以及陳義通，〈閩南佛化運動觀——其一〉，提到：「……自客蠟泉州承天寺，住錫高僧會泉法師。廈門南普陀住錫高僧轉逢、性願、寅心、宏信師。及莊漢民、黃謙六、葉青眼、周子秀、蔡吉堂、林征德諸居士。樹蘭、稻花、玉女、喜成諸女居士。共同聯絡，組織「佛化新青年會」。併發刊一種《佛音》月報，以作大規模之佛化運動。事前電請『北京佛化新青年會』務部委員張宗載先生、《新青年》月刊社編輯主任甯達蘊先生，來閩指導一節，兩先生曾受廈中各寺院、各學校之歡迎。因兩先生不遠萬里而來，大施法雨于閩南，……」載《佛化新青年》第 2 卷第 2 號（1924-6），「雜纂」頁 4。

[92] 1924 年，「佛化新青年會」代表張宗載、甯達蘊到廈門、漳州等地，成立「閩南佛化新青年會」時，林玠宗不但立刻回應，還被選為「佛化新青年會臺灣弘法團導師」。見釋觀心編，《釋玠宗老法師事略》〔桃園：金剛寺，1969〕，頁 3。

[93] 見釋觀心編，《釋玠宗老法師事略》，頁 4-5。

三、「東亞佛教聯合會」在日召開的經過

（一）日本方面的會前籌備工作

　　據日僧藤井草宣的說法，1924 年夏季，來華參加太虛在盧山牯嶺大林寺的「世界佛教聯合會」之後，佐伯定胤、木村泰賢、水野梅曉三人回到東京，將大會決定明年四月在日本召開「東亞佛教聯合會」的議案，正式傳達給日本佛教聯合會。但，同年十一月二十八日，日本佛教聯合會於京都妙法院召開該會第十三次定期評議員會時，則將在日本召開「東亞佛教聯合會」的日期，改到明年九月下旬，於東京舉行，中華佛教代表為主賓，同時也邀請亞洲各地的佛教徒與會。

　　根據此一決議，日本佛教聯合會開始擬訂〈簡章〉和展開各種籌備工作。隔年春初，在任務編組方面，除推舉佐伯定胤為會長之外，設四大部：（a）教義研究部——由木村泰賢博士領軍，下轄委員二十名。（b）教義宣傳部——由加藤咄堂博士領軍，下轄委員二十六名。（c）社會事業部——由渡邊海旭教授領軍，下轄委員二十五名。（d）教育事業部——由高楠順次郎領軍，下轄委員三十四名。至於其它事務方面，也同時設定了：總務部、交涉部、接待部、會計、文書部。到五月下旬，水野梅曉再度來華聯絡各方，並攜帶日本外務省原先應允寄贈給中國的已部份刊行之《新修大正藏經》。

　　日本佛教聯合會參與籌辦的相關人員，先後在東京和京都兩地開會商討幾十次之多。由於實際參與的佛教團體數約二十個，意見難免南轅北轍，因此先後有日蓮宗立正大學教授馬田行啟等，認為此次大會既為國際佛教大會，呼籲應進行世界佛教徒聯盟方法之講求，以及東京帝大教授小野清一郎，認為以「東亞佛教大會」之名舉辦的話，將對美日關係產生嚴重的影響，主張必須變更名稱，但與會的大乘會長田中捨身不以為然，兩人因此展開激烈的爭辯。凡

此種種，都可以看出日方整備工作的專業和考慮的周全。[94]

　　但，由於「中華佛教聯合會」各省代表的產生，遭到困難，原定九月下旬召開的大會，實際上延至當年十一月初，才正式召開。日方除了籌備大會事宜之外，為了使中華代表能順利成行，不但願意代為支付中華代表在日期間食宿和交通的全部費用，水野梅曉於會前一個月，即十月三日，還再次來華，親到北京、上海等地瞭解狀況和確定行程[95]，以免臨時出差錯，無法成行，那就白忙了一場！

（二）「中華佛教代表團」的籌組和出席

　　既然「東亞佛教聯合會」的主賓，是「中華佛教代表團」，接著即應探討其籌組和出席的實際情形。

　　有關1925年組「中華佛教聯合會」各省代表，赴日參加「東亞佛教聯合會」，原是1924年中日雙方代表在盧山大林寺議定的。據日僧水野梅曉的回憶，當時太虛曾提出三階段的組織方案：

中國國內各省之聯合。

東亞有佛教各國之聯合。

將東亞佛教真理，傳及歐美各國，乃能成為事實上之「世界佛教聯合會」，此時不過理想而已。

　　當時各省出席民國十三年盧山大林寺夏季講經會的代表，四川黃肅方、浙江武仲英、江蘇常惺、上海居士林張純一、江西李證剛、湖北趙南山諸人，一致贊成。陝西代表康寄遙，因故未出席，但對與會代表的決議，仍一概追認。所以共有六省代表一致贊同太虛的提案，並由公推黃肅方、李證剛兩代表，據以起草「中華佛教聯合會」的組織大綱，然後推薦各省代表，以及將籌備狀況，

立即向各省通告。[96]

　　「中華佛教聯合會」由籌備處總幹事太虛和李開侁（前廣西省長）兩人，共同具名，對外宣佈各種擬辦事項。各省大表應於民國十三年九月之前，負責推出各省幹事，二人至八人不等。已由此次大會簽定的各省名單則有：

浙江代表　太虛、武仲英、體空。
江西代表　李證剛、青松、禪靜、蕭孝於、劉開難。
江蘇代表　常惺、持松、張純一。
湖南代表　太虛。
四川代表　黃金鰲、超一。
安徽代表　常惺。
湖北代表　李開侁、張純一、持松、體空、趙南山、王森甫、謝建、余毓溥、劉國標、孫自平、余永清。
陝西代表　康寄遙。[97]

　　這是由出席的各省代表推薦出來的初步名單，但其它未出席的大多數省份的代表，會後由「籌備處」函請各省推派代表，參與籌組「中華佛教聯合會」。明年（1925）參與日本舉行的「東亞佛教聯合會」，各省代表事宜，即由「中華佛教聯合會」的「籌備處」負責執行。

　　〈中華佛教聯合會籌備處簡章〉，內容如下：

定名：中華佛教聯合會籌備處。
宗旨：籌組中華佛教聯合會。
地點：武昌佛學院。

[96] 見水野梅曉，《支那佛教の現狀に就いて-》，頁74。
[97] 載《佛化新青年》第2卷第7、8合號（1924-10），「雜纂」，頁8-9。

職員：

總幹事兩人（沙門居士各一）。

駐處辦事員二人（由總幹事委託　之）。

各省幹事每省二人至八人（沙門居士公任之）。

事務：一一按照中華佛教聯合會大綱組織，次第進行。

經費：暫由到會各省團體代表分擔之。後有加入者，平均分攤。

期限：中華佛教聯合會正式成立，本處即行取消。[98]

至於〈中華佛教聯合會大綱〉，其內容如下：

定名：中華佛教聯合會。

宗旨：聯合全國佛教徒發揚佛教濟世利生為宗旨。

組織次第：

設籌備處，簡章另定之。

由籌備處所推出各省幹事，分向各省籌設佛教省聯合會。其章程由各省商同籌備處另定之。

由佛教省聯合會所推出各縣幹事，分向各縣籌設佛教縣聯合會。其章程由各縣商同省聯合會另定之。

由各縣佛教聯合會會員推定代表，齊集省聯合會開聯席會議，推定省聯合代表，于乙丑年（1925）佛誕日，齊集籌備處籌商組織全國聯合會辦法，公訂正式章程，聯合進行各行各務。

事務：

籌設東亞佛教聯合會，以次推行世界佛教聯合會之宗旨。

籌設佛教各級學校以至圖書館、編譯所等。

籌設各省縣保護佛教寺產及輔助各寺院振興之辦法。

---

[98] 載《佛化新青年》第 2 卷第 7、8 合號（1924-10），「雜纂」，頁 9-10。

籌辦宣傳佛化、扶持社會、救濟困苦、發達民生各種事業。[99]

　　根據水野梅曉的回憶，按以上組織大綱和簡章進行籌組的「中華佛教聯合會」，雖由太虛和李開侁共同以「籌備處總幹事」的名義，和各省聯絡，意圖於一年之內完成籌組事宜，但整備期已過大半，又遭逢時局的影響[100]，眼看無法達成預定的目標，遂改變策略，將重點轉移至北京，設置「北京中華佛教聯合會籌備處」，辦事處暫設於北京西四排樓廣濟寺之內，不再企求從縣至省逐級選出代表，只求中央級的「中華佛教聯合會」能順利組成即可。

　　民國十四年四月十三日，首次召開「中華佛教聯合會」籌備會議，在京僧侶、居士各佛教團體和蒙、藏喇嘛代表，約有三百餘名出席，由原「籌備處總幹事」之一的太虛主持會議及報告相關的籌備事宜。然後推舉僧全朗、理明，喇嘛普仁，居士莊蘊寬、胡瑞霖等人為理事。[101]

　　又因「中華佛教聯合會籌備處」已從武昌遷移到北京，太虛本人又整備赴歐美地區弘法，所乙太虛的「籌備處總幹事」由其指定普泉和尚為代理，加上白普仁喇嘛、馬振憲居士三人為總籌備處主任幹事，包括決定參與「東亞佛教聯合會」的人選在內，全權委由三位總籌備處主任幹事處理。

　　其後[102]，隨著業務的需要，再擴增為新六人組的總幹事，進行相關籌備事實。此新六人組名單如下：

---

[99] 載《佛化新青年》第2卷第7、8合號，「雜纂」，頁10。

[100] 此時南方國民黨聯共的革命軍勢力，已經興起，東征節節勝利。另一方面，則密教在佛教界盛行，導致太虛在武漢的支持者信仰轉向、支持減弱，使「武昌佛學院」的經營日漸困難，太虛甚至一度將院長職務交善因代理，回浙江療養。見太虛，〈我的佛教改進運動略史〉，載《太虛大師全書》第29冊（臺北善導寺版），頁94。

[101] 見水野梅曉，《支那佛教の現狀に就いて-》，頁76-7。

[102] 水野梅曉原書，說是同年「四月六日」改推。但北京首次大會，是在舊曆三月二十一日召開，換算則為新曆四月十三日。因此若指新曆即不通，因等於改推是在大會之前。除非是指舊曆，可是水野梅曉原書此處未標明新舊曆，而他在前一日期則有標明新舊曆，因此未知其此處日期的新舊曆之確指。若為視為舊曆「四月六日」，則換算新曆為四月二十八日，應較有可能。見水野梅曉，《支那佛教の現狀に就いて-》，頁77。

釋現明和尚（太虛法師代理）。

釋普泉和尚。

班禪大喇嘛（由齊丹僧代表──西藏系）。

章嘉活佛（由白普仁喇嘛代表──蒙古系）。

熊希齡居士。

馬振憲居士。[103]

這六人當中，漢僧兩人，且先後為太虛的代理人，蒙、藏喇嘛代表各一人，前國務總理熊希齡和著名學者兼前安徽交涉使馬振憲代表在家居士，所以代表性的層次大幅提升。由此六人共同具名，聯絡各方，以便早日選出參與「東亞佛教聯合會」的中華代表。

另一方面，對於此次赴日參加「東亞佛教聯合會」的出席費用，經向北洋政府申請的結果，於當年八月二十五日，獲教育部補助款六千元。[104]

赴日全團人員，計有代表、通譯和侍者，其名稱可考者為：武昌佛學院長・杭州淨慈寺住持太虛、北京法源寺住持道階、武昌洪通寺住持持松、北京弘慈佛學院監督鏡容、杭州招賢寺住持弘傘、四川佛學院主講曼殊揭諦、哈爾濱極樂寺住持倓虛、四川佛學院講師佛智、上海佛教居士林副林長王一亭、上海佛教居士林林刊編輯李榮祥（子笏）、北京佛教聯合會理事胡瑞霖（子笏）、北京三時學會代表韓德清（清淨）、北京三時學會代表韓哲武、北京國立圖書館長徐森玉、佛化新青年會代表張宗載、佛化新青年會代表甯達蘊、佛化新青年會劉靈華代表劉鳳鳴、南京支那內學院教授楊鶴慶、南京支那內學院部員馮超如、哈爾濱佛教會理事張景南之外；加上道階侍者開權、太虛侍者滿智（武昌佛學院畢業）、恒懺（武昌佛學院畢業），王一亭之子王季眉、通譯潘曾蔭、

---

103 見水野梅曉，《支那佛教の現狀に就いて-》，頁 77-8。

104 見水野梅曉，《支那佛教の現狀に就いて-》，頁 78。

謝寄閑、太虛通譯遊如淵，共計二十七人。[105]其中鏡容、恒懺兩人，先出發赴日，然後於東京和全團會合。此外，由於國內戰爭，正激烈進行，津浦、滬寧兩鐵路不通，有陝西代表四人：興教寺住持‧陝西佛教會主講妙闊、陝西佛教會總務處長鄭子屏、財政部參事王彥超、陝西佛教會會長康寄遙；江西代表兩人：心遠大學教授李證剛、佛教籌賑會幹事劉少竹，共有六代表無法報到，未能赴日[106]。因此，先前教育部補助的六千元，可使其它赴日者，每人約分取二百多元支用，足供來回的船費及零星開銷；到日本則於神戶登岸後，一切車旅膳宿費用，概由日本佛教招待。[107]

代表團一行，於民國十四年十月二十七日，從上海搭船出發，至十月二十日回國，全程二十餘日，活動相當成功。以太虛為例，於出席大會期間，除宣讀論文〈阿陀那識之研究〉外，並出席各團體的歡迎會，先後演講達三十餘次。

---

[105] 見藤井草宣，《最近日支佛教の交涉》，頁 38-40。但，王見川只根據十九人名單，即認為與「佛化新青年」有關的，如張宗載、甯達蘊、劉仁航入選，人數較太虛系統的兩人（事實上不止兩人，如胡瑞霖即是太虛的支持者，太虛還多帶了滿智、恒懺為侍者兼記錄、遊如淵為通譯）為多，便論斷：似乎日人是眼中，「佛化新青年會」較太虛系統來得受重視。見氏撰〈張宗載、甯達蘊與民國時期的「佛化新青年會」〉，載《圓光佛學學報》第 3 期，頁 338-9。但，這其實是不能成立和無意義的論斷。第一，中華代表團的選出，完全是自己的家務事，非由日人挑選和決定的。第二，太虛一直是「籌備處」的總幹事，若要抵制「佛化新青年會」，增加自己名額，豈無辦法？況且，在當時情況，若太虛本人宣佈不去日本，代表團可能解體；反之，若「佛化新青年會」無代表與會，則無關大局，代表團仍可成行，兩者的輕重比率，判然可見。第三，把太虛和張、甯領導的「佛化新青年會」，看作無關的、且對比的兩股勢力，其實是莫名其妙的論斷，因兩者的密切關係，本文之前已詳述過了，根本就不能用對立和對比的角度來看；何況王氏自己起碼也肯定他們是「合作關係」，怎麼又突然將兩者對比起來了呢？第四，何以太虛的系統，只有他和持松兩人？難道其它的代表都與太虛無關嗎？如果是這樣，太虛為何還能當團長？其實，從整個代表團中，被塞入一些無知名度的新面孔，蒙藏喇嘛則一概缺席，而他們原是總幹事六人組的三分之一，由此可知，代表團必經難產和妥協的狀況，然後才拍板定案的。事實上，先前張、甯領導的「佛化新青年會」，一直未列入議程，直到後來才重新被考慮而加進去的。第五，與太虛同任團長的道階，原是太虛受戒時的戒師（七尊證之一），也是多次提拔太虛者，因此不能因其曾協助張甯領導的「佛化新青年會」，就忽略其與太虛的深厚交情。見太虛撰，〈南嶽道階法師小傳〉，收在《太虛大師全書》（臺北善導寺版）第 29 冊，頁 139-45。

[106] 見藤井草宣，《最近日支佛教の交涉》，頁 40。

[107] 見《太虛大師全書》（臺北善導寺版）第 29 冊，頁 293。

當時日本佛教界的精英，如南條文雄、井上圓了、村上專精、大內青巒、高楠順次郎、鈴木大拙、渡邊海旭、常盤大定、木村泰賢等，太虛皆曾與之訪談，為代表團中最活躍者。水野梅曉在所創的《支那時報》撰文，甚至稱其為「民國佛教界之盟主太虛法師」，並恭維他說：

> 肩挑民國佛教界，胡來胡現、漢來漢現之英靈漢，我太虛法師，與記者（按即水野梅曉）相識，不過十有餘年。……為中華民國代表團團長，偕二十餘緇素共來赴會，造日華兩國佛教史上未曾有之記錄！……法師欲依佛化主義之宣傳，令歐美人改造對世界之基礎觀念；於謀世界人類之和平與福祉之大抱負下，不以其勞為勞，誠精力絕人之勇者也！……日本佛教徒之法師，得一新同事，及將來發揮東方文化於世界之好伴侶。……希兩國佛教徒，皆以法師為中心，互取其長二補其短，以期佛教之宣揚於世界！幸法師自重，以全此大任為禱！[108]

但是，在這些表面的熱鬧和光彩之外，是否留有一些值得探討者？例如所謂「臺灣代表權」的爭議問題，到底'真相如何呢？

（三）大陸代表對臺灣代表權的異議及其解決

此次「東亞佛教聯合會」，實際的要角，是大陸和日本佛教的交流，目的是要達成日華親善。因此，開幕式中，日本的文部省、中國駐日公使館，皆派代表與會，英、德、美來賓，亦有多人到會觀禮。日本佛教代表團，除真宗本願寺派缺席之外，其它各宗皆派代表赴會，人數達千人之多，是最龐大的一團。中華佛教代表團二十六位代表，居第二。其它地區，僅朝鮮代表及通譯共七位[109]，臺灣有三位代表及一位通譯共四位、暹羅有一人出席，緬甸則未派代表。

---

[108] 轉引釋印順編，《太虛大師年譜》，頁 209-10。

[109] 其名單如下：李允用、前田升、申應熙、羅晴湖、權相老、李混怩、西田明松。見〈東亞佛教大會

會前，中日兩國代表商議後，公推日僧佐伯定胤為會長、華僧道階為副會長。

　　出席大會的三位臺灣代表，一位是代表臨濟宗的沉本圓，他是現任臺北觀音山凌雲禪寺住持，為日本臨濟宗妙心寺派在臺的主要聯絡對象，第二位是代表曹洞宗的林覺力，當時他為苗栗大湖法雲寺和萬華龍山寺住持（原為鼓山湧泉寺的閩僧，剛歸化臺籍不久），第三位代表則是臺灣在家佛教團體（齋教）出身的許林[110]，但他當時已傾向日本在臺淨土真宗本願寺派[111]。另一位擔任翻譯的，則是任職於總督府內務局文教課的江木生。[112]

　　大會正式議程自 1925 年 11 月 1-3 日，於東京芝區公園增上寺舉行。但根據太虛本人的回憶，第二天的議程，因臺灣代表權的問題，雙方有歧見，幾乎使大會開不成。因當時日方以中國代表排在日本之下，朝鮮之上。亦即當時朝鮮、臺灣雖為日本殖民地，但日方起先是當其視為個別地區的代表，和中國、暹羅並列。中華代表胡子笏和韓清淨等，均認為朝鮮、臺灣應附於日本，而中國、暹羅則為其它國家代表。中日雙方代表，為此爭持數刻鐘，日本代表才讓步，照中方代表要求，變更坐位次序，否則大會議程可能無法繼續下去。[113]但發言時，臺灣和朝鮮代表，仍代表各自區域佛教講話，例如閉幕式中，朝鮮代表李允用、臺灣代表沈本圓仍被安排上臺致詞，[114]並未由日本代表一概包辦。

　　其實，這一代表權的爭執，凸顯了一個國家主權認定的深刻問題。因當時雖然臺灣原為中國領土，而朝鮮原本也是獨立主權的國家，但因甲午中日戰爭

概況及決議案〉，載《南瀛佛教會會報》第 4 卷第 2 號，頁 36。

[110] 許林的參加，據當時的《臺灣日日新報》（1925-10-26），是林覺力堅決請求之故。轉引王見川，〈臺灣佛教人物論〉，載《圓光佛學學報》第 3 期，頁 310。

[111] 許林對淨土法門有長期研究，故傾向日本真宗，赴日參加大會之後，即於京都本願寺大本山參訪，並成為真宗僧侶。見大橋舍三郎主編，《真宗本派本願寺臺灣開教史》（臺灣：真宗本派本願寺臺灣別院，1935）頁 510。

[112] 見〈東亞佛教大會概況及決議案〉，載《南瀛佛教會會報》第 4 卷第 2 號（1926-3），頁 36。

[113] 見〈太虛自傳〉，收在《太虛大師全書》（臺北善導寺版）第 29 冊，頁 295。

[114] 見藤井草宣，《最近日支佛教の交涉》，頁 41。

中國戰敗後，已淪為日本的殖民地。對於此一狀況，中華佛教代表，是採事實認定的態度，即既然日本已領有臺灣和朝鮮為殖民地，則臺灣和朝鮮兩地佛教代表，自當附屬於日本代表之內，不應另立席位，且與中國、暹羅兩國並列。

換言之，中華代表，在乎的是，本身不與日本的殖民地佛教代表並席而坐，故極力爭取以「其它國家」的名義，來標示自己「國家」的代表權。但如此一來，便不得不視臺灣和朝鮮為日本領土的轄區，承認了日本以戰爭而強行佔有的政治現實；反之，對不肯臣服日本殖民統治的朝鮮人和心向大陸祖國的臺灣人來說，則是一種無情的傷害。

不過，這也是兩難的問題。以日本原先的席位安排來說，既稱「東亞佛教大會」[115]，卻除中華代表團之外，只來了一位暹羅代表，其代表性顯然是不夠的，只得臨時加上臺灣[116]和朝鮮的佛教代表，藉以凸顯日本佛教代表的盟主地位；但將中國、暹羅的代表和其殖民地的代表並列，也絕非為了尊重朝鮮和臺灣的獨立地位，因當時根本無此可能，也無此必要。可見「東亞佛教聯合會」的代表權問題，自始至終皆帶有濃厚的政治意味在內，絕非純粹的國際佛教徒聯誼活動而已。

況且，日華親善既為此次大會的重點，則日方代表見好即收，使大會順利進行，也是可以瞭解的。所以中日有關朝鮮和臺灣代表權的爭執問題，當場並未遭到臺灣代表的抗議，只成了大會的一段插曲而已！

（四）臺灣佛教代表在「東亞佛教聯合會」的發言

臺灣佛教代表，在島內雖各有其一定的教界聲望和影響力，但普遍缺乏佛

---

[115] 此會議，在日稱「東亞佛教大會」，在華仍稱「東亞佛教聯合會」。

[116] 臺灣佛教代表直到大會揭幕前兩星期左右（1925-10-18），才被臨時告知。見沈本圓，〈臨東亞佛教大會之概況與所感〉，載《南瀛佛教會會報》第 4 卷第 2 號，頁 7。但「南瀛佛教會」，為此次大會的四人開銷，共支付了 1,058 元，是不小的費用。見《南瀛佛教》第 5 卷 3 號〔1927-5〕，頁 53。

教高深哲理思想的專業訓練，外語能力不足[117]，又來自日本殖民統治下的南方島嶼，相對於中、日雙方佛教代表的龐大陣容，區區三個臺灣代表還名單屢變[118]、匆促赴日，其實等於被臨時拉去見識一下國際會議的大場面，露露臉，充充數而已[119]。但，俗話說得好：「凡走過，必留下痕跡。」畢竟，這是臺灣本土佛教代表，開臺以來，第一次有機會參加這種大型的國際會議，無論是露臉也好、開眼界也好，都是難得的嶄新經驗，所以有必要瞭解彼等：如何面對這種場面？講了哪些話？會後有何心得和感想？

　　臺灣佛教代表中，法雲寺派的開山祖師林覺力，在大會第一天（1925-11-1）上午的開幕式中，被安排繼朝鮮佛教代表羅清湖之後，代表臺灣佛教界祝恭賀辭。

　　為何會由林覺力，首先代表臺灣佛教祝恭賀辭呢？推測應有下列原因：(a)他是由大陸閩僧歸化為臺僧，並且事業有成，對日華親善的大會目標來說，不失為一個好的樣板。（b）他雖先代表臺灣曹洞宗的勢力，在開幕式發言，但閉幕式，則改由臺灣臨濟宗代表沈本圓發言。（c）他有原法雲寺派下兩位精通日語的留學僧彭妙機[120]和彭阿棟的協助，溝通無礙，故搶得先機。其中尤以彭妙機最擅交際，外交能力極強，連大陸代表都稱讚不已。

---

[117] 例如大會安排一場德國學者以德語講〈天臺宗之現代意義〉，因未設譯者，故除少數日本專家外，其它的與會代表，皆宛若鴉子聽雷，霧煞煞，不知所講為何。見〈東亞佛教大會概況及決議案〉，載《南瀛佛教會會報》第4卷第2號，頁37。此外，若有人協助日語翻譯，則溝通無礙，見下文所描述的林覺力與彭妙機、許林與李添春，即是此種情形。

[118] 臺灣佛教代表的選出，不但時間匆促，而且人選除沈本圓之外，都是接近會期前幾天，才拍板定案的。例如臨濟宗妙心寺派日僧天田策堂一度入選，隔天（1925-10-26），才又臨時更換為林覺力。見大正十四年十月二十六日《臺灣日日新報》，〈覺力禪師餞別會〉的報導。許林原先也入選（1925-10-23），一度被取消（1925-10-25），然後再入選（1925-10-27）。大正十四年十月二十七日《臺灣日日新報》，〈佛教代表者上京〉的報導。

[119] 見沈本圓，〈臨東亞佛教大會之概況與所感〉，載《南瀛佛教會會報》第4卷第2號，頁7。

[120] 彭妙機原名彭蓬聯，楊梅人，原為覺力門徒，極為優秀，為覺力得力助手。但其後為日蓮宗臺僧佐野足秀收為門下，于大正十三年九月十六日，赴該宗日本總本山久遠寺，位於山梨縣南巨摩郡身延村的學院深造。見大正十三年九月十三日《臺灣日日新報》，關於〈僧侶留學〉的報導。

　　不過，林覺力的個人風光，可能也遭到其它臺灣佛教代表的不滿。例如大會後，大陸代表來臺參訪期間，彭妙機即與許林言語不合，公然在歡迎宴上，出手毆打許林，釀成大風波[121]；風波過後，彭妙機便返回大陸，並由王一亭居仲介紹，出任福建廈門的員警署長[122]。

　　除了在第一天的開幕式發言之外，林覺力和彭妙機，都參加第二天上午，由加藤咄堂博士規劃的「教義宣傳部」之大會議程。彭妙機曾發表〈臺灣之宣傳與對本會之期望〉；至於林覺力、甯達蘊、中島裁之三人，原預定發言，因時間不夠，只繳交發言稿而已[123]。第三天為渡邊海旭規劃的「社會事業部」議程，林覺力則於會上發表了〈所感〉[124]。

　　但，臺灣佛教代表中，最活躍的應是代表「齋教」的許林。因許林曾於十一月二日下午，參與高楠順次郎規劃的「教育事業部」議程，並發表〈宗教與教育之關係〉；三日上午，於渡邊海旭規劃的「社會事業部」議程上，則發表〈佛教與社會之關係〉[125]。據李添春本人的回憶，他當時正就讀東京私立駒澤大學佛教科三年級，因在駒大的畢業論文，決定以齋教三派與佛教的關係[126]為範圍，故特別前往請教許林；許林則擬藉重他的日文表達能力。因此，演講的前一晚，李添春留宿於許林下榻的旅館，徹夜撰寫〈佛教與社會事業之關係〉之日、漢文各一的發言稿，把漢文稿交給許林，李添春本人持日文稿。許林在發言稿中強調，從臺灣佛教的角度來看，佛教的社會事業，應是由大乘佛教思

---

[121] 見大正十四年十二月二日《臺灣日日新報》，關於〈佛教大表歡迎會〉的報導提及此事。

[122] 見李添春著，陳國政編，《李添春教授回憶錄》（臺北：自印本，1984），頁60。

[123] 見〈東亞佛教大會概況及決議案〉，載《南瀛佛教會會報》第4卷第2號，頁37。

[124] 見〈東亞佛教大會概況及決議案〉，載《南瀛佛教會會報》第4卷第2號，頁39。但，許林似乎對覺力的發言有意見，導致後來兩人的反目。彭妙機與許林衝突，有一部份原因，導源於此──儘管覺力後來曾試圖澄清衝突與其本人無關。見大正十四年十二月三十一日《臺灣日日新報》，〈覺力師之談片〉之報導。

[125] 見〈東亞佛教大會概況及決議案〉，載《南瀛佛教會會報》第4卷第2號，頁37-9。

[126] 李添春後來以〈臺灣在家三派之佛教〉畢業，並獲頒「永松賞」。見李添春著，陳國政編，《李添春教授回憶錄》，頁52。

想的發展而來，並非基督教社會事業的抄襲。過去的佛的社會事業，不出財施與法施兩種，但在家信徒主前者，出家僧侶主後者。他認為當今的佛教徒，不論僧俗，兩者皆應一起擔當，而其中尤以教育事業為根本。因此，他建議兩點：

（一）應設立孤兒院，以照顧失學的青少年。

（二）應設「學寮」以照顧今後漸增之中國佛教徒的留日學生，使其無衣食之缺與無語言不通之苦。[127]由於言簡義賅，又切實可行，故第二天，兩人同時上臺，輪流用漢、日語對照發言時，每講一段話，就有人拍手，大概六、七段都有人拍手稱讚，到最後一段竟受了兩次盛大的拍手；等講完步下演講臺，很多學者和著名的和尚等，都跑來握手言歡，並互相交換名片[128]。

推測許林在發言最後的建議——設「學寮」以照顧今後漸增之中國佛教徒的留日學生，使其衣食無缺與無語言不通之苦——應是最後他獲得兩次熱烈掌聲的主因。雖然他的「學寮」建議，最後仍然未成為大會正式通過的議案，但，不論如何，這都是一次成功的發言，因此會後，許林非常高興，甚至想將女兒許配給李添春[129]。

回臺後，許林又再發表一篇〈出席東亞佛教大會之感想〉，提到「我國」、「母國」日本此次舉辦「東亞佛教大會」，令他獲益良多。但他雖肯定此次大會的各項決議，卻認為與會的日本大宗教家，既然決議致力於歐美地區的布教，亦當同時致力於支那之布教，使東亞盡為佛教文明之策源地，是不獨可為日華親善之楔子，即東亞之平和，亦可永保確立矣[130]。許林所以有此呼籲，是他認為日本應回饋過去中國佛教對日本佛教的啟蒙；但他不知道：日本在爭取中國境內的佛教布教權方面，其實已歷經幾十年的不斷努力，卻因中國政府不

---

[127] 許林的發言稿全文，載《南瀛佛教會會報》第 4 卷第 1 號（1926-1），頁 10-2。

[128] 見李添春著，陳國政編，《李添春教授回憶錄》，頁 60-1。

[129] 見李添春著，陳國政編，《李添春教授回憶錄》，頁 61。

[130] 見許林，〈出席東亞佛教大會之感想〉，載《南瀛佛教會會報》第 4 卷第 2 號（1926-3），頁 11-2。

論清廷或民國的北洋政權，始終不肯答應，故遲遲無法展開。由此可知，許林之用心是可取的，但對問題的癥結所在，則嫌瞭解不足。

至於許林的其它感想，因不出之前本章已介紹過的〈佛教與社會之關係〉之內容，可不再贅述。值得注意的，倒是另一臺灣佛教代表沈本圓，他除了代表臺灣佛教界於大會的閉幕式致詞之外，在此次大會後，他究竟有何感想呢？

沈本圓在《南瀛佛教會會報》第四卷第二號上，也曾發表一篇〈臨東亞佛教大會之概況與所感〉，此篇內容，值得討論的有幾個部份：

他提到被告知的時間太晚。當他獲悉要代表臺灣佛教界出席大會時，已是十月十八日。亦即離大會十一月一日的開幕式，還不到半個月，因實在太匆促了，他只好提前出發，以全其名譽和責任。

在大會期間，他曾綜合臺灣佛教界各方的意見，向大會提出一個草案，內容有四點：（a）若要改善布教的方法，就必須使民眾易於接受。因此佛教各宗派應互相協調，建立共識，將各宗經典和必讀佛書，以現代語言重新翻譯流通。（b）若要向全球宣傳佛教，則必須先創立「佛教傳道會社」，然後派布教師到世界各地弘法、將佛典譯成當地語文和發行機關雜誌。（c）佛教與社會的互動，應化消極為積極。（d）有關佛教教育的主張，應力求佛國淨土的人間實現，以及以菩薩道為行為準則。

他認為既要提攜日華親善，何不先在臺灣地方做個模範？

他認為演講是弘法最有效的方法，而佛教界若要獲得社會的信賴和肯定，則為公共事業，必先竭力才行。

他和許林都一樣提到「耶穌教」，即西洋基督教的平等主義，因其崇拜造物之神，神尊人卑與神人懸隔，故不若佛教的同體大愛之真平等。在第一次世界大戰後，社會思潮重物質文明和階級鬥爭，已非西洋基督教可扭轉此趨勢，必賴佛法指導才行。[131]

---

[131] 以上為沈本圓文章的重點，但因其文字表達不流暢、語意不充分，故筆者用現代語法略為改寫，使

　　基本上，這是當時臺灣佛教界所能吐露的一點心聲。不過，其中除第一、第三兩點，是臺灣佛教界特有的問題之外，其它都是當時佛教界熟知的新思潮和共識。例如大會前一年，四月十一日，「南瀛佛教會」召開第五次總會，當時會長木下信即曾於會上，有類似的談話。他說：

> 本島之佛教萎靡不振者……一者，乃當布教之僧侶及齋友，多為智識低微，不堪指導社會之任。二者，不體得釋迦之精神，強尾於社會進步，使信者徒為祈求福壽而已。固莫知活用佛之教也。……放眼於海外之宗教現狀，彼自任為基督教國之歐美諸國之基督教，亦於大戰後大為衰頹。謂科學萬能之今日，宗教無用，此亦一時之波瀾矣。然精神安定，非待宗教不可。今將探求？以供自己之安慰也。而我佛教，今也歐米所謂先進諸國之智識階級者，深為研究，將與彼等之精神的新生命也。最近由及歐米視察歸國者之談話，或通信等，綜合之，即彼等渴仰稱讚我佛教為「佛教者合理的」而深研究東洋文物也。以如今所陳之故，在來之宗教必非不可也，蓋當舍短采長，建設民心其存良之信仰，使為社會生活之好伴侶，而善導島民之思想，貢獻於精神作興，乃本會之使命也。[132]

　　因此，臺灣佛教界在此次大會上的提案，雖屬必要，但無新鮮感[133]，況且

其文意明朗和流暢。原文載沉本圓，〈臨東亞佛教大會之概況與所感〉，載《南瀛佛教會報》第4卷第2號，頁7-10。

[132] 載《南瀛佛教會報》第3卷第3號（1925-3），頁31。

[133] 例如未獲指派為臺灣佛教代表，但自行前往的基隆月眉山靈泉寺住持江善慧，亦在十一月二十一日的特別歡迎會上，即曾提到佛教徒的教育，在小學階段，應使其有道德、能文章、明真理。又在現場代為轉贈福建泉州承天寺新東方論理學會主席淨空居士的《根本的教育之大革命意見書》，給與會代表，其說詞皆常常識程度，不能說不對，但無新意。見善慧，〈東亞佛教大會演說辭〉，收在《海潮音文庫》三編「演講集上」（臺北：新文豐影印版，1985，），頁320-3。

大會也未必重視[134]。

（五）「東亞佛教聯合會」的會議結論

事實上，此次「東亞佛教聯合會」的大會決議，有幾項是真正的重點，即：

決定下一屆的「東亞佛教大會」於中華民國北京舉行，日期由中華民國方面決定之。但，此一決定，僅限在下屆於中國舉辦時才適用。

由「日本佛教聯合會」主編之此次大會紀要的日文版；漢文版則交由「中華佛教聯合會」編輯和出版。

此後負責日華佛教徒之聯絡單位，日方為「日本佛教聯合會」，中方則為「中華佛教聯合會」。

統一佛誕日，但中國地區依舊（陰）曆日期行事。

日華聯合於上海創設一所「佛教慈悲醫院」。[135]

可見此次大會的重點，一開始就是以日華親善為目標，故其所反映的決議內容，也是如此。至於其它的提案，其實都是煙幕，是次要的。

不過，由高楠順次郎負責規劃的「教育事業部」，曾建議諸如：應重視婦女和兒童的宗教教育、以及重視佛教歷史文物之收集、保管和展覽之外，起碼還應注意下列五大特徵：

非創造神主義（非認造物主之神）。

平等主義（非認人種差別之誤見）。

大慈主義（非認偏愛主義）。

理想主義（非認實在主義之傾向）。

---

[134] 例如許林建議為大陸留日僧建學寮之提案，雖獲熱烈掌聲，仍未成定案。

[135] 見〈東亞佛教大會概況及決議案〉，載《南瀛佛教會會報》第 4 卷第 2 號，頁 37-9。

自覺主義（導人類於平等自覺，以救濟為主，（但）非認盲目的救濟）。[136]

　　而這五大特徵，正是臺灣佛教代表，在此次大會學到的最新一課。近代東亞新舊佛教思潮之分，可以說，幾已反映在其中了。

　　因此，不只上述許林、沉本圓的與會心得如此反映，在大會後，於臺灣佛教知識精英所展開的批判意識，同樣也是以此五大特徵為指標的。

　　例如批判靠他力解脫的西方彌陀淨土、反對禪淨雙修、主張佛陀非造物神的人間性格、注重社會關懷等等都是。不過，限於本章主題，此類問題的後續探討，詳另文再處理。底下擬就大會後的兩岸佛教交流，先做一探索。

四、中華「佛化新青年會」代表來臺交流及其作用

（一）中華「佛化新青年會」代表的兩次來臺交流

　　中華「佛化新青年會」赴日代表張宗載、甯達蘊和北京法源寺住持道階，一行三人第一次來臺交流，是在參加「東亞佛教聯合會」的大會議程和會後參觀訪問的行程之後，於返國途中，順道來訪的。為何會有此次的來臺灣交流呢？

　　其實，早在前一年〈佛化新青年會世界宣傳隊消息〉便宣佈：

> ……以本年（1924）年底為期，如時局無變更，交通能暢行，得于宣傳閩南一帶之機會中，或到臺灣等處宣傳，再推及於南洋群島。……[137]

　　不過，實際上，並未成行，只由張宗載透過臺僧林玠宗——佛化新青年會

---

[136] 見〈東亞佛教大會概況及決議案〉，載《南瀛佛教會報》第 4 卷第 2 號，頁 37-9
[137] 《佛化新青年》第 2 卷第 7、8 合號，「報告」頁 5。

臺灣弘法團導師——的引薦，以釋善雄的筆名[138]，開始在臺發表關於佛教社會主義的文章[139]。因此，擬藉赴日參加「東亞佛教聯合會」的機會，於回程中，順道來臺訪問交流。

但，臺灣佛教代表的許林、沉本圓、通譯江木生，加上日僧天田策堂共四人，可能和林覺力或其門徒彭妙機有不愉快，因此並未與林覺力、北京法源寺住持道階、中華「佛化新青年會」代表張宗載、甯達蘊等人同行。事實上，彼等於十一月二十二日，即先乘「扶桑丸」返臺；並且抵臺北之後，隨即和歡迎者一道乘摩托車，赴臺灣神社參拜[140]，可謂十足殖民地屬民的表態模式。

既然其它兩位臺灣代表和通譯，已先賦歸，則接待中華民國代表來臺參訪的工作，只得委由先返臺的臺灣代表林覺力負責[141]。於是林覺力便與北京法源寺住持、也是此次大會副會長的道階，以及中華「佛化新青年會」兩位代表張宗載和甯達蘊，先於當年（1925）十一月二十五日，乘「因幡丸」抵基隆港，再搭火車到臺北車站；抵臺北站之後，一行人便乘汽車到林覺力住持的萬華龍山寺小憩，隨即又赴總督府拜訪。在臺期間，預定的參訪行程如下：

> 十一月二十五日至十二月一日臺北州下
> 十二月二日至十二月三日新竹州下
> 十二月四日至十二月六日臺中州下

---

[138] 按「張宗載」原名「張善雄」，因此在臺發表文章，先後用「釋善雄」、「善雄」、「張善雄」以及「張宗載」具名撰文，又往往在名字上標示「獅山金剛寺」〔林玠宗出家的道場，住持為張妙禪〕，因此除「張宗載」外，其它筆名，很容易讓人誤以他為是臺僧之一，其實他根本就是大陸青年居士「張宗載」，中華「佛化新青年會」的創始人。

[139] 見釋善雄，〈佛家的社會主義〉，載《南瀛佛教會會報》第3卷第5號〔1925-9〕，頁8-10。

[140] 見〈雜報——東亞佛教大會臺灣代表歸臺〉，載《南瀛佛教會會報》第4卷第1號，頁34。

[141] 李世偉和王見川合撰的〈日治時期臺灣佛教的認同與選擇——以中、臺佛教交流為視角〉一文說，「會後，臺灣代表覺力法師邀請中國方面的代表定於十一月二十八日前往臺灣訪察，……」所引資料為《臺灣日日新報》大正十四年十一月十七日〈中華佛教家來臺消息〉之報導。載李、王合著，《臺灣的宗教與文化》〔臺北：博揚文化，1999〕，頁55；66。又林玠宗說他和許林於十二月五日，接待到訪的中華代表。見釋觀心編，《釋玠宗老法師事略》〔桃園：金剛寺，1969〕，頁4-5。

　　十二月七日至十二月十一日臺南州下

　　十二月十二日至十二月十四日高雄州下

　　十二月十四日至十二月十六日新竹州下法雲寺[142]

　　由於道階等人到訪，具有「東亞佛教大會中華民國代表」來臺的極大象徵意義[143]，因此代表臺灣佛教本島人的組織「南瀛佛教會」，以及代表日本佛教在臺各宗的「大日本臺灣佛教會」，於來訪第四天〔1925-12-29〕[144]下午五點，聯合於臺北日新町的「東薈芳」舉辦歡迎茶會：代表「南瀛佛教會」致詞的，為總都府內務局局長木下信，他也是現任「南瀛佛教會」的會長，故由他代表致歡迎詞；代表「大日本臺灣佛教會」的，則是日本曹洞宗「臺北別院」院主水上興基，他亦致歡迎詞。中華代表道階、張宗載等，亦在致答詞中，一再表示中日親善之意，並互贈禮物。歡迎會全程進行約兩小時半，但與會來賓，來了數百人，把「東薈芳」擠得滿滿的，幾無立錐之地，可說是一次極成功的交流盛會[145]。只是覺力門徒彭妙機，當眾怒毆許林，是為美中不足之處。

　　道階等中華代表團一行人，在臺期間，行程自北而南，所到之處，或參訪，或賦詩，或演講，都受到熱烈的招待；在彰化地區「曇花佛堂」的一場，不但聽眾達千餘人之多，晚間甚至施放七彩煙火，炫麗整個寒風中的遼闊夜空，以示歡迎之意[146]。

---

[142] 見〈雜報——東亞佛教大會中華民國代表來臺〉，載《南瀛佛教會會報》第4卷第1號，頁34。

[143] 例如道階本人不但為此次大會的副會長，下一屆大會召開的地點，亦已決定在北京，而道階正是北京法源寺的原住持、華北佛教界的重鎮，此外張、甯所領導的中華「佛化新青年會」，其總部和發祥地也同樣在北京，所以具有極大的代表性。

[144] 大正十四年十二月二日的《臺灣日日新報》說，中華代表團甫下船，便赴「東薈芳」的歡迎會，是錯誤的，應為十一月二十九日。見李世偉和王見川合撰，〈日治時期臺灣佛教的認同與選擇——以中、臺佛教交流為視角〉，載李、王合著，《臺灣的宗教與文化》，頁66。

[145] 見〈雜報——東亞佛教大會中華民國代表並臺灣代表歡迎茶會〉，載《南瀛佛教會會報》第4卷第1號，頁34。

[146] 參考李世偉和王見川合撰，〈日治時期臺灣佛教的認同與選擇——以中、臺佛教交流為視角〉，載李、王合著，《臺灣的宗教與文化》，頁55。

　　中華代表團，來臺參訪的最後一站，是於十二月十四日自高雄州北返，然後專程前往林覺力住持的新竹州大湖法雲寺參觀兩天。十二月十六日傍晚，再從苗栗搭火車北上，到萬華已八點多，當晚即宿於龍山寺。第二天上午十點，道階、張宗載、通譯鉅鹿氏、內務局長木下信、文教課長生駒高常等人，在總督府官邸接受第十任總督伊藤多喜男〔1924-1926 在職〕的茶會招待，至十一時半散會。一行人，先坐十一時四十五分，臺北開的列車，到基隆；隔天早上，再搭「開城丸」經香港、廣東，回到大陸，而結束第一次的正式訪臺行程[147]。

　　中華全國「佛化新青年會」代表張宗載的第二次來臺，是在隔年〔1926〕的八月十二日，有該會的淨空居士杜鵑啼同行[148]。兩人在臺共滯留二月餘，直到同年十月十八日才離境[149]。但，張宗載何以會有第二次來臺之行呢？到底是由誰出面邀請的？

　　其實，根據淨空居士杜鵑啼寫給林覺力的〈詩箋〉，已提到：

> ……頃者，敝會代表張君宗載，以一大事因緣，渡臺接洽，並攜住〔駐〕廈領事井上君及布教使神田〔慧雲〕君紹介書，通達一切……實現中日之親善，協求世界之和平。何況我大和尚願力宏深，智悲雙運，必垂金手，鼎力玉成。……[150]

　　這是當年五月間的事。可見張宗載第二次來臺之前，已先請人在廈門多方設法了。但仍直到取得日本駐廈門領事和佛教界的認可之後，再由杜鵑啼寫信

---

[147] 見〈雜報——道階法師一行歸國〉，載《南瀛佛教會會報》第 4 卷第 1 號，頁 35。

[148] 杜鵑啼，又叫「杜萬空」、「淨空」、「淨空居士」，活躍于閩南承天寺，為「佛化新青年會」的閩南支持者之一，喜論東方論理學（佛教因明）及禪學，臺僧林玠宗曾受業其門下，在閩南佛教界有相當聲望，但其論學頗為太虛所反對，但張宗載仍引為同道知己，來臺時，已六十一歲了。

[149] 見〈雜報——張宗載及杜鵑啼兩氏歸支〉，載《南瀛佛教會會報》第 4 卷第 6 號〔1926-11〕，頁 53。其實，這一段時間，兩人不應仍留在臺灣的，因十月上旬，正是「日本佛教聯合會」訪京期間。

[150] 見淨空杜鵑啼，〈詩選——致覺力上人詩箋〉，載《南瀛佛教會會報》第 4 卷第 5 號〔1926-9〕，頁 49。

拜託在臺的林覺力出面幫忙。換言之，此次林覺力仍是出於被動的配合，而非主動的邀請。此外，張、杜兩人，此次雖打者中日親善的旗號來臺，其實主要是來募款的。因根據《南瀛佛教會會報》當時的記載，其募款的目的有三：

> 作為「東亞佛化新青年會會所」建築之用。
> 開辦「佛化布教學校」之用。
> 發行《佛化日報》之用。[151]

但，張、杜兩人，為何此時要特別來臺募款呢？這是導源於張宗載原先在北京觀音寺前空地的辦事處，由於臨近租屋噪音吵鬧的問題，與臨近租屋民眾爆發衝突，寺僧為了挽留住戶、守住房租，遂將張宗載、甯達蘊的辦事處土地收回[152]，於是北京「佛化新青年會」的總部，等於消失了；張、甯不得已，只得先駐足於閩南沿海地區，以節省費用和展開對臺灣跟南洋地區的募款。

為了早日達成當時迫切需要的募款數目，善於詩詞的張宗載和杜鵑啼，甚至在第二次來臺之前，即分別贈詩給相關者。例如張宗載當年夏間，與閩僧出身的釋圓瑛，同赴南洋訪問之際，仍以〈**詩函寄臺灣新僧玠宗師**〉：

> 我自學佛來。見僧如牛毛。宏法能覺世。誰操苦海舠。臺島遇玠宗。少年而英豪。眉黛唇丹赤。心慈志趣高。贈我多珍品。珊瑚白鳳蕭。傾談動華月。〔佛經云。中華花也。印度月也。〕吟詩驚龍蛟。返國幾半載。念師魂夢勞。遙望海上雲。欲度無虹橋。滿腹悲天淚。向誰訴新騷。今我來星島。炎熱如火燒。忽得玠宗書。煩惱即時消。並賜羽衣書。錦箋

151 見〈雜報──中華全國佛化新青年代表張宗載及杜鵑啼來臺〉，載《南瀛佛教會會報》第 4 卷第 5 號，頁 54。
152 劉顯亮曾評論此事說，「寺僧乃指房租養命者也，你們（按：指張、甯等）得罪了他的活財神，他豈能不下逐客令乎？」見劉顯亮，〈劉顯亮居士與張甯兩居士論最近中國佛教書〉，原載《佛音》第 3 年第 5 期。轉引《圓光佛學學報》第 3 期，頁 353。

佐玉毫。受之甚慚愧。感之心湧潮。瓊琚無以報。情高碧雲霄。聊寄此
詩箋。萬裡謝神交。[153]

以及分別以「**詩**」寄下列各人——
〈贈生駒文教課長〉

檀那先六度。願力結南瀛。錮戶開金鑰。文光耀玉衡。信行菩薩道。應
現宰官身。灑遍楊枝水。天河許洗甲兵。

〈贈臨濟宗天田策堂上人〉

宗派承臨濟。相逢啟笑顏。華嚴通一唱。黃蘗透三關。蓮沼沙鷗狎。松
巢野鶴閑。乘車回首望。剎剎聳圓山。

〈贈本願寺古川德信師〉

古樹松蔭護。秋初暑氣闌。宗風超伏虎。法派衍親鸞。眾苦四名度。彌
陀一念安。西方同願力。信可樂瓢簞。

〈贈曹洞宗別院院長〉

洞上玄風古。曹山法雨多。君臣開五位。品地入三摩。大倒須彌麓。澄
清愛欲河。為憐窮子病。心不怨婆娑。

〈贈中華會館高君銘鴻〉

高舉向南瀛。銘功鄙請纓。鴻冥超弋慕。蜃市當農耕。貨殖才同賜。真

---

[153] 載《南瀛佛教會會報》第 4 卷第 5 號（1926-9），頁 48。

修術講彭。一經無量壽。願與樂長生。

〈贈吳昌才先生〉

吳中懷太伯。昌後衍南瀛。才氣商家壯。樓臺海市橫。他邦馳駿驥。祖
國苦鯢鯨。願作如來使。檀那度眾生。

〈贈許林居士〉

許君餘夙契。普度憫群生。樹德娟孺感。說經神鬼驚。四名超有界。一
念脫無名。祖國悲陸沉。同思致太平。[154]

　　從以上各詩的內容，可以看到張宗載的老於世故和工於心計之處。亦即：
就其老於世故而言，可以看出，他很會針對各人所屬的佛教宗派或所處的社會
地位，分別用佛教術語或將對方姓名納入詩句之首，以討對方歡心；就工於心
計來說，則可以看到，張宗載雖表面上一再打著日華親善的旗號來到臺灣，卻
在寄贈臺人的詩中，有意凸顯所謂大陸「祖國」的悲慘現況，可見其目的，是
想藉此先勾起臺人對原鄉「祖國」的認同意識，連帶也對其所從事的佛化宣傳
活動起了共鳴，然後——當然是請對方，伸出援手和捐款……。
　　換句話說，「贈詩」其實只是作為「攏絡」的手段，而獲得臺人的「同情」
和「捐款」，才是其真正「目的」。至於杜鵑啼本人，雖在〈致覺力上人詩箋〉
中，恭維林覺力說：

……上人飛錫駐臺灣。信有名聲重門山。法妙天龍唯一指。寶蓮光色燦
瀛寰。六明覺士是青年。龍象超群蹴大千。為作如來新使者。雲程猛著
祖生鞭。救世何時暢本懷。眾生沉溺有餘哀。遙知臺北禪關裡。二士談

心正眼開。願有檀那須達多。布金組織曼陀羅[155]。龍華會上升獅座。三
界齊超證佛陀。[156]

但是，此〈詩箋〉的一開頭，仍是令人觸目驚心的大陸災難描述：

時丁末法日冥冥。陸起龍蛇戰血腥。新故鬼魂深夜哭。幽途若個是明星。
千年文獻喪中華。凜冽霜摧覺樹芽。煩惱無邊難斬斷。大為猿鶴小蟲
沙。……[157]

雖然在修辭上，杜鵑啼此詩的用語較含蓄，不像張宗載那樣明顯地凸出
「祖國」意識，但其作用仍是一致的。至於兩人到訪後，為應酬所寫的詩歌，
及其贈與的對象，因與前述的意圖類似，大多可省略不談[158]。

不過，有兩首詩，必須一提。其一是張宗載〈贈蔡敦輝君〉。此詩之作，
是因「南瀛佛教會」臺北州海山支部主任的蔡敦輝，對張宗載先前在《南瀛佛
教會會報》上，所發表的〈佛家的社會主義〉一文[159]，起了共鳴；兩人見面，
又交談甚歡，故張宗載以「詩」回應蔡敦輝說：

敦輝蔡夫子。同契似苔岑。言志披肝膽。憂時寄腹心。珠林承說項。瑤
島代蜚音。共搗龍蛇窟。休教大陸沉。[160]

而張宗載離臺後，蔡敦輝也隨即在《南瀛佛教》上，分兩期發表〈社會主

---

[155] 批點的部份，可看出是引用了佛教早期的典故，但目的還是要人「佈施」──即捐款之意也。

[156] 載《南瀛佛教會會報》第 4 卷第 5 號，頁 49。

[157] 載《南瀛佛教會會報》第 4 卷第 5 號，頁 49。

[158] 如張宗載贈臺灣總督上山滿之進、總務長官後藤文夫、內務局長木下信的詩。載《南瀛佛教會會報》，
　　 第 4 卷第 6 號（1926-11），頁 39-40。

[159] 見釋善雄，〈佛家的社會主義〉，分三次，連載於《南瀛佛教會會報》，第 3 卷 5 號至第 4 卷第 1
　　 號。

[160] 載《南瀛佛教會會報》，第 4 卷第 6 號，頁 40。

義與佛教〉[161]，可見兩者極為投合。不過，有關張、蔡兩人的觀點異同，此處暫不交代，俟下一節討論相關佛教理念時，再一併處理。

至於另一首值得一提的詩，其實並非張、杜兩人的作品，而是已改信日本真宗的許林所寫的。

因張宗載雖曾在〈**贈許林居士**〉的詩作中，以祖國悲陸沉，同思致太平作結語，但許林在〈**次張宗載先生見贈瑤韻**〉中，則只是泛泛地酬答說：

> 何幸臨此土。諄諄化眾生。熱誠天地動。弘願鬼神驚。唯識窮玄妙。真
> 如覺聖明。肇開詩佛國。寰宇賴和平。[162]

卻完全不提任何跟「祖國」有關的字眼，可見許林在心態上是不以為然的。

以上，是本章先就大陸佛教代表兩次來訪，有關其外在行程和活動方面的狀況，所作的描述和分析。

但，張宗載等人，既然為中華「佛化新青年會」的靈魂人物，其所代表的，又是正風行於大陸各省的在家佛教知識青年社群的新理念，因此，底下有必要就其曾在臺灣地區，所傳播過的該會理念，或其個人所持的佛教思想，再作一綜合說明。

（二）中華「佛化新青年會」的新佛教理念之移入

有關中華「佛化新青年會」的新佛教理念，其實本章在說明「東亞佛教聯合會」召開前一年的夏季，日本佛教代表東京帝大教授木村泰賢博士等人，來華參與議定隔年於日本召開大會議案以及作會外交流時，已作了極大篇幅的探討。

---

[161] 上篇載《南瀛佛教會會報》，第 5 卷第 1 號（1927-1），頁 41-3；下篇載《南瀛佛教會會報》，第 5 卷第 3 號（1927-5），頁 38-40。

[162] 載《南瀛佛教會會報》，第 4 卷第 6 號，頁 40。

　　而當時臺灣佛教界，對於中華「佛化新青年會」的新佛教理念，即所謂的八大使命，也應略有耳聞才對。

　　因此，雖無切確資料，可以瞭解道階、張宗載等人來臺之前，關於中華「佛化新青年會」的八大使命在臺流傳的情形，但最遲於張宗載、杜鵑啼兩人來臺進行募款後的隔年春天，便正式於《南瀛佛教》第 5 卷第 2 號（1927-3）上註銷所謂〈支那佛教徒革命宣言〉，其內容如下：

　　　這番支那「武漢佛化新青年會」，張宗載、周浩雲、周偉廷、劉碩廷等，以現代支那竟（已）是革命勝利之中華民國，然而佛教依然是個中華老大帝國皇帝萬萬歲的老佛教，倘無自整，即終歸於淘汰無疑矣。現竟有一般應時而生之反宗教運動者，視為鴉片煙、麻醉藥，以為不能幫助國民革命者。然以教主釋迦，乃大慈、大悲、平等、救世、救人，非坐食受供養之懶人；無聊厭世之不問世事，乃是個大雄、大力、大慈悲之救世主也。

　　　依之（因此）前記數氏，自出為佛教革命運動，以宣傳大乘方便新佛化。
　　　其宣言主張大概如左（下）：
　　　打破一切鬼教神權的虛偽迷信。
　　　打倒自私自利、無學無識、腐敗專制的和尚。
　　　打倒欺詐狡猾的投機佛徒。
　　　打倒一切利用佛法騙人的佛教會。
　　　打倒身掛佛珠、口念彌陀、裝模做樣、自欺欺人的佛門敗類。
　　　打倒袈裟其身、禽獸其行、販賣如來、不勞而獲的一切寄生蟲。
　　　打倒偶像魔術式的法師。
　　　揭開叢林內一切黑幕。
　　　解放被壓迫的一切青年僧尼。
　　　推翻資本階級、愚弄婦女、奴隸、人民的居士林。

實行非宗教的新佛化。

實行佛化的工農生活。

實行大慈大悲、救人救世的工作。

實行佛化教育，造就一切人材。

擁護太虛大師[163]。

建設人間淨土[164]。

猶（按：即「尚有」之意）支那現代佛教徒中，稱為第一流人物之「上海佛教教育社」釋太虛氏，亦如前記，自出佛教徒革命運動。氏親訪革命軍代表、湖南省唐生智將軍，說明佛教上（述）革命宣言之旨，承唐氏十分贊成，決定以僧侶農工等十萬人成立之，而太虛氏被推為盟主。殊且，支那之大人物蔣介石氏，亦加之同盟內。以是支那佛教徒革命同盟，於去二月十日成立矣，委員即張俞人、慧硯、劉仁宣、唐大圓、朗清、仰西、榮照等，皆佛教之僧侶、居士也。其宣言主張，與前記大同小異。其於初次大會，參加者有三千七百餘人云云，是乃支那佛教史上最新之記錄也。[165]

　　從此一報導的文件內容來看，當然主要在陳述中國大陸最新發展的佛教現狀，但，也是即時反映國共合作進行北伐之後，在武漢佔領區內，實際由唐生智將軍主導，但表面宣稱乙太虛為首的、佛教界對最新革命情勢的回應狀況。而〈支那佛教徒革命宣言〉則是其內部佛教意識型態的最新反映。

---

[163] 可見張宗載等，雖於民國十五年間，對太虛頗有怨言，但到了民國十六年春，眼見革命浪潮衝擊，不利「佛化新青年會」的運動，又開始要擁戴太虛大師了。只是，為時已太晚了。不久，張宗載即被下獄拷問，「佛化新青年會」的運動也宣告中止了。印順曾評論此事說：「佛化新青年會，初意未嘗無建樹之熱忱（陳維東、宵達蘊、邵福宸，始終未失信仰）。然以經濟來源之不正常，佛教信解之不充分，而大師又未嘗予以堅強之領導；乃於革命潮來，灰飛煙滅。」可謂公允。見氏編，《太虛大師年譜》，頁 234。

[164] 此一佛教思想，對戰後臺灣的佛教界影響很大，是當代臺灣佛教的主流思想之一。

[165] 載《南瀛佛教》，第 5 卷第 2 號（1927-3），頁 55-6。

　　不過，此一革命宣言和支那佛教徒革命同盟的組織活動，其實是因兩湖地區，正陷於赤色革命的洪流衝擊中，佛教為了自保、免於被清算，才有如此激進的批判言詞和行動；換言之，是迫於革命後的新情勢，所不得不然之舉。

　　儘管如此，張宗載仍因批評唐生智將軍的佛教政策不當，隨即被唐生智將軍下獄拷問和酷刑數月，才被釋放。但如此一來，連帶也使「佛化新青年會」的活動，為之中挫；並且，不論張宗載個人的主觀意願如何，縱使關他的唐生智將軍，終於在當年十一月下野了，他手創的「佛化新青年會」，依然從此畫下了永久的休止符[166]。

　　由此看來，本章要討論張宗載等人所代表的「佛化新青年會」之佛教理念，即必須回溯到之前，彼等在臺灣佛教刊物上所發表的各篇言論。亦即完全就其和臺灣佛教界公開邂逅的文來討論，而不再漫涉其它。

　　下表是將中華「佛化新青年會」相關人員的文章（詩歌除外），全列在表內。必須說明的是：表內「資料出處」一欄的南字，在第 5 卷第 1 號（1927-1）之前，為《南瀛佛教會會報》的簡稱；從第五卷第一號（1927-1）開始，則更名為《南瀛佛教》的簡稱。至於在「篇名」之前有◎記號者，則為內容相關且有意義者。

編號	作者	篇　　　　名	資料出處	說　明
1	淨空	最新無上體育衛生之發明（一）	南 3：4（1925-7）	淨空講 玠宗記
2	淨空	最新無上體育衛生之發明（二）	南 3：5（1925-9）	淨空講 玠宗記

---

[166] 以上參考釋印順編，《太虛大師年譜》，頁 230-42，例如《太虛大師年譜》中，曾引《海潮音》第 9 卷第 3 期的「通訊」，並評論說：「時湘省佛教，以唐生智老師顧淨緣，組織佛化會，秋初辦兩湖佛教講習所，強力接收寺院財產，逮捕住持，槍殺（武昌）佛學院學生素禪，全湘騷然。迨唐以十一月下野，佛化會解散，僧魂乃得稍定。」見同書，頁 242。另外，王見川也提供了一些第一手的資料，如〈張宗載下獄之歌詩〉。見氏撰，〈張宗載、寗達蘊與民國時期的「佛化新青年會」〉，載《圓光佛學學報》第 3 期，頁 340-41。

3	淨空	最新無上體育衛生之發明（三）	南3：6（1925-11）	淨空講　玠宗記
4	淨空	最新無上體育衛生之發明（四）	南4：1（1926-1）	淨空講　玠宗記
5	淨空	最新無上體育衛生之發明（五）	南4：2（1926-3）	淨空講　玠宗記
6	淨空	最新無上體育衛生之發明〔六〕	南4：3（1926-5）	淨空講　玠宗記
7	淨空	最新無上體育衛生之發明〔七〕	南4：4（1927-7）	淨空講　玠宗記
8	釋善雄	◎佛教的社會主義（一）	南3：5（1925-9）	張宗載筆名
9	釋善雄	◎佛教的社會主義（二）	南3：6（1925-11）	張宗載筆名
10	釋善雄	◎佛教的社會主義（三）	南4：1（1926-1）	張宗載筆名
11	甯達蘊	佛法與人生	南3：6（1925-11）	首次來臺
12	張宗載	◎我對於東亞佛教信徒今後之希望	南4：1（1926-1）	首次來臺
13	善雄	吾人何故信佛教乎何為學佛乎（一）	南3：5（1925-9）	張宗載筆名
14	善雄	吾人何故信佛教乎何為學佛乎（二）	南4：1（1926-1）	張宗載筆名
15	善雄	吾人何故信佛教乎何為學佛乎（三）	南4：2（1926-3）	張宗載筆名
16	善雄	吾人何故信佛教乎何為學佛乎（四）	南4：3（1926-5）	張宗載筆名
17	善雄	春與佛之使命〔上〕	南4：1（1926-1）	張宗載筆名

18	善雄	春與佛之使命〔下〕	南 4：2（1926-3）	張宗載筆名
19	甯達蘊	佛家大乘小乘之比較	南 4：2（1926-3）	首次來臺
20	張宗載	◎新佛化運動與中日親善之實現〔上〕	南 4：5（1927-9）	二次來臺
21	張宗載	◎新佛化運動與中日親善之實現〔下〕	南 4：6（1927-11）	二次來臺
22	張宗載	◎真佛教之產生與東亞民族之努力	南 4：6（1927-11）	二次來臺
23	張宗載等	◎支那佛教徒革命宣言	南 5：2（1927-3）	運動在兩湖遭挫
24	甯達蘊	佛教的社會化	南 5：4（1927-7）	運動在兩湖遭挫

　　從表內共計 11 篇，分 24 次刊登的文章內容，以及 5 篇有◎記號的作者，皆為張宗載的這一現象來看，中華「佛化新青年會」的新佛教理念之傳入臺灣，主要還是由張宗載來代表。但，如何來解讀上述各別文章的內容或所代表的新佛教理念呢？

　　其實，要解讀上述的各別文章之前，有幾個相關的問題，應先知道，才有助於理解彼等將如何發言；因彼等要在臺灣發言，並非可肆無忌憚的放話，而是受到下列現實因素的制約：

　　〔a〕臺灣當時已是日本的殖民地，若彼等要以一大陸華人，於日本在臺當局的監視之下，公開於臺灣佛教的刊物上發表文章，則其言論尺度，將受到一定的局限，例如日本在臺當局禁止共產社會主義的公開傳播[167]，彼等即不能公然贊成當時盛行於亞洲各國的社會主義，特別是馬克思的共產社會主義，否

---

[167] 日治時期有關大正後期臺共及社會主義的發展與管制問題，可參考【臺灣總督府員警沿革志第二篇——領臺以後的治安狀況（中卷）】，此書有王乃信等人的中譯本，但易名為【臺灣社會運動史（1913-36）】，其第三冊即《共產主義運動》（臺北：創造出版社 1989），頁 1-6。

則即會犯禁被撤或被罰。

〔b〕像張宗載等所代表的在家青年佛教知識社群，在當時的臺灣佛教圈，其實仍未真正形成，例如幾位留日的佛教知識份子，如李添春、曾景來、林秋梧、高執德等人，都就學中，不在臺灣，故其所欲訴求的物件，只能設定在臺僧和有識字能力的一般佛教徒，因而不宜有太強烈的批判論調；特別是對彼欲交流或欲向其募款的僧侶、齋友，更不能做具體的指控或貶抑，以免徒增反效果，反而不利其目的之達成。

〔c〕既然二次來臺，欲向「臺胞」佛教徒募款，是彼等主要目的，則廣結善緣有其必要，因此在臺期間，彼等以詩歌酬答各方，處處強調中日親善，便成了其公開言論的主要內容。

〔d〕張宗載在大陸佛教界，雖以「佛化新青年會」的組織和宣傳活動，為人所知，但其本人既非真正有高深素養的佛教學者，又無華僧擅長法事的道場經驗與宗教魅力，除非彼等能結合像道階或太虛等名僧一起活動，否則縱使來臺交流，亦難獲臺灣本土僧侶的重視。

所以彼等二次來臺期間，和日本真宗有關的臺籍教界人士交往，即成了彼等活動的重點之一。因彼等認為真宗僧侶既可娶妻食肉，形同在家信徒，與彼等主張的在家佛教徒性格相近，故在其公開言論上，亦自然反應出此一傾向。

假如對以上的相關問題，已有瞭解，則接著綜合論述其言論內容，或所持的佛教理念，就相對容易了。

不過，由於淨空（杜鵑啼）是先在《南瀛佛教會會報》上，連載七次的〈最新無上體育衛生之發明〉一文作者，而他又是閩南「佛化新青年會」的支持者，究竟此文是怎樣的內容呢？有必要說明一下。因單看篇名，實在無從瞭解其指涉的內容為何？但假如用現代較熟悉的所謂氣功療法來說明，就一目了然了。根據「淨空」自己說[168]：他從小體弱多病，因此習於早晚靜坐，並長期多次搓

---

[168] 見淨空講、釋玠宗記，〈最新無上體育衛生之發明〉，載《南瀛佛教會會報》第 3 卷第 4 號（1925-

摩腹部周圍上下，直到發熱生電為止，他以此法，行之數十年，頗能體健少病；但民國十三年季春，他以五十九歲之齡，受「閩南佛化新青年會」之聘，出任《佛音》月刊編輯，又兼景賢佛學研究社及義務小學國文教授，一時過於勞累，腦部發病，頭昏眼花、手麻耳聾，無法思考和工作。

其間雖一度以冰袋貼頭或以冷鹽水浸泡，而使病況改善過半，終究未能如常。幸好同年八月中旬，廈門大學陳敬賢校長來訪，並贈以所譯《日本藤田氏調和道》一冊，以供治療腦疾之用。他試習此法一周，頗有療效，又憶及他1906年留學日本時，曾有真宗高橋比丘傳以拜佛調息觀念法，當年雖未應用，如今則於睡前行高橋氏法，上床則改行藤田氏法，結果成效極為顯著，不但腦疾痊癒，身子也日健體強起來。恰巧其女杜蘅任職小學女校國文教習，亦為疾病所苦，所以他願將自己的心得公諸於世。

而因臺僧林玠宗，亦在福建泉州承天寺就讀「東方因明論理學院」，曾聽其演講，故將其筆錄之，並拿到臺灣的《南瀛佛教會會報》上來連載發表。

可見，這是一篇介紹結合禪坐和氣功[169]自療法的文章，是屬於實際生活應用的經驗報導，因此也不涉及任何敏感的佛教意識型態，要在臺灣發表，自無問題。

但，為何會將此種靜坐自療法，稱之為〈最新無上體育衛生之發明〉呢？其實，「淨空」杜鵑啼本人，縱未解說何故？仍不難明白其命名之由。

因中國近代著名的教育家和佛教史學者蔣維喬（1873-1958），曾於1914年，眼見日本流行「岡田氏靜坐法」，便根據自己靜坐治病健身的經驗，也寫了一本類似的書，叫《因是子靜坐衛生實驗談》（一名《中國醫療預防法》），出版後大為暢銷；四年後，蔣氏又著《靜坐法續編》，同樣風行大陸各地，兩

7），頁14-5。

[169]「氣功」一詞，並非傳統用法，而是1949年以後，在大陸逐漸流行的新用法。

書各重版數十次之多[170]。既然蔣氏之書，已是此類書籍的開山之作，又以「靜坐衛生實驗」之名，風聞天下數十年；而杜鵑啼之作為後起，雖資料來源與個人經驗，都有異於蔣書之處，但內容仍與蔣書類似點極多，為了要區隔兩者，故在篇名加上「最新無上」和「體育」的修辭。

不過，純就臺灣地區而言，杜鵑啼的此文，依然是開山之作。特別是此類靜坐自療法，在臺灣佛教界仍有其一定的市場需求，因此，繼杜鵑啼此文之後，在臺南開元寺中，亦有人提倡此法，故值得先在此一提。

至於張宗載最先在臺發表〈佛教的社會主義〉一文，是因當時《南瀛佛教會會報》上，正在討論佛教裨益國家社會說的問題；這是「南瀛佛教會」繼臺灣佛教振興策的徵文之後，另一次的公開徵文。因此，張宗載此文，是與其它徵文入選的文章，一起發表的[171]。

但，張宗載此文，其實並無特別的內容。他在文中，除略舉西方社會主義各派的興起與產業革命的關係，並對其略加批評之外，只是將佛教的制度和大乘思想，比擬為社會主義的一種；但因佛教既無階級鬥爭和社會掠奪，又能化盡一切眾生無邊苦惱，及維持世界的平等和諧，故他認為是較高明的一種社會主義，可推翻或取代其它的種種不當主義。因而，他的結論為：佛陀即是一個大社會主義的大學者；一切菩薩即實行社會主義的中間黨人[172]。

問題在於，張宗載上述的論調，本質上，只是將該會原八大使命的主張，略去其中新舊佛教的對比部份，再以「臺灣通俗版」的形式重講一遍而已。並且，全文講得好像煞有介事，仿佛極力在高揚佛陀和菩薩道的殊勝，其實是將兩者（佛教和社會主義）比附得極為牽強，簡直成了另一種佛教形式的八股文。

---

[170] 見蔣維喬，《因是子靜坐衛生實驗談》，收在藍吉富主編，【現代佛學大系】第36冊，《修持法彙編》（臺北：彌勒出版社，1984），頁3-4。

[171] 當期還有陳祖舜（第三名）和歐調蝠（第四名）的入選文章。載《南瀛佛教會會報》第3卷第5號，10-12。

[172] 張宗載，〈佛家的社會主義〉，載《南瀛佛教會會報》第4卷第1號，17-8。

既然這種牽強的比附，很容易被看出理論的破綻，說服力也不強，但張宗載為何又要如此表達呢？推測其當初撰寫此文之意，可能只是想藉佛教的外貌，來挾帶介紹社會主義思想──不過，這也等於遊走在法律邊緣了[173]──故當其發表時，並不直接用張宗載具名，卻採用了「釋善雄」這一容易誤以為是僧侶撰文的筆名，應是為了避嫌所致。

此外，張宗載和道階、甯達蘊在「東亞佛教大會」之後，首次來臺時，以「善雄」為筆名，所發表的兩篇文章：〈吾人何故信佛教乎何為學佛乎〉、〈春與佛教之使命〉，皆屬泛泛之談，看不出有該會的特別主張。甯達蘊的兩篇：〈佛法與人生〉、〈佛家大乘與小乘之比較〉，亦是如此；只是後者較老實，願意坦承自己所講的，無多了不起的內容罷了[174]。值得注意的是，以中華全國佛化新青年會張宗載具名發表的〈我對於東亞佛教信徒今後之希望〉一文，這應是可以公開正面陳述該會新佛教理念的機會，但，實際又表達了甚麼內容呢？他認為：

東亞佛教信徒，無論新舊宗派，應一致互助，不起鬥爭。

希望東亞佛教信徒，不犯妄語大戒，一面通達佛乘妙諦，一面應廣通世界文字、科學、宗教、美術，效法大乘《華嚴經》中〈入法界品〉的善財童子親歷五十三處參訪，以請益各行各業的菩薩和成就種種表現，使世間一切法，亦攝取到佛法中來實際應用。

為達到上述目標，他建議應盡速設立『佛化世界宣傳隊』，成立《佛化日報》，用日、華、英、法各種文字，實地宣傳。創立『佛化青年布教模範學校』，造就臨時傳教人材。另設立『佛法研究院』，養成高深偉大人物。先行振頓東亞佛教，改造一切信徒。由中、日佛教徒，聯合東亞各國，分籌鉅款，仿西洋

---

[173] 這種隱藏式的做法，雖同時淡化了其真正的思想本質，讓人不易把握其特色，但從後來張宗載等，在大陸武漢所發表的〈支那佛教徒革命宣言〉來看，縱使把其中過於激進的措辭修改，仍是不折不扣的社會主義基調，而非甚麼〈佛家的社會主義〉。

[174] 見甯達蘊，〈佛法與人生〉，載《南瀛佛教會會報》第4卷第1號，頁9。

傳教方法，努力前進，庶幾不負我佛出世之本願也[175]。

　　但這樣的論調，仍有下述問題：

　　（一）雖然大會目的，是要促進日華親善，故他也應景地跟著強調：東亞佛教徒，無論新舊宗派，應一致互助，不起鬥爭。但事實上，這根本是違心之論。因該會的八大使命即在以「新」佛教批判「舊」佛教，哪得不爭？

　　（二）他建議設「佛化世界宣傳隊」等，固然與該會活動宗旨相符，但外語布教人材在何處呢？宣傳甚麼內容呢？總不能全賴日本佛教各宗派來支持吧！

　　（三）他雖建議由中、日佛教徒，聯合東亞各國，分籌鉅款，仿西洋傳教方法，努力前進，可是有哪一國的佛教團體，願與該會分籌鉅款、共用資源呢？說穿了，不就是在仰賴日本能將預備退回的庚子賠款[176]，也讓該會分享？相對於臺灣佛教代表發言的樸實和具體，更襯托出張宗載此一發言的誇大和空洞。

　　假如張宗載等人，首次來臺時，因和道階同行，又適當「東亞佛教大會」之後，以中華佛教代表初抵日治下的臺島參訪，為免喧賓奪主，可能不宜過度凸顯本身的宗教立場。可是，第二次來臺時，既是純以該會人員名義的到訪，縱使目的是為了向臺灣佛教徒籌款，但若不能以其新佛教事業的必要性說服募款物件，同樣難以達到目的。因此，說清楚、講明白彼等的新佛教理念到底是甚麼？是有其必要的。亦即彼等當較少顧忌，以暢言其募款宗旨了？但在這種情況下，他又實際傳達了哪些新佛教理念給臺灣佛教界呢？

　　事實上，張宗載第二次來臺期間，共發表了兩篇講稿，一篇是〈新佛化運動與中日親善之實現〉，另一篇是〈真佛教之產生與東亞民族之努力〉。

　　在這兩篇講稿中，張宗載的確直言不諱地將本身的想法，以一問一答的方

---

[175] 見張宗載，〈我對東亞佛教信徒今後之希望〉，載《南瀛佛教會會報》第4卷第1號，頁9。
[176] 此一意圖，亦可清楚見之於張宗載自白。見張宗載，〈新佛化運動與中日親善之實現〉（上），載《南瀛佛教會會報》第4卷第5號，頁29。

式，清楚地道出。而和第一次來臺不同的是，他毫不掩飾對舊派華僧的不屑，亦對平素尊崇的太虛語涉嘲諷[177]，卻對日本佛教界抱有好感，並把該會的未來合作對象，寄託在日本佛教界。但，他為何會有這樣的不同反應呢？張宗載首先指出：

> ……在華舊佛教徒，腦筋腐敗，舊汙難除：對佛教無歷史眼光，對時代無普通常識，對佛化社會的進步，無織組（原文如此）智力，不思革新本身，妄言傳教於歐美；地盤漸被劫奪，徒眾無力感化，妄言可覆三千大千世界，將誰欺乎？
>
> 且也現今世紀，哲學科學等新潮流，已深入人類心髓，應當迎合新機，闡明大乘真理，與一切主義，融為一體，使無掛礙。如本會與日本佛教界朋友所主張之新佛化運動，即此宗旨。（但）彼輩多加反對，指為失真，謂無乳味。嗚呼！自入鬼窟，身與鬼鄰，而反以新佛化為不當，是誠夏蟲不可以語冰，斥鷃不可以圖南也。吾人對此，若不起佛教大改革，絕無維新之希望。[178]

可是，為何中日親善會與該會的佛化運動有關呢？張宗載認為，中日有四同：同種、同文、同教、同洲，所以彼此的感情與思想，較易融洽。又有三便：一者往來易通，二者性情易合，三者智識易交換[179]。當然，這樣的觀點，如非針對臺灣漢裔的佛教徒來說，即成笑話。

雖然如此，對於中日親善的問題，張宗載仍認為，該會主張的是真親善，而一般政客所講的是假親善；並且，由於雙方的政治野心家都不為人民信賴，

---

[177] 主張赴歐美傳教，原是太虛佛化佛教運動的重點，人人皆知，但從以下批點引文，即知張宗載對其不以為然的態度。

[178] 見張宗載，〈新佛化運動與中日親善之實現〉（上），載《南瀛佛教會會報》第4卷第5號，頁28。

[179] 見張宗載，〈新佛化運動與中日親善之實現〉（上），載《南瀛佛教會會報》第4卷第5號，頁28。

以至於日本對華有真心親善的舉動，亦遭懷疑。張宗載接著舉例並批評說：

> ……日本以庚子賠款，倡言在華作興辦文化事業之用，並知中國政府性
> 質，如沙在灘，斷難倚賴，（因此）表明態度，離脫政治範圍，欲與我
> 國民合作。然而懷疑無識者流，反有文化侵略之論調。故歷時已久，難
> 成事實。此種親善，亦終成空華。[180]

　　既然如此，要展開真正的中日親善，唯有由新佛化的佛學家來推動。而所
謂新佛化的佛學家，其實指的就是像淨空居士杜鵑啼這樣的佛教學者。因其能
據因明論理公式，以解決文化根本大問題。

　　不唯能使聽者，最易了然，並能據此編為國文覺育之教科，及一切倫理、
論理、心理等新書，使一切人能用有律的工作法，不用無律的講讀法[181]。如此
一來，只要四年，即可使學童明文通理，較舊學制更簡易有效，並可為世界和
平的教育，奠定基礎。此外，如日本博學界佛學名家，以及南京法相大學所研
究發明之佛理，能呼應時代科哲潮流，以邏輯理性論學，揭露宇宙真理，對正
人心、濟世界，頗為有效，皆是「佛化新青年會」欲取為教材者。再加上該會
研究家所出版的東方大同學案及所發行的各種月刊雜誌，皆可證明，該會的新
佛化運動，是有源有本，並且證據確鑿。

　　然而，中國本身當前即陷於內戰連連，自相魚肉，形將亡國滅種，為何不
先在國內推廣，以弭平戰爭而締造和平呢？張宗載的回答是：活動的經費不
足，所以成效不彰。如今來臺募款，就如古代申包胥為救楚而哭秦廷，請求出
兵；近代北美十三州欲脫英獨立，也賴法國援助才成。

　　何況中國現今的舊佛教徒，視日本所說的親善與所行的佛法，皆為虎狼蛇

---

[180] 見張宗載，〈新佛化運動與中日親善之實現〉（上），載《南瀛佛教會會報》第 4 卷第 5 號，頁 29。
可見「庚子賠款「的未能順利取得，如何讓其耿耿於懷。

[181] 見張宗載，〈新佛化運動與中日親善之實現〉（下），載《南瀛佛教會會報》第 4 卷第 6 號，頁 27。

蠍；彼等則視其為醍醐酥酪。又，中國舊佛教徒，每每批評日本和尚娶妻帶眷的行為，是破戒喪德；彼等則視為方便行化、普利群生。

可見新舊佛化的觀感不同，亦導致運動的趨向有差異。再說，如有人擔心該會如此熱衷中日親善，將來是否會導致對方文化侵略的後果？

張宗載認為不會，因該會純為社會組織，不涉及兩國政治交涉的問題，並且文化事業原屬世人公有，講究平等互惠，故不生文化侵略的問題。因此，他認為該會所推動的新佛化運動，不只可作為中日真誠親善實現之南針，還可作為世界和平之根本[182]。

以上張宗載的這些論調，在其另一篇〈真佛教之產生與東亞民族之努力〉一文，又總結為兩大點：

1. 凡所謂日本之佛教、中國之佛教、印度之佛教、臺灣之佛教，某宗某派，分門別戶，毀他自贊等舊惡習，坐視他國之痛苦而不救，旁觀他人之危險而自安，如此佛教徒，學小乘者固非，學大乘者仍偽也。

2. 謂此方經濟，不能互助于他方，此宗派不能融合於他派，終將迷於偏執的鎖國主義，而忘展開的世界主義，則前途之危險難免，將來之幸福難享，可斷言也。[183]

總而言之，張宗載以上的長篇大論，講白一點，就是要其它佛教徒，尤其是日本和臺灣地區的佛教徒：不能藉口國家不同、地區不同、宗派不同，就當小氣鬼，不捐款給像該會這樣需要支援的新佛化團體，否則即非真佛教徒，日後也不會有好下場。

---

[182] 見張宗載，〈新佛化運動與中日親善之實現〉（下），載《南瀛佛教會會報》第4卷第6號，頁27-8。

[183] 見張宗載，〈真佛教之產生與東亞民族之努力〉（下），載《南瀛佛教會會報》第4卷第6號，頁22。

（三）臺灣佛教界對中華「佛化新青年會」理念的響應

臺灣佛教界，對於以上張宗載所詮釋的中華「佛化新青年會」之新佛教理念，到底有何回應呢？就現有的資料來看，臺灣佛教界的回應，其實應分兩個階段來觀察。因杜鵑啼雖與張宗載在第二次來臺時，才同行，但其在閩南沿海地區的教學活動和相關著作，則遠在來臺之前，即為赴閩臺僧所知。

除之前已討論過的〈最新無上體育衛生之發明〉一文外，在東京召開「東亞佛教大會」期間，他亦曾透過基隆月眉山靈泉寺的住持江善慧，將其所編著的《根本的教育之大革命意見書》及《最新東方論理學》兩書（抄本樣書），轉贈與會代表，江善慧還說該書：

> ……凡國文教授入理之法規，悉皆周密，是根本教育革新之計畫。……其主義頗與餘不合一二，願本會眾仁者，特別注意焉。[184]

可見其在肯定中，仍不掩彼此存有歧異之處，並非無條件的全盤接受。

但，臺僧林玠宗因曾受業杜鵑啼門下，又膺選為中華佛教新青年會臺灣弘法團導師，故對張宗載等人的重在家眾、行新佛化、以及批舊僧的各種論調，都起了強烈的共鳴，於是趁杜、張兩人來臺募款期間，公開發表〈佛化新僧之宣言〉，拋棄原先作為出家僧侶的立場，並宣佈自己，而今而後，亦僧亦俗亦儒亦道，視煩惱為菩提，舍濁世無淨土，河山大地，全露法王身，有何道可求？有何功可用？又況彌陀一念，頓超三乘〔按：即聲聞、緣覺、菩薩三乘〕，不拘善惡，帶業往生，尤為方便法門，足以圓通而無礙乎？以是因緣，特號新僧[185]。

林玠宗的〈佛化新僧之宣言〉，還附有佛化新僧簡章六條：

---

[184] 善慧，〈東亞佛教大會演說辭〉，收在《海潮音文庫》三編「演講集上」（臺北：新文豐影印版，1985，），頁 323。

[185] 見林玠宗，〈佛化新僧之宣言〉，載《南瀛佛教會會報》第 4 卷第 6 號，頁 23。

1. 作佛化運動的新生活，行大乘菩薩的方便法，在社會經營一切利益眾
   生事業。
2. 離開虛偽的舊佛教，以行真實的新佛化。
3. 本佛陀慈悲喜捨為弘法中心，不分宗派民戶，自起鬥爭。
4. 新僧，分真俗兩派：（1）獨身，守五戒。（2）帶妻，聽人方便。
5. 傳教方法，亦同耶穌教之組織，以期遍行正法、社會群眾。
6. 傳教的人，不限素食葷食，唯不可自殺生命以為美食。[186]

　　其實，林玠宗所宣佈的六條佛化新僧簡章，除了加上諸如作佛化運動的新
生活、行真實的新佛化等詞彙之外，無異於他出家之前所信奉的「臺灣齋教龍
華派」，變動不大，所以佛教界幾無反彈的聲浪。

　　特別是他出家為僧前的已婚妻子陳雍，等於又找回了丈夫，高興之餘，也
同時發表了一篇陳雍女士宣言，其內容如下：

　　昔天主教，本是僧侶制度，其結果僧尼淫濫大行，醜聲四溢，種種罪惡，
　　產生其間，教會腐敗，達於極點。有馬丁路德者出，自以一僧聚一尼，
　　而改為牧師傳教，從根本上除其虛偽。耶穌教所以盛傳於世界者，路德
　　改教之功也。
　　吾夫林玠宗，前日出家為僧，餘甚贊其高潔，美其淨行，期早證四果，
　　超脫三界，了明生死，不入輪回。奈我臺灣，僧多偽行，根器薄弱，名
　　為三寶，實則五濁，小乘不參，大乘不學，日馳逐於世俗之家，時貪染
　　于名利生活。環境若此，安能清修？如是行為，受人輕視！古德云：地
　　獄門前僧道多。余每誦斯言，真不寒而慄。且佛教正法，義在報恩。出
　　家既不能了脫生死，尚如牛入深泥，何法報恩？自欺欺人，莫此為甚！

---

[186] 見林玠宗，〈佛化新僧簡章〉，載《南瀛佛教會會報》第4卷第6號，頁23-4。

與其偽作比丘，何如在家奉佛。因是敢勸玠宗反俗行化，實盡子道夫道，
而為孝子忠臣：名之新僧，可追日本真宗之步；號曰通俗佛教，能去佛
門敗德之人。

雍也不敏，誓從其後，抱定宗旨，相夫行道。知我罪我，概不計焉。特
此宣言，敬布大眾。[187]

這篇宣言，大概是佛教史上首見的女性信仰宣告白書，不但立論嚴謹，言
之有物，還雄辯滔滔，批判火力十足。

更重要的是，它能凸顯當時臺灣佛教界特有的新信仰態度，亦即它在觀念
上固然受到張宗載等中華「佛化新青年會」的激發，但問題意識完全是臺灣佛
教自己的。

因其既不強調日華親善，也無類似以佛法弘化於世界的誇大濫調。其所針
對的，或所建議的，都只是自己、或夫妻、或同道等，在日常生活上可遵循的
新信仰方式。

另一方面，基督新教（耶穌教）和日本真宗的僧侶帶妻的模式，雖也在此
宣言中，被公開被肯定和預備付之實行。然而，此處所謂的新僧，據玠宗本人
的告白，其實是亦僧亦俗，亦儒亦道，因此從純宗教信仰的角度來看，我們不
得不指出：這其實是一種退化和混淆的信仰態度，並且也與原基督新教（耶穌
教）或日本真宗的信仰態度，迥然不同。

因基督新教（耶穌教）和日本真宗的宗教立場，除了僧侶帶妻之外，仍極
堅持其宗教信仰的純粹性，絕無混淆的情況發生。此所以陳雍女士宣言，到後
來只成個別的歷史文獻，雖有其特殊的時代意義，終究無法成為臺灣佛教界普
遍奉行的信仰典範。

例如當時臺中市新僧林德林的「正信佛教運動」，雖也效法基督新教馬丁

---

[187] 見陳雍，〈陳雍女士宣言〉，載《南瀛佛教會會報》第 4 卷第 6 號，頁 24。

路德的榜樣以僧帶妻，但其個人修持和向社會弘法，皆以日本曹洞宗禪學思想家忽滑穀快天的批判禪學為依據，毫不混淆，並且終身奉行不改。

　　不過，限於論題，有關林德林的新佛教運動，須俟另文才能處理，此處仍回到當時臺灣佛教界對張宗載等人新佛教理念的回應問題。

　　在林玠宗夫婦之外，對張宗載言論起共鳴的，是臺中地區一有影響力的在家居士呂大椿，他特撰〈張宗載先生歡迎辭〉說：

> 近世醫術進步，能將老人掩滯血液取出，換以清鮮新血，可使暮氣晚景頹唐態度，一變為活潑英偉、剛毅熱烈之青年，返老還童之術，果然實現於今。今有類此方法，欲改造東亞大局人群之思想善化，其倡說者，為中華民國張宗載先生也。
>
> 先生慨國事之蜩螗、局勢之危急，戚戚焉有憂之，已先有認識。此中因由，系眾生心德敗壞所致。欲救其亡，須以正本清源之法，為抽薪止沸之計。先生品格秀慧，學貫東西，自信佛法為無上甚深，超脫一切，故誓大宏願，捨身渡眾。無論本國，即南洋、日本，曾留足跡，宣傳佛化新青年宗旨。今回再次渡臺，目的所在，亦欲以精明研究所得結果之佛化青年藥劑，注射于吾南瀛人眾，使個（人）之精神淨化，先解決正心修身之第一根本，然後再進以平等自由之第二義。此誠認識眾生病源，對症下藥。敝人同感於斯，故不揣固陋，表述數語，為歡迎之辭。[188]

　　這應是最正面呼應其佛教理念和作為者。呂大椿日後並陸續創立了許多臺灣佛教居士林，雖無從證明就是張宗載等之「佛化新青會」新佛教理念的具體實踐，但從呂大椿此文來看，兩者所持的佛教理念，其實是可以共鳴的。

　　至於被張宗載引為思想契合的蔡敦輝，因本身就是信仰真宗的，[189]而張宗

---

[188] 載《南瀛佛教會會報——想華・文鈔》第 4 卷第 6 號，頁 37。

[189] 見蔡敦輝，〈釋尊降誕謹言〉，提到他十六歲即任「真宗囑託教師」，載《南瀛佛教》第 5 卷第 2

載又肯定真宗的信仰型態，故兩者在此無衝突。

　　但，兩者對社會主義與佛教的關係，在認知上是否相同？可能仍有疑慮待澄清。因蔡敦輝後來，雖在《南瀛佛教》第 5 卷第 1-2 號上，發表了〈社會主義與佛教〉一文，並且其內容和論點，頗近張宗載之前所發表的〈佛教的社會主義〉；但，本章之前，亦已指出過：張宗載的此文論調，並非他真正的想法，有可能只是想藉佛教之外貌，作為挾帶介紹社會主義之手段罷了。所以不能據此兩文之類似，即斷定張、蔡思想一致。

　　儘管如此，或許可能仍會有人認為，縱使上述論斷是正確的，但最好還是有明確的證據才能算數。因此底下，擬引一封，張宗載和劉仁航聯名致唐大圓居士的公開信，以為討論的依據。因此信是張宗載和劉仁航，讀佛學家唐大圓在《海潮音》第 6-7 期上，所發表的〈真正佛學家當為世界大勞動家〉一文，極為感動而投書的。此信前面，有一大段，是在痛罵虛有其表、裝腔作勢、賴佛混飯吃的佛教人士，論其語氣之激昂和痛恨，只稍遜於〈支那佛教徒革命宣言〉的程度。並且，此信後面，接著即坦誠告白說：

> ……在弟前歲去俄時，聞蘇俄此次革命，其主義根本不承認宗教，已將平日講上帝、裝神父、牧師之一派懶蟲，一概沒收其財產，取消其資格，斷絕其生活，如秋風之掃敗葉，乾乾淨淨。不惟天堂之狂言，無從安立，而末世之審判法庭，亦空依賴而煙飛雲散也。弟見此情狀，深為中國佛教前途懼，因有佛化新青年會之發起，而誓以我佛正法，化度一切，臨崖勒馬，轉危為安也。……[190]

　　由此看來，彼等對蘇聯共產政權的澈底壓制境內基督教（東正教）的措施，

號（1927-3），頁 44。

[190] 張宗載、劉仁航，〈致大圓居士〉，收在【海潮音文庫】第四編第 24 冊，《尺牘上下》（臺北：新文豐影印版），頁 215。

只心生警惕，卻無惡感，甚至還有幸災樂禍的心理。

　　至於對中國境內的佛教徒（其實指無學坐食的僧侶），他也大為不滿，因此組織「佛化新青會」，欲扭轉舊習，開啟新機。但是，整個訴求的重點，其實只是注重勞動、經濟自足、有學識和懂得宣傳而已。然而，如果反求於「佛化新青會」諸君，由於彼等恰恰先犯了不勞動和經濟不足的毛病，所以儘管彼等亦懂得宣傳和具有相當的詩歌才藝，仍導致該會整個活動，也為之中挫。

　　於是而有中日親善的強調和來臺募款的舉動。但，由此再跨一步，就是後來所發表的那篇〈支那佛教徒革命宣言〉了。

　　換言之，從整個前後發展的過程來看，其思考的天平，其實社會主義的份量，還是較重於佛教的──儘管彼等一再地強調如何在為佛教的未來著想。因此，蔡敦輝是否真正瞭解張宗載？是否認同其關於佛教與社會主義的觀點？都可以再思考，以得出真正的答案。

　　儘管如此，張宗載所帶來的衝擊，除上述諸人的回應之外，其批判大陸舊派僧侶的效應，仍然造成一定的影響。亦即新僧或在家僧的效應，還是持續了一段時間。例如寬度就以四首詩，稱讚〈奉和文典剪髮在家和尚元玉〉說：

> 三寶固應住寶山。僧居其一出凡間。宏揚佛法誰維護。最喜詩人近石寰。
> 在家菩薩最難勝。大放光明無盡鐙。為約名山燃智炬。金剛妙手贊孤僧。
> 金人其口每三緘。蘭若定禪罷酒監。今日維摩仍在世。何愁寶剎不莊嚴。
> 高臥病僧聽語窗。忽來禪侶足音跫。朝山禮佛琉璃界。名士何年同過江。[191]

　　寬度上述詩中所稱的在家和尚元玉是何許人？雖乏資料，無從得知，但他奉和（日）文典剪髮，顯然是自己按照日文佛典，自行落髮的。亦即，元玉既

---

[191] 載《南瀛佛教》第 5 卷第 2 號，頁 52。

非拜僧剃度，也非入臺齋教三派為齋友，故成了非僧、非居士、非齋友的在家和尚。由此看來，這顯然與之前所謂新僧或在家僧的效應有關，否則不會如此標榜。但這畢竟屬於受時代潮流影響的個人私下行為，只能作為個案來看，除非有更多類似的個案，否則因其與教派變革或宗教團體的新趨勢不同，資料也相當缺乏，故無法進一步討論。而有關張宗載等「佛化新青年會」的二次來臺效應，也僅能探討到此了。

五、日治時期的臺灣現代佛學研究史回顧

臺灣在 1895 年起，即由日本進行統治，前後達 50 年（1895-1945）之久。而辛亥革命爆發（1911）和中華民國的建立（1912），是在此之後的第 16 年，因此，就臺灣地區的現代性佛學學術研究的開展來說，早在民國建立之前，就已展開了。

但，這不是基於純學術的需要而展開的現代佛學研究，它是伴隨殖民統治的宗教行政措施的需要、與基於臺灣民眾屢屢藉宗教號召其他民眾大規模反抗殖民統治的慘痛教訓，而展開的基礎性資料調查與彙整的現代性宗教（包括佛教在內）的資訊精密解讀和法制化定位與分類的優秀學術成果。[192]

這也是亞洲地區的華人宗教研究，在荷蘭著名的漢學家高延（John Jakob Maria de Groot）已先後發表其 *The Religious System Of China*（《中國宗教制度》）的第一冊（1892）和 *Sectarianism And Religious Persecution In China*（《中國的各教派與彈壓》）（1901）等劃時代的巨著之後，[193] 在中國宗教法制史或

---

[192] 為了達到此一目的，所以在明治 34 年（1901）成立了「臨時臺灣舊慣調查會」，由民政長官後藤新平兼任會長，但實際的調查工作和資料學術解讀──「法制化」的定位基礎──則委由京都帝國大學的法學專家岡松參太郎博士和織田萬博士兩位來負責。這其實是中國法制史或臺灣法制史上的空前嘗試，其艱鉅和重要性，自不必說。必須注意的是，負責此事的岡松參太郎是以「法學家」而非以「宗教學家」來加以解讀和重新定位。

[193] 高延對傳統中國的儒家禮俗制度和歷代──特別是有清一代──所謂民間教派或眾多秘密教派，作了

臺灣宗教法制史上的空前嘗試，其艱鉅和重要性，自不必說。

　　因而，若純就宗教史學史的角度來看，負責此事的岡松參太郎博士（1871-1921）的專業，與之相較是稍有遜色的，但若從落實在具體的「法制化」層面來說，則岡松參太郎博士的解讀和重新定位，堪稱當代獨步，遠非日後負責全臺宗教調查的丸井圭治郎（1870-1934）的相關調查撰述所能比擬。

　　不過，當代學者對於日治時期的宗教研究論述，除大量引自《臺灣日日新報》、各期《臺法月報》、各期《南瀛佛教》、各期《臺灣佛教》、《宗報》和臺灣總督府宗教類公文檔案彙編[194]的資料性記載之外，最常被引據的著述，就是由丸井圭治郎在 1919 年，向當時臺灣總督明石元二郎（1864-1919）所提出《臺灣宗教調查報告書》第一卷。[195]

　　　極深刻的探討，特別是 John Jakob Maria de Groot 的相關著作不同於日後韋伯式的理念型比較論述，他是貨真價實地奠基於大量漢文原典或原始資料的純歷史詮釋，故雖無驚人偉論，但容易作相關文獻還原和具廣泛參考價值。

[194] 從現有日治初期的官方公文書來看，在宗教行政實務上，除頒布新的宗教法規之外，其實還留有官方對駐臺各宗日僧行為操守的秘密調查報告，也建立了初步的臺灣社寺臺帳的登記資料。

[195] 這是因余清芳發動「西來庵事件」以後，丸井歷經將近四年（1915—1919）的辛勤調查，所誕生出來的新結晶。可是，除了較詳的統計數字、較細的內容解說之外，基本上丸井的全書論述模式（包括分類和架構），都承襲了岡松參太郎的上述從第二回到第三回的研究成果。但是，丸井圭治郎對臺灣舊慣寺廟的管理人制度，曾有兩段重要的批評，他說：「雖然住持原應是作為管理寺廟的代表，但在臺灣，寺廟財產的管理大權，幾全掌控在管理人的手中，住持的權力反而很小，和顧廟差不多。這大概是因臺灣大規模的佛寺，為數極少，只有臺南開元寺、臺北靈泉寺及凌雲寺數所而已，故通常一般寺廟僅安住幾名僧侶，專供做法會之用，其他方面，諸如宗教知識、禮儀應對等方面，只有少數有住持的水準，絕大多數是沒甚麼程度的。管理人，以前原稱董事或首事。管理之名，是日本領臺以後，若有董事，就以董事，若無董事，就以爐主或廟祝為管理人。因要申報寺廟的建地、附屬田園，才開始以管理人作為寺廟的代表，可管理財產，任免和監督廟祝、顧廟，以及掌理有關寺廟的一切事務。管理人通常是自有財勢的信徒中選任，其任期不確定。一般的情形是，其祖先若對該寺廟有特別的貢獻，則其管理人之職為世襲。又寺廟田園的管理和寺廟一般法務的經手，是分開管理的，因此管理人若有數人，而其祖先曾捐田產給該寺廟者，則其子孫按慣例，代代都管理田園。不過，當前所見，名實相符的管理人甚少。此因舊慣土地調查之時，匆促間，雖有管理人名目的設置，而不少奸智之徒趁機上下其手，以管理人之名，暗圖私利。等到此管理人過世以後，其子孫又再專斷的自任為該寺廟的管理人之職，並且對管理人的職權又不清楚，往往廟產都散盡了，還不聞不問。此類管理人，每年能明確提出寺產收支決算賬目的，為數極少。通常是將廟業田園，以低租長期佃給他人耕作，甚至有管理人為謀私利，居然自己跟自己簽約佃耕者。像此類的管理人，不但

但是，有關佛教和齋教的如何定位問題，是關鍵性的所在，所以，丸井圭治郎於 1918 年 3 月起，即曾以〈臺灣佛教〉為題，發表長篇論文於《臺法月報》的第 12 卷第 3 號和第 4 號。在日治時期 50 年當中，丸井的這篇，是首次專以〈臺灣佛教〉為論述的中心。但，丸井的文章一登出，就被柴田廉投書在同刊物加以質疑：（一）是否可以單獨抽出〈臺灣佛教〉來論述而不兼及其他？（二）丸井對「佛寺」的分類似乎有問題？（三）丸井對臺灣宗教盛行祭祀的批評，似乎缺乏同情的理解並容易招來本地人的反感。丸井當然一一加以否認和反駁。事實上，戰前有關到底要「朝向日本佛教化」或「仍舊維持臺灣佛教本土化」的爭論，即由此時正式展開。

柴田廉是日治時代少數以社會心理學角度研究臺灣宗教信仰特質和民族性心理的宗教行政人員，其《臺灣同化論——臺灣島民の民族心理學的研究》（臺北市：晃文館，1923）一書中的相關論點，在其出版不久後，即深刻影響剛渡海來臺，並受命展開全島第二次宗教調查臺灣宗教的增田福太郎（1903-1982），所以他也和柴田廉同樣認為：「若將臺灣人的宗教僅就形式上單純地分為道教（Tao-kau）、儒教（Zu-kau）、佛教（Hut-kau）等，則不能完全理解其本質，而是應當全面的掌握這由道、儒、佛，三教互相混合而成的一大民間宗教。」[196]因此，有關當時臺灣佛教史的研究，除部分田野調查筆記之外，無專著探討。在他的調查報告中，齋教方面，尤其令他困惑，[197]幾乎全靠其主要助手：臺籍學者李添春（1898-1977）的資料提供。

稱不上是寺廟產業的保護者，反而應該視為盜產之賊才是。」（原文日文，筆者中譯）。見臺灣總督府（丸井圭治郎）編著，《臺灣宗教調查報告書（第一卷）》（臺北：臺灣總督府，1919），頁 77-78。

[196] 見增田福太郎，《臺灣之宗教》，頁 3；而本文此處索引的中譯文，是由黃有興先生主譯，見原書中譯本（2003，自印暫定本），頁 2。

[197] 增田福太郎的相關論述觀點問題，可參考江燦騰的兩篇論文：（一）〈增田福太郎對於媽祖信仰與法律裁判的神觀詮釋〉，《臺灣文獻》第 55 卷第 3 期（2004.6），頁 231-248，和（二）〈增田福太郎與臺灣傳統宗教研究：以研究史的回顧與檢討為中心〉，《光武通識學報》創刊號（2004.3），頁 211-242。

　　到了皇民化時期的「寺廟整理」，日本學者宮本延人雖保留了最多的資料，並且戰後宮本又出版了《日本統治時代臺灣における寺廟整理問題》（奈良：臺灣事情勉強會，1988）增訂版。但是，基本上，是缺乏研究成果的。

　　反之，臺籍學者李添春，在 1929 年時，曾受總督府文教局社會課委託調查的《本島佛教事情一班（按：應為「斑」）》為初版手稿和其先前曾在 1925 年時，因參與在日本召開「東亞佛教大會」，並替臺灣代表之一的許林擔任現場發言的翻譯，而從許林處獲悉不少臺灣齋教的掌故和史料。於是，在其駒澤大學的畢業學位論文，即以〈臺灣在家三派之佛教（按：即齋教三派，先天、金幢、龍華）〉，而獲頒「永松獎」。此後，李添春又結合先前岡松和丸井這兩者提出的相關宗教調查資料，[198]除在日治時期發表多篇臺灣佛教的相關論述之外，[199]在戰後更成為其編纂《臺灣省通志稿卷二：人民志・宗教篇》中，有關臺灣佛教史論述的官方標準版內容，影響至為深遠。[200]

　　由於時值大正昭和之際的日本現代佛學研究的高峰期，所以，當時的留日佛教學者如高執德（1896-1955）、李孝本、林秋梧（1903-1934）、曾景來（1902-

---

[198] 這是李添春首次將臺灣齋教與出家佛教合併觀察的整體思維，可以比較其在戰後論述的觀點。見見李添春，〈臺灣佛教特質（上）〉，《南瀛佛教》第 18 卷 8 月號（1940.1），頁 8-17。〈臺灣佛教特質（下）〉，《南瀛佛教》第 12 卷 9 月號（1940.9），頁 13-21。

[199] 見李添春，〈寺廟管理人制度批判（1）〉，《南瀛佛教》第 12 卷 1 月號（1934.1），頁 6-9。〈寺廟管理人度批判（2）〉，《南瀛佛教》第 12 卷 2 月號（1934.2），頁 7-11。〈寺廟管理人制度批判（3）〉，《南瀛佛教》第 12 卷 3 月號（1934.3），頁 2-5。

[200] 過去從事臺灣史的研究者、或想研究臺灣宗教的人，從李添春編纂的《臺灣省通志稿卷二：人民志宗教篇》中，獲得關於書中第三章第三節對齋教（在家佛教）三派的詳細說明（幾佔全部佛教篇幅的一半）。以後王世慶於一九七一年增整修時，幾未更動。直到瞿海源於一九九二年重修時，才根據宋光宇、鄭志明、林萬傳三位有一貫道背景的學者研究，將「齋教」搬家到「其他宗教」，和一貫道並列，似乎又回到岡松在第二回報告時的「雜教」立場了。但，不論如何，李添春畢竟是戰後官修文獻的主要奠基者，應無疑義。而由大陸學者王興國提出的最新研究，〈為臺灣佛教史研究奠定基礎的李添春〉的專文，是根據江燦騰先前的研究成果和觀點，再細分為：一、〈臺灣近現代佛教發展的親歷者〉，二、〈開臺灣齋教研究先河〉，三、〈提出了研究日據時期臺灣佛教的一種思路〉。但是，新意無多，參考價值不大。王興國的此文，是載於其著的《臺灣佛教著名居士傳》一書（臺中：太平慈光寺，2007），頁 415-442。

1977）[201]等人，都深受忽滑谷快天批判禪學思想[202]和社會主義思潮的影響，[203]

---

[201] 有關曾景來的本土客家籍農村的生活背景、日治時代最早科班佛教中學教育與留日高等佛學教育、最先從事原始佛教佛陀觀的變革、探討道德倫理思想的善惡根源、大量翻譯日本禪學思想論述和建構臺灣重統宗教民俗'的批判體系等，都是臺灣近代宗教學者中的重要指標性人物，卻長期被臺灣學界的相關研究所忽略了。迄今有關曾景來事跡的最清楚討論，是大野育子的最新研究所提出的，因其能提供曾景來留日時的學籍資料、留日返臺的婚姻、工作和家庭，以及曾景來著作中的反迷信研究與批判等。見大野育子，〈日治時期臺灣佛教菁英的崛起──以曹洞宗駒澤大學臺灣留學生為中心〉，頁 53-54；頁 136-137 頁 161。但是，她對曾景來 1928 的重要學位論文〈阿含的佛陀觀〉，並未作具體討論，對曾景來的倫理學著述，也完全忽略了。此外，于凌波在其《現代佛教人物詞典（下）‧【曾普信】》（臺北縣三重市：佛光文化事業有限公司，2004），頁 1167-1168 的關說明，是迄今最詳細和能貼近戰後臺灣佛教史經驗的。至於釋慧嚴對於，〈曾景來〉，其說明內容如下：「曾景來（年代：1902.3-?），亦名曾普信，高雄美濃人，是李添春表舅曾阿貴的三男。禮林德林師為師，1928 年 3 月畢業於駒澤大學，次年 3 月 18 日任特別曹洞宗布教師，勤務於臺中佛教會館。1931 年任曹洞宗臺灣佛教中學林教授，1932 年至 1940 年以總督府囑託身分，勤務於文教局社會課，負責《南瀛佛教》的主編工作。1949 年任花蓮東淨寺住持，至 1965 年退任。1973 年視察美國的佛教，回臺後著有《日本禪僧涅槃記》。而留日期間（1921~1929），先就讀於山口縣多多良中學林二年，畢業後，繼續在駒澤大學研鑽 6 年，其間師事忽滑谷快天，與其師德林師皆心儀忽滑谷快天。1938 年著有《臺灣宗教　迷信陋習》一書，是一部體察國民精神總動員的旨趣為一新風潮，提倡打破改善臺灣宗教和迷信陋習的著作，時逢徹底促進皇民化運動的時期，故此書的出版，頗受當局的重視。」見《臺灣歷史辭典》（臺北：遠流出版社，2004），頁 0884-0885。可以說，相當簡單和欠完整。因于氏已明確指出：曾景來是 1977 年過世的，但是，釋慧嚴的說明，則對此事，無任何交代。再者，在《南瀛佛教》的各期，曾景來除撰述佛教或臺灣宗教的文章之外，可能是擔任多期該刊的主編，必須增補版面漢增加趣味，所以譯介不少佛教文學或非佛教文學作品，值得進一步介紹其業績，也可為臺灣近代文學史增加部分新內容。至於他的有關善惡問題與宗教倫理研究，也可見曾景來，〈善惡根源之研究（一）〉，《南瀛佛教》第 4 卷 5 號（1926.9），頁 22-23；〈善惡根源之研究（二）〉，《南瀛佛教》第 4 卷 6 號（1927.12），頁 17-20；〈善惡根源之研究（三）〉，《南瀛佛教》第 5 卷 1 號（1928.1），頁 29-38；〈善惡根源之研究（完）〉，《南瀛佛教》第 5 卷 4 號（1928.5），頁 38-41；〈戒律底研究〉，《南瀛佛教》第 6 卷 4 號（1928.8），頁 26-38；〈罪惡觀〉，《南瀛佛教》第 8 卷 7 號（1930.8），頁 39-42；〈自我問題〉，《南瀛佛教》第 11 卷 4 號（1933.4），頁 10-11；〈人為財死鳥為食亡〉，《南瀛佛教》第 11 卷 8 號（1933.8），頁 10。

[202] 關於「批判禪學」的研究問題。忽滑谷快天的大多數禪學著作，除了與胡適有關的《禪學思想史》在海峽兩岸分別出現中譯本之外，可以說只在臺灣佛教學者討論日治時期的臺灣佛教學者如林秋梧、林德林、李添春等時，會一併討論其師忽滑谷快天的禪學思想，但僅限於出現在《南瀛佛教》上的部分文章而已，此外並無任何進一步的涉及。自另一方面來說，日治時期的臺灣佛教僧侶曾景來和林德林兩人，大正後期和昭和初期，彼等在臺中市建立「臺中佛教會館」和創辦機關刊物《中道》雜誌，就是直接以其師忽滑谷快天的禪學思想，作為推廣的核心思想。所以曾景來曾逐期刊載所譯的《禪學批判論》（附「大梵天王問佛決疑經に就て」一冊，明治 38 年東京鴻盟社）一書。而林德林則翻譯和出版《正信問答》（原書《正信問答》1 冊：（甲）、大正 15 年東京光融館；

不但開始探討非超人化的人間佛陀，也強烈批判臺灣傳統宗教迷信、主張純禪修持與積極敦促改革落伍的臺灣宗教崇拜模式，並激烈辯論如何面對情慾與婚姻的相關現實改造問題。

　　此外，由於新僧與在家佛教化的新發展趨向，在當時的傳統儒佛知識社群間，曾一度產生彼此認知角度和信仰內涵差異的集體性強烈互相激辯的宗教論述衝突，[204]此種影響的相對衝擊，也迅速反映在當時留日佛教學者如高執

　（乙）、昭和 17 年臺中佛教會館。

　但是，迄慧嚴法師 2008 年最新的研究《臺灣與閩日佛教交流史》（高雄：春暉出版社）出版為止，在其書的第四篇第三章〈臺灣僧尼的閩日留學史〉（原書，頁 504-578），雖能很細膩地分析忽滑谷快天的《正信問答》和《四一論》，可是，仍然未涉及有關之前思想源流的《禪學批判論》與《曹洞宗正信論爭》。

[203] 大野育子的最新研究〈日治時期臺灣佛教菁英的崛起——以曹洞宗駒澤大學臺灣留學生為中心〉，是定義「佛教菁英」為：「所謂『佛教菁英』是指日治時期由臺灣前往日本，在日本佛教系統大學內深造的臺灣人，他們是臺灣佛教史上首次出現具有高學歷的佛教知識份子，由於具備相當深度的佛學素養，流利的日文能力，因而成為日治時期佛教界的佼佼者。」大野育子主要是根據《駒澤大學百年史》的相關資料，來論述該校佛教學科的「佛教菁英」，前往日本學習佛學的意義之所在，以及彼等返臺後所呈現的宗教思想與其在日本所受教育之關聯性。

　可是，在思想上源流，她很明顯地是忽略了忽滑谷快天的「批判禪學」之思想的重要啟蒙和影響，甚至於她也忽略了 1926 年由河口慧海所著的《在家佛教》（東京：世界文庫刊行會）一書和 1924 年由豐田劍陵所著《佛教と社會主義》（東京：重川書店）一書的重要影響。因前者所主張的「在家佛教」理念和後者以社會主義思考佛教思想的新課題，都是當時臺灣留學生的主要課外讀物之一，這只要參看殘留的《李添春留學日記手稿》內容，就不難明白。此外，釋démo演的《佛教家庭講話》（東京：光融館，1912）一書，更是林德林和曾景來師徒，作為彼等製訂《在家佛教憲法》的重要依據，但是，此一事實，也同樣並未被大野育子的最新研究所提及。

[204] 參考江燦騰，〈日據時期臺灣新佛教運動的開展與儒釋知識社群的衝突——以「臺灣佛教馬丁路德」林德林的新佛教事業為中心〉，載《臺灣文獻》第 51 卷第 3 期（2000 年 9 月），頁 9-80。此外，翁聖峰，〈《鳴鼓集》反佛教破戒文學的創作與儒釋知識社群的衝突〉，其主要論述觀點如下：「…論述《鳴鼓集》除精熟其文獻，尚須配合崇文社所有徵文、徵詩與傳媒，才能充分掌握問題的全貌。《鳴鼓集》反佛教破戒文學的創作與其維護倫常規範是一體兩面，互為表裡的，論者或以「色情文學」稱之實未允當。詮釋《鳴鼓集》固然不容疏離當前的生命處境與價值觀，然亦須注意儒學與佛學的核心價值，方不致使問題流於以今律古，才能較周延闡釋儒釋衝突的文化意義。」《臺灣文學學報》第 9 期（政大臺灣文學研究所，2006.12），頁 83。此外，釋慧嚴，〈推動正信佛教運動與臺灣佛教會館〉一文說明，是其新著《臺灣與閩日佛教流史》中的一小節內容。但此文，其實是據江燦騰先前的相關研究成果，再另補充新材料，故其新貢獻有二：（1）、討論林德林接受忽滑谷快天「法衣」的拜師經過。（2）、討論林德林在臺灣佛教會館，從事社會救助的「臺中愛生院」經營狀

德、李孝本兩者所撰寫的反排佛論學位論文內涵[205]和林秋梧對朝鮮知訥禪師的經典名著所做的《真心直說白話註解》（臺南：開元寺，1933），都相繼展現出和當時日本佛教學者新研究成果發表幾近同步的有效吸收，[206]並能具一定新論述特色的優秀表現。

　　但是，由於中日戰爭的爆發和其後官方的高度管制與過度干預或介入，所以，現代佛學的研究，此後直到戰爭結束時為止，除「皇道佛教化」[207]的數種新「佛教聖典」編輯與出版之外，即全告停滯和無重要的成就。

況。這些資料說明，都出自《臺灣日日新報》的各項報導，所以頗有新意。見釋慧嚴，《臺灣與閩日佛教交流史》（高雄：春暉出版社，2008），頁 579-584。

[205] 舉例來說，高執德在駒澤大學的 1933 年學位畢業論文《朱子之排佛論》，資料詳盡、體系分明、批判深刻，應是臺灣本土知識份子所撰批判儒學論述的前期鼎峰之作。可惜的是，臺灣當代的諸多儒學研究者，甚至於連高執德有此巨著的存在，都毫不知情。事實上，繼高執德之後，同屬駒大臺灣同學會的吳瑞諸在 1933 年的「東洋學科」由小柳司氣太和那智陀典指導的〈關於大學諸說〉和同校「佛教學科」的李孝本，也在小柳司氣太和境野哲的聯合指導之下，於 1933 年撰寫了另一長篇《以明代儒佛為中心的儒佛關係論》的駒大學位論文。另一方面，我也觀察到：在當代臺灣學界同道中，雖有李世偉博士於 1999 年出版《日據時代臺灣儒教結社與活動》（臺北：文津出版社）、林慶彰教授於 2000 年出版《日據時期臺灣儒學參考文獻（上下）》二冊（臺北：學生書局）、陳昭瑛教授於 2000 年出版《臺灣儒學：起源、發展與轉化》（臺北：正中書局）、以及金培懿的〈日據時代臺灣儒學研究之類型〉（1997 年『第一屆臺灣儒學研究國際研討會論文集』，頁 283-328）等的相關資料和研究出現。可是，此類以儒學為中心的專題研究和相關資料，共同的缺點之一，就忽略了同一時期還有臺灣佛教知識菁英群（知識階層）的思想論述或文化批判。

[206] 例如久保田量遠，《支那佛道佛三教史論》（東京，東方書院，1931）和常盤大定，《支那に於ける佛教と儒教道教》（東京：財團法人東洋文庫刊行，1930）兩者出書時，都是和高執德與李孝本在日寫相關論文的時間接近。

[207] 關正宗在其博士論文，稱日治時期的臺灣佛教為「皇國佛教」，所以關正宗在其博士論文的標題全文，即書寫為〈日本殖民時期臺灣「皇國佛教」之研究：「教化、同化、皇民化」的佛教〉（2010年，國立成功大學歷史研究所博士論文）。可是，我不能同意他的此一論文名稱的，因為在當時日本殖民政府的國家體制中，只有跟天皇統治正當性有關的國家神道，才是官方施於全民的教育目標和崇拜對象，所以皇民化時期所改造的臺灣佛教，才正式被稱為「皇道（化的）佛教」。但，這種特殊時期的「皇道（化的）佛教」名稱，就其性質和適用範圍，並不能等同於「皇國（化的）佛教」，因佛教只是全日本官方統治下各轄區中的眾多民間宗教之一，所以，稱其為「皇國（化的）佛教」，並不精確，也與真正的歷史事實不符。此書最近出版時，雖內容略有刪減，並易名為《臺灣日治時期佛教發展與皇民化運動：「皇國佛教」的歷史進程（1895-1945）》（蘆洲：博揚，2011）。但其書名中「皇國佛教」的用語，與真正的歷史本質不符，則與未出版前無異。

六、結論與討論

　　以上已作了長篇的探討，並且行文之際，也在相關史事上，做了補充、訂正、考辨、評論或反駁。因此，底下已可用綜合性的方式，來透視前述的史事和意見，亦即從較宏觀的角度來瞭解其中真正的問題——日華親善架構下的中日臺三地佛教交流，到底如何形成？及其對臺灣新佛教運動有何作用？

　　無可諱言的，在日治時代日本殖民統治下的臺灣地區，不論從國際法或從實際領有來看，都已是日本統治區域的延伸，亦即必須視為日本領土的一部份。因此，儘管從荷據、明鄭到清領兩百多年間，島上移墾和繁衍的閩粵漢族移民，已達數百萬之多；此一數目，固然也遠遠超過日本在臺島上長期定居的總人口數，近十倍之多，但日人依然是實際高高在上的統治者、支配者、立法者、教育者（指導者）或交流政策的決定者。可是，就現實的層面來看，臺灣漢族和其原祖國的血緣關係及宗教文化的深刻影響，是無法如法律規定或政策決定一般，有其明確的生效期和變革點，而是如藕斷絲連或暗潮洶湧的，因此雙重祖國的認同糾葛與宗教習俗的變革抉擇問題，往往困擾著許許多多的島上漢族家庭成員。

　　不過，有關這一問題，筆者已在另篇的論文詳述過了[208]。事實上，本章之前的這些論述，主要是要強調幾個問題：

　　一、所謂日華親善，其實有其雙面性。亦即就政治或法律的層面來說，臺灣地區的漢族島民或佛教徒，首先是以日本國民的身份和中華民國的民眾或佛教徒交流；此所以在東京召開的「東亞佛教聯合會」，中華佛教代表堅持臺灣佛教代表不能有單獨席位，必須歸為日本佛教代表的席位才行。

　　可是，另一方面，基於漢族血緣和宗教習俗的深厚關聯，在情感上、私下

---

[208] 見拙著，〈日治臺灣新佛教運動的開展與儒釋知識社群的衝突——以「臺灣馬丁路德」林德林的新佛教事業為中心〉一文。

裡，仍以華人漢族同胞看待，例如林覺力的傑出門下彭妙機，因表現出色，即被中華佛教代表說服回大陸福建廈門出任公職，以及張宗載來臺交流，往往暗示祖國正遭苦難、臺胞應伸援手作為訴求——雖然不一定有效，但其認知的角度之一，就是如此。

二、所謂日華親善架構下的國際佛教交流，並非常態性的國際交流。中國大陸在第一次世界大戰後，因山東主權問題，所激起的大規模反日浪潮，日本方面努力想緩和或化解此種的不利局面，才有所謂日華親善的口號之提出，而中日之間的國際佛教交流，基本上就是作為達到日華親善的手段之一。

此即為何要經由日本駐九江公使江戶千太郎特別呈報日本外務省，再交由「日本佛教聯合會」全力配合的原因。反之，急欲爭取或分享日本退回的庚子賠款，以作為本身的佛教事業之用，應是太虛和張宗載等人，主動向日方示好，並積極配合雙方佛教交流活動的最大誘因。

三、臺灣佛教徒在上述的日華親善架構下，參與中日臺三地的國際佛教交流，是處於被動的、被指導的，但也產生了效應。不論日本佛教各宗派或來自中國大陸的佛教代表，任何一方，都自視為臺灣島民漢族佛教徒的指導者。

而所謂交流，臺灣島民漢族佛教徒，除了被臨時拉去充場面或提供招待和捐款之外，只能作為學習者或請益者。可是，由於大陸佛教代表中的俗家佛教知識青年社群——中華「佛化新青年會」，公開在臺灣佛教的重要刊物《南瀛佛教會會報》上，展開對大陸出家僧侶的激烈批判，導致大陸出家僧侶原有的崇高和指導的正當性，受到了嚴重的挑戰，而臺僧又很難為其原指導者之一的大陸出家僧侶來辯護，因此有關新舊僧的區隔和衝突，也隨即在臺灣的佛教界展開。

四、臺灣佛教知識青年社群——留日的佛學科大學生，雖有能力爭取部份日華佛教交流的發言權，如李添春之協助許林、彭妙機之協助林覺力，但畢竟仍在學中，因此失去了與大陸佛教代表中的俗家佛教知識青年社群——中華

「佛化新青年會」對話的機會。可是由於雙方面臨的問題，有極大的類似性。

又因中華「佛化新青年會」第二次來臺後，隔年即消失於中國革命的大浪潮中，於是只成了公開批判大陸出家僧侶的先驅者；其所遺留的空缺，日後則轉由臺灣佛教知識青年社群──留日的佛學科大學生，挾其留日佛教專業的優勢與社會主義思潮的薰陶，繼續展開對臺灣源自大陸佛教舊習的另一波批判。

五、由於在東京召開「東亞佛教聯合會」之後，中國境內即陷入革命的大洪流中，隔年預定在北京舉行的大會，也無法舉辦。

太虛所主導的「中華佛教聯合會」，形同瓦解。並且「武昌佛學院」被軍隊入駐，課務難以進行。幸好福建廈門的南普陀寺，開辦了「閩南佛學院」，邀太虛主持，因此兩岸佛教交流重心，再度轉回到原鄉福建沿海。

雖然本章的討論還未涉及這一階段的發展，但正好說明：本章所探討的，只是具有重大意義的一個階段而已，並非前後階段皆無交流。

事實上，討論日治時代的臺灣佛教史，幾乎處處都需觸及與大陸佛教或與日本佛教交往的問題，這已是必知的常識，故不須再特別強調。

第九章　戰前臺灣現代批判禪學實踐運動與禪儒知識社群的思想路線衝突問題：一個「臺灣佛教馬丁路德（林德林禪師）」的時代悲劇

　　本章之所以提出討論此主題，主要是因為當時日本現代禪學思想領航者的忽滑谷快天博士，他在日治時期臺灣唯一真正的領有僧人弟子傳法卷的，就是當時在臺中市創建「臺中佛教會館」的林德林（1890-1951）。

　　而他（林德林），不只在新建的「臺中佛教會館」以作為傳播其師忽滑谷快天的批判禪學思想大本營，也翻譯與自辦中道雜誌刊載大量其師忽滑谷快天的批判禪學作品。

　　同時他也正式成為仍兼有日本曹洞宗僧侶身份的忽滑谷快天門徒，並且他在臺中市創辦「正信」的新佛教組織，舉辦新式佛教婚禮等，都是忽滑谷快天的其他在臺追隨者所不及的。雖然他的上述作為，之後還曾導致一場歷數年的禪儒知識社群的思想路線分歧大爭辯，但也因此被當時他同門的佛教學者李添春，稱他是「臺灣佛教馬丁路德」。因此本章的主題，就是對一此思想路線分歧大爭辯提出分析。

　　儘管如此，本書讀者可能也會因之接著問道：為何林德林當時會引爆，一場關於禪儒知識社群的思想路線衝突的呢？筆者的回答是：本節的此一問題提示，主要是為了讓初次接觸此一問題的本書讀者，能快速掌握本章上述主要的論述重點，以及能夠直接切入當事者雙方思想路線，之所以歧異並導致引爆衝突的核心問題所在？因此本節才會先簡明地提示其全部歷程的七項歸結要

點如下：

一、林德林本人當時雖是出身貧寒，卻是一個臺灣佛教史上少見的才華洋溢的非凡人物，不但飽讀書詩，能說能寫，並能注重圖書設備和廣納各種新知，以作為自我精進和弘法教化之用。他一生的佛教事業，如上述主要是奉行日本曹洞宗著名的禪學思想家忽滑谷快天所提倡的「正信佛教」新禪學思想。

二、此一新佛教的信仰內涵，其特徵是強調神佛分離，奉釋迦佛為本尊，破除鬼神迷信，致力於宏揚日本曹洞宗祖師道元的正眼禪風，並以觀音大悲的普渡精神從事向社會弘法的救渡工作。而在日治大正後期（1922）所新建的「臺中佛教會館」，就是他推展此一新佛教運動的根據地。

三、因此，他在初期，即頗獲當時臺中都會區中產階級士紳的歡迎及熱烈贊助，使他的新佛教事業能多元發展，快速擴張。

四、但，也因為這樣，他的佛教事業立刻招來當地保守的儒生團體之側目和嫉妒，導致後來雙方多年的激烈對立，平添不少的發展阻礙。再加上，他的個性又剛毅過人，勇於突破傳統，例如他以出家僧侶之身，卻敢於仿效日僧在弘法的道場內公開舉行本身的結婚典禮，雖遭到保守派僧侶的責難和儒生社群的強烈圍剿，仍不屈服。由此可以看出他敢於走在時代前端的膽識和決心。

五、只是如此一來，也使他成了當時爭議性最大的新派僧侶，並導致原有會館信徒的大量流失。

六、戰後由於日本退出臺灣，又有大批逃難的大陸僧侶來臺，使得臺灣佛教再度面臨另一次重大的變革，即必須「去日本化」改用「大陸佛教制度」。因而他也開始遭到來臺大陸僧侶的批判。

七、並且，在他於 1951 年過世以後，他的妻子和兒女也被迫遷離「臺中佛教會館」，然後全家改信基督教。所以，這又是臺灣佛教史上的爭論性課題之一，值得對其進一步了解。

一、林德林出家前臺灣佛教大環境之變遷及生活傳記

　　林德林雖是日治時期「臺灣佛教馬丁路德」，可是其問題在於所謂變革，總是觸及到新舊或對立面的衝突，也牽連到不同意識型態的階級或社群的角力現實。例如黃臥松是林德林的舊識，但，他以彰化「崇文社」儒生代表的立場，對日治之後的臺灣佛教發展觀察，幾乎都是負面的，並有嚴厲的責難。因黃臥松認為：

> 臺灣自改隸以來，因日本殖民統治當局獎勵佛教，導致很多懶惰、無賴者遁入空門，使清淨梵宮變為萬惡之淵藪。
>
> 臺灣佛教界的一些所謂高僧者，但知廣築佛寺，莊嚴法相，修整禪房，佈置局面，為廣告題捐招牌。錦衣美食，坐待名望家喪事，做香花發財張本。所謂十戒，則口頭禪，津津有味。最可惡者，姦淫尼姑、齋女，心猶不足，變服易裝而作挾邪遊，誘拐人妻，破人清節，離人夫婦，無惡不作，破戒、詐欺，罪案重重，臺之南北，事經敗露者，齋堂，佛寺，約計十數次，未經敗露者不知凡幾。
>
> 若輩自以為法律有可躲之條。小和尚無勢可靠，偶犯破戒，革逐還俗，不至有罪。大和尚公然破戒，自恃善巴結、善納交，劣紳土豪，朋比為奸，且背後有泰山之靠。……

　　可見在他的眼中，當時臺灣佛教界正刮著大歪風，所以他才會如此強烈批評。並表示他「細思儒、釋同源，不忍坐視其沉溺」，故徵募島內名士惠稿，「編為《鳴鼓二集》，並附錄各報揭載「破戒僧」諸詩文、雜作，分類編輯，成為一冊，頒發海內外」。

　　像黃臥松這樣的嚴厲指責，有關日治時期的這一佛教史的現象，若從不同的角度來解讀時，其呈現的歷史圖像或歷史評價，將是差異極大的狀況。

（一）林德林出家前的生活傳記概述

　　林德林生於清光緒 16 年（1890）1 月 9 日，逝世於民國 40 年（1951）9 月 17 日，共活了 61 歲。但，因日治時期只 50 年（1895-1935），所以他的一生，雖跨越清代、日治和戰後民國三個時期，其實主要是在日治時期渡過的；換言之，作為「日本籍的臺灣人」既是歷史的宿命所促成，卻也是他必須去面對、去扮演和自我調適的一段漫長的個人生活史。

　　有關林德林的早年生活，我們所知其實不多。根據他的三公子——臺大精神科的林信男教授——所提供給我的一份戶籍資料來看，林德林的俗名叫林茂成，父名林義，母名林廖里，他為家中長男，故鄉的戶籍地址在「臺南州虎尾郡西螺街西螺 569 番地」。並且，在戶口資料上，此一地址直到昭和 7 年（1932）9 月 1 日才遷出，轉移到「臺中州臺中市敷島町 5 丁目 17 番地」，即「臺中佛教會館」的地址（※今臺中市南區正義街 102 號）。而此年會遷戶口，是因他已在當年和張月在「臺中佛教會館」公開結婚的緣故。

　　不過，他是在大正 3 年（1914）3 月 20 日，才以「前戶主林氏高鸞之甥」，在林高鸞過世之後，正式成了原西螺老家的戶主。這年他已 24 歲，並在基隆月眉山靈泉寺正式出家為僧快兩年了。但，他在此之前的生活狀況，以及為何會走上出家為僧之途？

　　他的兒子林信男認為，其父之所以會離開故鄉西螺來到臺中的原因是「傳聞，祖父（林義）病逝時，小小年紀的父親，因不滿祖母改嫁，憤而離家出走。」另有一說是，父親看到纏足的祖母，「改嫁後很可憐，像下人一般，從早到晚老動不停，所以離家」。

　　可是，根據後來在「中教事件」爆發時（1927），對手彰化「崇文社」所編，作為醜化林德林的資料——《鳴鼓集》——所載，未出家前，他已是臺中齋教龍華派「慎齋堂」的信徒，還長期接受堂中的栽培和經濟資助。

　　並且，明治四十五年（1912），他也是以「慎齋堂」的代表，前往基隆靈

泉寺參加首次全臺的「愛國佛教講習會」，才於該寺拜善慧和尚為師的。

因此林德林早年從故鄉到臺中後的活動情形雖不清楚，可是他雖窮卻仍能與彰化臺中的儒生文人集團多所往來，不但人脈廣，漢學基礎也相當好，可見這應跟臺中「慎齋堂」所提供的栽培。

（二）出家為僧初期及其求道生涯的開展

1. 林德林出家初期的求道經驗

林德林是 1912 年秋天，值基隆月眉山靈泉寺於寺中舉辦「愛國佛教講習會」，代表臺中的「慎齋堂」參加這次臺灣佛教史上首次舉辦的大規模佛教研討會。而講習會的目的是在養成佈教人才和激發一般民眾共「尊皇奉佛之精神」，可見這也是殖民地佛教改造運動的一部份。並且，基於現實的考量（如語言的溝通容易和佛教傳統接近等因素），分由中、日、臺三方擔任講習，也和日後與大陸經營的佛教策略有關。而林德林本人似乎是這一成效檢驗的試金石。

因根據李添春的回憶：　當時他是擔任講師釋會泉的侍者，共學員有四十多人跟釋會泉學《心經》和《金剛經》的《無垢註》。對林德林而言，則促成了他的出家為僧，以及日後求道生涯的開始。

但，林德林出家後的實際求道過程，卻是長期充滿掙扎與不安的苦悶經驗。他在日後曾回憶說：

> 余自青年入道以來，雲水生活多年，彼此參訪一無所得。乃寓基津靈泉精舍，翻閱大藏聖典，幾經星霜，未達所其之目的，不過循行數墨耳。嗣參日本內地諸師，依然疑團難釋。其達見佛之心眼未開？抑或悟道之機緣未熟？斯時滿腔迷惑，何異樹下降魔；要求真理之飢渴，幾達絕頂。幸讀《正信問答》始獲安心之要旨。

　　問題在於，忽滑谷快天的原著《正信問答》一書，直到大正 15 年（1926）
8 月才出版。而林德林參與創立「臺中佛教會館」，卻是早在大正 11 年（1922）
6 月的事。所以我們儘管從上述這段話可以了解到：迄他開始在臺中弘法的初
期幾年，還依然處於不安的求道狀況。因而，上述這段話中，關於他出家前後
的事，比較明確可以清楚知道的，只有幾點。

　　但，閱讀佛教藏經的事，牽涉到他的語文能力，以及因當時臺灣佛寺中，
也唯有靈泉寺在林德林出家之年（1912）的 2 月間，才從日本帶回一套大藏
經，所以這表示了林德林有能力讀、喜歡讀，甚至很可能也是當時他決定在靈
泉寺出家的重要原因。

　　而有關這一點，我們只要對照他日後自己主持「臺中佛教會館」時，曾超
乎尋常的大量購各類圖書，以及勤於撰文、翻譯和編佛教雜誌等作為，便不難
了解知識的充實和運用，基本上是他的宗教特性之一，並且表現相當優秀。

　　只是，有一點不太清楚的是，他所參訪的日本和尚，到底是在臺灣就近參
訪？或是曾親到日本本土去參訪？因資料不足，很難確定。

　　但，另一方面，我們必須注意的是，在當時出家環境下，一個像林德林這
樣出家不久的僧侶，資歷上是很淺的，在日常生活中是必須忙碌於許多寺院事
務的學習與幫忙，甚至包括外出應酬與寺院有往來的信徒佛事等，並且，因而
他獲得的個人零用津貼，也是微乎其微。

　　出家不久的林德林，當時處在這樣的出家環境中，單靠其本身主觀的強烈
學習意願仍是無濟於事的。換言之，要先有特殊專長的優越條件，再加上獲有
願意接納其為栽培對象的外在條件，才是真正能實現個人道業精進計劃的關
鍵所在。

　　以林德林當時的條件來說，他當時已成年，有一定的古典漢文讀寫能力，
擁有極豐富的經商經驗、對道教行業或齋教也有一定程度的認識或經歷；但其
個性剛強，又健康不佳，加上他當時能運用日語為寺方辦理外涉事務——應酬

日僧或日本官方──的專業知識並不具足，所以和他同門師兄沈德融相比，其重要性便相對減低很多。

（三）林德林出家後的學習對象：日僧化的同門師兄沈德融

此因已經日僧化的同門師兄沈德融，雖只大林德林四歲，也是出身水返腳（今臺北縣汐止鎮）的農家子弟，直到 15 歲（1898）才進「水返腳公學校」就讀。

可是，日後沈德融在基隆靈泉寺的發展機會，一直優於林德林，最後並使林德林只有選擇回臺中來發展，才有機會開展出完全屬於他自己的新佛教事業。

因此，對沈德融此一時期的轉型經驗觀察，在作為對照研究林德林的後續發展經驗來說，是絕對有其必要的。

沈德融就讀「水返腳公學校」之後，此一初等學校的制度，原是以教育臺人子弟為主，其日間正常學制為六年，其教育重點是：（a）學會熟練使用日語，（b）習得實用技能（如讀書、算數、作文、體操、音樂等），（c）培養好（日本）國民的優良品德。

另設有夜間部的速成班，以供無法在白天就學者的需要。而此教育令的頒布是在 1898 年 8 月 16 日以「府令第 78 號」公告，第一學期從二月一日開學，學生就學年齡為八歲到十四歲。所以沈德融在 15 歲開始讀一年級時，雖是第一屆入學，但已幾乎快超過了正常的就學年齡。

而此一延遲入學，雖非自己所造成的，但因是 15 歲才入學，等讀完六年業，則已是 20 歲的成年人了──這在當時的臺灣社會環境，雖非特例，可是在現實的生活需要上，卻是既為難又不易持續到底的──於是沈德融於隔年在基隆的齋教龍華派「源信堂」皈依，並藉此機緣認識了同樣在「源信堂」皈依及出入的江普傑（當時江善慧仍未出家為僧）。

並且此後的數年間，又正逢日治初期所謂「兒玉、後藤體制」開始大有作

為的時期，有關新宗教法規的制定或臺灣舊慣的調查、乃至以強大警力實施殖民統治的社會控制等，都紛紛付之實行。

不只江善慧開始於基隆本地接觸外地僧人前來說法，或自己稍後也正式落髮受戒出家，全都出現在這一段時間內。

連沈德融從皈依齋教、並與江普傑結識之後，也在這一期間內，相繼經歷了從休學、到日人寫真館（照相館）去當學徒、兼作日臺語翻譯的工作，甚至還逐漸成為靈泉寺建寺初期幫寺方與日人交涉事務的重要角色等一連串的大變化。

但，其中很顯然的，沈德融之所以具有特殊的重要性，是因他已具備了在公學校數年間所學會的熟練日語運用能力，而這在當時寺方的僧人或幫忙辦事者——包括後來已正式加入（1907）日本曹洞宗僧籍的江善慧本人在內——都欠缺此一能熟練用日臺雙語溝通的專業能力，所以沈德融在當時才具有上述不被取代的強大優勢，也因此他成了江善慧個人與日人交涉時不可離開左右的最佳事業幫手，甚至是用以超越其他臺灣寺院的決勝利器之一。

所以，沈德融本人在 23 歲（1906）之年， 也被江善慧要求正式出家，並前往鼓山湧泉寺受戒。但，這個出家還有幾個相關事件，須補充說明，才知其具有重要的意義：

一、在此之前一年，江善慧的師兄胡善智的主要大弟子邱德馨前往福建鼓山受大戒，而這一年也是信徒林來發捐地供建寺之年，並且胡善智又是首倡議建寺之在世輩份最高僧人，故在寺中的接棒順位，其弟子邱德馨要先於江善慧的弟子沈德融。

二、1906 年 9 月 23 日胡善智突然過世，同門的江善慧自此成了基隆靈泉寺的建寺擔綱者、第一任住持、加入日本曹洞宗寺院系統和列入僧籍的最先推動者、以「靈泉寺」逐漸建立起臺灣第一和最大本土佛教法派「月眉山派」的靈魂人物，同時也使他名氣大噪、信徒眾多和毀譽參半的下場。所以，他的主

要對外交涉助手沈德融也能正式出家，在當時是既急迫又不可或缺的。三、在整個日治時期，基隆靈泉寺的住持順位是：甲、倡建者：胡善智。乙、第一任住持：江善慧（任期 1907/8-1933）。丙、第二任住持：邱德馨（任期 1933-1938）。丁、第三任住持：沈德融（任期 1938/8-1947）。——由此可見，江善慧和沈德融師徒兩人，才是整個日治時期合作最久、並且真正長期掌控基隆靈泉寺的最關鍵僧侶。

不過，林德林的優異漢學知識和熟練的中文寫作能力，顯然是當時寺僧中最出色的，此一事實從迄今遺留的《靈泉寺沿革》手稿、《曹洞宗靈泉寺戒壇——同戒錄序》等等，可以說都是靠他的書寫或筆錄才能保留下的。

只是，此一才能具有可代替性，因當時江善慧除了日語要仰賴沈德融之外，他的漢學幫手之一是由當地的蔡桂林秀才來擔任，再加上江善慧本身也有一定的漢學素養，所以林德林出家後，除了自己用功閱讀經書和練習寫作之外，既無隨江善慧出遊海外佛教聖地——包括泰、緬、印度、南洋、日本或大陸各省——的機會，也不曾被刻意送到日本本土去栽培。

反之，沈德融自己並不一定期待有上述這些機會，卻因江善慧無法捨離他的協助和陪伴，所以他毫不費力地就都擁有了。

事實上，沈德融出家才兩年，就被來臺的第八任日本曹洞宗管長石川素堂（1906-1919）很快的相中，並將其攜回日本，讓其入該宗僧堂見習和安排其進入該宗的第一中學林就讀；其後，則因靈泉寺建寺的急需靠其交涉，才不得已僅讀了三個學期（中學林為五年制畢業），便被迫中挫學業，返臺幫忙（1912）。

而這一年，也正是林德林在靈泉寺落髮出家的同一年。

因此，沈德融和林德林兩人，雖同屬江善慧的門徒，年齡上也僅相差四歲，但當時作為師兄的沈德融，已可被視為是一位具有日本佛教法脈的準日僧，大不同於僅名義上入籍的臺僧如江善慧等。

　　所以，林德林對這位有實際見習日本僧堂經驗和讀完日本中學林三學期的同門師兄，幾乎是以師長和效法的典範來看待的。

　　因而，我們大致可以推定：出家後的林德林，直到他已讀完第一屆「臺灣佛教中學林」的三年課程為止，其主要追隨者即是師兄沈德融，並實際已成為江善慧的各徒中僅次於沈德融本人的重要人物。

（四）從「大演講會」到「臺灣佛教中學林」時期的林德林

　　林德林出家後的前三年間，其求道生涯的狀況與心得，在上節中，本章已大致評述過。

　　在另一方面，時序已進入大正時期（1912-1926）的臺灣佛教發展，由於受到諸如「西來庵事件」（1915）的重大衝擊、「始政 20 年紀念：臺灣勸業共進會」（1916）舉辦期間爆發耶佛兩教在臺北激烈互辯的「大演講會」之深遠影響，於是先後有「私立臺灣佛教中學林」（1916）、「臺灣佛教青年會」（1917）、「臺灣佛教道友會」（1918）、「臺灣佛教龍華會」（1920）、「南瀛佛教會」（1922）等跨地域性佛教組織與私立佛教中學林（三年制）教育機構的成立。

　　而其中林德林曾參與的那次耶佛激辯的「大演講會」。當時他參與的佛教身分是「嘉義火山大仙巖副寺」，擔任的講題之一為〈惰人與私生兒〉；而他同門師兄沈德融因當時兼任「嘉義火山大仙巖住職（持）」，自然是林德林的上司，他講題則為〈新冊子舊曆日〉，兩人和其他與會者一樣，都使用臺語演講。

　　但，不論如何，這次能夠參與耶佛激辯的「大演講會」，使林德林首次得以揚名於臺北大都會區的各界公眾之前，所以他不但在其中獲得辯論的實戰經驗，也使他對臺灣佛教的前景萌生莫大的期待。故在此後的二十年間（1916-1935），他都一直念念不忘他在首次「大演講會」。

　　而由於他是如此地期待有第二次「大演講會」的舉行，所以他也是日治時

期臺灣佛教僧侶中第一位撰文公開發表，並將第一次「大演講會」即定位為〈臺灣新佛教運動之先驅〉者。

　　而由於參與第一次的「大演講會」之後，接著衍生出「私立臺灣佛教中學林」的創辦等新的重大變化，所以林德林和沈德融自此北上參與「私立臺灣佛教中學林」事宜，而永遠捨離嘉義火山大仙巖（即今三級古蹟臺南縣白河鎮大仙寺）的正副住持之職。而從此一轉變來看，此後的林德林終其一生，決定性的形成兩條截然不同的僧侶生涯：

　　其一是，他因此而能就讀曹洞宗所主導的第一屆「私立臺灣佛教中學林」，並於畢業後，即藉此崛起於臺灣中部的佛教界、成為「臺中佛教會館」的創辦人之一和任住持、爆發於該會館的「中教事件」主角、忽滑谷快天「正信佛教」禪學思想的在臺首要推動者、以及其日後之所以能成為「臺灣佛教馬丁路德」的根本原因。

　　其二是，大仙巖從此改投臨濟宗妙心寺派，而林德林的佛教事業此後便僅侷限於臺灣中部一帶，而無法突破或延伸到臺灣南部地區。

（五）與林德林有重要關聯的幾個師長、同學或事業夥伴

　　林德林 26 歲才開始就讀「私立臺灣佛教中學林」第一屆（1915/4/10），到畢業時，年齡已達 29 歲（1920/3）。雖成績極為優異，但多病的身體因素，使他功課的表現，時好時壞。

　　當時，同學中有幾個人和他的日後關係很密切，一是沈德融的徒弟李添春（1898-1988，法號普現，小林德林 8 歲），另一個即是曾景來（1902-1977，小林德林 12 歲），特別是後者，既是同班同學，又是李添春的親表弟、 也是林德林贊助就讀中學林學費的正式徒弟（法號普信）和日後最親近的新佛教事業夥伴。

　　當時，因處於私立中學林的過渡階段，所以首屆的原入學資格規定：「公學校第四年課程修了與同等學力者皆得入學。學中規定給予食費，學費一個月

二圓左右。該學林主要是教育本島人僧侶及齋友弟子，具有僧侶及堂主資格者教授曹洞宗宗乘、餘乘及普通學，已養成布教知識。其學科之配當，以修身、宗乘、餘乘、國語等為主，及於布教上所必要之漢文、歷史、地理等學門。是為本島人子弟的宗教學林。」所以，首屆四十餘人的新生中，林德林、李添春和蔡遇三人，是以公學校的肄業資格就讀的。

　　三年期間，退學離開者達四分之三以上，故真正畢業者只有 10 人，而其中，有 7 人（包括林德林在內）選擇留在臺灣就業。

　　其他三人是李添春、曾景來和第一名畢業的謝平，先一同到日本山口縣進「曹洞宗第四中學林──多多良中學」讀五年制的後兩年課程。可是第一年即因臺日學生之間的程度差異，使謝平萌生退意，先行退學返臺。李、曾兩人則誓死讀完兩年，然後進入駒澤大學前身的「曹洞宗大學林」預科就讀。

　　當時大學林的學制是預科兩年、大學本科三年。但，1924 年，「曹洞宗大學林」改制為「私立駒澤大學」，首任校長即忽滑谷快天，所以李、曾兩人在忽滑谷快天的擔任保證人之下，進入新制的該校文學院佛教系就讀。其中，曾景來於 1928 年畢業；李添春則因病晚一年（1929）年才畢業。

　　不過，此處有關忽滑谷快天與林德林等人的關係，仍須說明如下：

　　一、忽滑谷快天是首屆「私立臺灣佛教中學林」開學典禮時（1917/4/10），以大本山代理管長來臺與會和致詞的該宗著名的大學者，所以在日後對來自臺灣的佛教留學生照顧最殷、也影響最深。

　　所以林德林本人雖未赴日就讀「私立駒澤大學」而得以長期受教其門下（如李添春、曾景來，或稍後的高執德、林秋梧、李孝本等），但自中學林開學典禮親聆其演講勉勵之詞之後，即終身以忽滑谷快天的禪學思想為效法和推廣的最佳典範。

　　二、忽滑谷快天的「批判禪學思想」或「正信佛教思想」，在臺灣佛教界的知識分子屬曹洞宗系統者，幾乎是普遍性的被接受。但，生前曾兩度（1917，

1932）來臺弘法的忽滑谷快天本人，最欣賞的臺灣留學生其實是高執德，所以二度來臺期間，曾前往高執德在彰化永靖的老家，卻未蒞臨當時正要結婚的林德林所主持的「臺中佛教會館」。

三、林德林在所創辦的宣教機關刊物《中道》雜誌上，也曾允許林秋梧發表宣傳左派的社會宗教主義的思想文章而遭查禁和停刊。　但，林秋梧也同樣是忽滑谷快天禪學思想的忠實追隨者之一。所以忽滑谷快天的禪學思想，在當時往往是臺灣佛教知識分子的共識起點或粘合劑。

四、忽滑谷快天本人於 1934 年 7 月 11 日，於日本的一場公開演講途中突然頭痛過世。而此年和臺灣佛教有重大關係的丸井圭治郎（於 1934 年 1 月 14 日）、大石堅童（於 1934 年 1 月 30 日）、林覺力（於 1934 年 6 月 13 日）和林秋梧（於 1934 年 10 月 10 日）都相繼往生，使得林德林對忽滑谷快天的一向殷切效法的態度，雖在思想路線上依然遵循不變，但聯絡的對象，其實是由忽滑谷快天的首要繼承人保坂玉泉教授所取代。

反之，之後的臺灣佛教留學生入駒澤大學者，如釋如學和王進瑞兩人則改習禪和拜師於澤木興道禪師。這就是林德林在忽滑谷快天死後，於佛教思想上逐漸與其他教界人士不同之處。

二、初期返鄉開創新佛教事業及其自編佛教聖典之問題

（一）林德林畢業初期返回臺中市開創新佛教事業之問題

林德林是由臺中慎齋堂的贊助，才能順利讀完佛教中學林的三年課程，甚至有餘力提供同學兼徒弟的曾景來，從中學林到赴日受完駒澤大學佛教本科的全部課程，以畢業論文《阿含之佛陀觀》之研究論文取得臺灣有史以來第一位研究原始佛教思想的文學士學位，可謂衣錦榮歸。

而曾景來當時的研究資料，除充分運用《新修大正藏》的「四阿含」原始

經典文獻資料之外，在觀點上主要是受到當時日本佛教界一群傑出學者如：村上專精、姊崎正治、赤沼善智、立花俊道、保坂玉泉等學人著作的深刻影響。

可以說，將人間性或歷史性的佛陀觀，作出了極為出色的探討。這也是曾景來初期研究，與其他臺灣留學生最大的不同點。

但，其後在回到臺灣本土以後，臺灣宗教與迷信的問題，因配合官方的統治立場，逐漸形成他的研究重點，然後是禪宗史的傳記與解說（※無論中國或日本的禪師都包括在內）在後期又成為他著作中心。

但，林德林的創業，是出現在他剛畢業佛教中學林之後的數年間，而此一時期的曾景來卻仍在日本深造，故只能靠投稿或幫忙翻譯來協助其師林德林的新佛教事業之推廣或相關的新佛教思想之傳播。

亦即當代能改進臺灣傳統佛教弊端、並為本島佛教帶來新氣象──符應釋迦佛本旨純佛教──的人，實賴其師林德林上人和他所創辦的「臺中佛教會館」佛教事業來承擔。然後他曾提到：

總而言之。此時對佛教風俗上。不論局內外人。正邪宜有取捨。善用之改革之。不然則純真之佛教。莫可求矣。諒故鄉諸志士。亦必傷心絕叫乎。

可見，他認為，當時林德林所推展的新佛教事業，是居於革舊佈新的前衛和核心的地位，因而其會批判臺灣舊佛教的種種不是，也應是推動新佛教事業時，必須同時擔負的使命和課題。

事實上，林德林當時在臺中市發的佛教事業，是由於 1920 年 10 月，林超英等聘林德林在臺中市及內外部落，舉辦為期三個月的佛教講息會，廣受各地歡迎，認為有成立佈道機構的必要，於是臺中有志者才促成隔年「中佛教會館」興建。至於代表新佛教精神的本尊釋迦佛入佛式，則要到 1923 年，大雄殿則遲至 1928 年 9 月底才完成。

換句話說，林德林的佛教事業，其實是一正在發展中的新信仰社群，所扶持出來的，因此連他的新佛教基地，也剛剛成立。而因林德林又是擔負推動事

業發展的火車頭角色，成敗繫於一身，故他所受的事業壓力也將特別的大。

此因林德林當時所創立的「臺中佛教會館」，雖然宗籍上是屬於日本曹洞宗的在臺末寺（下游加盟寺院）之一，並在新興起的臺中市都會區很受重視；特別是他所長期抉擇的禪學思想，又是以當時最具批判性的忽滑谷快天之禪學思想為主，因而他在當時由他一度主編的重要刊物《南瀛佛教》或由他自己辦的《中道》雜誌上，都和其徒曾景來加以大量翻譯過。

其中尤以忽滑谷快天著的《正信問答》一書，日後更被譯出和作為他與一些同道在臺中市推廣「正信佛教」運動的信仰綱領之用。除此之外，他在創業的初期階段，也曾一度自編一冊《在家佛教聖典》，以作為他提供信徒了解其所推展的新佛教理念之用。

所以，若要知道他究竟如何逐漸走上自己在宗教上獨立思維之途，仍須再針對這些他早期所編新佛教，稍予了解，才能有助於我們上述關懷點的進一步了解。

（二）林德林初期自編《在家佛教聖典》的構思與內涵

林德林在 1912 年時，曾和全臺的學員有四十多人跟來自大陸的講師釋會泉學《心經》和《金剛經》的《無垢註》。並且，參與此一《金剛經》和《心經》講習會的結果，也同樣是促成了他的出家為僧原因之一，以及他日後求道生涯的開始。

他在 1922 年為他的臺中市信徒編《在家佛教聖典》，並展開他的新佛教事業時，在「上編・經類」所列的頭兩本，就是《金剛經》和《般若心經》。最後則列上他自選的《信徒家憲》，其中並有一條規定：

> 有正信精神。自己皈依三寶以後。願生生世世。親近三寶。寧可碎身。不皈依外教邪道。

　　但，這並非老生常談的規定，而是他定的信仰宣言。即所謂正信精神，就是神佛分離，以佛陀的真正教理為依歸，以日本曹洞宗的道元禪學家風為典範。在其所編《在家佛教聖典》那篇長序，正可代表他此時的佛教理念。

　　基本上，林德林在上述的這篇序中，是明確地反映了他在日本殖民統治下，作為殖民地的本土佛教的知識份子之一員，在接受了殖民者正規新式的佛教中學教育之後，開始帶著新的宗教體認和宗教熱情，欲圖向當地久習傳統信仰習慣的新皈依者，提出自己的新宗教福音，以及在家佛教徒今後應行信仰方向的宣傳文。

　　而他的這種前後轉換宗教經驗，是帶著使命感和改革批判的驅動力的！其中正確信仰和佛教智慧必須雙軌並重的強調，可以說是抉擇新信仰與否的關鍵。雖然這篇序文的內容，對於這一立場的闡釋，仍不夠具體，但立場已相當清楚。

　　因此，稍後，他一接觸到日本著名的禪學思想家忽滑谷快天的新佛教理論的暢銷書《正信問答》，立刻即視為他入道以來的安心歸宿和展開新佛教事業的總綱領。

　　根據此書的組織和推動的「正信佛教」運動，即構成了林德林此後在臺中地區奮鬥的全部佛教事業的內容。在他所辦《中道》上，各期的關於信仰理論的闡釋，也不外這一理論的衍繹。而林氏先前的序文表達與忽滑谷快天的思想之間，並無相互牴觸，只是後者對前者的增強和加詳而已。

　　因此，可以一言以蔽之：代表釋迦佛的般若智慧、代表觀音慈悲的宗教悲願，以及代表曹洞宗之祖道元的禪學家風，並重視在家佛教信徒的正確信仰內涵，即構成了林德林的初期抱負，以及其後持續終身的新佛教事業的內涵。

三、「中教事件」之爆發與林德林新佛教事業困境之形成

有關「中教事件」的爆發，及其引發林德林日後新佛教事業在拓展之困難，之前已幾次提到過，但其細節的發展，則須再詳以交代，方能使讀者清楚。

何謂「中教事件」？其爆發原因為何？

所謂「中教事件」，原是指昭和二年（1927），爆發於「新僧」林德林所創立的「臺中佛教會舘」中的一椿「桃色疑雲」。

但，此一「桃色疑雲」事件被揭發的同時，又牽涉到當事者林德林被指：是和曾有筆戰結怨的張淑子之妻有染，並且據說匿名在報上的揭發人就是張淑子本人。

因此事件曝光之後，張淑子頗獲鄰近地區一些平素不滿「新僧」林德林作風的儒生之聲援，於是以彰化「崇文社」的儒生社群為中心，開始動員同志，在各報刊上撰文和投書，大規模展開對「新僧」林德林的嚴厲圍剿。

不僅如此，其後，彰化「崇文社」的儒生社群，由社長黃臥松帶頭，又把相關的醜聞資料和攻擊林德林的色情詩文，彙編和出版前後共五集的《鳴鼓集》，到處散發，藉此來繼續羞辱「破戒僧」林德林和其他佛教界的著名人士。

所以，不但當事者林德林本人的名譽受損，連當時臺灣北部佛教界三大法派的領導階層也被牽累，使整體臺灣佛教界陷入空前的不名譽中。

在另一方面，彰化「崇文社」的儒生社群的此一過份的作法，同樣也引起當時臺灣佛教界少壯派知識精英的不滿，於是從根本上展開對傳統儒教排佛論思想源流的歷史清算，使雙方對立的批評行為，延續了數年才告平息。

可見，這樣的儒釋知識社群之爭，已非單純一椿有關「新僧」的「桃色疑雲」之一般輿論批評，事實上這還牽涉到當時整個外在相關環境的大變化。亦即，這其中還關係到當時臺灣地區的儒釋知識社群，在日治之後，因身處異族殖民統治的困頓環境下，不得不重視如何與新興的異質（佛教）社群，互爭社

會文化資源的擁有，或由誰主導社會影響力的現實問題。

因而，由此一典型的儒釋知識社群衝突，正可清楚地反映出當時臺灣中部地區不同文化社群的意識型態之差異，以及凸顯出在日治時期的新環境激發之下，彼等將須如何堅持原樣或被迫轉型的現實問題。

換言之，這也是彼等各自在批判或反批判行為中，必須面對的深層問題。

（一）「中教事件」所涉及的新舊儒佛思想之批評與衝突

「中教事件」的爆發，雖然表面上是導源於林德林和張淑子之妻的「桃色風波」。但為什麼一樁單純的桃色風波，竟然迅若燎原之火，在彰化、臺中地區的文人團體中熊熊燃起同仇敵愾之情？

這當中存在的問題，顯然不只是因某一和尚（林德林）犯戒，而導致某一文人（崇文社）團體群起而攻這樣的單一事實。理由很簡單，假如單一的和尚犯戒，便可以衍變成某一文人團體的圍攻，則不外：（a）此一事件是罕見的，故其震撼力特大。（b）此一和尚的社會知名度高，相對的社會也較難接受其犯根本大戒的行為，反彈力也甚大。

可是，犯大戒在佛教界內部也不許可，如有這樣的事實，教界人士同樣也會加以指責，而不是純由某一儒家團體，像彰化「崇文社」這樣，來發動一波又一波的強烈批判。事實上，日治時代新佛教信仰的發展，所帶來的衝擊，不但是思想的大變革，戒律的新詮釋，也促成宗教資源的重新分配和社會影響力的再調整。因而在同一或重疊的宗教文化圈內，若不同的社群之間，不能合作，共享社會資源，便不得不面對相互爭奪和彼此勢力強弱分判的殘酷現實。

除開無法確定的「桃色疑雲」之八卦新聞之外，其中所涉及的新舊儒佛思想之批評與衝突，可能是更具時代意義的。

為了使事實的真相，能夠全貌呈現，透過王見川先生的協助，從林德林當年在「臺中佛教會館」留下的資料中，發現了該期《中道》上有一篇批評張淑子的長文，篇名是〈讀張淑子《家庭講話》所感〉。

由於此文是日治時代臺灣佛教掀起「儒佛之爭」的關鍵文獻。而從文獻全貌來看，林德林除了在開始的地方有點客套之外，緊接著他就點出問題所在，他說：

> 余讀張淑子先生所著之家庭講話一書。……僧道二字。未知淑子君用何意思解釋。……請問先生。用何眼睛觀看。以臺灣在來之廟守廟祝及一般居家掛匾專為人家送葬作壇者為僧乎。抑亦以何為僧乎。……君僅看在地數位之懶惰之顧廟者。或視二三光頭游民。便欲藉此而排斥宗教。誠淺慮無謀之甚也。若言受僧侶教化便是愚夫愚婦。則累代王侯學者之參師求法者。是盡愚人。而無有智者乎。……

然後他憤憤不平地指出，難道官方對宗教家的支持，都不算數嗎？他說：

> 又言「和尚是朝廷懶僕。百姓之蛙蟲」各政府內務大臣豈無智之甚。而獎勵此懶僕懶蟲。在世間設懶蟲教乎。前清蒲首相招待佛教各管長在內閣懇話。及前臺灣內務局長。招待在臺佛教各首領。於官邸會見。皆謂目今思想變遷國民無遵道德。不怕法律。不畏刑罰。必須托仗諸宗教家。鼎力教化。為之思想善導等之大意。豈不聞乎。抑亦知之固意欲談些世間是非長短乎。

最後，林德林斷然地拋出一頂紅帽子，並警告張淑子說：

> 總而言之。……無宗教者。就是社會主義者。社會主義者。就是無政府主義者。過激派。共產黨。於此生焉。矣淑子君汝身為教師當為人模範。而宣傳此社會主義。無政府思想。國家的將來。豈不危乎。願汝再思三思。

　　對於這樣一篇雄辯滔滔的批評文章，或者也是即將激發爭辯和結怨的長文，我們究竟要如何來看待呢？

（二）爭論焦點背後問題其實是禪儒知識階層的資源分配不均

　　以上所提的問題中，儘管張淑子曾遭受林德林的批評和羅織一些罪嫌，並且林德林氣燄太盛也有可能招來部份儒生的不滿，可是若此爭論非密切關聯儒家社群的共同榮辱，則旁人或同儕縱使有心想聲援張淑子，也會因缺乏正面插手此事的正當性而有所顧忌。

　　因而這時唯有提指控：林德林其實已批評了全體儒家，才有可能引來全島的文人反批林德林——亦即唯有像「全體儒家已遭佛門僧侶批判」這樣的同體受辱意識，才可能引燃熊熊的批林怒火，並藉此共同受辱意識而取得參與批林的正當性。

　　不過，此一問題的真正後遺症，其實是在於，縱使林德林本人原先並未曾投書《臺灣日日新報》，批評全體儒家，卻未必能澄清他在那篇強烈批評（和羅織）張淑子的文章中，曾挾著新崛起的佛教聲勢，凌厲地批判立場不同、但曾為文壇和私交都是熟人的張氏之觀點。

　　並且，他當時在文章中，甚至曾大段援引殖民統治者的官方立場，以鎮壓對方的平常言論。而最令人難以理解的是，林氏在文章結尾處，居然將對方（張淑子）羅織為「無政府主義者、過激派、共產黨」的呼應者。這顯然是過當的批評言論。

　　因為，假如林德林的此一羅織的罪名能夠奏效，即意味著此後儒家對手陣營的所有批佛言論，都無有再向社會發聲的機會，因有可能遭官方取締。

　　如此一來，張淑子之前的被羞辱，其實也是其他儒生日後可能面對的處境，所以我們可以合理的推測：就是基於此一同仇敵愾的心態，才衍生出後來許多所謂林德林反儒家的言論或資料。亦即，在林氏以如是盛氣凌人的語調批張之後，情勢的發展，可能已注定他和儒家陣營的絕裂，必須艱辛地走上儒佛

衝突的不歸路。

　　另一方面，我們也必須知道，清代臺灣社會的舊式儒生，在其實際身處日本殖民統治的環境之前，已曾接受儒家倫理意識型態的長期薰陶，因而在進入日治以後，當其面對新的兩性關係時，即可能由於無法脫離舊時代的意識型態，以致雖曾努力進行輿論批判，卻因彼等與時代的現況已嚴重脫節而歸於無效。

　　不過，問題的逆轉，在於此等舊式儒生的深沉意識型態中，往往還會不自覺的對不同的宗教文化團體，萌生一種階層的凌辱意識。

　　亦即彼等在日治以前，所強烈認同的主流意識，——程、朱的禮教觀和闢佛思想——由於時代變異，使其在日治異族統治下，已實質上失去在傳統儒生功名之路上所分享的政治權力，　因此要靠掌握權力來直接禁毀或壓制佛教的異端言論及破戒行為，已成現實上的不可能之行為。

　　因此，彼等在批判佛教事務時，都只能表現出極高的優越姿態，或不時流露出對無知僧侶的不屑和嘲諷，藉以達到高度羞辱或嘲諷對方的目的。因而也就完全忽略了當時臺灣社會新崛起的佛教勢力和新發展的兩性關係，甚至包括臺灣僧侶當時正在爭取的合法婚姻和情慾自主權在內，都不能持同情的態度。

四、臺灣佛教海外知識社群的反彈：來自「駒大臺灣學生會」的批儒運動

（一）「駒澤大學臺灣學生會」成立的背景

　　雖然彰化同文社的儒生知識社群，藉林德林的「中教事件」爆發作為彼等攻擊臺灣本土受日式現代禪佛教思想影響的新佛教推廣運動的利器，串連全臺各地的儒生同道集體撰文，譏嘲辱罵之聲，遍登在彼等當時所掌握的大眾刊

物上，引起社會各界的長期注目和議論紛紛，達數年之久。

這對佛教界的有識之士來講，是不能不對此有所回應的，否則牽連所及，將是全體臺灣本土佛教界的被汙名化和遭外界異樣眼光的歧視。所以，當有關「新僧」林德林的「中教事件」一爆發之後，臺灣本土佛教方面的海外知識精英社群，便一直都對此事的後續發展，極為關注。

其後，彼等對彰化「崇文社」的儒生在報上大肆炒作此事，尤其對於《鳴鼓集》被連續編輯和公開發行多集，更加不滿。

此因彰化「崇文社」的這些舊式儒生社群，曾長期公開的徵文、甚至自行創作許多反佛教的色情詩歌，並分別刊載各報和編入《鳴鼓集》，藉此來諷刺、羞辱、貶抑或公然醜化林德林的「破戒」，以及當時臺灣佛教界的種種「弊端」。

因此，也激起了當時在東京私立「駒澤大學臺灣學生會」的幾位要角，如高執德、林秋梧和李孝本等人的憤慨，於是也進行了反批判的工作。

事實上，這是因「新僧」林德林個人所爆發的「中教事件」，已逐漸累及整個臺灣佛教界都不斷地在大眾媒體上被報導和被羞辱；而此種難堪的佛教徒窘態，看在「駒澤大學臺灣學生會」成員的眼中，是既同情又不滿。

彼等能同情的是，一度同屬臺灣佛教徒的改革派同志，如今居然爆發此不幸事件，還被社會的大眾輿論批評和羞辱，所以感同身受，為之焦慮和難過。但彼等不滿的是，既然佛教徒已被大眾報導污辱，則被害人的佛教當事者，即應起而反駁，以澄清立場，避免事情擴大和惡化，以及不要使整個佛教界的清白名聲也被此事拖累了。

但當時居然在臺的一般佛教徒，包括被批評的當事人在內，都過於低調和怕事，不敢公然的強烈反駁對方，於是此一忿怒之火，便只好越過海洋，延燒到日本了。亦即東京「駒澤大學臺灣學生會」的知識社群，在此一共同激起強烈的憤慨之情後，便決定各自執筆和投稿，隔海宣討，以平反一再遭受臺灣舊式儒生知識社群的闢佛辱僧的不當攻擊。

（二）「駒澤大學臺灣學生會」組織成員及其團體功能

　　但所謂東京「駒澤大學臺灣學生會」，到底是怎樣的一個組織呢？它的成員又是來自何處呢？根據日治時代最重要的佛教刊物《南瀛佛教》第五卷第四號（1927 年 7 月）的「雜報」特別提到如下的消息：

〈駒澤大學臺灣學生會出現〉

東京駒澤大學。為日本佛教大學中的一大重鎮。故臺灣的佛教青年。留學於該校的較之別個佛教大學很多。如這回臺南開元寺所派的林秋梧氏亦負笈於此。其他今年度的新入學生如董有為（臺南）、吳瑞諸（北港）、李孝本（臺北）諸氏。俱是熱心的佛教青年。該校的同鄉先輩李添春、曾景來、高執德、莊名桂諸氏。賭此現象。不勝欣喜。因預更增加鄉有的情誼親睦。以及宣傳臺灣的佛化起見，出為提唱團體。討論一過。眾皆議決組織駒澤大學臺灣學生會。適員林布教師岡部快道氏由臺晉京。諸學友以為機緣巧遇。遂擇於五月五日午後二時。在駒澤大學察舍舉行臺灣學生會的成立式。於席上一同推該校學長忽滑谷快天老師為會長。並請教授保坂玉泉先生為顧問。皆得其許諾。後又得了岡部（快道）氏承認為贊助員。眾大歡喜。至四時始散。今將該會會則附記於左。

〈駒澤大學臺灣學生會會則〉

第一章　總　則

　　第一條　本會稱為駒澤大學臺灣學生會。

　　　　　　3.本會會員以留本大學臺灣學生而組織之。

　　　　　　4.本會圖學友親睦及宣傳佛教的精神為目的。

　　　　　　5.本會事務所置於駒澤大學內。

第二章　事　業

　　第五條　本會設置左記四部

　　　　　　一、庶務部—整理會計一切。

　　　　　　二、文書部—每月一次集原稿發表於臺灣相當的雜誌、新聞。

　　　　　　三、辯論部—夏期傳道。

　　　　　　四、運動部。

　　第三章　役　員

　　　第六條　本會置又記役員

　　　　　　會長、顧問若干名、贊助員若干名、理事四名、幹部若干名。

　　　第七條　本會推戴本學學長、顧問推戴臺灣別院及內臺佛關係者、贊
　　　　　　　助員則贊成本會趣意者。

　　第四章　會計及會期

　　　第九條　本會經費以會費及寄附金充之。

　　　第十條　本會會期每月一次小會、每學期一次大會。

　　　這是昭和二年〔1927〕四月間成立的，也是當時駒澤大學校長忽滑谷快天的校政主張之一，即駒大的學生都須自組學生會。

　　　可是，臺灣留學駒大的學生，在此之前並不多，所以未組成「臺灣學生會」。而此次雖因人多，終於組成了，但為何會推舉駒大校長忽滑谷快天為「臺灣學生會」的會長呢？這有特別歷史的原因和意義的。

　　　因大正六年（1917），日本曹洞宗「臺灣別院」（臺灣佈教總部）於院內左側，屬臺僧孫心源主持的「觀音禪堂」內，設立第一所三年制的「臺灣佛教中學林」時，特地自日本東京來臺，主持首屆期開學典禮的貴賓，就是駒澤大學校長的忽滑谷快天。

　　　而第一屆的臺灣佛教中學林畢業生中，有李添春、曾景來和謝平三人在赴日本讀曹洞宗辦的多多良中學，從四年及插班，五年級畢業，成績優秀的，則先入駒大預科，再進本科。

　　　後來，三人中的謝平，中途退學。因此，第一屆的畢業生，只有李添春、

曾景來兩人進駒大讀到畢業，並且他們的在校保證人，也是忽滑谷快天。

至於高執德是來自彰化縣永靖地區，他是先讀臺灣的普通中學，再赴日本進駒大的，但因學業優異，很受校長忽滑谷快天的器重，並且高執德日後撰寫傑出的批判儒學論文（駒大的學位論文），就是在他的指導之下完成的。

另一日後著名的林秋梧，當時其實是讀「國（日）漢科」，為三年制，並且晚高執德一年進駒大，所以李筱峰在《臺灣革命僧林秋梧》一書，說高執德是林秋梧的學弟　，剛好顛倒過來才對。

此外，曾景來為「中教事件」當事人林德林的徒弟，並且是林德林提供經費，給他到日本讀書的。而李添春的師父沈德融和林德林一樣，是基隆月眉山靈泉寺開山祖師江善慧的徒弟，所以林德林一樣是李添春的師門長輩。這就說明了，為何這群留學生，會對「中教事件」的爆發和後續的發展，特別關心？

至於林德林本人，也一樣畢業於第一屆「臺灣佛教中學林」，然後回臺中市發展新型佛教道場，是相當重視受日本曹洞宗當局重視的後起之秀，況且林德林一向又標榜自己是忽滑谷快天「正信」禪學思想的忠實追隨者　。

由於先前雙方的關係已如此密切，所以駒大臺灣學生會成立時，學生自然會想要推戴該校校長忽滑谷快天為該會的「會長」。

（三）「駒澤大學臺灣學生會」對「中教事件」的反應與批判儒學之興起

高執德在《南瀛佛教》長篇連載他的批判儒學論文之前，曾有一段前言，解釋他為當初何要撰文批判「朱子之排佛論」？他說：

> 這篇論文……如何曰「朱子之排佛論」呢？緣因朱子的學說，影響於後世者很多。就是今日的儒者，無不是吸飲朱子的學說，而排佛論亦是受韓愈和朱子的影響；然儒者的排佛，除朱子外，皆從外形上排論而已，唯有朱子之排佛，從學說思想而論。故不才對於朱子之排佛，特別詳細

的研究，……

不才對於朱子排佛論之研究動機，在學生時代，那時中部的佛教徒中，發生了不知道有事實，或者無事實之事件，新聞紙上大報特報，一時聳動島人耳目，排佛非常熱狂，徵詩募文，四面八方亂箭其發。佛教徒被罵至無容身之地，不但無一人敢和他理論一句，甚至被罵之人們。反至低頭求諒解。嘩呀！佛教徒這樣的無志氣，這樣的無統制，願作忍辱仙人，飽守「自掃門前雪，休管他人瓦上霜」的董句咧！若果事件的發生，有屬事實者，佛教徒亦當躍起而設法，擁護教門才是。若屬無根者，理當和他們徹底的之理論和計較，才不愧為佛教徒。無何一片散沙，零若寒冰，全無一點之熱度，可歎可歎。

當時吾們同學李添春兄、曾景來兄、林秋梧兄和不才每日在學窗中講求對策。無奈事在臺灣，人在東都，莫名其底蘊，又皆在學生生活的時代，是以唯靜觀其做把戲而已。為著這樣的動機，故不才意欲研究儒者之排佛論，苦心收羅材料，是以有此篇之作，……

由此篇高執德的序文自白，我們可以清楚的知道三點：

第一，縱使生在日治時代的臺灣知識份子，如高執德之類的，一旦涉及儒者和佛教徒的信仰或其他事件的激烈衝突，仍毫不猶疑地，將其導致衝突的思想源頭，回溯到南宋理學家大師朱熹的排佛論之深層影響。因此，這是針鋒相對的批判儒學之作，與不涉情感立場的論述不同。

第二，高執德的此文之作，和林德林爆發的「中教事件」有關，更具體的說，就是不滿當時佛教徒的懦弱和對方（儒者）的囂張，才思有所反駁。

第三，高執德明白提到，「中教事件」被擴大報導後，他和同學李添春、曾景來、林秋梧四人，每天在日本駒澤大學的校園內，苦思對策。但，由於遠在東京，且在學生時代，所以能作的只是以「反批評」來對付「批評」罷了。

高執德的駒大學位論文《朱子之排佛論》，資料詳盡、體系分明、批判深

刻，應是臺灣本土知識份子所撰批判儒學論述的前期鼎峰之作。可惜的是，臺灣當代的諸多儒學研究者，甚至於連高執德有此巨著的存在，都毫不知情，因此，特在此處，將其提起。至於其中的論述內容，限於主題和篇幅，暫置不論。

事實上，繼高執德之後，同屬駒大臺灣同學會的李孝本，也在校長忽滑谷快天的指導之下，撰寫了另一長篇《以明代儒佛為中心的儒佛關係論》的駒大學位論文，同樣也是在延伸反排佛論之批判儒學的力作，堪和高執德的論文並稱為雙璧。

高執德和李孝本的批判儒學論述，所以能作到相關資料的掌握非常詳實，以及分析極為深入，主要原因應是繼承了其師忽滑谷快天，關於中國禪學思想史的研究的豐富學術成果，而忽滑谷快天當時又是東亞最佳的此一領域的權威學者，不僅臺灣的留學生受其影響，連鼎鼎大名的胡適博士唯一所稱讚的當代禪學史專家，也是明指忽滑谷快天其人。這就應驗了俗話說的「明師出高徒」，此從高、李與其師忽滑谷快天的例子上來看，似乎有其道理在。

至於林秋梧的反應，則更強烈、更直接，所以他不但立刻撰寫了以馬克思的宗教批判論來反批傳統的佛教思想，並把批評的炮火直接針對島內的一些佛教人士。他在當時的《臺灣民報》上，一連十天，發表了一篇〈唯物論者所指謫的歷史上宗教所演的主角──這篇獻給文學士普現、普信兩師──〉的長文，其中「普現」就是李添春的法號，「普信」就是曾景來的法號。林秋梧在文章〈導言〉也提到說：

> 同學高執德君，近來孜孜在研究中國、朝鮮、日本的排佛論。但他卻是個熱烈的佛陀主義者。所以我知道他的目的，不是在排佛，而是在揚佛。同樣我這一篇小文──也許說是探究馬克思主義者的宗教論之一端──縱使有非難宗教之嫌，自然這是免不得，而本意決非在排斥宗教自身。實是要和親愛的青年僧伽，談談現代的趨勢，以資改革將來的教勢。除此之外，別無存意。

至於對假裝的資本僧伽、貴族僧伽、或御用僧伽、代辯僧伽，我們必須徹底徹底把牠們撲滅到乾乾淨淨，纔肯罷休。因為這是闡揚佛教唯一的先決問題。非由此決行，佛光是萬萬不能普照的。

過去學界如李筱峰和廖仁義等人，對林秋梧的此篇論文，都是從當時左翼思想盛行的大背景，來論述林秋梧撰此文的動機，卻完全忽略了此文是有強烈針對性的批判對象。亦即，當時為何林秋梧會寫這樣的論文，並且要獻給李添春和曾景來二人？而非獻給包括高執德在內的同志？

其實此文，主要是針對李添春和曾景來二人的師長輩「新僧」林德林的批判言論而發，因林德林初期與張淑子為儒佛問題筆戰時，即以羅織張淑子是過激派、社會主義者、共產思想的同路人，故指謫張淑子是佛教的論敵。

但林德林所扣的這一頂紅帽子，雖讓張淑子及其同夥大感吃不消，卻也萌生極度的反感，所以雙方由熟人，反目成仇；再加上風傳林德林與張淑子之妻為舊情人，一度於「臺中佛教會館」再續前緣，才演變成轟動一時的「中教事件」風波。而「中教事件」的稱呼，最早就是源自林秋梧的批判文章。

事實上，林秋梧出國前，還一度與林德林並肩作戰的。但自「中教事件」爆發以後，林秋梧不滿林德林的低調處理和佛教界的沉默回應，於是左右開弓，既批判林德林的反馬克思宗教思想，也把矛頭指向苗栗大湖法雲寺派的覺力之徒羅妙吉法師辦《亞之光》雜誌，認為彼等不思反駁攻擊佛教之文，卻反刊登張淑子等人的批評文章，林秋梧於是痛斥妙羅吉法師的作法，是反動（鴨肛）派、是投機者的不當之舉。

這就是林秋梧在〈導言〉結束之前，為何還要宣稱：「至於對假裝的資本僧伽、貴族僧伽、或御用僧伽、代辯僧伽，我們必須徹底徹底把牠們撲滅到乾乾淨淨，纔肯罷休。因為這是闡揚佛教唯一的先決問題。非由此決行，佛光是萬萬不能普照的。」的根本原因。

當時佛教知識社群的反駁，當然不只限於駒大的「臺灣學生會」這幾個人。

島內其實也有一些反應，例如臺中海豐堡麥寮街景德宮的住持林普海，即在《臺灣日日新報》投書反擊。

不過，林普海的文章，雖反駁得義正辭嚴，但當時彰化「崇文社」的儒生，除了署名「半儒」者，略為反駁林普海說，林德林在儒門時無惡行，何以出家為僧才犯戒？可見問題出在佛教界，而不是出在儒門；儘管如此，「半儒」又說，他和其他文友都決定不再回應林普海的挑戰。因此，林普海的挑戰，便落空了。

不過，後來有霧峰林家出身的林玠宗（資潭），認為儒佛知識社群對立下去，除兩敗俱傷之外，別無好處，因此極力奔走、調停雙方罷戰。於是此一儒釋互批的風波，才漸告平息。

不過，純就反佛教色情詩歌的創作和徵求，一直持續到昭和七年（一九三二）。因此年春天，已出家多年的新僧林德林，公開在「臺中佛教會館」內，和女服務生張素瓊女士舉行結婚典禮，再度招來外界的批評，所以報上又掀起反佛教色情詩文的創作和徵求的風潮。

只是此次激情不再引起社會的高度興趣，因此餘波盪漾一陣子後，就消聲匿跡了。而黃臥松的《鳴鼓集》也只編到第五集，就不再編輯和出版了。

（四）儒佛知識社群互爭的後續影響

從後續的發展來看，儘管臺中市方面，林德林依然在推廣他的「正信佛教」運動，卻無法如「中教事件」爆發之前的飛揚氣勢。

因此他宛若在做困獸之鬥，只能勉為其難守成而已。於是新的佛教改造的中心，便轉移到臺南開元寺來，並且臺中市林德林「中教事件」的刺激和反彈，所以臺南開元寺的批判火力特別強烈。

因此，我們可以說，日治時代後期的佛教光芒，主要是由臺南開元寺放射出來的！而其他的所謂四大法派，雖然寺多、人眾，卻欲振乏力，卻無法和開元寺所爆發的巨大衝擊力相比。因而，四大法派的領導精英，在日治後期，便

逐漸被逼退到第二線去了，在現實的佛教界影響為之大減。

然後，隨著「皇民化佛教運動」的來臨，臺灣本土佛教更面臨另一更嚴厲、更徹底的動員改造活動，直到戰爭結束為止。

換句話說，「中教事件」的爆發和《鳴鼓集》的批僧風波，相對來說，是在一較自主、開放的社會環境下，相互激盪和發展的。但，此種儒釋知識社群的爭辯或紛攘，是無法扭轉大環境的任何變化的，特別在繼之而來的「皇民化佛教運動」之政策衝擊下，唯有隨波逐流、或呼應政策、進行自我改造一途而已。

五、林德林的寂寞晚年及其新佛教事業之中挫

在經過以上的風波之後，不但林德林人屢被儒生知識社群為文羞辱，連他所推動的新佛教事業，也從此陷入長期困境。他的事業高峰自此成為歷史陳跡，並且在他的有生之年，仍一直背負著「野和尚」的罵名。

然而，他的自信極強、多才多藝、課子認真而嚴峻，所以連有的子女也畏懼他三分。但，就作為一位有抱負的職業僧侶而言，直到晚年，他仍能素志不改，且勤於精進和度眾，可謂無愧於所學和所信。

1945 年時，臺灣統治權已由日本歸還，長期在臺居領導地位的日本教各宗僧侶自然一併撤回日本。並且在 1949 年底時，中華民國的中央政府於多年的內戰失敗後，便大舉遷徙來臺——其中包括對日本化佛教素有敵意的不少逃難來臺的大陸僧侶在內。

於是，在林德林的晚年，已逐漸面臨教界所謂「去日本佛教化」的強烈呼聲。所以儘管有巨贊（1908-1984）在 1948 年訪臺時，對其熱心辦學的相當稱讚，但包括和他相交已久、當時也逃難來臺於新竹定居的改革派健將大醒（1899-1952），對其才華和智慧都極為激賞，此兩者依然不以他的日本化佛

教為然。

　　例如 1951 年 10 月 22 日林德林過世時，大醒所送的輓聯內容是：

　　　　二十年文字交深，現代僧伽，南瀛佛教，曾同一鼻孔出氣。

　　　　千萬卷經論理妙，典中水潦，島上葛藤，無第二知識分清。

　　當時，常有往來的大醒，甚至以臺灣的「舍利弗——智慧第一」稱之。但，結語卻是：「可憐他（指林德林）四十歲以後，受了日本和尚的一些影響，背了幾個大小包袱。我……對於這位臺灣舍利弗感嘆他的不智之甚！」

　　此外，他所推崇的《正信問答》思想與信仰，因被視為其中充滿如來藏的「泛神論思想」，在戰後重新推出時，即被受印順影響的圓明（楊鴻飛）所公開批判，頓告沒落。

　　所以晚年的林德林，雖曾努力要適應講國語（北京話）的環境，但一來體弱多病，二來大環境的不利情況至為嚴重，又是他難以適應的。只有臺中市「慎齋堂」的堂主張月珠是他最常往來教界知音，連他過世時，都是由張月珠堂主為其送終的。而其生平所一意推動的新佛教事業，自此即冬眠迄今。

第十章　林秋梧的新批判禪學思想及其巨大衝擊

　　日治時期的臺灣本土佛教禪學知識精英社群，出身日本駒澤大學同學會的本省籍佛教精英像：高執德、林秋梧、李添春、曾景來、李孝本等人，都是直接受教於忽滑谷快天的門下，都曾各自發揮了相當大的作用。不過，在戰前的臺灣本土佛教禪學知識精英社群史中，長期以來似乎只有林秋梧一人，較為當代臺灣學界所知。

　　這是因為首先發掘林秋梧生平事跡的李筱峰教授，曾先後寫了兩本專書：第一本是《革命的和尚──抗日社會運動者林秋梧》（臺北：八十年代出版社，1979）、第二本是《臺灣革命僧林秋梧》（臺北：自立晚報社文化出版部，1991），因起引起當代臺灣學界相當大的注意，並影響深遠。

　　再者，由於作者李筱峰教授早期，即從事臺灣政治民主化運動，又是學院科班出身的臺灣史研究專家，再加上林秋梧為他的親人之一，因此他對林秋梧的探討，不但主題新穎、題目聳動、內容豐富，書中更洋溢著他對臺灣文化運動乃至佛教現代化的深切關懷之情，所以林秋梧的大名，可以說在李書一問世，即不脛而走，廣為人知。

　　影響所及，一般學界談及日治佛教界，即不期然而然地，以林秋梧為代表。至於和林秋梧同時崛起的夥伴，則依然掩埋歷史塵土中，等待被有心人挖掘，然後可以探頭出土，重見天日。

　　不過，話雖如此，要從事這一歷史重建的工作，也並非容易。以李筱峰本人來說，有關林秋梧的兩本書，從初著問世到改寫新書，中間幾乎隔了有十二年之久。以李先生之快筆和對林秋梧的史料之熟悉及功力之深，尚且間隔如此

之久，難怪日治時期的臺灣佛教史研究，遲遲未能全面展開了。

為了彌補這一史實的空缺，所以，我曾於 1990 年於《佛教文化》二月號至五月號，連載〈近代中國佛教的社會運動──以張宗載和林秋梧為例〉，探討海峽兩岸幾乎同一時期出現的佛教社會運動現象及其代表性的人物。

事實上，張宗載本人也親自到臺灣來鼓吹過，並獲部份佛教界的人士，像出身霧峰林家旺族的林玠宗，即是熱烈響應的本省籍佛教界人士。林秋梧的崛起，則稍後於張宗載的來臺。

不過，有關這方面的論文，我已另有專題深論，即將問世，此處即省略。我要說明的是：在 1990 年發表的這篇〈近代中國佛教的社會運動──以張宗載和林秋梧為例〉，其中若干論點，曾獲李筱峰先生的注意，並在撰寫《臺灣革命僧林秋梧》時，加以引用（見原書頁 3 和頁 209）。

因此，為了存真起見，不大篇幅改寫，只將我原文章中有關林秋梧的說明摘錄於後，以供本書關於日治時期臺灣佛教現代化運動的部份補白之用。

一、關於林秋梧的研究與日治臺灣佛教史的定位問題

我們知道，林秋梧的一生（1903─1934），係屬日治下的臺灣島民，在國籍上是日本國民的一份子。但就歷史學的角度言，研究日治時期（1895─1945）的臺灣佛教史，雖不能無視日本實際統治的事實，在視野上，則無妨做為臺灣歷史範圍內的「日治時期」來看待。況且，1945 年以後，臺灣脫離日本統治，主權回歸中國，臺灣人研究前人歷史，站在鄉土的立場，更應加以探討。

以林秋梧的研究者李筱峰先生來說，他是先獲悉林秋梧是他的一個親戚，又做過出家人，於是才搜集資料探討的。而他的研究視角，也是著重在：臺灣人怎樣在異族統治下，展開文化與宗教思想上的抗爭行為。

因此，我也將林秋梧當做臺灣佛教界的一位前輩來處理──假如這一說

法可以成立，我便由此作一些佛教史的回顧。

臺灣佛教史，如果要分期的話，明鄭和清領時期是一個段落；日治時期是一個段落；戰後臺灣迄今又是一個段落。而臺灣戰後的佛教，主要是受 1949 年大陸來臺法師的影響，其中又以印順法師的佛學研究、星雲法師的道場經營和白聖法師的傳戒最具代表性。不過，有關星雲的部份，此處暫不處理。印順法師的義學研究，在臺灣佛教史上當然是空前的，但是在治學風格上，略近於日治時期的臺灣佛教學者，以之用來區分臺灣佛教的現代化或中國化，並不是很恰當的——事實上，到今天，臺灣佛學的研究，依然無法脫離日文佛學著作的籠罩。

而很諷刺的一件事，則是戒律精神蕩然的「傳戒」——排排隊、聽訓話、穿僧衣、背戒條、燒香疤等——被視為正統中國佛教的典範。許多人認為這些是擺脫日本佛教惡習的革新舉動，並論斷戰後的臺灣佛教，是因此才復興的。事實上呢？

聖嚴法師在〈今日的臺灣佛教及其面臨的問題〉一文（撰於 1967 年 7 月），卻批評那些熱心傳戒的「大德」，有的：「自己尚不知戒律為何物，竟也熱中於傳戒，……為了爭取更多的戒子，可以放棄律制的規定，……只要你能賞光來受戒，麻子、瞎（一隻）眼、跛子、癩子、聾子、無賴、神經病、痴呆漢、七十八十的老婆婆、老態龍鍾的老公公，一律授於上上品的三壇大戒。……使未信佛者不願信佛，已信佛者退減敬意，邪魔外道增加毀謗。」聖嚴法師是教界行家，從大陸來臺，又精研戒律，以他來評論戰後的傳戒問題，功過應是很清楚的了。

在破除一些「傳戒」的神話後，我們來討論林秋梧，就比較容易看出他的重要性，而且也比較有一個衡量點。事實上，臺灣佛教現代化的問題，不能一刀切，只看臺灣戰後這一段，一定要回溯到日治時期才行。正如談臺灣的民主運動或經濟建設，無法忽略日治時期的經驗一樣。同樣，要探索臺灣佛教的現

代化社會運動，也必須回顧日治時期的改革經驗，才能有更清楚的理解。

因此，我們以下就以林秋梧的改革運動，來檢討此一日治時期的佛教問題。

二、林秋梧早期教育背景及其參與文化協會的若干經驗

林秋梧和同一時期在大陸從事改革的張宗載無論在年齡、教育程度，或所處時代背景，都有幾分的近似之處。林秋梧在 1918 年，考入「臺北師範學校」（這是「臺北帝國大學」建校之前，臺灣島上本省人能讀的高等教育的最佳學府），他的程度，應算是相當優秀的。

當時，正是祖國──中國大陸──在進行「新文化運動」，及隨之而來的「五四運動」之時期。臺灣學生，亦同感受到此一時代思潮的影響，先由在東京的留日學生組織「臺灣文化協會」，接著遷回島內，進行社會運動，展開政治與文化自主的訴求抗爭。

林秋梧於 1921 年在臺北加入此一組織，並表現得相當活躍。但引起日本警方的注意和跟蹤、監視，對他及家人，都帶來很大的心理壓力。

接著在 1922 年，臨畢業前，他遭到退學的處分。「師範生」是可任教職的，故他實際上是受到失學又失業的雙重打擊。失學、失業之後，他一度赴日學商。一年後無法忍受店東夫人的冷眼待遇，又回臺灣；卻又遇到震撼一時的「治警事件」──由蔣渭水、蔡培火等發起的「臺灣議會期成同盟會」，遭到日本警方的全面取締。他家無恆產，又謀職不得，遂於 1924 年，搭漁船偷渡，回祖國大陸，考進廈門大學哲學系就讀。（按：此事迄今未有具體證據）。

推測從「師範學院」退學，到飄泊日本一年間，他開始接觸宗教（特別是佛教）的書籍。在憂患的動盪生活下，選擇廈大的哲學系，可以視為這一心態逐漸發展的結果。

但，在廈大第二年，因母親去世，只好又中斷學業，回到臺灣奔喪，丁母憂。他的母親臨終前，曾遺命：不可遠離父親。他便在家中潛心研讀佛典和西洋文化書籍。

可是這年（1925），卻是中國政治史上很重要的一年，並對臺灣島上的知識分子，發生很大的影響。這一年孫中山先生逝世，國民政府改組，國民黨在北平召開「西山會議」，決議開除黨內共黨分子，踏出國共分裂的第一步。

而這一年共黨劉少奇籌組「中華全國總工會」，發動工潮，青島的日本紗廠發生罷工。上海學生也抗議日本「內外棉社」的罷工事件，學生被殺十一人，數十人受傷，即所謂「五卅慘案」。——這不是純粹帝國主義和資本主義的迫害問題，事件的後面，其實關聯亞洲地區，從大陸、朝鮮，擴及臺灣到南洋，共黨勢力激漲的結果。

在此時代潮流下，民族主義的情緒和左傾的激進思想，獲得最佳滋長的溫床。「臺灣文化協會」依此為背景，恢復全島的活動。

林秋梧也加入「美臺團」——電影巡迴隊，為臺灣的農工同胞，做新知啟蒙的工作。1925—1926 年，兩年之間，巡迴各地城市和鄉村，大受民眾歡迎。

假如把張宗載的「佛化新青年會」，去掉「佛化」的外衣，那麼，不難發現：它和林秋梧與「臺灣文化協會」的運動背景、時代意識、傳播工具等，不是有太相像的地方嗎？的確是的，海峽兩岸的群眾運動，和亞洲其他地區一樣，都有一種連鎖的互動影響，不可以孤立的現象來看待。

1926 年，「臺灣農民組合」成立。1927 年，「臺灣民眾黨」也成立。同時又發生了「中壢事件」——「農民組合」的示威遊行所引起的。

激進派一旦在運動中占優勢，必然帶來原組織的分裂。「臺灣文化協會」即由左傾新勢力的連溫卿，取代了林獻堂和蔣渭水等舊勢力。接著連溫卿又被更激進的「臺灣共產黨」所排擠而沒落。

相對於此，中國大陸也發生了「寧漢分裂」、「清黨」、「南昌暴動」和

「兩湖秋收暴動」。而毛澤東據江西井岡山，開始建立起新的共黨基地。

林秋梧在臺灣街頭的活動，受「文化協會」的分裂之影響，於是暫告中止。趁此機緣，攜帶書本，到臺南古剎開元寺去讀，並由此踏進了佛教的世界！

三、林秋梧出家後的佛教角色，及其推展佛教現代化改造運動的理念內涵問題

林秋梧在開元寺結識住持得圓法師，兩人皆不滿當時臺灣佛教的迷信和腐化的現象，對臺灣寺院與日本寺院的結盟，也相當反對。於是在開元寺的資助之下，林秋梧赴日，考入東京駒澤大學專修部，受教於禪學思想家忽滑谷快天的門下。1927 年 4 月入學，1930 年 3 月畢業。

回到臺灣後，先後擔任「南瀛佛教會」的講師兼開元寺的講師兼書記等職務。他成為一名合格的「布教師」之後，也取了法號叫「證峰」。親友對此詫異，他則揮筆自明心志：

> 儒衣脫卻換僧衣，
> 怪底親朋說是非。
> 三教原本同一轍，
> 雄心早已識禪機。

從 1930 年起，到 1934 年 10 月逝世為止，短短四年之間，林秋梧活躍於臺南佛教界，除了演講之外，他的佛教改革理念，主要是撰文發表在著名的佛教刊物《南瀛佛教》上。他的文筆，不但流暢，而且充滿了光和熱，雖然簡短精鍊，但其散播的現代佛教理念，具有人道主義的關懷，又能熟練地引佛典說妙理，非常感人和有震撼力！

在當時，他只是開元寺的「證峰書記」，不是佛教領袖。但他的發言對象，

卻是針對全體佛教界！因《南瀛佛教》刊載的文章，本身就具有這樣的媒體作用。這一臺灣總督府核准的佛教刊物，居然允許林秋梧的這種結合社會主義和佛教的前進文章，寧非異數？

四、林秋梧的現代佛教理念，到底表現在哪幾方面呢？

林秋梧的傳記作者李筱峰先生，曾將他的佛教理念，做了初步的整理。在他看來，林秋梧的出家，是披起了「反抗帝國主義」的袈裟，發出了「反抗殖民主義，反抗資本主義」的梵唱，敲響了佛教改革的木魚。因為林秋梧在一首〈贈青年僧伽〉的詩，說道：

> 菩提一念證三千，
> 省識時潮最上禪。
> 體解如來無畏法，
> 願同弱小鬥強權！

並且林秋梧強調：

> 修菩薩行的，便是社會改革的前衛份子。他們的根本目標，在於建設地上的天堂、此土的西方，使一切人類（再而及於一切生物）無有眾苦，但受諸樂。佛所謂極樂世界，就是描寫著這個快活的社會。

他的這種「人間淨土」的理念，較印順法師的《淨土新論》，更早提出，更現代化。他在〈活殺自在之大乘佛教〉一文中，批判偏重來世、柔弱無能的佛教界說：

> 今日之僧伽，歧於禪講之論，混於頓漸之辯，少投機、執斷常。

於是乎，偏袒帝國主義之野禿疊出，助長厭世消極之枯禪叢生，而大乘
佛法，則為之不振矣！

若夫我臺僧伽，即匪特盡其職者殆無，問其如何為僧伽應盡之天職，如
何可解放島內弱小於鞭笞之下，亦多叉手瞠目不知所對。「高等乞丐」
之嘉名特錫，「寄生害蟲」之徽號頻來，是亦非無謂也。余每與吾師及
諸同志，語至於此，未嘗不嘆息，而引以自警也。（按：此處的「吾師」
即指忽滑谷快天，「諸同志」即指駒澤大學臺灣同學會的會友。）

根據李筱峰先生的歸納，林秋梧的佛教改革理念，有下列主張：

1. 反對迷信與神怪，崇尚理性。
2. 僧侶要有廣博的學識，崇高的社會理想。
3. 反對死守戒律。
4. 主張婦女解放，男女平等。
5. 僧侶不可當馬屁精。
6. 主張臺灣佛教的統一。

可以說，比太虛大師的一些改革理念更具新意和深刻意義。他不像太虛大
師喜籠統比附各種時代新知，而是以一貫的認知和獨立的見解，表示他對佛教
現代理念的看法，很少重複而有新鮮感。

不過，李筱峰先生對我坦承：他對日治時期的佛教史，所知不多。的確也
是這樣。他的書《革命的和尚》，主要是依據田野調查和林秋梧的一些著作，
整理出來的。對於當時佛教界的大環境，其實並不清楚，只由林秋梧的批評來
推測罷了。

因此，對於上述林秋梧的佛教改革理念，我有必要在此略作背景補充。但，
限於篇幅，只能就關鍵性的問題，扼要的交待一二。

臺灣佛教界的諸多問題：如沙門無知、偏重來世、各自為政等，固然是林
秋梧當時激烈批評的，但這不是日治時期，臺灣佛教特有的現象。這是明、清

以來，傳統中國佛教裡普遍存在的事實。臺灣佛教，在日治之前，就是承襲這一傳統的。

在 1929 年 6 月，有一位日本教師叫北畠現映，撰寫〈臺灣佛教における（關於臺灣佛教）〉，發表於京都的大谷大學《觀照》，第 15 號，其中提到：

> ……島民原是移自對岸的福建和廣東，因此之故，臺灣的佛教，大抵是中國福州的巨剎鼓山湧泉寺與怡山長慶寺的末派。
>
> 在臺南，稱鄭寺建立的阿彌陀寺，皆為禪宗，尤以臨濟宗居多。然，現今殆無其形態。一般寺裡，合祀著阿彌陀、釋迦、觀音、勢至、文殊、普賢、藥師、彌勒、達磨、羅漢。僧侶只會念誦《觀音經》、《阿彌陀經》、《金剛經》、《般若經》，替死者祈求冥福而已。可是因為他們稱達磨為祖師，才知其為禪宗。
>
> 佛教僧侶的無學，真令人吃驚。他們多是無學無智之徒、孤獨的老人、貧困者、怠惰者，這些人把佛寺當做其唯一的慰安所，學會讀誦兩三卷經文，就可以做個堂堂的僧侶去通用。……僧侶的職務，完全是一種職業。在此間看不出有何等的宗教意義。

這位北畠現映的描述，大抵是正確的，只是有一、二點，須加說明。

他說鼓山湧泉寺的末派，在臺南有稱阿彌陀寺，為禪宗的臨濟宗。據我所知，晚明時，鼓山湧泉寺為曹洞宗的中興道場，受蓮池大師和永覺元賢的影響，主張禪、淨雙修，而臺南府是臺灣最早移墾的地方，接受此一傳統，也在情理中。只是臨濟宗在明、清為禪宗主流，勢力最大，故一般寺院，常以臨濟法脈自居。

問題是，在中國寺院裏，可以模稜兩可的宗派，在日本殖民統治臺灣（1895）以後，與日本佛教宗派聯繫時，因日本本土是各宗界限分明的，反映在臺灣的加盟寺院時，也開始有了宗派的區別。這只要看臺灣總督府的宗教調

查報告，就一目了然。而日治時期的臺灣佛教，各派系間，情形不一，是不能一概論斷的。

其次，日本佛教在日治時期，除曹洞宗和臨濟宗外，主要是服務日本民眾。

在江戶幕府時期形成的「檀家制度」，使日本寺院對「轄區」的信徒，有密切的宗教生活關係，故移民臺灣後，不能適應本島的佛教方式，一再請求由日本本土原屬宗派，來臺布教服務，形成島上日本佛教宗派雖多，卻大多與本島人無關的奇特現象。

臺灣歸還中國時，大多數日本佛教宗派，皆隨移民撤回日本；留下的寺院，又被中國政府以「敵產」處理，如今幾乎都面目全非，或不存在了。

林秋梧在日本讀的駒澤大學，是屬於曹洞宗的，和臺灣的曹洞宗加盟寺院，有密切的聯繫。早期臺灣佛教的人士，常有來此就學的。

例如現在「法光佛學研究所」創辦人的如學法師，到駒澤大學念書的時間，約晚林秋梧八年。林秋梧是追隨禪學大師忽滑谷快天的，是得力於佛教思想的解放；如學法師就讀時，則是跟澤木興道學修禪。不同的階段，所受的影響也不一致。

嚴格來說，像如學法師那樣，一方面在臺灣寺院接受來自大陸福建鼓山系統的修行方式，一方面又接受日本駒澤大學佛學教育的，是屬於日治時期最典型、最正統的佛教養成方法，和當時臺灣曹洞宗系統，由基隆靈泉寺江善慧領導的派下寺院，最為相近，也是日治時期臺灣佛教的改革主流。

林秋梧並未到福建受戒，也未擔任寺院住持，他只是延續出家前在「文化協會」時的社會運動，再加上忽滑谷快天的禪學思想影響，以之施壓於當時的臺灣佛教，做改革的吶喊。他雖思想前進，在佛教界則居旁支，兼以早逝（32歲），故不易有極大的影響。

林秋梧的佛教改革理念中，曾大膽的呼籲營養不良的和尚們，安心地去吃火腿；對無法壓抑性衝動的僧尼們，主張可以正式結婚，有性生活。他引據佛

教經典，說明獨身與結婚，是任憑僧尼如何自行選擇的，與他人無涉。這種前進論調，來自忽滑谷快天的啟發。

忽滑谷快天，在日本佛學界，是以研究禪學思想史聞名，在國際間也享有盛譽。

他是明治與大正時期，和常盤大定、久保田量遠等佛教學者一樣，很精研佛學思想在中國文化體系內，如何和儒、道兩家相互交涉的情形，只是他特別著重在禪學思想為主體的變遷罷了，他的兩鉅冊《禪學思想史》，迄今猶是權威之作。

但他嫌惡只重形式的宗教生活，他原為曹洞宗的僧侶，卻率先穿起普通服，並第一個結婚。這種前衛作風，縱使在日本，也被視為異端，受到排擠。

林秋梧因傾心於他的自由解放，不但受教其門下，還接來臺灣做了許多場演說。在 1932 年 2 月的《南瀛佛教》，第 10 卷 2 號，林秋梧發表了一篇〈現世的戰鬥勝佛忽滑谷快天老師〉，就是記載他對忽滑谷快天的崇仰。

不過，林秋梧並非主張縱慾、行為放蕩的人。他其實是從現代的新觀念，來看佛教戒律的。與其說他破壞了佛教的戒律，不如說，他從更健康、更積極的理性態度，來處理大自然賦予人類的慾望。儘管迄今，此一問題如稍有提及，仍會被佛教界排斥。但是這個課題，依然是存在的，並未消逝。

例如 1977 年，白聖法師將他於 1951 年《人生》雜誌發表的〈我對佛制改革的意見〉，重刊於《中國佛教》月刊，其中「和尚結婚」的問題，即引起佛教界的謗議和大爭論。當時適逢「世界華僧大會」第三屆會議，各地的華僧亦意見紛然，成了光復以來，佛教界最轟動的話題。可見，佛教界要面對這個問題，還要很長的一段時間。

林秋梧生前，還竭力主張臺灣的佛教界要統一組織。他甚至擬定了一個三期完成的「臺灣佛教的統一方案」：第一期是「僧侶的聯絡」；第二期是「僧侶與在家佛教（齋堂）的聯絡」；第三期是「全島佛教徒的統一」。

　　李筱峰先生也描述了林秋梧當時在開元寺，如何對抗日本佛教人士及「御用紳士」，不讓彼等控制開元寺的寺產支配權。很顯然的，他是將林秋梧看作「藉佛教組織對抗日本帝國主義政府侵略」的象徵人士。林秋梧本人也的確傾向於這種模式的抗爭，意圖使臺灣佛教能獨立和本土化。

　　但是，我分析林秋梧的文章，發現他多次引用「孫總理」的《三民主義》言論，和國民黨理論家戴季陶的話。可見他有可能在廈門大學就讀時，接觸了國民黨或其刊物；另一可能來源，就是蔣渭水、林獻堂等「文化協會」前輩的影響。

　　總之，在這一立場上，他比較屬於政治人物，而非純粹佛門人物。有趣的對比是：當時在中國大陸的太虛大師，也在演講和著作裡，將佛法和《三民主義》會通。可見佛教團體，經常都在調整其政治立場，不能視若無睹。

　　問題是，日治時期的臺灣佛教界，主要領導人像江善慧（曹洞宗系統）、黃玉階（齋教系統）、沈本圓（臨濟宗系統），已經有一共同的佛教組織「南瀛佛教會」：一方面與日本系統的曹洞宗有加盟的派下關係：一方面江善慧又活躍於中國大陸的佛教界，和太虛、圓瑛等都有往來。太虛大師第一次（1917）到臺灣來，就是他邀請的，使太虛生平第一次，能實地了解日本佛教的學界動態和學校課程，對日後辦「武昌佛學院」的課程安排，幫助甚大。

　　而且，在臺灣期間，太虛大師曾回答熊谷泰壽說，中國僧界的生活現狀，「所行不外傳戒、修禪、講經、念佛、誦經、拜懺，其生計則依寺產、募化，及代人禮誦之所出耳」。和當時臺灣曹洞宗的佛教教育及佛學水準相比，都不見有超越之處。

　　所以，要了解近代佛教社會運動的背景，要將海峽兩岸的佛教狀況，多加比較才行。

第十一章　新竹客籍禪藝僧張妙禪與獅頭山金剛禪寺派的崩裂

　　戰前的日本在臺發展的禪宗教派，曾大量臺灣本地的寺院簽約加入其隸屬在地到場的情況，可是其後的發展也不盡是相得益彰的。所以本章所討論的是，當時一個實質造成本地宗派崩解的著名例子：戰前新竹客籍禪藝僧張妙禪與獅頭山金剛禪寺派的崩裂。其相關過程如下所述：

　　新竹州南庄獅頭山金剛禪寺派的創立者張妙禪，是日治時期客籍重要禪藝僧，多才多藝，並曾闢建過多處重要佛教道場，也剃度了若干重要的弟子。而他的這些事蹟和影響，從臺灣佛教發展史來看，應是有其重要性的[1]。但，就其日本臨濟宗妙心寺派的交往經驗來看，卻是初嚐甜頭而下場悲慘者。

　　張妙禪及其所中興的獅頭山金剛寺，曾加入臨濟宗妙心寺派和「南瀛佛教會」、並先後擔任會中「理事」和「佈教師」教職，之後卻反被日僧東海宜誠借「以臺治臺」策略，對其挖牆腳而將之擊垮的倒楣鬼。

　　所以，由張妙禪的例子，更能看出日治時期臺灣新興道場與日本佛教各宗派的加盟，並非百利而無一害的。也因此，張妙禪所開創的「法派」，其實未維持到日治後期，即宣告崩盤。

　　不但他的派下僧侶，紛紛改宗出走，甚至於連張妙禪本人，也一度逃離臺灣，遠渡喊海外——在南洋、印度等異域——流浪數年，才返回他的故鄉，新

---

[1] 有關張妙禪的代表性，其實早在 1925 年春，臺南開元寺書記鄭卓雲，在其應徵「南瀛佛教會」的**「臺灣佛教振興策」**第三名得獎論文，已提到：「……本島在來之僧侶，有本圓師派下、善慧師派下、**妙禪師派下**、覺力師派下、得圓師派下、捷圓師派下、義敏師派下等……。」他已被視為全島臺僧七派代表人之一。載《南瀛佛教會會報》第 3 卷第 2 號（1925-3），頁 25。

竹州竹東郡北埔庄南浦地區，另闢北埔金剛寺，來作為容身和藉藝弘法的「核心道場」。

所以本章是日本殖民時期本土僧侶法派與日僧法派系統結盟後，遭到崩解下場的典型說明。當然，整個事情之所以會朝向負面方向的發展，事實上張妙禪個人的戒行有污，亦是一大因素，特別是情色的問題，更是他的事業致命傷所在。而其中過程的風風雨雨，數十年依然流傳不已。[2]

一、張妙禪早年相關事跡考訂

近年來，臺灣相關的佛教學者，也紛紛對張妙禪的生平事蹟和他的藝術成就，提出有用和系統的觀察報告。[3]

張妙禪生於 1886 年，即日治之前第 11 年；逝世於 1965 年，亦即他活到戰後，又 20 年之久。據目前所知，張妙禪早年曾娶妻生子，然後再出家為僧；中年時期，又因桃色風波，出走海外數年。有關張妙禪「早年事蹟」，最重要的一份資料，就是前面提到第一種〈張妙禪師略歷〉，撰於昭和七年，這年張妙禪四十六歲，而此文是很一篇扼要的生平回顧之文。原文無標點，因此，特將其全文斷句、標點如下，以供進一步的解讀：

張妙禪師，自閒雲，別號臥虛，現齡四十有六。生長石壁村，現住籍竹東郡北埔庄南浦。家資小康，為人聰慧，性敏異常，琴、棋、書、畫，

---

[2] 張妙禪親骨肉的後代子孫，如今也健在和事業有成。但，筆者之論述此一個案，純就史料所載的證據而言，並無加油添醋的惡意扭曲之處。至於釋慧嶽老法師親自告訴筆者：其師施斌宗並非張妙禪門徒，可以說亦糾正了臺灣佛教界和學術界，多年的附會與錯誤，使筆者所須深深感謝者。

[3] 陳清香教授的相關論文如下：一、〈臺灣佛教史上的藝僧〉，《臺灣佛教學術研討會論文集》〔臺北：財團法人佛教青年會，1996 年〕，頁 117-136。二、〈妙禪佛寺的建築藝術〉，《1988 年佛教建築設計與發展國際研討會論文集》（臺北：中華慧炬佛學會、覺風佛教藝術文教基金會），頁 13-26。三、〈妙禪法師的繪畫藝術〉，《臺灣文獻》第 50 卷 1 期（臺灣省文獻委員會，1999 年 3 月），頁 265-286。

以及彫塑各種美術，無不精通。自又學儒，經綸滿腹。其慕賢好道，慷慨樂施。中年棄儒供佛，航度中國，遍歷名山，於佛學院三載，遊歷五年。歸創建獅山金剛寺、臺中寶覺寺、兩處開山。幾架橋樑，開闢道路，濟急扶危，仗義疏財，恢宏慧業，無不向前。經於京都臨濟宗大本山館長授與開教使之職，並南瀛佛教會教師，亦任圓山鎮南學林漢文教授及布教講師，其弘法利生，難以枚舉。現告年老，隱於南山精舍，期待於前途甚多。現寓獅山金剛寺。[4]

這篇類似自傳的〈略歷〉，大體上沒有問題。因此，以下即一邊訂正，一邊補充，使全文的意義和內情，更加清楚。

一、根據〈略歷〉的資料上說，張妙禪在昭和七年（1932）時，是「現齡四十有六」，據此往前推算，他的出生之年，應是 1886 年。其孫張學楬的那篇〈簡介〉，也提到張妙禪是「清光緒丙年戌年（1886）八月生」，兩者相符，可見是正確的。但，陳清香教授在其論文〈臺灣佛教史上的禪藝僧〉，誤延一年，所以成了「清光緒十三年（1887），生於新竹石壁村」。等到看到張學楬的那篇〈簡介〉之後，才於另一篇論文〈妙禪佛寺的建築藝術──日治時代的臺佛寺風格探討〉，更正為「前清光緒十二年（1886）八月，生於新竹郡石壁潭村」。

二、問題是陳清香教授提到的「生於新竹郡石壁潭村」，是與原行政區域，有出入的。因根據〈略歷〉的資料，張妙禪是「生長石壁村，現住籍竹東郡北埔庄南浦」。這一「石壁潭村」，到底在何處呢？

這個地方，根據〈略歷〉撰寫時（1932）行政區域，是隸屬於新竹州竹東郡北埔庄南浦。所以不可能如張學楬和陳清香教授所說的在「新竹郡」。

理由是，「新竹郡」幾等於今天「新竹市」的行政區域，和「竹東郡」跟

---

[4]　載徐壽，《臺灣全臺寺院齋堂名蹟寶鑑》（臺南：國清寫真館，1932），頁 89。

本不同，當然也管不到北埔庄的「石壁村」。張、陳兩人，可能誤「新竹州」
為「新竹郡」了，才會誤標地名。因此有必要加以訂正。

　　三、根據〈略歷〉的說法，張妙禪是「中年棄儒供佛，航度中國，遍歷名
山，於佛學院三載，遊歷五年。歸創建獅山金剛寺、臺中寶覺寺、兩處開山」。
這個「中年」，到底是指哪一年呢？

　　如果時間上是指出家之年，而其時間順序是先「航度中國，遍歷名山，於
佛學院三載，遊歷五年」，即加此八年，或兩者重疊共五年，然後回臺「歸創
建獅山金剛寺、臺中寶覺寺、兩處開山」。這當中，年代可以較確定的，是獅
頭山金剛寺和臺中寶覺寺的創立時間。

　　根據張文進的說法，獅頭山的金剛寺，是位於「新竹縣峨嵋鄉藤坪村 46
之 1 號」，「民前二年，由妙禪和尚開山」[5]。民前二年，即清宣統二年（明
治 43 年，1910），這年張妙禪正好是 24 歲。扣除去大陸的八年或五年，才十
九歲，所以不能稱為「中年」。因此張妙禪的資料，出現了巨大的矛盾說法。

二、張妙禪的佛教事業之開展及其遭遇的困境

　　張妙禪的出家師門，是出自福建臨濟宗興化後果寺住持釋良達。在此之
前，張妙禪曾師事書、畫、琴、棋名家張采香，得其藝業真傳，為後日的佛教
事業，奠下極具藝文特色和個人風格的深厚基礎。

　　不過，張妙禪拜師釋良達，屬於福建興化的閩僧系統，和臺灣大多屬於鼓
山湧泉寺或漳州南山寺的系統，大有差異。近人王榮國著《福建佛教史》[6]，
全書幾十萬字，也絲毫未提及後果寺和釋良達其人。根據王容國的看法，近代
閩僧的外遊：

---

[5]　張文進，《臺灣佛教大觀》（臺中：正覺出版社，1957），頁 109。
[6]　王榮國，《福建佛教史》（廈門：廈門大學出版社，1997），全書三十八萬六千字。

其一、為了募捐

近代中國佛教處在衰微之中，而當國弱民貧，沒有足夠的財力支持佛教事業，許多寺院凋蔽破毀。為了維持處在凋零之中的寺院與修復破毀的寺院，閩中僧人不得不東遊東南亞，在華僑中勸緣募捐。

其二，為了弘法

．．．．．．．．．．．．．．．．．．

其三，受請住持寺院

．．．．．．．．．．．．．．．．．．[7]

釋良達來臺灣的情況，幾與王榮國所舉的原因一樣，例如他在大正昭和之際，長期在臺活動，親自參與張妙禪創立的佛教事業，連丸井圭治郎要籌組「南瀛佛教會」初期，都將他列為諮詢的對象之一[8]。

只是釋良達本人，所代表的是一來歷不明的大陸佛教勢力，本身也未有令臺灣各界注意的佛教學養或專才。所以日後除張妙禪本人之外，其他的門下紛紛判離，改投他宗他派，使張妙禪面臨了事業的最大危機。

不過，如從張妙禪的〈略歷〉來看，透視內情的可能性更大。因此我們仍循此線索，加以分析。

三、〈略歷〉中提到

經於京都臨濟宗大本山館長授與開教使之職，並南瀛佛教會教師，亦任圓山鎮南學林漢文教授及布教講師，[9]這幾件任命案，在〈略歷〉中，都未標出時間。按：張妙禪擔任「臺北圓山鎮南學林漢文教授及佈教師」，是日本臨濟

7　王榮國，《福建佛教史》，頁 395-403。

8　參考李添春，《臺灣省通志稿人民志宗教篇》（臺北：臺灣省文獻委員會，1956），頁 116-。

9　載徐壽，《臺灣全臺寺院齋堂名蹟寶鑑》，頁 89。

宗妙心寺派第二任在臺佈教監督長谷慈圓，於「西來庵事件」之後，鑑於同樣來自日本曹洞宗已在「臺北別院」，開辦「臺灣佛教中學林」，教育本島僧侶學子或齋堂子弟，於是也仿照辦理，地點即在該宗的在臺佈教總部，位於臺北圓山西麓的「鎮南山臨濟護國禪寺」內，開辦了「鎮南學林」。開辦的用意，是作為臺灣僧侶或齋友子弟的中學教育機構，以期建立親日的臨濟宗臺籍佛教勢力。

根據當時《臺灣日日新報》在大正六年（1917）三月四日的報導：

> 鎮南學林是在昨年（1916）十月三十一日舉行開林式……以臨濟寺住職長谷慈圓師及同寺信徒總代星野政敏、中川小十郎、木村匡、吳昌才、王慶忠等人為始，與臺南臨濟宗開元寺、岡山超峰寺、竹溪寺、赤山岩、嘉義火山岩、臺北觀音山凌雲寺等相謀希望依據私立學校令，向總督府申請許可。……本林的特色除培養本島僧侶及齋友子弟之外，亦想擴大影響，促進中國佛教的革新。其課目有外國語、漢文、地裡、歷史、數學等。……昔有「佛教中學林」，今設「鎮南學林」，實是本島佛教界之福音！[10]

「漢文」是其中的一科，張妙禪即擔任此科老師。可是，創辦人長谷慈圓於大正七年（1918）12月4日過世[11]。並且「鎮南學林」的經費，一直不佳，最後廢校，於大正十一年（1922）11月1日，被併入「私立曹洞宗臺灣中學林」。當時身兼林長的丸井圭治郎，還為此公開傷心落淚[12]。

長谷慈圓的過世，對日本臨濟宗妙心寺派在臺的發展，是一大打擊，事業

---

[10] 轉引王見川、李世偉，《臺灣的宗教與文化》，頁73-4。

[11] 見臺灣經世新報社編，《臺灣大年表》（臺北：臺灣經世新報社，1938），頁112。

[12] 參考拙文，〈日據時代臨濟宗妙心寺派日僧東海宜誠來臺經營佛教事業的策略及其成效（二）〉，載《妙林》第9卷第2號（1997-2），頁24。

幾乎陷於停滯的狀態。當時較活躍的是該派的東海宜誠，因其精通臺語，又實際負責「鎮南學林」的教務，照理他應和任教學林漢文科的張妙禪很熟才對。

可是，從相關資料來看，張妙禪並不是他極力拉攏的事業合作者，反而後來在「臺中寶覺寺」的住持一事上，他先是將張妙禪的師弟賴耀禪收為門徒，再讓其實際擔任該寺落成後的首任住持一職[13]。如此一來，張妙禪成了被東海宜誠的打擊對象。這對張妙禪來說，當然相當不利。

雖然如此，張妙禪畢竟有他的佛教事業和實際社會影響力，所以在「南瀛佛教會」成立時，先被任命為理事之一，其後則擔任該會的佈教講師。在臨濟宗妙心寺派方面，他也被授與開教使之職。這些都是和他的佛教事業的實力有關，也牽連到大正後期臺灣地區整個佛教的大變化，所以不能簡單的就交代過去。

張妙禪曾和在臺日僧天田策堂兩人，到京都妙心寺派的大本山，當時妙心寺派的管長五葉愚溪，給予張妙禪隆重的接待，除贈禮品外，也授與新職稱，即「開教使」之職。

不過，張妙禪的此一「開教使」之職，其實只是針對臺灣地區的本土佛教（所謂舊慣佛教），才有效，對日本佛教徒或其他地區，則無效。換言之，這只是殖民地佛教的權宜做法，不能準用到其它地區。

另一方面，因張妙禪事實上在臺灣已是一寺（獅頭山金剛寺）之主，此次大本山雖授予他「開教使」之職，但，應該說是屬於宗派的榮譽性質居多。儘管如此，畢竟日本臨濟宗妙心寺派，當時在臺灣，還是高一等的佛教指導者，故「開教使」之職的授予，也的確有提高其聲望和標明來頭的作用（即表示他已被視為妙心寺派下的一員僧侶），不能說它完全是虛幻的職稱。

況且，這在日治時代，也是臺籍僧侶儕身領導階層之路。在他之前，像臺

---

[13] 這裡的首任，是指寺院已經官方核可，並被宗派管長正式任命者。詳情，請參考後面「賴耀禪改宗」一節的討論。

南開元寺的陳傳芳、臺北觀音山沈本圓等人，也都如此經歷過來，相較之下，張妙禪還是步伐慢了一些。

當時張妙禪有能力教漢文，有獅頭山金剛寺為基地，因而崛起於當時臺灣北部的佛教界。但張妙禪一直未被納入日本臨濟宗妙心寺派正式的僧籍。直到大正十三年（1924）五月，他被補入「南瀛佛教會」的「理事」一職，情況才有了變化。

因日治時代，臺灣本島人最重要的佛教組織，是大正十年（1921），由當時的總督府社寺課長丸井圭治郎所推動的「南瀛佛教會」。

但在初期，張妙禪並未被指定為創立委員或領導幹部。當時的丸井，既是主管官員，又是「鎮南學林」林長，自然知道在「學林」任教的張妙禪其人，卻未特別提攜，可見當時張妙禪份量仍不足。

至於張妙禪的師父釋良達，雖列名（徐榮宗代）大正十年三月二日，於新竹證善堂召開的創立協議會，結果創立委員的新竹區代表是：周維金、葉普霖、陳清水三人，釋良達被排除在外[14]。

大正十一年四月四日，在萬華龍山寺正在成立時，新竹地區指定兩名理事，由周維金和葉普霖擔任。而當時會中尚無佈教師一職之設。

「南瀛佛教會」是在大正十三年五月二十五日，於臺北召開第四次總會中，以臨時動議，通過三名新的理事人選：法雲寺林覺力、獅頭山金剛寺張妙禪、高雄地區蔡遇氏。

這是因會中有兩名理事請辭：一位新竹的周維金，一位是臺南開元寺前任住持鄭成圓。周維金的遺缺，由其兄周田補實。另外，曹洞、臨濟各在新竹增任一名理事，因此林覺力和張妙禪，同時入選。

大正十三年十月，「南瀛佛教會」宣佈將在會中設立「佈教師」之職。於

---

[14] 釋良達當時，可能因未有臺灣籍身份，所以不能出任會中幹事。林覺力則是在歸化入臺灣籍之後，才入選的。

是隔年〔1925〕四月十一日，召開第五次總會的前一天，通過新人事任命，張
妙禪被任命為會中「佈教師」，卻被免去理事一職。如此一來，影響力大減。

　　反之曹洞宗的林覺力理事的身份不變，便握有了主導權，使法雲寺派的勢
力，更行如虎添翼，因而能趁機掌控了桃竹苗三地〔新竹州〕此後的佛教發
展。

　　此一人事的突然變化，加上原屬臨濟宗系統的社寺課長丸井圭治郎，於大
正十三年十二月去職，更使妙心寺派的在臺發展倍加不利，於是該派曾任在臺
布教監督的天田策堂，趁返日述職之時，於大正十四年五月三日，攜張妙禪到
大本山去朝禮和接受派內的新職。張妙禪的高徒林玠宗，雖未去日本，亦同樣
被編入該派正式的僧籍和任命僧職。

　　不過，此一來得似乎太晚的榮譽確認，對張妙禪的派下來說，實際上作用
不大。原應在確認之後，更向日本佛教輸誠的張妙禪派下，居然反向發展，脫
離師門，到大陸尋求新的宗派認同，亦即出現了張妙禪、林玠宗師徒的分裂現
象，使他遭遇到難以克服的困境。為何會如此？

四、張妙禪派下林玠宗的改宗分歧問題

　　張妙禪派下改宗分歧問題，說起來相當弔詭。因張妙禪的原有師門，是來
自中國大陸興化的後果寺釋良達系統，為廣義中國臨濟宗的一支；在此中國傳
承的臨濟宗法脈之外，由於身處日本殖民統治下的臺灣，為求自保和方便發
展，所以也選擇了日本臨濟宗妙心寺派為投靠對象，亦即兼有中日雙方的臨濟
血脈。

　　像這樣的選擇和做法，在當時也非特例，而是仿照諸如臺北觀音山凌雲禪
寺沈本圓、臺南開元寺陳傳芳的前例，所以不能說是反常或特例。但，張妙禪
的門下卻出現了反彈，甚至因而脫離師門，改投他宗。

　　根據目前能看到的相關史料來判斷，林玠宗會脫離張妙禪，有很大原因，是不滿其師張妙禪的戒行有污點。

　　林玠宗，字常峻，號戒定，戶籍登記為林資潭，明治三十一年（1898）十月十日生，是臺中霧峰林家的名望子弟。父林揖堂，母陳薄燕。大正元年（1912），林玠宗開始皈依佛教，不過是屬於在家形式的齋教，地點在臺中市南屯———善佛堂，引進師為陳普池。

　　大正四年（1915）四月八日，也就是余清芳等發動「西來庵事件」之前一個月，於獅頭山金剛寺禮張妙禪出家。這一年他剛好十七歲，為何會選擇出家？頗不尋常。他在出家前，其實已結婚，妻子叫陳雍。

　　又由於出家前，曾在「臺中霧峰私塾漢文書房」讀過多年（1906－19），正式教育也畢業於「臺中郡霧峰公學校高等科」（1907－10），所以漢文、日文皆有相當程度，可用來撰文發表。

　　因此，他的知識和語文能力，在當時的臺灣僧侶中，是很凸出的一個。日後很長的一段時間，他從事新聞記者的工作，也和此一因素有關。

　　至於他為何禮張妙禪出家，而非他人？相信這跟張妙禪出色的漢文程度、以及擁有琴、棋、書、畫的多方才藝，多少有些關聯。何況地緣的因素，也很重要。臺中當時尚無著名的正統佛教道場，而鄰近的獅頭山卻是當時聞名全臺的佛教聖地，因此選擇到獅頭山禮張妙禪出家，完全可以理解。

　　不過，擁有優異的門下弟子，有時不一定是福，有可能反而是一個潛在的競爭者，是一種新起的取代力量。張妙禪和林玠宗的師徒關係，就是處於此種狀況。

　　先是大正九年（1920）九月，全臺齋教各派成立「臺灣佛教龍華會」的新組織時，臨濟宗妙心寺派的東海宜誠被聘為顧問，因此組織也隸屬在臨濟宗之下。[15]此時，是林玠宗而非其師張妙禪，也被聘為該組織的評議委員。由此可

---

[15] 參考王見川，〈略論日治時期齋教的全島性組織——臺灣佛教龍華會〉，收在拙著，《臺灣佛教百年

以看出林玠宗的潛力，正逐漸在發散中。

　　大正十一年（1922）七月十五日，林玠宗從「南瀛佛教講習會」第三期畢業，是該會早期培植的對象之一。可是，就在此時，林玠宗流露出很強的親中國意識，所以他決定到大陸巡禮和接受佛教教育。

　　從 1911 年 11 月 5 日起，他遍遊蘇、浙和閩南一帶的佛教道場。1923 年 6 月 20 日起，在泉州承天寺辦的「東方因明倫理學院」，就讀一年畢業。1924 年 4 月 8 日浴佛節，他在福建興化縣南山廣化寺受三壇大戒。同年 11 月 17 日，在泉州開元寺接受釋圓瑛的七塔寺法派，成為釋圓瑛的正式傳法弟子。

　　釋圓瑛是閩僧出身，當時則為浙江寧波接待講寺的住持[16]，也是中華佛教傳統派的主要領導者之一，所以林玠宗的中國佛教色彩，是很濃厚的。而就張妙禪派下來說，從此已非林玠宗的現有師門了，只是曾為林玠宗出家時的剃度師罷了。

　　1924 年，「佛化新青年會」代表張宗載、達蘊到寧廈門、漳州等地，成立「閩南佛化新青年會」時，林玠宗不但立刻響應，還被選為「佛化新青年會臺灣弘法團導師」。

　　但是，他在臺灣的剃度師張妙禪，於 1925 年 4 月 11 日，被任命為「南瀛佛教會」的佈教師，卻同時被解除了理事一職，使對手林覺力在當時臺灣佛教發展的關鍵時刻，趁機主導了新竹州的佛教發展方向。

　　隨後有一期達半年之久，專為佛教女性而辦的特別講習會，便在林覺力的主導之下，於新竹州香山地區「一善堂」開辦[17]。

　　此一特別講習會結業後，不但培植出兩位合格的女性佈教師，其他參與特別講習會的佛教女性，也幾乎都因而皈依在林覺力的派下，成了林覺力此後發

　　史之研究》（臺北：南天書局，1996），頁 219-46。

16　所謂「講寺」，是明代對寺院功能的三種分類之一，即：禪寺、講寺和瑜伽寺。「講寺」為講經說法之寺。

17　見《南瀛佛教會會報》，第 3 卷第 3 期（1925 年 4 月），頁 30。

展佛教事業的絕大幫手。

相形之下，張妙禪完全施展不開。為了挽回頹勢，便立刻召回在大陸發展的林玠宗，要他擔任在金剛寺成立的「佛教研究會」的教務主任，任期一年。同時，也任命林玠宗為獅頭山金剛寺的監院，要他重興山門。

對於這些要求，林玠宗當然很為難。因他已改投釋圓瑛派下，如何能再為剃度師張妙禪效力？於是他在被任命的當月（1935 年 3 月），又藉故重遊大陸，欲圖擺脫這一窘境。

大正十四年（1925）十一月初，大陸和日本佛教界，聯合在日本東京召開「東亞佛教大會」，臺灣佛教界亦派三位代表（加上一名翻譯）與會：一代表臺灣曹洞宗的林覺力，一代表臺灣臨濟宗的沈本圓，一代表齋教背景但已逐漸向日本真宗本願寺派靠攏的許林[18]。

這是臺灣佛教代表首次參與國際的大型佛教盛會，雖然在會中僅居配角地位，但因具有日本殖民地代表和原為中國南方漢族及佛教傳統的雙重身份，在大會中，反而形成大陸佛教和中國佛教之間的特殊溝通媒介。

因此大會之後，中國代表團中屬於「佛化新青年會」一派的要角們，要來臺灣訪問時，便由原出身福建鼓山湧泉寺、現已歸化臺灣籍的林覺力，掛名負責接待；而在島內的真正負責聯絡的，是同屬「佛化新青年會」的臺灣籍同志林玠宗[19]。

當時，屬於大陸激進改革派的「佛化新青年會」代表，所以能順利來臺，是相對大陸各界在第一次世界大戰之後，日益高漲的排日情緒，彼等和日本佛教界共同召開「東亞佛教大會」，其實具有中日親善的指標作用，方能為日本在臺當局所容許入境。

---

[18] 許林原為齋教輩份極高的太空，但對佛教淨土法門有很深的體認，而真宗又可帶妻，與齋教有共同點之處，故赴日參加大會後，即在京都真宗本願寺受度為僧，此後未再更改。見大橋捨三郎編，《真宗派本願寺臺灣開教史》（臺北：真宗派本願寺臺灣別願，1935），頁 510-11。

[19] 釋觀心編，《釋玠宗老法師事略》，頁 4-5。

　　道階等一行人，在臺期間，再三致意於中日親善[20]，可見相對環境，是中日兩國的不親善。反映在林玠宗的身上，就是更向大陸的「佛化新青年會」靠攏[21]。

　　而此時的張妙禪，既非出席東亞佛教大會的臺灣代表之一，也非大陸來臺代表的接待負責人，較之其徒玠宗的活躍，可謂遜色多多。這不能不說是一種社交和聲望上的一次嚴重挫折。

　　更令張妙禪難堪的是，隔年（1926）八月十二日，「中華全國佛化新青年會」代表張宗載，再度來臺為該會籌募基金時，林玠宗和其妻陳雍女士，相繼發表了〈佛化新僧宣言〉。

　　兩人的〈宣言〉中，除了表明佛化新僧要和舊佛教劃清界線之外，還要走通俗佛教路線，即可結婚和素食，一如基督教牧師和日本淨土真宗的僧侶之所為。這無異一顆炸彈，等於已出家的林玠宗，不宣佈還俗，卻以僧侶之身，行在家之道，要公開顛覆現有的臺灣本土佛教傳統[22]。

　　在這種情況之下，他便不得不正式告別與張妙禪的師門糾葛。此後的林玠宗，在日治時代，主要是以新聞記者和齋堂的負責人，活躍於佛教界，而不再參與張妙禪的佛教事業。[23]

---

[20] 王見川、李世偉，《臺灣的宗教與文化》，頁 55。

[21] 林玠宗受過日本在臺的公學校高等科的教育，運用日語文和讀日文佛學書，皆無困難，但他從未熱心介紹日本佛教，反而用中文發表了大量關於中國佛學和「佛化新青年會」的文章，刊登於《南瀛佛教會會報》和改名後的《南瀛佛教》上。

[22] 載《南瀛佛教會會報》第 4 卷第 6 號（1926 年 11 月），頁 22-4。

[23] 當時的佛教刊物《南瀛佛教》上，也曾登出一篇由「臺中懇親會」具名發表的〈林玠宗氏略歷〉，茲轉錄全文如下：「敝會講師林玠宗氏。去年秋間。受命新高新報臺中支局記者。現年三十六。乃霧峰望族林氏子。林資彬君之令弟。自幼年三歲時。長齋奉佛。對佛教極勞力。中部佛教界之明星也。十九歲禮獅山金剛寺張妙禪為師。任當山監寺之職。十四年任臨濟宗大本山知客職。南瀛佛教特別會員。臨濟宗布教師補。曾奉職臺灣佛新報記者。日華新報、經濟時報、臺灣公論社記者。畢業閩南佛學院。東方倫理學院。東亞佛化新青年世界宣傳隊委員。承法圓瑛法師之法嗣。龍華會評議員。南瀛佛教會第三回講習生。昭和八年南瀛佛教感謝狀受領。臺中慈齋堂、慈德堂初代開山。天人堂講師。鳴鼓集事件奔走和解功勞者。種種佛化運動。不勝枚舉。且有著佛心宗哲學、法性宗、

五、張妙禪派下賴耀禪的改宗分歧問題

　　張妙禪在他四十六歲（1932），所寫的那篇〈略歷〉中，曾將臺中市北屯寶覺寺的創建，列為他當時兩大建寺（※另一處為獅頭山金剛寺）成就之一。他當時敢於自承是臺中市北屯寶覺寺的開山者，應也是事實。

　　可是，問題並非只是他是否為開山？而是涉及寶覺寺何時興建？首任住持為誰？以及師門是否改宗等問題。

　　首先，有關臺中市寶覺寺的建寺時間，在日治時代的資料中，不論是昭和七年（1932）出版的《臺灣全臺寺院齋堂名蹟寶鑑》，還是昭和十六年（1941）出版的《紀元二千六百年臺灣佛寺名蹟寶鑑》，都提到臺中寶覺寺，創立於昭和二年二月十八日。昭和五年九月十八日，日本臨濟宗妙心寺派大本山管長神月徹宗親自來臺，主持寺中奉置昭和天皇的「御壽牌」儀式。

　　就當時的規矩來說，這是屬於日本臨濟宗妙心寺派的寺院，經過官方確認的，所以住持也是由大本山管長派任。假如知道這一點，就應知道，昭和二年（1927）是創建日期，昭和五年（1930）是奉置昭和天皇的「御壽牌」的日期，兩者不可混淆。

　　其次，就開山者的張妙禪來說，他雖在之前，已被大本山納日本臨濟宗妙心寺派的開教使和佈教師，如今臺中寶覺寺闢建落成，張妙禪應是首任住持才對，但他闢建未完成，就辭去住持之職[24]。因後來實際的發展，非他能掌握，而是成了日僧東海宜誠的囊中物。所以臺中寶覺寺的新任住持為賴耀禪，即原為張妙禪的同門師弟，其後改投日僧東海宜誠的門下，於是使臺中寶覺寺的宗派性質整個改觀。

　　天臺宗哲學。貴會經有登載而未出版成冊。尚有家庭倫理哲學著作。對於本島佛教界勞力貢獻。實功德不少。乃中部佛教不可多得之人才也。」從中頗可看出其人的活躍和多面性。此文載《南瀛佛教》第 14 卷第 3 號（1936 年 3 月），頁 53。

24　見《南瀛佛教》，第 11 卷第 4 期（1933-4），頁 48-9，關於〈寶覺寺落成并晉山式〉的報導。

根據《南瀛佛教》第 13 卷第 7 號（1935-7），有一則關於臺中寶覺寺和賴耀禪的報導，相當詳細，部份內容是這樣的：

> （**寶覺寺**）現任住職**耀禪**師（賴氏子俗名文榮），曾為當地保正，性忠厚有德，篤信佛法。後皈依良達門下而長齋，乃辭其職，專心佛事。初與同志齋友，創立慈善堂於同地方，勤績說教，廣度人眾，得感化信徒數千名，為當時佛教，極盛一時。爾後因嗣東海宜誠師之法，乃議建正式寺院于島人尚未有之中市，而市內唯恐有過繁鬧，故擇定現在地點。更承天田策堂老師盡力援助，始於昭和二年二月二十八日，得府當局之寺院建立許可。
>
> 發起人耀禪師、賴以莊、黃來、賴讚是等諸氏，批星帶月，禁悴奔勞，以募集捐金。歲著手建築。至昭和四年，宏狀本堂及祿位廳、客室、庫裡、食堂等，一切工事均得告竣。昭和五年十月，由當派大本山下附御壽牌一基，適管長神月徹宗禪師來臺，親護送至該寺舉奉安式，誠是無上特受之光榮。昭和七年九月二十一日，耀禪師受當派大本山東海管長任命該寺住職。翌年三月落成，有祝大法會並住職晉山式。完成中州佛教實際之光輝矣。[25]

其中全未提及張妙禪開山之事。但賴耀禪之前，有住持辭職，曾被報導，所以張妙禪或釋良達，兩人之中，必有一人是此辭職的住持。

不過，此處重要的，是關於賴耀禪改宗的問題。除了上面的報導之外，也有另一則提到東海宜誠和賴耀禪的師徒關係。此一報導，略去前面冗長但不相關的說明之後，有兩段文字（原為日文，筆者中譯）是這樣的：

> （10）【法系】當山住職東海宜誠師（號海巖），嗣續臺北市圓山臨濟

護國禪寺開山贈歷住妙心得庵玄秀大和尚之法系，為龍泉寺傳法始祖。
而相續宜誠禪師法系之龍泉寺徒弟，於各地建立新寺，其初代住持正式
就任者：

吳義存師　　　大林昭慶禪寺第一世
陳銓淨師　　　屏東東山禪寺第一世
賴耀禪師　　　北屯寶覺寺第一世
張慧光師　　　楊梅妙善寺第一世

（11）【法統】昭和二年三月一日，大本山妙心寺第二世圓鑑國師五百
五十年遠忌大法會之際，本派大本山管長特對現任東海宜誠師授予本
山紋章金襴傳法衣，後來住職之法統，嗣當山世住職者，以正式稟承此
傳法衣為其授記。26

　　這是東海宜誠在臺收島人為僧徒的系譜，賴耀禪亦譜上有名。由此可以
見，當年曾在「鎮南學林」共同任教的同事東海宜誠，不但未幫張妙禪，反而
是無情的挖其牆角，採取了釜底抽薪的「以臺制臺」策略，讓張妙禪的師弟「改
宗」，──由興化後果寺釋良達的中國臨濟宗，轉為日本臨濟宗妙心寺派東海
宜誠的門下──然後徹底掌控了臺中寶覺寺。

　　新任住持賴耀禪，不管他和其師釋良達或師兄張妙禪有哪些糾葛，有一不
變的事實，就是他已成了日僧東海宜誠的入門弟子，叛離了原有的師門。

　　根據當時的資料記載，真正握有臺中市北屯寶覺寺管理權的，是幾位共同
管理人：賴耀禪、賴讚是、賴安秋、賴天生、賴振英、林清丈。27可見賴家和
林家是實際主宰寺產的管理者。因他們是當初建寺發起者和勸募者，所以在法
律上的權利反映，也是如此。

26　載《南瀛佛教》，第 11 卷第 3 期（1933-3），頁 46。
27　徐壽，前引書，臺中州寶覺禪寺的說明。

　　昭和十一年（1936）十月十一日，大本山任命賴耀禪之徒廖罡宗，為寶覺寺第二任新住持。管理人方面，除賴耀禪過世被除名之外，其他人員不變[28]。昭和二十年（1945），林宗心接任第三任新住持。林宗心即林錦東，為當時臨濟宗妙心寺派在臺佈教監督高林玄寶的臺籍入門弟子，代表的也是該派的正統。

　　因此，我們可以說，張妙禪和其師釋良達兩人，在初期可能也是寶覺寺的開山者，但由於同門師兄弟賴耀禪的改宗，頓使張妙禪和其師釋良達，整個喪失對臺中寶覺寺的管理權和運用權，直到日治結束，依然如此。

　　總之，從以上臺中寶覺寺的改宗例子，我們可以看到日治時代，臺灣佛教內部實際存在著宗派歸屬雙面性，亦即一個道場，有時為了自保或發展上的需要，往往必須徘徊大陸佛教和日本佛教的兩大勢力之間，既需有所區隔，又需同時兼隸，可以說左右為難，動輒得咎。

　　這當中，佔優勢的，自然是以殖民者為背景的日本在臺佛教勢力，所以張妙禪於四十六歲時，宣稱自己，「現告年老，隱於南山精舍，期待於前途甚多」[29]。可以說，相當無奈。

六、張妙禪派下施斌宗的改宗分歧問題

　　新竹法源講寺的釋寬謙尼師說，張妙禪門下的徒眾極多，堪稱法將的有：

> 臺中中天寺榮宗、桃園金剛寺玠宗、員林佛導寺能宗、新竹法源寺斌宗、阿蓮光德寺賢宗、霧峰慈覺院雪宗、南洋弘宗[30]等等，其中以斌宗最為

---

[28] 施德昌，前引書，臺中州寶覺禪寺的說明。

[29] 徐壽，前引書，〈張妙禪師略歷〉的說明。

[30] 釋寬謙尼師的說法，是錯誤的，「弘宗」並非張妙禪之徒，而是中壢圓光寺葉妙果的徒弟，法號達精，俗名余阿榮，因明桂竹林弘法禪院的改建問題，遭到輿論批評，而流放南洋寓跡在新加坡福海禪願。王見川提供上述資料（1999-12-13）。另外，妙果本人於1948-4-21，在給功德主之一的邱葉玉的一封親筆函，也提到：「……余門徒名余弘宗，當年五十三歲，二十年前，往南洋新嘉坡開創一寺院福海禪院，自往以後，回臺灣三、四次。」見《圓光新誌》雙月刊第45期（1999-5），頁31。

傑出。[31]

　　但，寬謙尼未察覺到一個極大的錯誤，即施斌宗並非張妙禪之徒，而是張妙禪同門閩僧德禪之徒。

　　施斌宗是十四歲首度出家（1925），到獅頭山金剛寺出家拜師（大正十四年）時，正是張妙禪的聲望高峰期。但因施斌宗第一私自離家到獅頭山拜師後，不久即被鹿港施家尋獲，帶回鹿港，張妙禪對此，相當不滿，也不願再被干擾。於是，當施斌宗第二度又私自離家，來到獅頭山金剛寺要求落髮剃度時，張妙禪拒絕接受，轉而要其改拜另一良達門下的德禪為師。

　　但，德禪其實為閩僧，初次與其師良達上人應聘來臺，借住在獅頭山金剛寺，準備赴約協助其他道場舉辦法會，順便也募款回寺，以補貼常住寺院的經濟困窘。因此，在臺人脈稀疏的閩僧德禪，正好被同門的張妙禪利用來應付施斌宗再度要求出家拜師的惱人問題，可以有藉口（例如其師已回大陸等）拒絕鹿港施家來寺要人，以避免因而鬧出大風波。

　　所以施斌宗二度私自離家來寺要求出家，雖同樣都到獅頭山金剛寺，但他真正的剃度師，並非張妙禪，而是張妙禪的同門閩僧德禪。對於這一拜師的曲折，施斌宗日後曾詳告其門下高徒慧嶽，近日再由慧嶽老轉告筆者[32]。

　　不過，施斌宗出家後，隨即在隔年（※昭和元年），發生林玠宗的〈新僧宣言〉，以及林玠宗的離去問題。然後是臺中市寶覺寺的住持易人和賴耀禪改拜日僧東海宜誠為師，使其師門中的癥結，隱隱欲現。到了昭和八年（1933），紙終於包不住火了。

　　當年年初，在《南瀛佛教》第 11 卷元月號上，突然登出兩篇關於張妙禪

---

31 見釋寬謙，〈思想風格──佛教寺院建築的主導〉，載《1988 年佛教建築設計與發展國際研討會論文集》（臺北：中華慧炬佛學會、覺風佛教藝術文教基金會，1998），頁 131。

32 因本文初稿，曾寄給慧嶽老法師，請其指正，慧嶽老法師看後，告訴筆者這段曲折。時間在 1999-12-21，以電話告知。特此誌謝。

污行的爆炸性投書。其中一篇的名字隱去兩字，但知道是徒孫「心」字輩[33]，其舉發的內容如下：

> 會長大人閣下[34]：
>
> 每接來函捧頌，歡蒙慈悲愛顧。茲因佛教中僧侶大失道德仁義，使令地方無人信仰。又兼財界苦悃，將來出家之人，孤門獨路。社會上之人，全注目佛教中之人。若要佛教大興之時，萬望政府命令，使人各處調查破壞佛教之惡蟲。查知之時，隨即要削除，使令社會欽伏（服）。若是無此一段設法嚴令，臺灣佛教難興。可惜也。今有獅山金〇寺，廟宇全部破壞，連累全山名義（譽）；而郡下無人信仰，但因張〇〇一人關係，佛教中大魔王，姦〇徒女法孫，到處行邪，嬌妻戀妾，將出家尼姑，採來為妾，專為無道德之事，此人何稱佛教師補？全行污穢佛門！若是偽報者，吾願受罪。若此人無除，連累全島佛教名義（譽）。目下又因金剛寺、靈霞洞二處，前後左右，自開臺留存之古木，風致景品，因張〇〇出惡手段，向州請許可，將風致古木，全部賣渡他人砍伐，不得保存，又兼寺廟損害，可憐關係全獅景地。伏望　上官大人，命令緊發，除卻惡蟲，保護勝景地方。
>
> 獅山〇〇心[35]

另一封，則是施斌宗的具名投書，其全文如下：

> 〈忠告某僧〉
>
> 夫僧伽者，無士農工商之職，不耕而食，不織而衣，受檀越之供養，蒙

---

[33] 張妙禪的系統，自「禪」字輩往下排，是「宗」字輩，然後是「心」字輩。

[34] 按：即總督府文教局長安武直夫，新任南瀛佛教會會長。

[35] 《南瀛佛教》，第 11 卷第 1 號（1933 年 1 月），頁 53-5。

國家之保護，為欲修心養性，期得佛道。理宜看破紅塵，虛空色相，捨貪嗔癡，修戒定慧，嚴守僧規，以感化人心，持正佛法，引導社會，為超苦海、登彼岸而證菩提，則不負人之供養，亦可全僧伽之本格。夫爾離別妻子出家多年，而教界有名，奈何情根未斷，慾心未了，佛法無參，戒行無守，雖身著袈裟，意存妄想，口訟彌陀，心懷邪念，表面是和尚，內心似蛇蠍，……不怕金剛怒目，菩薩愁眉，自絕百善之原，甘居萬惡之首，空談佛法，以為謀生之計，暗傳心經，藉作偷香之術。如此妄作胡為，惡實彌深；紊亂社會，敗壞僧規，已不得再稱為和尚。寧無對天不住，撫心無愧乎？余乃僧伽一份子，對佛教前徒，熱望振興，僧伽後患，以期安寧，使佛教發展，令社會信仰。倘不盡情忠告，實爾前途可悲，佛教後患堪憐。故不顧固陋，敢獻蕘辭，願早日反省，立改前轍，悔過遷善，雖苦海無邊，回頭是岸。毋以一人之惡，累及眾人，至有效尤之患。冀速奮起精神，重新道德，捨身為道，盡力宏教，則可稱佛徒，不失僧伽本格。不然，報應日至，定有一番慘境，而貽羞百世，遺臭萬年，永受社會惡斥，長留拓罵惡名，作一生廢人，成千載孽案。斯時也，悔莫及矣！專此謹告，幸勿以忠言逆耳，則幸甚也。（施斌宗）[36]

這兩篇投書，同時登出，其中內幕，整個曝光。假如只是第一封投書，而沒有其他的佐證，我們可能無從判斷是否為惡意的人身攻擊？

但和舉發書同期刊出的，還有一篇公開具名的施斌宗的強烈批判文，兩文內容，恰可互相對照，因此應可判定所舉發者為事實。

雖然，張妙禪本人當時，也去函南瀛佛教的編輯部，要求提供檢舉函的原稿和原信封[37]。可是，從後來的發展來看，張妙禪在兩年後，選擇了流亡海外

---

[36] 同前註，頁 57。後來此一犯戒的劍潭寺住持，被臺北地方法院的九尾判官，判處三年之懲役。

[37] 原信的內容如下：「編輯部御中、拜啟：貴會愈愈興隆，而佛道教化遍溢四海，紹繼大乘，闡明妙諦，以開迷界，賀賀。陳者昨蒙賜來教報，俾見者多一層眼界，多層知識，而得益實多矣。但新年

三年[38]，以避風頭。可見，當時的第一封檢舉函和另一篇施斌宗的公開批判文，顯然已產生巨大的殺傷力，所以讓張妙禪無法不去面對。

而施斌宗就在發表此一批判之文後不久，也決定離開已出家十年的臺灣，渡海到中國大陸，去尋求新的佛教師門和教理。

事實上，隨後在臺灣佛教界，連續出現了許多不名譽行為，其中最轟動的，是臺北圓山劍潭寺住持的姦情曝光，社會譁然。1933 年 2 月 1 日的《民報‧社論》有大篇強烈的評論，甚至將犯大戒的男女當事人，臭罵為「野僧妖尼」[39]。

很顯然的，當時臺灣佛教界暴露的一些醜聞，包括之前對張妙禪戒行污點的檢舉函在內，都對總督府主管當局，構成了不能忽視的壓力，所以才有以上這樣的一段「訓示」。後來，負責編輯《南瀛佛教》工作的曾景來，也曾在〈編輯後記〉中提到：

> ……我們的佛教界，於前年度發生了很多事件，即某住職之破廉恥的行動事實暴露，某布教師之因身上事恐累教界而渡海外，某和尚之圓寂，某大檀越之仙遊等，很有影及本島教界者，一一難得盡數。真是多事多端了。[40]

可見施斌宗當時，是為了避開臺灣本土佛教界的多事之秋，包括他親自撰文批評的師門污行在內，所以才會出發到大陸去受戒和改宗學天臺。

而這兩件事——到大陸去受戒和改學它宗——林玠宗其實早已先他做過

號通信欄第四篇之原文及原封，幸祈不吝慈悲，將是原稿寄下賜來參考，則不勝懇禱激切之至。臨楮致意，特此依賴。金剛寺張妙禪」載《南瀛佛教》第 11 卷第 3 號（1933-3），頁 49-50。

[38] 當時的公開啟事如下：「〈印度參拜佛蹟〉臨濟宗開教使、金剛寺主職張妙禪，為本島教界振興起見，擬於來（1935）五月上旬，由基隆出帆，渡航印度，往靈山禮世尊，參觀菩提座之真蹟，研究佛陀宗旨。豫定三個年間（1935－8 年），實理之研學，將益資料於布教方面云爾。」載《南瀛佛教》第南 13 卷第 5 號（1935-5），頁 62。

[39] 《南瀛佛教》第 11 卷第 3 號（1933-3），頁 45。

[40] 載《南瀛佛教》第 12 卷第 1 號（1934-1），頁 56。

了，所以當時林玠宗正勤於發表關於天臺宗哲學的文章，在各期的《南瀛佛教》
上連載[41]；只是林玠宗真正傾心的，是大陸「佛化新青年會」的新僧理想，而
施斌宗仍循中國傳統佛教的規矩而走罷了。[42]

---

[41] 按林玠宗最先於《南瀛佛教會會報》第四卷第二號（1926-3），發表〈天臺宗三諦圓融中道觀〉，
頁 2-3。後來又發表〈天臺宗哲學〉長文，連載於《南瀛佛教》第 13 卷第 6 號至第 7 號（1936-6、
7），頁 29-33；頁 22-27。

[42] 施斌宗在戰後，一直有很高的教內評價，這當然跟他戰前曾去大陸求法、擁有熟練的漢文詩詞技巧、
對戰後大陸來台流亡僧的友善、曾建立專弘天台宗的道場和剃度了幾位出色的門下[42]等因素有關。
但，就弘揚中國天台教學本身來說，他的主要貢獻，仍是在奠基的工作方面，因從他遺留的講經記
錄來看，離中國天台教學本身應有的哲學體系的深層思辯或教理詮釋，都相當遙遠。所以有關日治
時代，乃至戰後台灣地區天台學的移殖或建立，施斌宗及其門下，雖是主要的象徵性人物，但只能
就基礎的層次來談，不能過於高估。因為近代中國天台教學的弘揚，不論在師資或內涵方面，都是
傳統教學的部份延續，既無突破性發展，也缺乏哲學和思想的深度，因此施斌宗在大陸求法三年，
不可能有甚麼太大的收穫的。

第十二章　臺灣現代批判禪學思想變革的歷史社會基礎：從「雙源匯流」到「逆中心互動」的開展歷程

　　從本章開始，本書的討論焦點，要針對「戰後臺灣現代批判禪學思想變革的歷史社會基礎」進行相關的分析，正如之前本書在第一章討論明末時期與第五章討論日治時期的相關歷史社會基礎一樣。

　　所不同的是，戰後日本因戰敗而退出在臺灣以實質進行長達五十年（1895-1945）的帝國殖民統治權，改由國民政府來臺接管。之後又因國共爆發內戰歷經四年後，國民政府慘敗於 1949 年大舉東遷來臺長期統治。直到 2000 年，由於戰後來臺並長期執政的國府政權，在總統大選中失敗，而首次出現政黨執政輪替的情況。

　　之後更因此大量開方設置大學中的臺灣文史系所與相關課程，於是根本性的逐漸翻轉長期又國府政權強制主導卻充滿敵視黨國意識形態的文史教材內容與觀點。

　　為因應歷史詮釋學的思維翻轉，所以本章的新詮釋觀點，就是新舊兼容的：從「『雙源匯流』到『逆中心互動』的開展歷程」的新詮釋角度的提出。

　　雖然如此，由於本章的詮釋內容，是針對「戰後臺灣現代禪學思想變革的歷史社會基礎」進行相關的分析，因而就與一般臺灣史或臺灣文學史的聚焦視也有異。所以，我們先將視野轉到：所謂大陸各地的「漢傳佛教」陸續遷臺常駐的歷史開端。之後，再討論「新漢傳中華佛教」[1]的在臺逐漸轉型與呈當代

---

[1]　在本書中，所謂「中華漢傳佛教」，是對「中國漢傳佛教」一詞的當代新界定，是具有超主權爭論

的多元開展新貌。

※

此因回溯二戰後初期，當長期交戰國雙方的老百姓，都各自在忙於恢復——其殘破的家園並設法重新開展其正常生活——之際，不幸的是，當時仍身處大陸各地的「漢傳佛教」之老少僧侶們，卻仍須和抗戰時期一樣，被迫必須無奈地長期在國共激烈進行內戰中，渡過其在大動亂與狼狽流離互相交織下的騷動倉皇歲月。

之後，彼等 1949 年一時，又因大陸統治權的易主，而跟隨大批慌亂避難的各省難民潮，形成其一起渡海來臺開展新局的命運共同體，以及因之而出現的「雙源匯流」和其後「新漢傳中華佛教」的儼然形成。

不過，這是前所未見的有各級官方組織體系（儘管相當混亂）和大批武裝部隊（各種正規與雜牌合組成的敗戰撤離者），從中引領和警衛著一批又一批，由對岸各港口紛紛乘船跨海東渡的空前大難民潮，相繼洶湧到臺澎金馬地區來長期定居；而此次的難民潮總體規模之龐大和彼等在其後所造成的實質整體影響之深遠，縱使將明鄭三代在臺經營與清代二百多年間漢人多次相繼東渡來臺的總人口合計，也未必能夠與之相比。

因而，在如此大混亂與大衝擊之下的 1949 年戰後臺灣本土「漢傳佛教」的新局，究竟又要如何進行其在往後歲月中的相關開展歷程、及其在地轉型與多元創新，就是本章所要加以說明的。

作用的中性學術用語，也是本書作者基於當代兩岸政治局勢發展現實的相應真實治學理念之表現。而本書中所要從事新詮釋建構的「在地轉型史觀」之思維邏輯出發點和貫穿全書的相關論述主軸線，就是由此新界定的中性學術用語來導引的。

一、戰後日本投降並撤離臺灣後直接對臺灣本土佛教發展的相關影響

（一）逐漸面臨被迫進行「去日本化」運動的相關問題

由於臺灣地區的原有佛教組織，從戰後初期（1945 年）至 1949 年仲夏間的開展，才和大陸的中國佛教會建立了隸屬上下關係，成為該組織之下的臺灣省籍的地方性會員組織。所以此一原為存民間社團性質的全國社佛教組織，在此之前，根本沒有足夠的時間和機會，來測試其第一屆大會通過的各種組織章程和運作的是否有效。

亦即，此一龐雜的全國性組織，在其之前的各階段組織領和實際運作，都一再顯示，事實上是存在著改革激進與傳統保守的大陣營互爭領導權的嚴重對立狀況。所以，若非隨之而來的歷史劇變，迫使此一未經歷練和發生實際作用的全國性佛教新組織，各成員四處離散或改組，否則遠隔在東方大洋波濤的臺灣島上，為數不多又高度日式化的本地漢族佛教僧尼和傳統的本地齋教徒，是可以有其相對自主發展空間的——這只要觀察解嚴之後，當代的正常發展狀況，就可以證實我的上述論述，是有其歷史經驗性證據的。

因此，1949 年之前，並於境外的組織上級來直接支配等。所以不論是要辦教育或是要辦佛教刊物，基本上都是島內實力派的佛教僧尼或齋堂主，互相會商和實行運作。

就此而言，就是取法日治時期，「**南瀛佛教會**」成立之初的運作模式和經驗。因當事者也近半是同一批人，只是彼等不再以日文表達，日本宗教主管也改為中國宗教主管。再者，有關現代佛學內容，彼等也可以無礙地大量譯成中文發表，並普獲贊同。因而，當時實際殘存的主要待決問題，其實只是一些已婚但為數不多的「高度日化臺僧知識份子們」——有關彼等將來，是否要以居士身份出現？或是乾脆還俗他去？——就此刻的情況來說，仍處於懸而未定

的狀況。

反而是，當時彼等在現實面所遭遇的重大困境，其實是各類的物價日趨飛漲，民眾生活極為艱難，無法提供多餘捐獻，所以導致各寺院善款收入的銳減，而這些才是真正嚴重地，會阻礙彼等進一步從事改革，或使其無法陸續舉辦各種佛教活動的最大難題。所以，當時臺灣本地的原有佛教組織核心成員們，每遇有開會和討論時，若提案或決議時，是會被指定為必須擔負較大出資的責任者，則其最通常的應付辦法，就是在事後藉故不予繳費或事先缺席，來藉以逃避（擔任佛教領導者）所須允諾的重大捐款壓力或藉以卸下所須承擔的沉重會務責任。

不過，儘管現實面的艱難情況，很不利於道場的經營或佛教組織的任何運作，可是畢竟不是完全地絕望和根本動彈不得。

所以在此一時期，臺灣佛教組織和相關活動，雖基本上仍是屬於本島以內的區域性教界問題，但因仍關係著後來的開展至為重大，所以也先在此略加以說明，好讓讀者了解其相關開展或變化。

（二）關於日產寺院的處理問題

自從日本勢力撤出臺灣以後，原有的日本寺院和相關產業，大多為來臺的國民政府以「敵產」的名義加以沒收或占有。事實上，這些日產寺院，曾遍佈全臺各地都市的精華地帶，雖主要供在臺的日本佛教活動之用，但在臺的日本各派僧侶，或透過其在地相關組織的靈活運作、或透過在寺中開設的日化佛教教育的學習課程、以及透過親自參與彼等在臺灣各地寺院或佈教所之經常性舉辦的各類佛教活動，實際上也能促使臺籍僧侶和不少信徒們，見識到日本佛教現代化的布教風貌，以及日產佛寺的建築典雅和庭院之美。

可是，如今這些既美麗又典雅的原日產寺院，若非已根本消失，就是已經面目全非，或已轉為他用了。

（三）關於由日本語文改為使用中國語文的困難問題

　　到日治後期為止，事實上，已有數十位的本島僧尼和居士，曾前往日本受過完整的高等佛教教育。特別是在日治後期的高度動員時代，[2]這批臺灣本土佛教界的少壯派精英，實際上已躍居教內的領導中心，也代表著日本化佛教在臺灣出現的新開展。

　　但是，日本佛教勢力在 1945 年，隨殖民統治結束，而相繼退出後。這批高度日本化的本島籍佛教界精英，便面臨必須立刻轉型的困難，特別是由日本語文改用中國語文的困難。

　　從現存的當時資料來看，這些本島籍佛教界精英，並非全然無法使用中文，只是白話文的表達極不流暢，讀起來相當彆扭。事實上，當時以北京話為藍本的國語，雖然也有許多人努力在學習，但能靈活運用的人很少。

　　在這種情況下，他們一方面既失去日治時期和日本教界長期合作的優越社會地位，一方面又因在理念上無法認同 1949 年來臺的大陸僧侶之主張，於是頓然萎縮了原有的社會影響力。

（四）臺灣本土具重大兩岸佛教聲望的教內長老在初期相繼圓寂[3]

　　所以，在其後的中央級新佛教組織中，在地臺僧菁英們相關的發言意見，較無平衡的作用，所以彼等曾經歷被日本皇民化佛教改造的經驗，便逐漸在

---

[2]　首先是一度曾在日治時期（1895-1945）大為開展的臺灣佛教，於日本統治的後期，因要配合日本軍部在中國大陸、乃至在整個東亞發動戰爭的需要，曾被高度地組織動員和急速地朝向日本化。

[3]　戰後初期，幾位原先曾在大陸受戒或在大陸參學過的本島教界長老，像：（一）月眉山派的開山祖師善慧法師；（二）法雲寺派的大將真常法師，於 1945 年圓寂；（三）觀音山凌雲寺派的開山祖本圓法師亦在 1947 年圓寂。加上（四）南臺灣佛教改革派的重鎮臺南開元寺的住持證光法師（高執德），在 1948 八年，因接待具有中共身分的著名僧人巨贊（※1948 年來臺，1949 年在北平成為大陸佛教領導者之一）和曾於寺中私藏來自家鄉的左派農運人士，因此受牽累，後遭逮捕和被槍決（1955）慘死。更使在日治後期活躍一時的本島籍教界精英，或疏離佛教，或轉趨沈寂，才造成 1949 年以後，大陸僧侶可以在臺灣地區，逐漸占盡優勢的新形勢發展。

1949 年之後被「污名化」的**新佛教輿論**所淹沒，以致於其影響力大減迄今。[4]

二、1949 年以來的相關詮釋史檢討及其歷史溯源

　　1949 年之後的臺灣本土「中華漢傳佛教」（以下簡稱「漢傳佛教」）的新發展，是在特殊的「雙源匯流」之下，朝向「在地轉型」的多元創新模式來開展的。可是，「雙源」之一的現代大陸佛教，在其於 1949 年大舉遷臺之前，就目前學界所知，[5]其實是處於二戰後國共多年內戰下，除少數的例外，大多是在各地動亂不斷的驚慌中四處流離或在必須在相當艱難悲慘的時局中惶恐地度過。

　　而其現代性的開展歷程，其實又可以溯源到辛亥革命（1911）的爆發之年。因為辛亥革命（1911）的爆發的結果，是直接促成中華帝國的傳統專制體制的終結，同時也是中華民國現代政治體制肇建的重要歷史分水嶺。宗教自由信仰行為，此後成為私領域的相關規範方式。

　　可是，在另一方面，眾所皆知，就臺灣本土佛教發展的近代重大變革來說，毫無疑問地，必須溯源到清末（1895 年）的「割臺事件」這一重大的歷史轉折點。

　　此因早在 1895 年時，由於日清兩國的交戰雙方，在【甲午（1894）戰爭】後，即簽有敗戰國的清方，須向戰勝國的日方，履行雙方已議定必須實際「賠款割地」，才能結束戰爭的〈馬關條約〉。從此，有將近半世紀之久，整個臺澎地區便成了大日本帝國海外殖民地的臺灣總督府轄區，並接受來自日本官

---

[4]　但是，接續的問題即為：二戰後，臺灣僧尼與大陸僧尼是否就開始產生隔膜？我的回答是：此一問題，事實上，是在 1949 年以後，才新開展的問題。因為，在此之前，由於從 1945 年秋季的臺灣光復後起，至 1949 年初，都尚未有大批大陸僧侶隨政府逃難來臺，所以不可能產生彼此（大陸僧和臺灣僧）的隔膜問題。相反的，像臺灣僧侶中的開元寺住持釋證光，於 1947 年前往大陸參加全國佛教代表大會，以及 1948 年大陸僧侶巨贊和慈航兩法師來臺，彼此都受到熱烈的招待。因此，產生隔膜的背景，必須放在 1949 年以後的情勢變化來觀察。

[5]　見本書第二章的全文說明，是由本書作者之一的侯坤宏教授所執筆的。

方依《明治憲法》所衍生的特殊現代性宗教行政法之相關規範。[6]此一日本殖民官方統治模式，歷經半世紀之久（1895-1945），直到 1945 年時，因日本殖民統當局戰敗投降，並全面撤離臺澎地區，才告終止。[7]

所以，臺灣本土原有的「漢傳佛教」發展歷程，相對於在 1912 年才正式建立的「中華民國」（於大陸地區）的「漢傳佛教」發展歷程，後者其實是長期處在國家的統治權多變和國家宗教法規極度不完備的狀況下，[8]因此從 1912 年到 1945 年之間，其所遭逢的坎坷艱辛歷程和處處離亂不斷的倉皇經驗，[9]自然是和前者的發展歷程，大不相同。

因而，雖然在 1949 年時，上述這兩者，於戰後臺灣本土長期發展的歷程中，已曾一度出現所謂「雙源流」和「雙繼承」的特殊「雙源匯流」現象，但就本章的論述主體來說，雖也不能有所忽略這一特殊重要的「雙源匯流」現象；不過，一旦將其在現實的考量上來抉擇兩者的孰輕？與孰重？則筆者個人依舊認為，本章更重要的詮釋對象，其實是要放在：自 1949 年起，海峽兩岸開始分治後的，臺灣本土新「漢傳佛教」發展歷程的相關說明上。

換句話說，如今，在辛亥革命（1911）爆發後，我們若要回顧「漢傳佛教」這段宛若歷經驚濤駭浪後的輝煌社會成就，就我們作為當代臺灣佛教史學者的立場來說，當然想優先以全新構思的「**在地轉型史觀**」，就戰後臺灣本土「漢傳佛教」所發展和呈現出來的，各種出色的社會表現為例，來論述其中主要是

[6] 參考江燦騰，〈日本帝國在臺殖民統治初期的宗教政策與法制化的確立〉，《中華佛學學報》第 14 期（2001，09），頁 91-134。至於清代傳統臺灣的佛教管理，可參考楊健，《清王朝佛教事務管理》（北京：社會科學文獻出版社，2008），頁 59-221。

[7] 見江燦騰，〈日據時期「日華親善」架構下的中日臺三角國際新佛教思想交流〉，《思與言》第 38 卷第 2 期（2000 年 6 月），頁 41-141。

[8] 對此問題的出色研究，可參考黃慶生，《臺灣宗教立法》（太平：慈光寺，2005），頁 177-254。

[9] 黃運喜，《中國近代法難研究》（臺北：法界出版社，2006）。釋明復，〈「監督寺廟」之史的剖析〉，杜潔祥主編《明復法師佛學文集（一）》（新竹：財團法人覺風佛教藝術文化基金會，2006），頁 30-46。

自 1949 年出現特殊的「雙源匯流」之後，臺灣本土社會中和「現代性多元發展」與「本土化轉型創新」此兩者相關的歷史開展，及其相互交涉的複雜辯證過程。

（一）新「逆中心互動傳播」詮釋論的提出

有關本章作為區域佛教的現代書寫，所採用的「逆中心互動傳播」新詮釋概念，是筆者首先提出並用來建構兩岸佛教發展新情境的「互動交流式」傳播概念。但是，何謂「逆中心互動傳播」新詮釋概念之形成呢？

其實，此一「逆中心互動傳播」新詮釋概念的形成，所指涉的真正內涵或其精確的定義所在，是意指：現代性臺灣本土的「漢傳佛教」，從其早期只是處於「邊陲性的被動接納（無主體性的依賴）」階段開始，其間由於政權的多次鼎革，曾歷經不同型態的「在地轉型」之相關變革歷程後，再逐漸又開展為屬於我們「當代階段（解嚴以來）」的已然「多元創新」局面。

於是，具有現代性社會傳播特徵的臺灣本土「漢傳佛教」中，蘊蓄已久的豐厚文化資源，在其已然形成「新傳播中心」之同時，又逆轉其本身原先所處位於大陸東海波濤中之「邊陲性的被動接納」狀況，並反向朝著原先傳入途徑另一頭的「舊傳播中心（大陸地區）」各地，開始主動地漸次發揮其回饋式的傳播影響力。

而此一逆向互動傳播狀況，正如當代大批臺商的分批大舉西進大陸，並將其「臺灣經驗」充分發揮一樣，原為明清移墾臺灣地區的「邊陲佛教」，如今也逐漸展開其逆向「舊中心（大陸地區）」各地的新一波「反傳播（互動交流）現象」。

（二）1949 年以後臺灣本土佛教的開展與後期快速變革

1. 來自外在環境重大助緣的催化

在第二階段的開展，所以最具特色，不但因為所經歷的戒嚴體制為期甚

長，相關的前後經貿環境也大為變化，其中還包括在前期就有西洋思潮的大量湧入、出口導向的國際貿易擴大、青年男女職工的高度就業力（有定期薪資收入和能夠累積儲蓄）和在地活躍和有中產階級生活需求的大批中小企業紛紛出現，陣容越來越強，而彼等所主導流行的社會影響力也日益顯著。[10]

所以，這些都是臺灣佛教經濟力的主要新來源，以及新一代佛教知識分子所吸收的現代思想養份和形成多元流行文化的國際視野之渠道，所以影響甚遠。

而後期則是由於臺灣已被迫退出在聯合國的「中國代表權（包括五個常任理事國代表之一）」的席次、隨後（1978）臺、美之間也正式斷交、以及強人蔣介石（死於1974）和蔣經國（死於1989）兩父子又先後逝世[11]，所以其主導力大為消退。

2. 本地超過一千萬的新生人口，都出生和成長於此一時期

由於近七十多年（1949-2020）來，在臺灣地區所自然增加的一千五百多萬的新人口中，其年紀在六十歲以下者，已超過三分之二。

這意味著，戰後的大量新人口，至少有過半數，是出現在 1949 年到 1987 年的所謂「戒嚴體制時期」[12]。

又由於彼等大多是缺乏殖民時期佛教經驗的新世代，故對戰後的新傳統，相對地，能接受的認同度，也相對提高──因此，臺灣佛教的第二階段開展和變革，就是按上述脈絡，而逐漸出現的。

3. 來自佛教內部的相應作為與臺灣本土佛教大眾信仰文化的傳播趨勢

1949 年大批逃難僧人來臺後，彼等要如何在臺定居和生活下去，即成了

---

[10] 見于宗先、王金利，《臺灣人口變動與經濟發展》（臺北：聯經書局，2009）。石田浩，《臺灣經濟結構與開展》（臺北：自由思想學術基金會，2007）。

[11] 蔣經國是死於解嚴之後的一年多，所以一併敘述，以代表一個「時代的結束」。

[12] 參考于宗先、王金利，《臺灣人口變動與經濟發展》（臺北：聯經出版社，2009）。

第一階段的問題。

此因當時海峽兩岸的混亂局勢，尚未穩定，所以從中央到地方，從社會到個人，都還一片茫然時，除了少數曾事先來臺購有寺產，如太虛派門下在臺北市善導寺、圓瑛派門下如白聖長老在臺北市十普寺之外，主要是靠慈航法師先前來臺辦教育（※1948 年秋來臺，在中壢圓光寺）所建立的一點人際關係，適時發揮了援手安頓的效果。

但 1949 年他和一群學生，卻在新竹被逮捕入獄（無戶籍者皆入獄），後經保釋，才轉到汐止彌勒內院安頓（他在 1954 年病逝於關房內）。

恰好 1950 年的韓戰爆發後，美國即逐漸改變政策。到了 1954 年 12 月〈中美協防條約〉簽字，臺灣在美國第七艦隊的協防之下，政局漸趨穩定。所以，第一階段是從流離失所的無依狀況，到逐漸安頓下來的艱難過渡時期。

因此，幾乎來臺的大陸僧侶，都在此一階段度過了一段可能是生平最痛苦難熬的慘澹歲月（當然有本身寺產者例外）。可是，之後，彼等的在臺開展，就漸入佳境了：

A.大陸僧侶，先是在 1952 年的年底，藉著干預臺南大仙寺的傳戒期限和方式，以及在 1953 年時，藉著「權宜地」改組，而形成了以江浙系佛教僧侶為權力核心的新中央佛教機構。於是在以後的數十年間（迄 1978 年解嚴），完全支配了全臺各寺院的傳戒方式，以及建立起以江浙僧侶為中心的強力領導。

而正是由於有此一作為及其所衍生的深刻影響，所以彼等才使日後臺灣地區的佛教信徒，普遍地對其所主張以出家僧侶為尊的強烈宗教認同心態，能成功且持久地維繫下來。[13]

---

[13] 臺灣本土佛教的僧尼，由於經過多年的「大陸佛教重建」之洗禮，雖已改變「邊陲佛教」的地位，而彼等在心態上，仍留存有濃厚的「邊陲佛教」之遺習。因此，追慕民國時期的大陸高僧典範，乃成了臺灣佛教界習焉不察的「共識」。所以每年，在所謂民國佛教「四大師（太虛、虛雲、印光、弘一）的誕辰之時，臺灣佛教界都曾有各種類行的慶祝活動之舉行。

B.從 1949 年起到 1978 年 12 月美國前總統卡特宣布和中共建交以前，臺灣島上的宗教開展，是相當有利於西洋宗教在臺的各團體。

因為在此期間內，臺灣社會內部，雖然封閉，但對西洋的各方面倚賴極深，從流行式樣到文化的意識形態，都產生了高度的傾慕之心。

所以，當時西方在臺的宗教活動，不但廣受社會注目，彼等在校園或知識界的強大影響力，更是令其他的本土宗教團體大嘆不如。此所以道安法師會在其日記裡[14]，會將耶穌教徒和佛教徒的互相攻擊表面化，列入當時教界流行的主要話題之一。當然攻擊的主動性在對方而非佛教徒[15]。

雖然如此，後來佛教界為了擴大影響力，也仿效基督教或天主教，在校園開展佛教組織，以國語演講輔以流利的臺語翻譯，巡迴各地布教，以擴張教勢。

C.發行佛教刊物與電臺廣播：此一時期，佛教界也紛紛創辦各種佛教刊物，進行跨地域宣傳，以及利用電臺節目播音，以影響民眾對佛教皈依。這些作為都逐漸產生了巨大的效果[16]。

例如佛光山日後龐大的佛教事業，是從宜蘭發端，經過多年的南北奔馳，才在高屏溪中上游的麻竹園一帶，建立起臺灣佛教史上空前偉大的綜合性佛教基地。（※聖印、南亭、淨心等人的佛教事業崛起，有部分原因，是和彼等

---

[14] 道安法師是來臺大陸僧侶中，少數具有高度學養，在面對教內問題時較能客觀分析的一位重量級長老。他在 1953 年 5 月 13 日的《日記》上指出，當時臺灣佛教界流行的話題有：一、「畢竟空」與「勝義有」的問題；二、**佛教與耶穌教徒互相攻擊的表面化**；三、佛教與儒家互不相容的問題；四、比丘與居士地位見解之爭裂痕問題；五、僧團派系不能調和問題；六、臺灣僧與大陸僧的隔膜問題。

[15] 據現存資料來看，當時來臺的佛教知識分子，例如佛學權威的印順法師、後起之秀的聖嚴法師（當時仍在軍中）、擅長通俗布教的煮雲法師、著名的淨土居士李炳南先生等，都因遭到耶穌教徒的傳單或語言攻擊，而被迫和對方展開護教的辯論。

[16] 此一媒體的運用，其後更為發達、多元和精緻化。所以，能吸引大量信徒的魅力，又來自何處呢？能熟練運用大眾傳播媒體的巨大影響力，幾乎是不可或缺的條件。所以在早期開展的階段，不論星雲法師或其他法師，都重視語言表達能力的培養，以及設法擴充本身擁有的傳播工具。因此，在臺灣，善於通俗演講又擁有傳工具者，較容易崛起。即使本身是以禪修聞名，或以靈驗感召，都不能例外地，要設法取得大眾傳播工具的協助，而後才能形成「大師級」的偶像人物。可見魅力和知名度相關。

曾主持電臺弘法而擁有高知名度及社會影響力有關）。

　　因此，我們可以說，在佛教界的憂患意識刺激之下，少壯派的佛教精英，藉著吸取外教的經驗，以及善用大眾傳播工具的巨大影響力，嘗試新的開展途徑，才能使佛光山這一遠離大都會區的鄉下寺院，不必仰賴當地資源（雖有，但比重甚小），即開創受人矚目的佛教綜合事業。

　　D.設立大專獎學金與促成佛教社團擴張：在此一階段中，臺灣佛教界以周宣德居士為首，結合佛教界的大德，為了能在大專院校內從事的社團組織與活動開展，也費盡心血。

　　不過，當時佛教採用的方式，是提供大量的佛教獎學金，讓大專學生申請。其條件，除了有學業和操行兩項成績的規定之外，還要寫佛學論文，或學佛的心得報告。

　　同時，也從臺大開始，在各大專院校，成立學生的佛學社團。兩者的結合，使大專生接觸佛教，乃至成為信徒、或佛教學者的人數，日益增多。但是，在1971 年以前，相對於天主教和基督教的校園優勢，佛教的社團影響力，只能說略有起色。

　　E.可是，臺灣在 1960 年代中期的經濟發展，逐漸有了起色，到 1970 年以後，更加持續穩定、繁榮。而此一生活上的條件改善，使臺灣民眾有信心來面對自己的生活需求。相對於此，西洋教會自從臺灣退出在聯合國所代表的「中國」席位之後，逐漸喪失其先前對臺灣民眾的巨大吸引力，再加上長期未注意本土化的問題，所以在面對本土化潮流的衝擊時，頗感吃力。[17]

　　以致在基督教方面，雖積極從事於對臺灣自決的本土意識宣導，但其宗教

---

[17] 一九七一年以前，臺灣還未退出聯合國，臺美雙方簽有協防條約，臺灣在美國軍事和經濟的雙重援助下，不只維持了臺灣政經環境的長期穩定開展，在宗教開展上，也因教會代發美國光復後剩餘援外物質，以及以歐美文化意識形態為主導趨勢的長期影響，而使和這些條件相關的基督教和天主教，有相對優勢的開展。

擴張的趨勢，仍大大地減緩。[18]

　　相反的，臺灣本土「**漢傳佛教**」這方面，在此一階段，不但更加運用大眾媒體造勢，以影響社會大眾。特別是在知識界的思想性教育方面，因為印順法師《妙雲集》的結集出版，以及一連串佛教大叢書的相繼問世，而使得臺灣佛教界的思想內涵，開始深層化，並有了新的追隨者和新詮釋者的現代論述出現。

　　這其實也是為因應 1970 年以後臺灣社會逐漸出現的巨大變化，針對時代需求的人間佛教理念或人間淨土的思想，開始成為佛教思想的主流。雖然這樣人間性的佛教思潮，遠在 1940 年代即出現，但被社會廣為熟悉和接受。則是 1980 年代以後的事了。

　　因此，總結以上所述，迄解嚴之前為止，臺灣佛教的開展趨勢來看，可以說，是都市地區重於農村地區，女性多於男性，較高的文化區興盛於較低的文化區。所以像這樣的佛教開展，其實是因都市民眾較強的疏離感，能吸收大眾媒體的佛教信息，以及時間和經濟都許可才形成的。

（三）臺灣齋教在戰後的日趨式微：趨向「出家受戒」和逐漸走向「空門化」

　　臺灣本土齋教的傳統三派，在戰後的 1949 年間，因有大批大陸出家僧侶曾逃難來臺和從此在臺長期定居下來，其後（1953）彼等藉著戒嚴體制的威勢，推行出家傳戒、以及強調出家僧侶為正信和純粹的佛教代表者，於是全臺的齋堂和「齋教徒」，即面臨被強烈批判為「非佛教」的尷尬窘境。

　　雖然有些臺灣的齋堂，也加入「中國佛教會」成為正式會員，會費的捐獻也極踴躍，可是來自佛教內的責難卻從未中止。因此，現在除少數老齋友，還

---

[18] 假如留意電線桿標語的人，當不難發現近年來全臺電線桿的《聖經》標語突然增多起來，基本上即是一種宗教危機──信徒流失──的宣告。

在力撐外，臺灣全島的齋堂，可以說都極為式微，當然因此而改信或被接管的，更不在少數。

另一方面，脫胎於先天派的一貫道，藉著結合儒家思想和入教的簡易化，在臺灣地區大大地盛行起來，成為僅次於佛教的大教派[19]。

雖然從傳統佛教的正統角度來看，有些學者和僧侶們，不認為臺灣的「齋教」是「佛教」，但「齋教徒」本身卻自認為是，並實際帶有很強的自我認同度；而在日治時代，由於官方沒有在法律上對臺灣本土「齋教」的歧視或差別待遇，所以在家型態的「齋教三派」，事實上也構成臺灣佛教的主要勢力之一。

並且，不少具有重大影響力的出家僧尼，其最初接觸佛教的機緣，都是先透過齋教人士的引進和指導，而後再轉型為正式受戒的僧尼的。

所以在日治時期，臺灣在家佛教的齋教三派和出家佛教兩者，是長期互補地相提攜和共處及共發展的。

可是，在戰後臺灣地區，在家型態的「齋教三派」，卻遭到以僧侶佛教為主流的各種組織勢力或特定教內人物的強烈批判和完全否定，加上「齋教」本身長期缺乏有力的領導轉型人才和有效的適應新情勢的方法，所以除少數的「齋堂」和「齋教人物」之外，其餘的皆紛紛自願的或被情勢所迫不得已的轉為「空門化」，亦即「齋堂」大量改為「佛寺」，「齋教徒」則大量落髮受戒，而成為正式的「僧尼」。

不過，筆者作為一位臺灣佛教史學者，卻屢次以相關的精確研究證據，為彼等「去污名化」而努力，並迅速獲得學術界的極大共鳴。所以「從齋姑到比丘尼」的歷史發展，已逐漸被學界廣為探討。

---

[19] 鑒於臺灣齋教在當代的式微現象和研究傳統齋教的重要性，臺南「德化堂」，這座臺灣現存最古老的龍華派齋堂之一，藉著慶祝創立一百六十年的紀念活動，邀請臺灣新生代的學界菁英：林朝成、江燦騰、王見川等，在臺南召開首屆的「臺灣齋教國際會議」大獲成功，連美、日的重要宗教學者，如酒井忠夫、歐大年等，都來函加以推崇。臺灣道教研究權威李豐楙，也撰長文加以高度肯定。所以，大會的論文集，在出版後，也一直為各方學者所重視和參考。

　　雖然到目前 2020 年為止，筆者的此一努力，仍無法改變現實明顯早已逐漸沒落和被轉為「空門化」的歷史走向，但若單就以學術研究為彼等「去污名化」的努力之事來說，筆者過去的相關作為和實際績效，已相當成功。

（四）「解嚴」之後臺灣佛教大眾文化的快速開展與多元變革

　　1987 年時，臺灣地區因官方宣佈解嚴，並頒布《人民團體組織法》和開放到大陸探親及觀光，因而進入第三期的發展階段。其最顯著的發展變化，就是：

1. 具有中央主要領導權「中國佛教會」，由於官方正式通過立法院完成修法程序，開始允許多同屬中央級佛教組織的成立，所以其在中央所長期獨霸的原有優勢，頓時為之崩解：促使傳戒多元化和關於僧尼平權的強力訴求，都因之相繼出現，且其勢皆不可擋。

2. 此外，因兩岸恢復交流，所以臺灣佛教回流大陸，成了新的發展方向之一，也影響了臺灣本土佛教的發展。

3. 此一時期，有諸多禪修型和靈驗型的佛教，都延續前期的發展，更大行其道。因此，西藏密教、南傳佛教的禪法、臺灣本土新禪師或新興修行團體，都趁此趨勢，在臺灣社會紛紛擴張其影響力。

4. 特別是，其中的西藏各派流亡海外的各派僧侶，由於趁著達賴二次來臺訪問的有利時機，紛紛相繼來臺發展，開啟了第二波藏密佛教的傳入臺灣的高峰期。所以，西藏佛教的文化內容，也成了當代臺灣佛教文化的重要源流之一。

5. 而幾乎與藏傳佛教第二波傳入臺灣地區的同一期間，在當今東南亞國家所流傳的上座部的泰、緬的小乘佛教禪法，也由於受到國際佛教交流漸趨頻繁的影響、和印順導師提倡「人間佛教」思想的啟發，使臺灣的佛教學界、乃至僧尼和居士等，也逐漸重視研究彼等所傳授的原始佛教經典或早期的修行方式。所以，此時期，不只有《南傳大藏經》的全套中譯，更有不少緬甸、泰國和斯里蘭卡的禪師或僧侶，相繼來臺交流或傳法講習。

6. 但是，相對的，臺灣佛教思想的異化與衝突，也一再出現於此時。其中尤以印順法師等人的人間佛教思想為指導的社會關懷之實踐方向，逐漸為知識份子所接納，並在佛教婦女的戒律改革和環保方面，取得重大的發展。

7. 在臺灣佛教史學方面，在解嚴之後，由於本土意識抬頭，強烈激勵新一代的佛教史學者，撰寫大量的有關臺灣佛教史的研究論文和專書，多元開拓新的領域和進行從明清佛教史到當代臺灣佛教史開展的論述體系建構。

影響所及，當代臺灣的大專院校內以「臺灣佛教」或「臺灣佛教史」正式授課的情形，也逐漸增多。甚至連大陸學者也有多人，接受臺灣籍釋惠空法師之邀請，開始研究和撰寫有關臺灣佛教史或佛教人物志等的各種著作。

除此之外，最具佛教文化企圖心的現任「中國佛教會」理事長釋淨良長老、或中華佛寺協會的秘書長林蓉芝居士，也都在近年來，相繼舉辦有關臺灣佛教史上的多位高僧[20]、重要事件和思想變遷的學術研討會，陣容都不小，其反應也相當熱烈。

9. 在此同時，當代臺灣佛教的知識份子，對臺灣當代佛教界出現諸多弊端的批判現象，也相繼出現。因此，當前臺灣地區的佛教界，其實是，正處於變革期和批判反思期。

三、有關戰後臺灣本土佛教與四大佛教事業道場相繼崛起現象問題

有關戰後的臺灣佛教發展狀況，除了上述的情況之外，另有四個指標性的佛教事業道場：佛光山、慈濟、法鼓山、中臺山，雖然彼此的事業規模不一、發展的時間有先後、道場的事業重點也差異甚大，但也因此，正可作為觀察的

---

[20] 例如 2009 年「兩岸民國高僧傳」的學術研討會即是此一主題的最佳例證。

主要對象。[21]

　　而當代臺灣地區，這四大佛教事業道場勢力的興起，顯然與臺灣社會早期的經濟起飛，[22]以及 1960 年代臺灣國際政治形勢變化，形成密不可分的關係。

　　其中，星雲的佛光山勢力和證嚴的慈濟功德會，便是在這種時代背景下，嶄露頭角的。亦即隨著臺灣的政治解嚴，社會力奔放和經濟實力也再度提升，才使得佛教界找到發展的空間。

　　而起步較晚、但以推銷現代禪學，切入信仰市場的法鼓山與中臺山兩股勢力，也是趁著這股浪潮，才得以突出既有兩大道場的範圍，先後在北、中兩地，建立或擴充基地。

　　因此，我們首先要說明的，就是較早崛起南臺灣的佛光山勢力。此一目前已發展為大型跨國組織超大型佛教團體，在星雲的帶領下，幾乎於 1960 年代後期已經開始逐漸成形；而它的成功，又是由於遠離臺北政治圈的複雜權力關係，相對受到政治或中國佛教會的干擾較少，就是它得天獨厚的地方。

　　但，更重要的是，臺灣當時外在的社會因素，已出現有利於佛光山初期教勢的拓展，因其發展的時機，幾乎是與 1960 年代臺灣社會出現重大變化的脈動同步。所以，我們可以看到，正當星雲從宜蘭移居到高雄，逐漸站穩腳步之際，臺灣南部，正好陸續出現加工出口區；而在這段時光裏，臺灣的經濟形態，正好開始急遽轉型，所以導致農村年輕的勞動力，紛紛投入大都市邊緣的加工廠。

　　剛好這時，星雲的佛光山在高雄的大樹鄉出現。於是，許多離鄉背井的「田莊少年」，爲要尋找精神上的慰藉和寄託，便在精於宣傳、擅長說教的星雲的引導下，成爲佛光山初期的基本信衆，何況佛光山又是他們假日休閒的好去

---

[21] 可參考江燦騰，〈崛起於當代臺灣地區的佛教四大事業道場及其轉型問題〉，《新視野下的臺灣近現代佛教史》（北京：中國社會科學出版社，2006），頁 384-407。

[22] 參考于宗先、王金利，《臺灣人口變動與經濟發展》（臺北：聯經出版社，2009）。

處。

更重要的是，星雲不但具有全臺的知名度，他還首開風氣之先，在電視臺上製作第一個弘揚佛法的電視節目。星雲的作法相當新穎，他把人間佛教包裝成歡欣快樂、突破守舊形象的宗教，致使臺灣的佛教徒對自己的信仰感到驕傲，面對西方宗教的評比，再也不必退縮，讓人們對臺灣的佛教大大地改觀，這可說是星雲最重要的貢獻之一。

如果從擴展至今極其複雜、但又有條不紊的佛光山組織看來，星雲不折不扣是一位擅長組織規劃和經營策略的良才。自他立足的宜蘭雷音寺開始，經過十餘年的苦心照料，成績斐然；然後星雲大膽嘗試作跳躍式的擴張，把教勢一下子延伸到南臺灣的重鎮高雄。他接著又向全臺各縣市攻堅，使佛光山的寺院及道場，遍佈各地，除了佛光山大本山之外，規模較大的別院，計有五個，國內分院有三十多個，國外分院也有十來個，皈依佛光山的信眾，據稱已達一百萬人以上。

非但如此，星雲於 1992 年，在美國西來寺，成立國際佛光會以來，佛光山的觸角馬上伸展到全球五大洲，國內的佛光會，至今已成立 348 個，國外則有 70 餘個，在 1997 年時，該會還特地把年會，安排在中共收回主權後的香港舉行。換言之，國際佛光會於 1997 年 11 月，正式登陸中共的管轄區，由此可見星雲領導下的佛光山組織，滲透以及擴張的能力，真可謂強韌無比。

在佛光山之外，另一支稍後在東臺灣發迹的佛教勢力，就是赫赫有名的慈濟功德會。這股力量的快速成長，其實主要歸功於下列一些因素：首先，慈濟的證嚴個人是一位說故事的天才，她能夠用既通俗又流利的國、臺語，運用簡單且生動的比喻，講解佛經，勸人向善。

在她許願替東部居民蓋一家不用先繳保證金，即可接受醫療的醫院後，這項深具時代意義的人道呼籲，立刻贏得廣大民眾的讚賞和支援，使她無意間掌握到畢生難逢的機會。

其次，她透過臺大醫學院的全力配合，讓慈濟醫院順利地落成，更成為東部的醫療權威，連帶地，也令她一躍而為臺灣民間的傳奇性人物，而她原已具有的個人魅力，從此就更加耀眼奪目。

而證嚴在建立世俗的權威地位之後，內部自然衍生出，類似直銷式的緊密組織，自上而下層層負責，一般捐款的信眾，為最底層，每個月都有專人到戶收款，平時便積少成多。

一旦證嚴為特定事件發出呼籲，捐款的數額就更加可觀了。她全然以投入公益事業的經營手法，來領導遍及全臺的會員組織。

又因，證嚴堅持一生不受信徒供養，故而她對信眾捐獻的錢財，處理得清清白白，讓人找不到她有操守上的缺失。舉凡涉及大宗經費的使用：她都交由董事會來共同決定，如此，更加提升慈濟功德會的公信力，這就難怪慈濟的會員，得以從原先的 30 人，於 40 多年間，便激增到近四百萬人或更多。

人多好辦事，慈濟如今的會務，也從當初的濟貧賑災，擴充至慈善、教育、醫療、文化四大方面，於今在花蓮本會之外，國內分會共有四個，支會和辦事處則遍及全國，海外分會計有四個，聯絡處有 20 多個，會員據稱多達四百萬人。

除了佛光山和慈濟這兩大佛教勢力之外，聖嚴的法鼓山和惟覺的中臺山教勢，都因為講禪和修禪造成社會轟動，而竄起於北臺灣。

工業化之後的臺灣社會，為現代人的心靈所帶來的疏離感，迫使每日熙熙攘攘在都市裡求生活的上班族，對探討人的內心世界，感到有迫切的需要，而因禪學講求心法和解脫的技巧，相當符合都市人的需求；再加上，各種媒體的渲染，頓使學禪坐禪，變成既時髦又有智慧的商品。所以，政客、名人，都來加入打禪七的行列，禪學便因此有逐漸脫離佛學研究、自立門戶的味道。

現代人迷戀禪學的結果，便往往將禪當作是清除社會罪惡的萬靈丹，連許多的政府單位，過去都曾在經費和名義上，大力支持許多道場所舉辦的禪學活

動，儼然把學禪視爲，改良社會風氣及輔導少年犯的教育工具。

因而，以禪修聞名的聖嚴法師，在原有的北投農禪寺之外，近年來又於新北市金山創立了巨型的新式綜合性佛教禪修與教育並行的道場。

目前，法鼓山的教勢發展迅速，除了原有的農禪寺、中華佛學研究所、美國紐約東初禪寺之外，目前已有四個分院，國內各縣市都設置了辦事處，臺北則有一個法緣會正在運作中，估計支援的信衆，約有三十萬名。

相形之下，惟覺所創辦的中臺禪寺——靈泉寺教團，如今的教勢規模，並不算大，迄 1996 年爲止，總計已有 30 多個精舍，六百餘位出家的師父，尚有一所中臺佛學研究院，信衆部分，則人數仍不明確，但應不會超過法鼓山。

再者，若綜觀臺灣佛教的發展現勢，則以上四大教團的負責人，都是魅力型的領導者，但一個個年紀都不小，最年輕的證嚴都已是快九十歲了。然而，弟子們，在他們師父魅力光芒四射之下，實在很難有出頭的機會。這四「巨頭」之中，除聖嚴本人在過世（2009）前，已匆促交棒給弟子果東比丘之外，只有星雲試過把大本山的宗長位子，交給弟子心平。可惜心平前幾年已告圓寂，所以這項努力，等於是功虧一簣。

其次，處在臺灣經濟長期未見好轉的情況下，超大型的道場如佛光山和慈濟功德會，它們面對事業的轉型，就特別困難，因爲過去財源滾滾而來的景況，恐怕時機已不再復返。

證嚴一向用宗教情操，來凝聚內部直銷機構式的組織，架構雖然緊密，可是這種情操，只有證嚴一個人才有那麼大的威力。所以一旦她不在了，慈濟的內部組織，是否能夠繼續維持而不崩解，的確令人懷疑。

此外，由於經濟現況不佳，各道場的募款能力，大幅下降，可是各教團卻又爭相開辦佛教學院或大學。長此以往，則將造成佛教教育資源的重複浪費。

此一棘手的問題，倘若無法解決，那麼，這種趨勢的走向，肯定會把臺灣的佛教推向一個臨界點。屆時若出現任一教團，因財力不堪負荷而崩盤，那麼

最大受害者，也顯然必是整個佛教界都在內。

四、戰後臺灣佛教大眾文化所以能全盛蓬勃發展的社會學視角分析

讀者想知道，本章的此節何以需要社會學視角的原因分析？因為從以上的四大佛教事業道場的蓬勃發展來看，臺灣佛教在戰後的發展，可以說是既快速又顯著，並且是民眾在生活上，都可以強烈地感受得到的具體事實。

特別是在 1978 年政府宣佈解除戒嚴以後，隨著各種社會運動的風起雲湧，臺灣佛教界舉辦的各種弘法活動和慈善救助事業，相對地顯得突出，並且深獲肯定，不像過去被視為遁世和迷信。

例如創辦佛教慈濟功德會和慈濟醫院的臺灣籍尼師證嚴，目前不但擁有超過四百萬人以上的贊助會員，她的書《證嚴法師靜思語》，自 1990 年 11 月起發行，到隔年的六月間即印行了 140 版，共售出了 28 萬冊之多。

除此之外，1991 年 7 月，她更獲頒當年「麥格塞塞獎」的「社區領導獎」，獲獎的理由，是因她「喚醒了臺灣現代社會對古代佛教教義所蘊含的同情與施捨心的再認識」。此一有「亞洲諾貝爾獎」之稱的獎項頒發，不只肯定證嚴法師的佛教慈善事業，同時也意味臺灣佛教在國際社會的被肯定。像這樣的非凡成就，本章擬從社會學的觀察視角，來嘗試說明其所以能如此發展的原因。

而根據目前學界的調查資料顯示，臺灣各種現有宗教的發展，不論本土的或外來的，在 1971 年到 1980 年之間，是一個關鍵性的轉型期。

1971 年以前，臺灣還未退出聯合國，臺美雙方簽有協防條約，臺灣在美國軍事和經濟的雙重援助下，不只維持了臺灣政經環境的長期穩定發展，在宗教發展上，也因教會代發美國戰後剩餘援外物質，以及以歐美文化意識形態為主導趨勢的長期影響，而使和這些條件相關的基督教和天主教，有相對優勢的

發展。[23]

　　從教會人口的統計數字來看，信徒的快速成長，也出現在此一時期。1972年以後，因主客觀環境的變化，不但本土意識逐漸抬頭，外國教會的發展勢力亦隨之衰退，呈現長期的停滯現象，迄今仍無大改變。

　　相對於此，臺灣佛教的快速成長，雖可溯源於 1966 年左右，但真正顯著發展，仍要到 1980 年以後。但，為什麼其間，會出現有十幾年之久的轉型期呢？

　　首先，臺灣地區所有佛寺的經濟來源，主要是靠信徒提供的大量勤前或物資的捐獻，而信徒能大量捐助款項給寺院，需得本身經濟要能寬裕才行。這種經濟條件的轉變，是 1966 年以後才逐漸形成的。

　　從此以後，由於就業機會增多，人口的流動性大，都市化加深，心靈的疏離感也相對強烈。因此，吸收外地信徒，以形成大道場的宗教條件，才逐漸具足。

　　例如星雲法師的佛光山，是遠在高屏溪中上游的大樹鄉，和大都會區的高雄市或臺北市，都距離相當遙遠，但是，他不仰賴當地信徒的經濟支援，反而設法讓包括臺灣全島各地的都會區民眾，來到偏僻的佛光山，參與精心設計的宗教活動並成為佛光山的忠實信徒。這當中的發展，也耗時多年才成功。

　　花蓮的慈濟功德會，創立的年代，也在 1960 年代中期，但真正的快速成長，要到花蓮慈濟醫院的興建以後。而這已經是 1968 年左右的事了。

　　像星雲法師的佛光山，要靠外地信徒協助，再加上多年努力才成功，證嚴法師的慈濟事業，也靠遍及臺灣全島、乃至海外的華人區的捐款贊助，才能有

---

[23] 道安法師是來臺大陸僧侶中，少數具有高度學養，在面對教內問題時較能客觀分析的一位重量級長老。他在 1953 年 5 月 13 日的《日記》上指出，當時臺灣佛教界流行的話題有：一、「畢竟空」與「勝義有」的問題；二、**佛教與耶穌教徒互相攻擊的表面化**；三、佛教與儒家互不相容的問題；四、比丘與居士地位見解之爭裂痕問題；五、僧團派系不能調和問題；六、臺灣僧與大陸僧的隔膜問題。

今天的大規模發展。

　　但是，這種吸引大量信徒的魅力，又來自何處呢？能熟練運用大眾傳播媒體的鉅大影響力，幾乎是不可或缺的條件。[24]

　　所以在早期發展的階段，不論星雲法師或其他法師，都重視語言表達能力的培養，以及設法擴充本身擁有的傳播工具。因此，在臺灣，善於通俗演講又擁有傳播工具者，較容易崛起。即使本身是以禪修聞名，或以靈驗感召，都不能例外地，要設法取得大眾傳播工具的協助，而後才能形成「大師級」的偶像人物。可見魅力和知名度相關。

　　就發展趨勢看，臺灣佛教是都市重於農村，女性多於男性，較高的文化區盛於較低的文化區。這樣的佛教發展，是因都市民眾的較強疏離感，能吸收大眾媒體的佛教信息，以及時間和經濟都許可才形成的。

　　在出家眾方面，也是女性佔絕大多數，她們是臺灣佛教各寺院的主力幹部、經濟大臣和庶務專家。這也是亞洲佛教史上罕見的宗教現象，是臺灣地區特有的佛教文化所形成的結果。

　　由此，我們可以瞭解，為什麼大型的法會上、教師的夏令營上，慈濟委員等，都是女性多於男性。臺灣的佛教界，其實是表面以男性法師為主，而實權在握的是女性。

　　但，這難道和女性的教育水準提高、經濟能力佳和自主性的意識高漲無關嗎？答案是有關的。

　　臺灣的人口節育計劃，舉世聞名，但子女數減少的結果，使男性出家者阻力相對增大。臺灣實施九年國民義務教育，使女性出家人具備了吸收佛教知識的基本能力。普遍的各種就業機會，使得女信徒護持女性出家人變得較過去更容易。而女性的溫柔、細心和耐性，將佛教的大眾化形象及社會服務的功能，

---

[24] 見江燦騰，〈戰後臺灣佛教發展如何善用美媒體？──答大陸《南風窗》雜誌記者的訪問提綱〉，刊載《弘誓雙月刊》第 130 期（桃園：弘誓學院，2010 年月），第七章的說明全文。

大大地提昇起來。

以上提到佛教文化的特質，就是推動當代臺灣佛教蓬勃發展的背後原動力。

但是，從 1971 年以後，為何臺灣佛教的發展，最受到社會的注目呢？是不是其他宗教都不能有作為呢？

其實，在 1971 年以後的 10 年轉型期間，一貫道的勢力發展，更為快速驚人。特別是它利用了大專院校在外住宿生的伙食問題，將宗教信仰順利傳入大專生的生活圈內，從而培養了更多的高級宗教新血，為 1981 年以後急遽變動的臺灣社會，添加了一股新生的宗教力量。

戰後臺灣的佛教界人士，在大專院校內的從事發展，也是費盡心血，而時間要早得多。

不過，佛教採用的方式，是提供大量的佛教獎學金，讓大專學生申請。其條件除學業和操行成績的規定之外，還要寫佛學論文，或學佛的心得報告。

同時，也從臺大開始，在各大專院校，成立學生的佛學社團。兩者的結合，使大專生接觸佛教，乃至成為信徒或佛教學者的人數，日益增多。

但是，在 1971 年以前，相對於天主教和基督教的校園優勢，佛教的社團影響力，只能說略有起色。

後來，隨著臺灣的退出聯合國，臺日斷交，臺美斷交，政治強人相繼謝世，本土化的呼聲日益響亮。這時佛教和一貫道之類本土化色彩較強的宗教，便日漸活躍了。

促成臺灣佛教日漸發展的因素，除上述外，也必須注意到 1980 年以後的社會變遷。因 1970 年代外交中挫，並未造成臺灣經濟發展的崩潰，民眾依然有富裕的經濟生活；到 1980 年後，隨著社會運動的日趨頻繁，以及解嚴後各種團體組織管制的放鬆，於是在佛教界逐漸形成新理念的人間佛教運動，而使佛教的各種活動和思想，便深入地和社會大眾的生活內涵相結合，並開啟了新

的佛教面貌。

　　由於解嚴之前，中國佛教會是唯一的中央領導組織，並受執政黨的幕後指揮，導致各地方的重要佛教道場，日漸和中央組織疏離。解嚴後，組織自由化，於是原先體制外的組織，變成合法化，並迅速發展為龐大的組織。

　　例如，國際佛光協會和慈濟功德會，都不受中國佛教會指揮，而如今勢力的發展，遠遠超過中國佛教會，使後者幾近瓦解。

　　另一方面，印順法師的卓越佛學著作，提供了知識份子接觸較人間化佛教思想的途徑，和佛光山星雲法師的注重服務面的人間佛教理念，形成互補的作用。透過佛教媒體的強力宣傳，使得佛教徒比從前更能注意社會問題，因此關懷環境、淨化選舉等活動，也成了佛教徒的共識。[25]

　　綜合以上所論，戰後迄今臺灣本土「中還漢傳佛教」的現貌，就是由上述幾個階段的外在環境變遷和佛教界的多方努力，才能形成如此蓬勃的。

25　參考江燦騰，〈印順導師與當代臺灣人間淨土思想的大爭辯與新發展〉，收在《二十世紀臺灣佛教文化史研究》一書（北京：宗教文化出版社，2010），頁 297-321。

第十三章　戰後胡適與鈴木大拙對臺灣現代批判禪學思想的新衝擊

　　戰後臺灣本土現代性批判禪學思想研究典範及其薪火相傳最佳例證，[1]就是近九十五年來（1925-2020）從大陸到臺灣胡適禪學研究的開展與爭辯史之相關歷程解說。

　　此因戰後臺灣佛教學術的發展，基本上是延續戰前日本佛教學術的研究的學風和方法學而來：這一現代學術潮流在當時更是普遍被接受的，並與戰後初期受大陸佛教影響，而在臺灣佛教界所出現強烈的「去日本化佛教」趨勢，恰成一種鮮明的正反比。

　　儘管當時在來臺的大陸傳統僧侶中，仍有部份人士對日本學界出現的「大乘非佛說」觀點，極力排斥和辯駁，[2]甚至出現利用中國佛教會的特殊威權對付同屬教內佛教知識僧侶的異議者（如留日僧圓明的被封殺事件即是著名的例子）。[3]但是不論贊成或反對的任何一方，都沒有人反對開始學習日文或大量在刊物上刊載譯自日文佛學書刊的近代研究論文。這種情況的大量出現，顯示當代佛教學術現代化的治學潮流，足以衝破任何傳統佛教思維的反智論者或保守論者。

　　然而，戰後偏安於臺灣地區的佛教學術界，其學術研究的業績，雖有印順

---

[1] 龔雋在〈胡適與近代型態禪學史研究的誕生〉一文中提到：「如果我們要追述現代學術史意義上的禪學史研究，則不能不說是胡適開創了這一新的**研究典範**。」見龔雋，《中國禪學研究的入門》（上海：復旦大學出版社，2009），頁 7-8。

[2] 闞正宗，《重讀台灣佛教：戰後台灣佛教（正篇）》（台北：大千出版社，2004），頁 140-152

[3] 闞正宗，《重讀台灣佛教：戰後台灣佛教（正篇）》，頁 148-169。

法師的傑出研究出現，但僅靠這種少數的例外，仍缺乏讓國際佛學界普遍性承認的崇高聲望和雄厚實力，加上當時來臺的多數大學院校、或高等研究機構的人文社會學者，仍帶有「五四運動」以來濃厚的反迷信和反宗教的科學至上論學風，因此不但公立大學的校區嚴禁佛教僧尼入內活動，相關佛教現代化的學術研究，也不曾在正式的高等教育體系裡被普遍接納或承認。

唯一的例外，是由新擔任南港中央研究院的院長胡適博士，所展開的中古時代中國禪宗史的批判性研究，不只其學術論點曾透過新聞報導，廣泛地傳播於臺灣社會的各界人士，連一些素來不滿胡適批判論點的臺灣佛教僧侶和居士們，也開始藉此互相串連和大量撰文反駁胡適的否定性觀點，其中某些態度激烈者，甚至以譏嘲和辱罵之語，加諸胡適身上或其歷來之作為。[4]

其後，又由於胡適和日本著名的國際禪者鈴木大拙的禪學辯論，更使反胡適者找到強有力的國際同情者，於是趁此機緣，鈴木大拙的多種禪學著作，也開始被大量翻譯和暢銷於臺灣的知識階層之中。因此，胡適和鈴木大拙兩人，都對戰後臺灣教界的禪學思想認知，曾發生了幾乎不相上下的衝擊和影響。[5]

---

[4] 樂觀法師曾特編輯，《闢胡說集》（緬甸：緬華佛教僧伽會，民國49年6月），在其〈引言〉有如下激烈批胡之語：「查胡適他原本是一個無宗教信仰者，在四十年前，他主張科學救國，與陳獨秀領導五四運動，打倒『孔家店』，破除迷信，即本此反宗教心理，現刻，他對《虛雲和尚年譜》居然公開提出異議，若說他沒有破壞佛教作用，其誰信歟？分明是假借『考據』之名，來作謗佛、謗法、謗僧勾當，向青年散播反宗教思想毒素，破壞人們的佛教信心，一經揭穿，無所遁形，……。（中略）衛護佛教，僧徒有責，我們這一群旅居緬甸、越南、香港、菲律賓、印度、星洲的僑僧，對祖國佛教自不能忘情，自從胡適掀起這個動人的風潮之後，全世界中國佛弟子的心靈都受到震動！覺得在當前唯物主義瘋狂之時，玄黃翻覆，群魔共舞的局勢情況之下，胡適來唱這個『反佛』調兒，未免不智，大家都有『親痛仇快』之感！」頁1。

[5] 有關這方面的研究史回顧，有兩篇較完整的論文，可供參考：（一）莊美芳，〈胡適與鈴木論禪學案—從台灣學界的回應談起〉，1998年1月撰，打字未刊稿，共十一頁。（二）邱敏捷，〈胡適與鈴木大拙〉，收錄於鄭志明主編，《兩岸當代禪學論文集》（嘉義：南華大學宗教文化研究中心，2000年5月），頁155–178。此外，邱敏捷在另一篇論文中，又提到說：「首先，陳之藩於1969年12月9日在中央副刊上發表〈圖畫式與邏輯式的〉（《中央副刊》，1969年12月9日，第9版）；翌年底，楊君實也撰文〈胡適與鈴木大拙〉（《新時代》10卷12期，1970年12月，頁41）。1972年元月，英人韓巴壺天對「禪公案」的詮釋／。此外，針對鈴木大拙的禪學觀點有所批判，並就「禪公案」提出詮釋觀點的代表人物應首推巴壺天（1905–1987）。

所以，我們如今若要了解戰後臺灣佛教學術現代化的發展，其主要的觀察線索就是從戰後胡適禪宗史研究的在臺灣地區衝擊開始。

一、戰後來臺之前胡適的禪宗史研究

有關戰後來臺之前胡適的禪宗史研究，除本書第七章已討論的初期與中期時的胡適禪學研究之外，此處根據日本學者柳田聖山的說法，1935 年才是胡適在戰後正式研究禪宗史的再出發之年：因「後來收編在《胡適手稿》第七集的〈宗密的神會略傳〉就是這年六月的執筆。」[6]這就意味著神會的問題，再度成為他當年關心的重要禪宗課題。

可是若從二戰後，再反推到 1935 年之間，則關於胡適的禪學研究，仍有一些值得一提．亦即：從胡適從 1935 年發表〈楞伽宗考〉之後，所中斷的禪宗史研究，其實是直到 1946 年 6 月，出席夏威夷「第二屆東西哲學家會議」，

他與當時之釋印順有所交往，其在「禪公案」的論著對後輩晚學產生不少影響作用。巴氏認為「禪」是可以理解的，他不苟同鈴木大拙《禪的生活》（Living by Zen）所提「禪是非邏輯的、非理性的、完全超乎人們理解力範圍」的觀點。6 他指出：「自從日人鈴木大拙將禪用英文介紹到歐美以後，原是最冷門的東西，竟成為今日最熱門的學問。不過，禪宗公案是學術界公認為最難懂的語言，參究瑞福（Christmas Humphieys）蒐集鈴木大拙有關禪的七篇文章，編為《Studies in Zen》，由孟祥森譯，台北志文出版社以《禪學隨筆》列為新潮文庫之一發行問世。鈴木大拙的〈禪──答胡適博士〉，即係書中一篇。從此以後，鈴木大拙的禪學作品，自日文或英文本相繼譯成中文版。半載後，《幼獅月刊》特刊出「鈴木大拙與禪學研究專輯」，除了將上述的楊文載入外，又有邢光祖的〈鈴木大拙與胡適之〉。再過一個月，胡適用英文寫的〈中國的禪──它的歷史和方法〉由徐進夫譯出，刊在《幼獅月刊》總號 236 號。至此，胡適與鈴木大拙兩人所辯難的問題，才漸為國內學者所關注，陸陸續續地出現了回應性的文章。1973 年朱際鎰〈鈴木大拙答胡適博士文中有關禪非史家所可作客觀的和歷史性的考察之辨釋〉、1977 年錢穆〈評胡適與鈴木大拙討論禪〉、1985 年傅偉勳〈胡適、鈴木大拙、與禪宗真髓〉、1992 年馮耀明〈禪超越語言和邏輯嗎──從分析哲學觀點看鈴木大拙的禪論〉，以及夏國安〈禪可不可說──胡適與鈴木大拙禪學論辯讀後〉等數篇，均是回應胡適與鈴木大拙論辯而發。」見邱敏捷，〈巴壺天對「禪公案」的詮釋〉，《台大佛學研究》第十六期（台北：台灣大學文學院佛學研究中心，民 97 年 12 月），頁 230-231。

6　見柳田聖山，《胡適禪學案》（台北：正中書局，1975），頁 22。

與鈴木大拙討論禪學，才恢復了禪學問題的探討。

當時胡適所持的論點，是堅持「禪」的本質，並非不合邏輯，是帶有理性成份，是在我們智性之內所能瞭解的。理由是，「禪是中國佛教運動的一部份，而中國佛教是中國思想史的一部份，只有把禪宗放在歷史的確當地位中，才能確當的了解。」[7]

於是胡適在論文中，對中國禪宗史作了一些回顧後，接著指出禪宗的方法可分為三段。第一階段，是所謂的「不說破」原則。第二階段，是由九世紀和十世紀的禪師們，發明了變化無窮的偏頗方法，來回答問題，以便落實第一階段的不說破原則。第三階段，則是「行腳」，以探討適合自己開悟的方法。[8]

鈴木大拙則在〈禪：答胡適博士〉這篇文章中，回答胡適對他在大會上發表〈佛教哲學中的理性與直觀〉的內容質疑。[9]

由於鈴木大拙的論述，並不反駁胡適在禪宗史的見解，他承認胡適在這方面所知甚多，但他批評胡適對禪的本質則為門外漢，並不理解。

如此一來，胡適在禪宗史料的發現和禪宗史的探討，便被此次辯論遺落了。可是，它們卻是胡適禪宗史研究的核心部份。所以胡適後來的禪宗史研究，依然是屬於歷史學的進路。

在另一方面，胡適在上述對禪思想本質的理解，其實有其根源，一是來自忽滑谷快天的著作，此在 1934 年於北平師範大學演講〈中國禪學的發展〉時，已明白交代過了。

另一個參考資料，是來自朱熹的論禪家方法，此一部份，雖然亦曾受到鈴

7　胡適的文章為〈中國禪宗──其歷史與方法〉（ Ch'an Buddhism in China, its History and Method ）。此文現收在柳田聖山編，《胡適禪學案》，第 4 部，頁 668-89。而鈴木大拙所撰〈禪：答胡適博士〉，發表於 1953 年 4 月號的《東西哲學》，卷 3 期 1，附有胡適論文全文。本文現在引用的段落，是孟祥森譯的《禪學隨筆》（台北：志文出版社，1974），鈴木論文前，由編者所作的胡適原文提綱內容的一部份。

8　見孟祥森譯，《禪學隨筆》，頁 150-54。

9　見鈴木大拙，〈禪：答胡適博士〉，孟祥森譯，前引書，頁 188。

木大拙的批評，但胡適並未氣餒，反而在 1952 年 7 月，完成了〈朱子論禪家的方法〉初稿（收在《胡適手稿》，集 9，卷 1，上冊，頁 43-83）。因此，可以確定，鈴木的〈禪：答胡適博士〉一文，對胡適的基本認知態度，可以說沒有重大的影響。

由於胡適在 1952 年之前的研究方向大致已確定，在 1953 年重新再出發之後，仍汲汲於搜集、校訂和探討與神會有關的新出史料。

所以，我們所不能忽略的，就是繼續追蹤胡適到臺灣後的一連串演講、著述和發表，使得他的禪學研究，逐漸在臺灣學界產生鉅大的影響。

二、返臺就任中央研究院院長之後胡適對禪宗史的研究

胡適是 1958 年 4 月，離開滯留九年之久的美國，來到臺灣南港任「中央研究院」的院長職務。直到 1962 年 2 月 4 日去世為止，他的禪學研究是很勤勉的。例如到臺灣的當年十一月，他即撰成〈新校定的敦煌寫本神會和尚遺著兩種——校寫後記〉，發表在《歷史語言研究所集刊》第 29 本，內有胡適新考訂了神會的逝世是在 762 年 5 月 13 日，享年 93 歲，而生年是在 670 年，即唐高宗咸亨元年。[10]同時，胡適也在文中第四節，「總計三十多年來陸續出現的神會遺著」，其中屬於胡適發現的史料就佔一半，並且是首開風氣者。他還提到日本學者矢吹慶輝在 1930 年出版敦煌寫本圖版 104 幅，書名叫《鳴沙

---

[10] 按：胡適生前考訂的神會生年，在西元 670 年，逝世是在西元 762 年，故年齡是九十三歲。但大陸的溫玉成，在 1984 年第 2 號的《世界宗教研究》上，發表論文〈記新出土的荷澤大師神會塔銘〉（頁 78-79），提到唐代寶應寺遺址出土神會的塔銘原石——〈大唐東部荷澤寺故第七祖國師大德於龍門寶應寺龍崗腹建身塔銘并序〉，其中提到神會去世的日期，和胡適原先所懷疑的圭峰宗密的記載，完全相合。按宗密在《圓覺經大疏抄》的神會傳，是說他死於乾元元年（758）五月十三日，享年七十五歲。因此，胡適的新考定，仍被推翻。冉雲華教授撰〈宗密傳法世系的再檢討〉，發表於 1987 年第 1 期的《中華佛學學報》，頁 43—58，對此問題有精闢的探討。此文後來又收在《宗密》（台北：東大圖書公司，1988），作為〈附錄〉，頁 287—303。

餘韻》（東京：岩波書店），但因未讀胡適的《神會和尚遺集》，所以目錄裡未標出卷名〈頓悟般若無生頌〉。

要到兩年後（1932），出版《鳴沙餘韻解說》（東京：岩波書店）時，才標出卷名，並引胡適的短跋。[11]可以清楚地看出他一擔任院長後，即開始總結他三十多年研究禪宗史的業績，並為自己的發現，作一學術史的定位。

而由於〈新校定的敦煌寫本神會和尚遺著兩種—校寫後記〉的發表，立刻引起日本京都大學人文科學研究所的入矢義高注意，寫信報告他在 1957 年發現了原題《南陽和尚問答雜徵義》的第三本《神會語錄》，原編輯人叫劉澄。

兩人互相通信的結果，胡適在 1960 年三月，撰出〈神會語錄的三個本子的比勘〉一文，作為當時任職於院內「歷史語言研究所」的甲骨文專家董作賓的 65 歲生日禮物。胡適在此文中的結論，再度總結他研究神會三十年來的意見說：

> 這個「南陽和尚」是一個了不起的人。在三十年前，我曾這樣介紹他：
> 「南宗的急先鋒，北宗的毀滅者，新禪學的建立者，《壇經》的作者，
> ——這是我們的神會。」在三十年後，我認識神會比較更清楚了，我還
> 承認他是一個了不起的人：「中國佛教史上最成功的革命者，印度禪的
> 毀滅者，中國禪的建立者，袈裟傳法的偽史的製造者，西天二十八祖偽
> 史的最早製造者，《六祖壇經》的最早原料的作者，用假造歷史來做革

---

[11] 有關矢吹慶輝的說法，見其所編的《鳴沙餘韻》（東京：岩波書店，1933），他在〈自序〉中，清楚地交代收集資料和成書的經過。不過，此書最初，是矢吹慶輝在 1930 年出版的。當時只有圖版 104 幅，而沒有解說。1932 年，他撰寫「解說」的部份，分上下兩卷，在 1933 年刊行。以後一再翻印，銷路甚佳。胡適在寫〈新校定的敦煌寫本神會和尚遺著 2 種〉時（1958 年 11 月），已見到《鳴沙餘韻》的第 78 版。不過，根據胡適的說法，矢吹氏最初並不知此卷為何人所作，是後來讀了胡適的說明，才在「解說」中稍作介紹。但胡適仍指出他疏忽致誤之處。見柳田聖山編，《胡適禪學案》，頁 324-29。

命而有最大成功者」，——這是我們的神會。[12]

由此可以看得出胡適的基本觀點，只有更加堅持和更詳細補充，而未作任何修改。

1960 年 3 月，胡適又完成了〈神會和尚的五更轉曲了〉一文，這是幾篇和入矢義高討論的筆記式短文組成的，也是作為向董作賓祝壽之用。[13]隔月（1960 年 4 月）又補了一篇〈校寫《五更轉》後記〉，連同之前的文章，構成論文〈神會和尚語錄的第三個敦煌寫本——《南陽和尚問答雜徵義：劉澄集》〉，載於《歷史語言研究所集刊外編》，第四本。[14]

1961 年 8 月，胡適撰成〈跋斐休的唐故圭峰定慧禪師傳法碑〉初稿，是距他逝世之前半年的事。但此文生前未發展，直到 1962 年 12 月，也就是逝世十個月之後，才由黃彰健加上胡適生前手訂定的「後記及改寫未完稿」，以〈胡適先生遺稿〉的名義，登在《歷史語言研究所集刊》，第三十四本。[15]此一文的重點，是批評宗密的傳法世系依榜神會，有「偽造」的嫌疑。此一論斷，後來曾引起旅加佛教學者冉雲華的二次質疑。[16]

除了以上這些公開發表的學術論文之外，胡適實際上勤於翻閱各種藏經資料，並且錄下了許多值得參考的禪宗史料：從胡適過世後所出版的《胡適手稿》第七、八、九集的篇目和內容來看，共計數十篇之多，真是洋洋大觀。假

[12] 見柳田聖山，《胡適禪學案》，頁 354-55。

[13] 見柳田聖山，前引書，頁 359。

[14] 此文收在柳田聖山，前引書，331-94。

[15] 見胡適，〈跋斐休的唐故圭峰定慧禪師傳法碑〉，1962 年 12 月，以「遺稿」的形式，發表在《歷史語言研究集刊》，第 34 本，頁 1-27；《胡適禪學案》也收入此文，在頁 395-421。

[16] 按：冉然雲華的第一次質疑是在 1973 年在荷蘭《通報》發表〈宗密對禪學之解析〉（ Tsung-Mi, his Analysis of Ch'an Buddhism），在註 22 的說明中，質疑胡適的說法。此文後來由《道安法師七十歲紀念論文集》（台北：獅子吼月刊社，1975）收入，為中譯本，頁 109-31。批評胡適的部份，在頁 126-27。第 2 次質疑，即 1987 年發表的〈宗密傳去世系的再檢討〉。

如仔細比對閱讀，即瞭解其中的佛教資料，時間可概括從**東漢**到**晚明**。[17]

除禪宗資料外，連藏經版本、各種關於「閻羅王」的傳說和史料等等，都包括在內。他和入矢義高、柳田聖山的討論信件，也一併編入。因此，我們可以判斷禪宗史的研究，雖仍是他著力最多的部份，但關於佛教文化史的資料也用心在搜集，證明他的晚年時期，在整個研究構思上，是有意為《中國思想史》的下卷得以早日完成而在努力預備著。[18]

另一方面，隨著《胡適手稿》的相繼出版，[19]以及柳田聖山《胡適禪學案》的編成問世（1975 年出版），胡適的禪學影響力，也逐漸散發出來，構成了極堪注意的臺灣佛教學術現象。不過，此一過程仍有一段醞釀期。

三、胡適的禪學新論在戰後臺灣造成的巨大衝擊與激烈回應

因為如就胡適的禪學在臺灣激起的反應來看，最早的時間，應是在 1953年元月於「臺灣省立師範學院」（即今國立臺灣師範大學）演講〈禪宗史的一個新看法〉那一次。

這是為紀念民初著名教育家蔡元培八十四歲誕辰（1867—1940）的一場演

---

[17] 東漢是指《胡適手稿》，集 8（台北：胡適紀念館，1970）的卷上，上冊，〈從「牟子理惑論」推論佛教初入中國的史跡〉一文，頁 1-12。晚明是指《胡適手稿》，集 8 卷 2 中冊，〈沈德符《野獲篇》2 七記明朝的「僧家考課」〉，頁 246-47；以及同書卷三下冊，〈《紫柏老人集》13〉，頁 567-70。

[18] 胡適在 1950 年底，即自己生日（十二月十七日）那天，曾作了如下的「生日決議案」：「……無論如何，應在有生之日還清一生中所欠的債務。……我的第一筆債是《中國哲學史》，上卷出版於民國八年，出版後一個月，我的大兒子出世，屈指算來已經三十三年之久，現在我要將未完的下卷寫完，改為《中國思想史》。（下略）」可見他的後來學術工作，是有著這樣的強烈使命感。見《胡適言論集》乙編，頁 89-90。轉引沈衛威，《一代學人胡適傳》（台北：風雲時代出版公司，1990），頁 345-46。

[19] 按：《胡適手稿》的第 1 集是在 1966 年出版。至於本文所主要參考的，關於禪宗史料和研究的第 7, 8, 9 集，則是在 1970 年同一年出版的。

講，[20]在內容上和 1934 年在「北平師範大學」所講的那場〈中國禪學的發展〉，有極大的雷同性。

而其中關於新史料的發現部份，胡適也曾在稍早（1952 年 12 月）於臺灣大學講演〈治學方法〉中提過了。

胡適當時還未任「中央研究院」的院長，但他早有盛譽，故雖僅來臺作短期停留，仍深受學界和社會大眾的歡迎，而演講後，講稿即刊載於《中央日報》。

當時在北投辦佛教《人生》雜誌的東初法師（1907—1977），從報上讀到講稿，即於《人生》，卷 5 期 2（1953 年 2 月出版），以筆名「般若」，發表了一篇〈評胡適博士「禪宗史的一個新看法」〉。

他認為「胡適的新看法根本是錯誤的」，他的主要反對理由是：胡適不能憑《六祖壇經》的「宋本較唐本加了三千多字」，就說「惠能傳法恐怕也是千古的疑案」。又說：「要是否認了六祖的傳法，即等於推毀了整個禪宗史的生命，也就否認了整個以禪為中心的唐代文化。所以我（東初）說胡適的新看法根本是錯誤的。」[21]

東初法師是 1939 年後，自大陸來臺的第一代著名僧侶，擅長佛教史，[22]但此文把胡適的講詞化約為《壇經》字數比較後的錯誤看法，所以對澄清史料正誤的作用不大。然而，東初本人，自此文之後，還先後發表多篇批評胡適禪學觀點的文章，[23]且時間延續到 1969 年以後。可以說是佛教界戰後在臺灣，

---

[20] 此演講題目的左邊隔一行小字，即有時間、地點和演講目的的簡短說明。見《胡適演講集》，上冊（台北：胡適紀念館，1970），頁 150-1171。柳田聖山，《胡適禪學案》亦收有此文，載頁 522-43。

[21] 以上見該期《人生》雜誌，頁 2。

[22] 釋東初的佛教史著作如下：（1）《中日佛教交通史》（台北：東初出版社，1970 初版）。（2）《中印佛教交通史》（台北：東初出版社，1968 初版）。（3）《中國佛教近代史》，上下兩冊（台北：東初出版社，1974 初版）。以上三種是主要的佛教史著作，但以近代學院的學術標準衡之，這些著作較接近編著或譯寫，並且水準不一，可商榷之處甚多。

[23] 釋東初在 1953 年和 1969 年兩度批評胡適的禪學文章，收在《東初老人全集之四》（台北：東初出版社，1985 年初版），共有下列文章：（a）〈胡適博士談佛學〉，頁 130-35。〈與朱鏡宙

長期激烈反胡適禪宗史研究的先驅和代表性人物。

四、胡適的反佛教心態及其對虛雲禪師的連番質疑

可是胡適在心態上是反佛教的，他曾在《胡適口述自傳》（英文原稿在 1957 年，由唐德剛開始錄音；中文稿，1979 年由唐德剛譯出，臺北：傳記文學出版出版），對唐德剛表示：「佛教在全中國〔自東漢到北宋〕千年的傳播，對中國的國民生活是有害無益，而且為害至深且鉅」。

由於他把佛教東傳，視為中國文化史上的大不幸，所以他雖研究禪宗有若干貢獻，卻仍堅持一個立場：「那就是禪宗佛教裡百分之九十，甚或百分之九十五，都是一團胡說、偽造、詐騙、矯飾和裝腔作勢。」而「神會自己就是個大騙子和作偽專家。」因此，他縱使「有些或多或少的橫蠻理論」，但對所持嚴屬批評禪宗的態度，是「義無反顧的」。[24]——這是胡適來臺灣任「中央研究院」院長之前，在美國發表的《自傳》內容之一。[25]赤裸裸地流露出他對禪宗史虛假作風的反應！

既然研究者的心態是負面的，則研究結論也容易流於「破壞性」的層面居多（胡適在《口述自傳》中坦言如此）。其必將激起佛教界護教熱忱者的反駁，當不難瞭解。

可是，這終究是立足於史料和方法學的研究結論，要想說服或反駁胡適成功，也要基於同樣的條件才行，否則對胡適的研究是不可能造成改變作用的。

居士論佛法〉，頁 269-76。（b）〈論禪學之真義——兼論胡適博士「禪宗史的一個新看法」〉，頁 441-48。（c）〈再論禪學之真義〉，頁 449-68。（d）〈關於六祖壇經真偽問題〉，頁 469-78。

[24] 見唐德剛譯註，《胡適口述自傳》（台北：傳記文學雜誌社，1981 年初版），頁 256-57。

[25] 按唐德剛在「《胡適口述自傳》編譯說明」第 3 點提到：「胡氏口述的英文稿，按當初計劃，只是胡適英語口述自傳全稿的『前篇』或『卷上』；」因此，胡適個人晚年的治學態度，迄 1957 年為止，是強烈排佛教偽史料的。1957 年以後，亦無大改變。本文以下即有所討論。

例如胡適曾三次質疑岑學呂編的《虛雲和尚年譜》的正確性，就是如此。[26]

岑學呂編的《虛雲和尚年譜》初版，是「虛雲和尚法彙編印辦事處」於 1953 年春天在香港出版的。由於流通快速，當年秋天即照原書印行第二版。因此，初版和二版的內容是一樣的。有更改的是第三版，但這已是遭到胡適在美國提出質疑後，由「香港佛學書局」於 1957 年出的新版本。而「臺灣印經處」是從「第三版」翻印流通的，時間在 1958 年 9 月。[27]

胡適是在 1955 年至 56 年左右，從美國的紐約寫信給住在加拿大的詹勵吾，指出《虛雲和尚年譜》有一些不可信之處。因初版的《年譜》中，曾提到虛雲的父親在福建任官的記錄，如：

> 「父玉堂……。道光初年，父以舉人出身，官福建。戊戌己亥間，任永春州知府。」（原書，頁 1）
> 「翌年，父擢泉州府知府。」（同上）
> 「道光二十四年，甲辰，五歲，余父調任彰州知府。」（原書，頁 3）
> 「道光二十七年，丁未，八歲，余父調任福寧府知府。」（原書，頁 2）
> 「道光三十年，庚戌，十一歲，余父復回任泉州府。」（同上）
> 「咸豐五年，乙卯，十六歲，父任廈門關二年，調回泉州府任。」（原書，頁 5）[28]

胡適根據上述資料，前往「美國國會圖書館」查證所藏的福建省相關方志，

26　胡適質疑的時間和次數的資料，可參考如下來源：第一次約在「民國四十四、五年之間」，胡適寫信給住加拿大的詹勵吾，指出初版（1953）的《虛雲和尚年譜》，關於其父蕭玉堂的為官記錄，查無記載，可能不可靠。此一資料，是胡適在 1959 年 12 月 5 日的《中央日報》上說的。1959 年 12 月 9 日，胡適應雷震之邀，在《自由中國》雜誌，發表〈虛雲和尚年譜討論〉，載卷 20 期 12，頁 372-73，是第二次質疑。胡適的〈三勘虛雲和尚年譜〉，是《台灣風物》，卷 10 期 1（1960 年 3 月），頁 22-23。

27　此出版時間和版本，參考胡適，〈虛雲和尚年譜討論〉，前引書，頁 371。

28　同前註。

是否有蕭玉堂其人的任官資料。當時館中所藏的新修府志中，可以找到虛雲提到他父親做過知府的三府之中的兩府資料，其中清楚地記載從道光二十年到咸豐五年的知府姓名、履歷、在任年歲，可是絕無知府蕭玉堂的記載。詹勵吾接到信後，鈔寄給香港的岑學呂，後來在出「第三版」時，即附有虛雲本人的親筆信，承認：「其中不無誤記之處」。[29]

　　但是，1959 年 12 月初，胡適在臺任「中央研究院」院長已一年多，又接到張齡和蔡克棟的兩封信，都是討論虛雲的父親蕭玉堂是否在福建做過三府的「知府」或僅是「佐治」的問題。其中張齡在信上質疑胡適說：一、臺灣印經處的 1958 年 9 月初版，「是照原版一字不易翻印的」。胡適的意見是根據何處出版的《年譜》而來？二、胡適說據此可以推論虛雲活了一百二十歲是不可信的，但他反問：「父親沒有做過知府和兒子年歲的多少有什麼連帶的關係？何以由前者即可以推斷後者的不確？這是根據什麼邏輯？」[30]

　　胡適接到信後，認為既然《虛雲和尚年譜》的記載，是信徒的信仰依據，「是人生最神聖的問題」，所以他致函給當時《中央日報》的社長胡健中，三日後（1959 年 12 月 5 日），全函刊登在該報上。[31]在信中，胡適的回答重點有二：

　　一、他根據的是初版；而張、蔡兩人隨信寄給胡適的臺灣版《虛雲和尚年譜》，其實是修改後的「第三版」，故資料有異。

　　二、《虛雲和尚年譜》是根據虛雲本人的口述資料而編的，是唯一的線索，如其中關於父親的任官時間、職務都不實，《年譜》的虛雲年齡，當然令人也跟著起疑了。

　　這就是胡適治學的典型作風，他要求的是可以查證的歷史事實，是比較不

---

[29] 虛雲此封親筆函影印，直到 1987 年，台北的佛教出版社，發行《虛雲老和尚年譜法彙增訂本》，仍附在目錄之前。

[30] 參考 1959 年 12 月 5 日，胡適發表在《中央日報》上的信文資料。

[31] 參考 1959 年 12 月 5 日，胡適發表在《中央日報》上的信文資料。

易作假的。因此他以「拿證據來」的方式，要求《虛雲和尚年譜》的編者和口述者，對社會作一明白的交代。至於虛雲的禪修經驗，他則未過問。於是虛雲這位民國以來最著名的禪師，在胡適眼中，只成了問題史料的提供者。佛教徒關心的禪修經驗，對胡適而言，是要擺在客觀證據之後的。

　　這種情形，無異是 1949 年 6 月，在夏威夷和鈴木大拙論禪方式的翻版。也是他在《胡適口述自傳》中，所坦承的對禪宗史料作假持一貫嚴厲批判立場的延續。因之，他和以信仰取向為主的佛教界人士，會形成意見對立的緊張性，就不足為奇了。

　　可是，胡適的信，既公開刊登《中央日報》，他又以「中央研究院院長」的學術領導人在臺灣出現，學術的問題，就成了公眾注意的問題。例如當時的內政部長田炯錦，即將內政部擁有的《永春縣志》借胡適參考。[32]但該志卷 12「職官志」裡，未載湘鄉蕭玉堂的姓名。

　　於是胡適將此《永春縣志》的查證情形，連同登在《中央日報》的那封信，以〈虛雲和尚年譜討論〉為篇名，應《自由中國》雜誌的雷震的要求，發表在該刊的，卷 21 期 12。[33]可以說，此一問題也喚起知識界的注意。

　　當時任職「臺灣省文獻委員會」的陳漢光，接著又提供胡適另一版本《福建通志》的資料。胡適借出查證後，寫了〈三勘虛雲和尚年譜〉，刊登在《臺灣風物》，卷 10 期 1（1960 年元月出版）。

　　胡適在文中指出，根據清同治七年（1966）修的《福建通志·職官》的記載，都未發現虛雲的父親之名。同時泉州府的「同知」在康熙二十五年（1686）後就移駐廈門了。「泉州二守」的孩子，決不會生在「泉州府署」。這就證明《年譜》各版所載「予誕生於泉州府署」，並非事實。[34]總之，胡適對證據的

---

[32] 見胡適，〈虛雲和尚年譜討論〉，前引書，頁 373。

[33] 見胡適，〈虛雲和尚年譜討論〉，前引書，頁 373。

[34] 胡適，〈三勘虛雲和尚年譜〉，前引書，頁 23。

考察興趣，是不曾衰減的！

五、胡適禪宗史研究的教內同情者：圓明（楊鴻飛）與 印順

　　另一方面，必須注意的，是胡適的這種處處講證據的治學方式，在佛教界同樣擁有一些同道。他們不一定完全贊同胡適對佛教的批判，但是不排斥以客觀態度來理解佛教的歷史或教義。而其中堅決遵循胡適禪宗史研究路線的是楊鴻飛。他在 1969 年 5 月，投稿《中央日報》，質疑錢穆在演講中對胡適主張《六祖壇經》非惠能所作的批判，[35]因而引起臺灣地區戰後罕見的關於《六祖壇經》作者究竟是誰？神會或惠能的熱烈筆戰。

　　但在檢討此一和胡適禪宗史研究有關的熱烈筆戰之前，應先理解楊鴻飛其人的思想背景。他原本是 1949 年後，因中共統治大陸，才到臺灣的出家僧侶，法號圓明，是來臺僧侶的才學之士。

　　他後來到日本留學，才還俗並恢復本名。但在還俗之前，他已曾因質疑傳統佛教的治學方式，而在佛教界掀起批判他的大風波。他的質疑立場，可自《覺生》，期 41 他所發表的〈獻給真正的佛教同胞們〉一文中看出。[36]例如他在文中大膽地宣稱：

> 我們過去都被前人所欺騙，以為現存的大小乘一切經典，皆是釋尊或釋
> 尊的報法身金口所直宣。因而對經典中明明與事實，人情，正理相違背，
> 講不通的地方，也都千方百計，……把它圓謊似的圓起來。……其中不
> 知增進了多少世俗的傳說，神話，他教、私人的教權意識，非理攻擊他

---

[35] 見張曼濤主編，《六祖壇經研究論集》（台北：大乘文化出版社，1976），收在「現代佛教學術叢刊」，第 1 冊，頁 195-204。

[36] 參考釋東初，〈以佛法立場談佛法〉，收在《東初老人全集之 4──佛法真義》，頁 155。

人等言論在內？反使正當教義，弄得神怪百出，偽話連篇，……尤其近代科學知識發達以來，自更多牴觸。……佛為大哲學之一，但並未言盡天下後世所有哲學。佛以耆那教婆羅門教為背景，產生自己哲學系統，與後人依佛教。產生法華、華嚴哲學系統，並無兩樣。[37]

他在文章中論「合時」的一段，更鼓勵佛教徒「不要為聖教量權威所迷，拾前人的牙慧」。[38]

圓明的這些話，是受近代佛教文獻學和歷史學研究風尚的影響，在講求宗教客觀性的同時，還帶有強烈批判傳統佛教的意味在內，難怪教內長老東初罵他是「天下第一號狂夫怪物」，「洪水猛獸又來了」。[39]東初甚至呼籲佛教界共同對付圓明，並做到下列四點：

1. 不要以佛法當人情，要一致起來撲滅這種洪水猛獸的邪見！
2. 一致請求中國佛教會宣佈圓明為佛教的判徒，是摧毀正法的魔子！
3. 一致要求佛教正信的刊物，拒絕刊載圓明的邪見言論！
4. 人人要勸請同道親友們不要看圓明的文章，其功德勝於造七級浮圖！[40]

其實從上述教界兩派相對立的治學心態，可以窺見客觀求知的風氣，逐漸在保守的佛學界中出現。當時代表這一治學方向的典型人物，恰好是後來以《中國禪宗史》（臺北：正聞出版社，1971）一書，獲得日本大正大學博士學位的印順法師；而印順法師會撰寫《中國禪宗史》，卻是由楊鴻飛（圓明）和

---

[37] 圓明（楊鴻飛），〈獻給真正的佛教同胞〉，轉引釋東初，〈以佛法立場談佛法〉，前引書，頁156-57。

[38] 轉引釋東初，〈以佛法立場談佛法〉，前引書，頁164。

[39] 釋東初，〈以佛法立場談佛法〉，前引書，頁165。

[40] 釋東初，〈以佛法立場談佛法〉，前引書，頁166。

胡適激發的禪學辯論所導致的。[41]因此，胡適的治學方式，實際上衝擊著處於
變革中的臺灣佛學界。這一點學術史的內在關聯性，是在展開討論前，必須先
有所理解的。而印順的部份稍後會提到。

六、1969 年在臺灣展開的禪宗研究大辯論

　　1969 年在臺灣展開的那場禪學大辯論，主要的文章，都被張曼濤收在《六
祖壇經研究論集》，列為由他主編的「現代佛教學術叢刊」一百冊中的第一冊。
而張曼濤本人也是參與辯論的一員。[42]他在首冊的〈本集編輯旨意〉中，曾作
了相當清楚的說明。尤其在前二段對於胡適的研究業績和影響，極為客觀而深
入，茲照錄如下：

> 《六祖壇經》在我國現代學術界曾引起一陣激烈諍論的熱潮，諍論的理
> 由是：「《壇經》的作者究竟是誰？」為什麼學術界對《壇經》會發生
> 這麼大的興趣，原因是《壇經》不僅關係到中國思想史上一個轉換期的
> 重要關鍵，同時也是佛教對現代思想界一個最具影響力的活水源頭。它
> 代表了中國佛教一種特殊本質的所在，也表現了中國文化，或者說中國
> 民族性中的一份奇特的生命智慧。像這樣一本重要的經典，當有人說，
> 它的作者並不是一向所傳說的六祖惠能，那當然就要引起學術界與佛
> 教界的軒然大波了。這便是近四十年來不斷繼續發生熱烈討論的由來，
> 我們為保存此一代學術公案的真相，並為促進今後佛教各方面的研究，
> 乃特彙集有關論述，暫成一輯。列為本叢刊之第一冊。

---

[41] 見印順，《中國禪宗史・序》其中有一段提到：「前年（按：即 1969 年）《中央日報》有《壇
　　經》為神會所造，或代表惠能的爭辯，才引起我對禪史的注意」，頁 3。

[42] 張曼濤的文章有 2 篇登在《中央日報》的副刊上，一篇是〈關於六祖壇經之偈〉；一篇是〈惠
　　能與壇經〉。其中後一篇，已收入《六祖壇經研究論集》，頁 245-51。他用筆名澹思發表。

胡適先生是此一公案的始作俑者，雖然他的意見，並不為大多數的佛教有識之士所接受，但由於他的找出問題，卻無意中幫助佛教的研究，向前推展了一步，並且也因是引起了學術界對《壇經》廣泛的注意，設非胡先生的一再強調，則今天學術界恐怕對《壇經》尚未如此重視，故從推廣《壇經》予社會人士的認識而言，我們仍認胡適先生的探討厥為首功，故本集之編，為示來龍去脈及其重要性起見，乃將胡先生有關《壇經》之論述，列為各篇之首。[43]

　　從張曼濤的說明，可以看出 1969 年的《六祖壇經》辯論，正反雙方，都是接著胡適研究的問題點而展開的。這一先驅性的地位，是無人可以取代的！但這場辯論的展開，已在胡適逝世後的第七年了。張曼濤的編輯說明，則更在胡適死後的第十四年。所以雙方爭辯的情形，胡適本人是一無所知的。這只能任由他自己的作品來說話或答。

七、錢穆與楊鴻飛的連番交手

　　就引發辯論的導火線來看，是錢穆首先挑起的，他是在當年的三月，應邀在臺灣的「善導寺」作一場演講，[44]題目是〈六祖壇經大義——惠能真修真悟的故事〉，[45]內容是肯定惠能在禪學的偉大革新貢獻，強調能擺脫前代的義學負擔，自悟本心，且有十六年的實修經驗，所以是實際可靠的偉大禪學思想家，

---

[43] 見《六祖壇經研究論集》，〈本集編輯旨意〉，頁 1-2。

[44] 善導寺原為日本寺院，創建於 1925 年。戰後由台北市政府接管。1948 年 12 月，由國大代表李子寬和孫立人夫人張清揚女士取得管理權，自此成為台北市佛教的重要道場。1949 年後，主要是來台高僧相繼入主本寺，卻因教權與利益不容易擺平，導致寺內管理風波不斷。幸好都會區地理的優越性，容易招徠信徒，故其重要性能長期維持。近年來，因社會變遷快，本土化增強，各地發展差距縮小，加上佛教組織多元化，善導寺的影響力，已有日趨式微之勢。錢穆在 1959 年 3 月，應邀到寺中演講時，善導寺仍在優勢階段，故活動很能引起社會注目。

[45] 此講稿全文，已收在張曼濤主編，《六祖壇經研究論集》，頁 183-93。

可以和南宋的朱熹相提並論。[46]

　　錢穆的這場演講，並未直接提到胡適或他的神會研究結論，但錢穆長期以來，即質疑胡適否定《壇經》作者為惠能的看法，[47]所以在演講中他極力肯定惠能和《壇經》的關係，其實就隱含批評胡適論點的作用在內。

　　不過，最先對錢穆講詞內容提出質疑的，並非楊鴻飛，而是王禮卿和澹思（張曼濤筆名）在《中央日報》投書，對錢穆所作的〈六祖偈〉解法和引用文句，提出異議。[48]錢穆獲悉後，去信解釋講詞中「心中無一物」，係疏忽所致，應為「本來無一物」才對；至於其內的惠能思想解釋，他認為「與本講旨，渺不相關也」。[49]所以王、澹兩人的質疑，並不構成和錢穆本人進一步的爭辯。

　　又因此問題，和胡適的研究，無太大關連，此處可以不再討論。要注意的，是接王、澹兩人之後，楊鴻飛對錢穆講詞提出的質疑，因為那是就胡適的研究角度所延伸的問題。

　　楊鴻飛在〈關於六祖壇經〉一文，[50]對錢穆的質疑，主要有下列意見：

　　一、他認為錢穆在講詞中，所推崇的「惠能」，並非歷史上真正惠能的原貌，而是經過後世所謂「南禪」人格化的惠能。換句話說，《壇經》中的「惠能」，是神會在滑臺大雲寺及洛陽荷澤寺定南宗的宗旨之後，假託出來的權威，是被編造過或塑造過的。

　　二、他反對錢穆所說的，惠能提高僧眾地位和擴大僧眾數量。他認為，就

---

[46] 錢穆，〈六祖壇經大義——惠能真修真悟的故事〉，張曼濤主編，前引書，頁184-85。

[47] 可參考錢穆，〈神會與壇經〉一文，原載《東方雜誌》，卷41號14（1945年7月，重慶出版）。現已收在《六祖壇經研究論集》，頁81-108。

[48] 王禮卿的〈六祖之偈〉一文，收在《六祖壇經研究論集》，頁193。澹思（張曼濤）的部份，他的文章有2篇登在《中央日報》的副刊上，一篇是〈關於六祖壇經之偈〉；一篇是〈惠能與壇經〉。其中後一篇，已收入《六祖壇經研究論集》，頁245-51。他是用筆名澹思發表。

[49] 據錢穆在〈關於六祖之偈〉的回信中，提到他演講後，寺中悟一法師曾提醒他，六祖原偈似是「本來」兩字，他雖隨口應是，實則未改講詞記錄，所以出錯。見《六祖壇經研究論集》，頁194。

[50] 載《六祖壇經研究論集》，頁195-204。

「提高僧眾」言，應歸之「南禪或南禪者」。至於「僧眾之數量」，則「南禪者」亦不曾「擴大」。而這一點，正是神會力改印度舊習的貢獻。

三、他反對錢穆說，禪宗頓悟心法，是因惠能一字不識，才能自本心中悟出的。事實上依教奉行，契理忘言，才是真相。

四、認為《禪經》的作者和新禪學的建立者，是如胡適所說的為神會。他知道日本鈴木大拙在《禪思想史研究第二》第五篇曾討論《六祖壇經》，而不以胡適的看法為然；[51]羅香林在〈壇經之筆受者問題〉一文，亦反駁胡適的看法。[52]

但他認為基本上還是胡適的看法較正確。接著，他又作了一些補充：（a）神會的著作和語錄，從未提及《壇經》，而《壇經》中十之八九，神會的語錄或著作中都可發現。（b）神會之前，並無嚴格的祖師崇拜，六祖以上的祖師單傳世系和袈裟為證之說，皆源自神會。（c）獨孤及在「南禪」正盛時，仍為文稱：「能公退而老曹溪，其嗣無聞焉。」可見惠能南返後並無大作為。[53]

錢穆在《中央日報》讀到楊鴻飛的質疑後，也為文〈略述有關六祖壇經之真偽問題〉，[54]在《中央日報》上答辯。錢穆認為楊鴻飛專據胡適之前說，認定《壇經》是神會自由捏造，但他十分反對胡適的此一創說。

他並提到自己曾撰長文〈神會與壇經〉，質疑過胡說。後來又撰〈讀六祖壇經〉的短文，[55]就版本問題辨明實際上竄入《壇經》的資料，宗寶更多於神會或神會之徒。接著，他又提出下列補充意見：

一、胡適對《壇經》的考據，忽略了對其中思想本身的創造性，有合情合

---

[51] 鈴木大拙的《禪思想研究第2》，我手頭無書，不能核覆楊鴻飛的看法。但鈴木不以胡適的看法為然，早已在 1953 年 4 月的〈禪：答胡適博士〉一文中，明白表示過了。

[52] 羅香林，〈壇經之筆受者問題〉，原載《無盡燈》，期 6（1960 年 9 月）。後來收在《六祖壇經研究論集》，頁 269-76。

[53] 見《六祖壇經研究論集》，頁 198-202。

[54] 見《六祖壇經研究論集》，頁 205-13。

[55] 見《六祖壇經研究論集》，頁 155-63。

理的認識。因此考據的結果，變成不近情理的觀點。

二、胡適過去所舉的幾條證據，他分析後都不能成立。這是胡適對思想無深刻體會，因此雖喜考據，其實包含太多主觀意見。

三、依胡適的考據結果，很難重建新的合理的中國禪宗思想史，從而將其思想價值也降低了。[56]

楊鴻飛對錢穆之文，再以〈「壇經之真偽問題」讀後〉，[57]商榷錢穆的上述觀點，他說：

1. 錢穆的精誠衛道心過重，是信仰重於研究的衛道。別人以學者態度作研究，力求發掘真相，何嘗不是一種可以接受的衛道方式。

2. 錢穆以「近情近理」來批評考據，其實「近情近理」可能是一種表面的認知，離真相有距離。

3. 神會是《壇經》的作者，一樣可以凸顯其思想的偉大性。神會所以在《壇經》中以惠能作主角，只是如「挾天子以臨諸侯」。實際上其中思想，都是神會語錄或著作中現有的東西，創造自無困難。

錢穆原本在前文發表時，已聲明如無新看法，將不再參與討論。但讀到楊鴻飛的再質疑，他只好再發表一篇〈再論關於壇經真偽問題〉，為自己的立場答辯：[58]

（甲）錢穆認為過於重視考據，過於忽視思想，是當時學界的一種偏陷。而他是尊重思想家和思想境界的。

（乙）《神會語錄》有許多部份和《壇經》相同，正如緒山、龍溪思想多與陽明相同，不能因此即認定後者思想是前者所造。

（丙）就外在證據言，後世禪宗流行，是南方勝過北方，且重視《壇經》

---

[56] 見《六祖壇經研究論集》，頁 208-13。

[57] 楊鴻飛此文，收在《六祖壇經研究論集》，頁 215-24。

[58] 錢穆此文，收在《六祖壇經研究論集》，225-33。

而忽略《神會語錄》，可見《壇經》的思想和《神會語錄》終究有別。

（丁）他認為楊鴻飛所倡言神會以立知見、立言說，來證明神會之能立。恰好相反，此種知見、言說，違反南禪教法，正是《壇經》所戒，也是無相在指斥神會的地方。[59]

楊鴻飛自不甘示弱，亦撰文〈「再論壇經問題」讀後〉，[60]以反駁錢穆的看法。他的論點如下：

（一）錢穆批評考據是偏陷，但學術要進步，須有原則性的公是公非，若帶主觀感情，即失去此是非原則了。

（二）錢穆所說的師徒著作有雷同處，決不能認為前者錄用後者。實際上並不適合《壇經》與神會之間的狀況。因惠能南返，據獨孤及的說法，並無大弘宗風之事。而神會在滑臺和荷澤定南方宗旨時，若有《壇經》，即不須捏造傳衣為信的故事。即就《神會語錄》引用的經典來看，各種經籍名稱一一列出，何以不列其內容幾十同八九的《壇經》呢？再說，《壇經》已有西天二十八祖，神會如何忘了這一家譜，反而以〈禪經序〉來敷衍呢？何況惠能未到北方，卻在《壇經》提到北宗的說法，並加以批評，豈非無的放矢？今查同時及稍後的禪宗史料，也一概未提惠能曾說了《壇經》。如《壇經》內容屬實，其他各派亦有《壇經》傳承，如何在韋處厚撰文時，仍只神會門下尚作傳承的依據？同時弘忍所傳乃是《伽楞經》呢？凡此種種，皆證明《壇經》是神會或其門下一派所作。

（三）錢穆認為《壇經》流傳後世，神會自己的《語錄》卻被埋沒，是兩者思想有別，故後人對之態度有不同。其實是因神會既編《壇經》，自然須得掩沒自己的作品。並非思想有不同所致。

（四）錢穆所指神會立知見、立言說，是反《壇經》立場一事，實是誤讀

---

[59] 見《六祖壇經研究論集》，頁 228-29。

[60] 見《六祖壇經研究論集》，頁 235-44。

古書。因這是後人竄入，以批評神會。錢穆也瞭解此點。實際上，神會的「立知見、立言說」，是指「如來知見」、「佛知見」、「空寂之知見」、「無住無相之知見」、「無念之無見」、「般若之知見」，和頓教解脫禪完全相應，是不能以「知解宗徒」批評他的。

（五）錢穆指無相批評神會，其實是斷章取義，把意義弄反了。因無相提到神會的說法內容，如上點所述，並無批評之意。[61]

對於楊鴻飛的第三次反駁，錢穆未再回應，兩人的辯論即告終結。但，楊、錢辯論甫告結束，對此辯論中所持觀點，再提出檢討的文章，仍相繼出現。彼等有何評論意見呢？是值得再作探討的。

八、澹思（張曼濤）在錢、楊交手後的批評及其謬誤

澹思在兩人辯論告一段落時，投稿《中央日報》，發表〈惠能與壇經〉一文。[62]在開頭部份，曾就雙方的辯論，作如下的觀感評論：

> 關於《壇經》的真偽問題，《中副》已刊載了楊鴻飛和錢穆先生往返討論數篇文字，楊先生順胡適博士的考據路子，錢先生則順思想的解釋法，而辯駁此一真偽問題。究竟誰屬《壇經》的真正作者，按理，辯論到此，應該有一較清楚的眉目了，讓讀者們應該可以從二氏的辯論中，可以獲得一較客觀的印象，或代下判斷了。可是細細分析一下兩位辯論的文字，結果印象還是模糊的，也好像公說公有理，婆說婆有理，兩者都有其道理似的。而在氣勢上，又似乎楊先生順胡適的路子，特別有力。錢先生只憑著《壇經》本身的內容和惠能的生平對看，堅持其解釋，應

61　見《六祖壇經研究論集》，頁 240-42。
62　見《六祖壇經研究論集》，頁 245-51。

屬惠能所作無疑。此從現代人處處講「拿證據來」看，似乎要比胡適博士這個路子的說法，力弱多了。這樣的辯論下去，恐怕終難解決《壇經》的真偽問題。[63]

澹思此一評論，實際上點出了兩個難題，其一，辯論的結果，仍無法確定何者較正確？其二，錢穆為史學專家，但只憑《壇經》和惠能生平對看，仍無強有力證明《壇經》是惠能所作。可見胡適的「考據」也不是那麼不堪一擊的！

然而，學界要如何解決上述的難題呢？

從後來的發展看，是印順法師的系統研究，大致解決此一難題。但，澹思在同文中的一些建議意見，也值得重視。他的意見有四點：

一、禪宗和禪宗歷史應該可以分開看作兩回事，不可混為一談。

二、楊鴻飛順胡適的路子，否定《壇經》係惠能的思想後，進一步連惠能的影響力也否定了。但他批評惠能的求法過程，仍是取材《壇經》；何以在取材時就相信，在批評時就懷疑其真實性呢？可見楊鴻飛在資料引證時，並不客觀，原則也不夠分明。

三、楊鴻飛引獨孤及的話，說：「能公退而老曹溪，其嗣無聞焉。」可是弘忍何以列他為十一大弟子之一呢？如無過人之處，何以文中稱他為「能公」呢？

四、《全唐文》，卷 17，唐中宗有一篇詔文，是請惠能上京的，詔文中提到：「朕請安、秀二師，宮中供養，萬機之暇，每究一乘。二師並推讓云，南方有能禪師，密受忍大師衣法，可就彼問。今遣內侍薛簡，馳詔迎請，願師慈念，速赴上京。」如此一詔文是假，則胡適的許多理論都可以站得住，否則胡適的立論就大多站不住腳了，因為詔文裡提到的惠能，和胡適的看法正好相

---

[63] 澹思，前引書，頁 245。

反。[64]

　　澹思的這四條意見中，以第四條他指出有詔請惠能的新史料最重要。但，這條史料並非他的新發現，這是日本學者宇井伯壽在《禪宗史研究》裡提到的。[65]澹思不知道胡適在覆柳田聖山的長函裡，已經批評過宇井引的這條詔文，是偽造的；因為此詔是出於宋代以後修的《六祖壇經》，若比勘〈曹溪大師別傳〉裡的「高宗」神龍元年正月十五日召惠能的詔書，就知道此時「高宗」已死了二十二年了。這是比宇井引的那條史料更早的版本，卻正可說明是偽造的史料。

　　所以胡適相當不滿宇井的引證方式。[66]從而也可以反駁澹思在同文中提到的一些「推想」。澹思那段文字是這樣的：

　　……就《壇經》問題的本身說，似乎也不須再多作討論，因為中日學者對這問題的探討文字，已不下數十萬言。在中國有過錢穆先生的〈神會與壇經〉，羅香林先生的〈壇經之筆受者問題〉。在日本則有宇井伯壽先生的〈壇經考〉、〈荷澤宗的盛衰〉，鈴木大拙先生的〈關於六祖壇經——惠能及惠能禪〉、山崎宏先生的〈荷澤神會禪師考〉。此外，還有關口真大、柳田聖山、入矢義高諸氏都曾討論這個問題。在這些文字中，除了錢先生的〈神會與壇經〉，[67]大多我都看過，日本的學者們對這個問題，大都花了很大的工夫，不是單憑己見或想像而立論的。他們既重視考據，也重視思想，決不疏忽那一邊。而在這些專家的學者中，

---

[64]　澹思，前引書，頁 250-51。

[65]　見宇井伯壽，《禪宗史研究》（東京：岩波書店，1939），頁 196 和頁 200。

[66]　見胡適，〈與柳田聖山論禪宗史綱領的信〉，收在《胡適手稿》，集 7，卷上，上冊，頁 29-71。批評宇井的部份，在頁 32-34。《胡適禪學案》，批評的部份，在頁 618-20。

[67]　錢穆的這篇文章，是根據錢穆在〈略述有關六祖壇經之真偽問題〉一文的提示，才從《東方雜誌》中找出的。錢穆並曾去函張曼濤，表示此文已重加修訂。參考《六祖壇經研究論集》，頁 108，205。

幾乎有一個共同一致的看法，那就是不完全附和胡適先生的意見，他們
決不想像《壇經》完全出於神會之手。他們祇認為敦煌本的《壇經》，
必經過神會或神會一系的人的改竄，改竄當然不是作者，或《壇經》的
原型。且據宇井伯壽的看法，《壇經》除了神會一系的敦煌本外，必還
有其他的本子。（他的〈壇經考〉，主要的是根據惠昕本，和大乘寺本
與敦煌本對勘立論。）同時，他又認為即使以敦煌本為最古本，為各本
的所依，也不能就以敦煌本可以直接認識惠能。這使得他的意見，無形
中代表了肯定惠能存在地位的正統。我不知道胡適先生在世時有沒有
看過他這篇文字，（也不知道他是否能看懂日文？）就胡先生後來發表
有關神會和尚的遺著，沒有直接答覆日本學者們的相反意見看，可能他
是未曾看過或未注意到的。雖然在民國五十七年十二月中央研究院重
刊的《神會和尚遺集》208 頁後面附載的單頁上，胡先生題了宇井氏的
《禪宗史研究・五、荷澤宗之盛衰》，山崎宏的〈荷澤神會考〉幾行字，
但推想，他只是作為備忘，並未找來好好細讀一番，否則何以不見胡先
生提出反駁呢？要不然就是胡先生已經接受了日本學者的若干意見，
而不欲再作申辯。[68]

　　澹思的這一段說明和後面的推測，頗值得商榷。茲說明如下：
　　一、澹思說他將日本學界關於《壇經》問題的討論文章，幾已讀遍。可是，
在楊鴻飛和錢穆的辯論後，他並未提出什麼有力的看法，來反駁胡適。反而在
第四點建議中，引了一條宇井伯壽用過的假史料，正好是胡適本人親自批評過
的。[69]（158）由此證明，他是白讀了那些文章。
　　二、猜測胡適是否能讀日文，完全不必要，也是輕率的意見。首先，在澹

---

[68] 澹思的此段文字，見《六祖壇經研究論集》，頁 246-48。
[69] 見胡適，〈與柳田聖山論禪宗史綱領的信〉，收在《胡適手稿》，集 7，卷上，上冊，頁 29-71。
　　批評宇井的部份，在頁 32-34。《胡適禪學案》，批評的部份，在頁 618-20。

　　思提到日本禪宗研究的學者，像鈴木大拙對惠能的看法，常在英文著作出現，而胡適早已和他交手過了。[70]至於入矢、柳田兩人，則屬和胡適論學的同道，胡適豈有不知他們的看法？此參看《胡適手稿》集 7 上和集 8 下的通信即知。至於宇井伯壽在《禪宗史研究》第五章論荷澤宗的盛衰，胡適在覆柳田聖山的長文中，特別標出第 196 頁和第 200 頁，然後不客氣地說：「也都是信妄語，全無歷史根據！」[71]

　　三、胡適一直沒有採納日本學者的研究意見，因他還在找更多的證據。例如在 1959 年 5 月 30 日寫給入矢義高的信，即提到「晚唐入唐的日本諸大師將來的目標」，「除了神會的諸原件（包括《壇經》）之外，幾乎沒有另一位禪學大師的文件」，所以他「更覺得神會的歷史重要性」，[72]並還託入矢義高在日本發動界大索日本京都各寺院珍藏的古本資料。[73]胡適的此一企圖是否成功？那是那一回事，但他未如澹思所推測，是接受了日本學者的若干意見，而不欲再申辯，則是極明白了。

　　假如說，張曼濤以「澹思」發表上述看法時，《胡適手稿》的資料尚未出版，[74]但編「現代佛教學術叢刊」的《六祖壇集研究論集》時（1976 年 10 月），則應過目了。可見他的意見，是不足為據的。

　　不過，張曼濤的說明，已牽涉到日本學者的研究成果問題，後來的學者無

---

[70] 胡適的文章為〈中國禪宗──其歷史與方法〉（Ch'an Buddhism in China, its History and Method）。此文現收在柳田聖山編，《胡適禪學案》，第 4 部，頁 668-89。而鈴木大拙所撰〈禪：答胡適博士〉，發發表於 1953 年 4 月號的《東西哲學》，卷 3 期 1，附有胡適論文全文。本文現在引用的段落，是孟祥森譯的《禪學隨筆》（台北：志文出版社，1974），鈴木論文前，由編者所作的胡適原文提綱內容的一部份。

[71] 見胡適，〈與柳田聖山論禪宗史綱領的信〉，收在《胡適手稿》，集 7，卷上，上冊，頁 29-71。批評宇井的部份，在頁 32-34。《胡適禪學案》，批評的部份，在頁 618-20。

[72] 見《胡適手稿》，集 8，卷 3 下冊，頁 443。

[73] 同前引書，頁 444。

[74] 按《胡適手稿》，集 8，載胡適和入矢義高的往來書信，是在 1970 年 6 月出版的。而張曼濤（澹思）的文章，是在前一年（1969）六月發表於《中央日報》的。

法不加以正視。例如印順的研究，就是由此一立場展開的！

九、胡適禪宗史研究大辯論後的新結晶

印順在《中國禪宗史》（臺北：正聞出版社，1971）的〈序〉中提到：「依八、九世紀的禪門文獻，從事禪史的研究，中國與日本學者，都已有了不少的貢獻。」「前年《中央日報》有《壇經》為神會所造，或代表惠能的爭辯。才引起我對禪史的注意。讀了胡適的《神會和尚遺集》，及《胡適文存》、《胡適手稿》中有關禪宗史的部份。日本學者的作品，僅見到宇井伯壽的《中國禪宗史研究》三卷；關口真大的《達磨大師之研究》、《達磨論之研究》、《中國禪學思想史》；柳田聖山的《中國初期禪宗史書之研究》：對新資料的搜集，處理，對我的研究，幫助很大！」[75]在同書第六章〈壇經之成立及其演變〉的第一節〈壇經的主體部份〉，印順除略提胡適、宇井伯壽、關口真大和柳田聖山的看法之外，又作了如下的聲明：

> 《壇經》到底是否惠能所說，法海所集記？還是神會（及門下）所造，或部份是牛頭六祖所說呢？我不想逐一批評，而願直率地表示自己研究的結論。[76]

從以上的二段引述資料裡，可以發現印順的《中國禪宗史》，是因 1969 年，《中央日報》上那場《壇經》作者是誰的辯論，所引起的。換句話說，那場因胡適禪學研究論點所激起的爭辯，並未在錢、楊休兵之後，即告終結，反而構成了印順做更大規模研究的導火線。

但是，印順的〈序〉言和第六章第一節的那段聲明，又顯示了下列的兩項

---

[75] 印順，《中國禪宗史·序》，頁4。
[76] 印順，前引書，頁237-38。

事實：

　　一、印順的研究，不但參考了胡適的相關著作，連張曼濤（澹思）在文中提到的那些日本學者的相關著作，也大部份搜集過目，並坦承對自己的研究，幫助甚大。雖然他提到關口真大的著作時，弄錯了二部書的書名，即將《達磨之研究》，誤為《達磨論之研究》，將《禪宗思想史》，誤為《中國禪學思想史》，但基本上，他較之錢穆或羅香林等中國學者，更能善加利用日本學界的研究成果。

　　因此，就此點來說，印順的禪宗史研究，雖然是批駁胡適的，[77]卻能在資料上和研究方向上，跟國際學者同步或交流。所以他是過去的中國學者中，除胡適之外，相當難得的新潮禪宗史研究學者。

　　二、由於印順宣稱：他不對各家的看法，一一提出批評，而直率地提出自己的研究意見。這在現代學術研究的方法上，是可商榷的。可能出現的弊端如下：（a）是否本身的研究，都屬前人未見的創見呢？假若不是，即有重複、沿襲的可能。（b）學術經驗，基本上是累積和銜接的，不交代他人對同一主題的看法和努力，即等於否定前人的努力。

　　例如在柳田聖山的《初期禪宗史書之研究》，不但在書中詳注日本學界資料的出處，連對中國學界有貢獻見解者，亦詳加摘引和交代：胡適的資料，固然引註相當多；[78]羅香林在〈舊唐書僧神秀傳疏證〉一文的看法，亦明白在書中交代。[79]反之，印順除胡適的資料和看法之外，未提中國其他學者的任何研

---

[77] 印順在《中國禪宗史》的第五、六、七章裡，主要在澄清惠能、《壇經》和神會的三角關係，究竟歷史真相如何。此探討，除了澄清一向被誤解或模糊的關鍵點之外，較之過去的任何中國學者，更能將觸角伸張，解析和論證，也更細密和更嚴謹。雖然如此，書中反駁胡適的意圖，還是很明顯的。此從印順在《中國禪宗史》完成之後，又撰〈神會與壇經──評胡適禪宗史的一個重要問題〉，載《南洋佛教》，期 23、26-28（1971 年 3 月，6-8 月），可以看出來。此長文，張曼濤收在《六祖壇經研究論集》，頁 109-42。

[78] 柳田聖山，《初期禪宗史書の研究》（京都：禪文化研究所，1967），《索引──文獻》，頁 46。

[79] 見柳田聖山，前引書，頁 116-17。

究意見。因此可說是一種方法學的缺失。[80]

　　我如此批評，絕無忽視他個人敏銳的分析力，以及對史料的高度組織力；我也了解他並非現代學院訓練出身的研究者。但在學術史的探討立場，指出他的方法學缺失的一面，是有必要的。否則即違反了治學的基本原則，無法就事論事了。

　　印順在《中國禪宗史》一書中的主要研究著點，是想重新理解「有關達磨到會昌年間」，「從印度禪到中華禪的演化歷程」。[81]他在書中第三章敘述「牛頭宗的興起」，指出「牛頭禪」的老莊化，是「曹溪禪」從印度禪逐漸衍變為中國禪的關鍵。[82]這個意見，是和胡適的視神會為轉變的關鍵，為相對立的看法。關於這一點，雖然柳田聖山、宇井伯壽、關口真大，都在書中討論過一些。[83]關口真大的著墨尤其多。但關口真大、吉岡義豐和福井康順三人，在〈日本大正大學博士論文審查報告書〉中，[84]仍稱讚此章為「本論文之中發揮得最惹人注目也最具特色」。[85]

　　同報告中，對於《壇經》和惠能的研究評價，有如下的二段話：

　　（a）「為了表明曹溪惠能所確立的禪宗狀況，先把惠能的行歷詳予考
　　　　證，更將後來發達成為中國禪宗基本思想──《壇經》，試行精密的考
　　　　察。但是，關於惠能行歷方面的檢討，比之上來各章，則多有承認舊有

---

[80] 聖嚴法師在〈中國禪宗史〉一文中，首先就此方法學的缺失，提出坦率的批評。原文載《華學月刊》，期13（1973年1月）。後來收入聖嚴法師的《從東洋到西洋文集》（台北：中國佛教文化館，1979），頁425–38。批評的地方，在頁437-38。

[81] 印順，《中國禪宗史・序》，頁4。

[82] 印順，《中國禪宗史》，頁85-128。

[83] 聖嚴在〈中國禪宗史〉，前引書，頁428，最先指出這點。但他未提到宇井伯壽也探討牛頭宗。其實宇井才是開山者。見氏著《禪史史研究》（，1939），頁91-134。

[84] 此報告文，由關世謙中譯，改名為〈《中國禪宗史》要義〉，收在藍吉富編，《印順導師的思想學問》（台北：正聞出版社，1985初版），頁333-40。

[85] 關世謙，〈《中國禪宗史》要義〉，前引書，頁335。

傳燈說的傾向；對於被稱為惠能所撰的《金剛般若解義》二卷的存在未
予留意。惟就《壇經》而言，對看作神會所作之說與是牛頭宗第六祖撰
述之說，試行反駁，另一方面指出了《壇經》之中的『原始主體部份』
與附篇所加部份，並加以區別，此一論列，提示了獨特的方法。」

（b）「論者就敦煌本古《壇經》之中對神會門下『壇經傳』及『南方
宗旨』的補充部份加以判別，推定『壇經』主體部份的一種方法，如『惠
能云』和『六祖云』，『我』和『吾』等用語的異同等應該綿密的注意，
其考察的方法確實微密。」[86]

以上的評價，可以說除「考究新資料」的部份，尚待加強外，對作者印順
的立論嚴謹而周密的優點，作了相當肯定的稱許。〈審查報告書〉最後的結語
是這樣的：

> 本論文對舊有的中國禪宗史將可以促成其根本而全面的更新 。於是，
> 本論文的問世對於學術界貢獻了一部而卓越的精心創作。[87]

這也是本世紀以來，唯一以禪宗史研究，獲頒日本博士學位和擁有如此高
評價的國人著作。可以說，由胡適發掘新史料和提出新問題開始，經過了將近
半個世紀，才有了如此卓越的研究成果。播種者胡適和收穫者印順，都各自扮
演了重要的角色。

十、印順再次對胡適的禪宗史觀點進行評破

不過，印順在《中國禪宗史》一書完成後，又針對《壇經》和神會的問題，

---

[86] 關世謙，〈《中國禪宗史》要義〉，前引書，頁338-39。
[87] 關世謙，〈《中國禪宗史》要義〉，前引書，頁340。

再發表一篇考據更精詳的分析文章，叫〈神會與壇經—評胡適禪宗史的一個重要問題〉，集中全力評破胡適的原有論點！

關於印順的這篇文章，有些觀點，在前一節的結束之前，已引用過了。我們大體上，可以將全文的方法和立場說明如下：（a）此文之作，是楊鴻飛引胡適的研究意見，以駁錢穆所引起的。（b）因胡適用考據提出研究意見，如不同意他的看法，也同樣要用考據方法加以檢證才行。（c）胡適雖然「筆下刻薄」、「結論不足取」，但「並不以胡適論斷錯誤而輕視，覺得在禪宗史的某一環節上，胡適是有了良好的貢獻」！（d）考證的結果，只發現胡適關於「《壇經》傳宗」的部份偽造說法可以成立。但《壇經》的基本思想，是不同於神會的。所以胡適將神會視為《壇經》的真正作者，是不能成立的。

張曼濤對印順此文的評價甚高，除將其選入《六祖壇經研究論集》之外，並聲稱「此篇」是「最佳的批駁胡適先生對禪宗史的錯誤觀點」，因它「最有力而最有份量，不以衛教姿態表現」；而其他佛教界的文章，數量雖多，「但真有力而不涉及感情以學術立場就事論事者，則甚少」。基於這個理由，對於參與《中央日報》那場禪宗史辯論的其他文章，[88]此處即省略不談。

就胡適禪學問題的探討，到此應該暫告一段落了。其後雖也有其他的佛教學者，陸續撰寫如下列等（略目）的研究論文：

---

[88] 收在《六祖壇經研究論集》的文章，還有蔡念生的〈談六祖壇經真偽問題〉，華嚴關主的〈禪史禪學與參禪——結束討論禪宗史學的爭論〉，是參與《中央日報》討論的。未收入的文章，包括登在其他刊物的，數量相當多，茲列舉如下：

1.野禪，〈世談壇經真偽商榷〉，載《現代國家》，卷 54（1969 年 7 月）。

2.趙國偉，〈評胡適對禪學史學觀念的錯誤〉，載《海潮音》，卷 50 期 7（1969 年 7 月）。

3.趙亮杰，〈壇經真偽乎？抑作者真偽乎？〉，載《獅子吼》，卷 8 期 7（1969 年 7 月）。

4.詹勵吾，〈揭破神會和尚與六祖壇經所謂真偽的謎〉，載《慧炬月刊》，卷 73-74（1969 年 10、11 月）。

6.半痴，〈評胡適遺著禪宗史的一個新看法〉，載《學粹》，卷 12 期 2（1970 年 2 月）。

7.褚柏思，〈神會和尚與法寶壇經〉，載《海潮音》，卷 52 期 8（1971 年 8 月）。

8.楊君實，〈胡適與鈴木大拙（禪學研究）〉，載《新時代》，卷 10 期 12（1970 年 12 月）。

1. 幻生，〈禪學隨筆讀後〉，收在《滄海文集》（臺北：正聞出版社，1991），頁 227-34。

2. 幻生，〈關於《圓覺經》問題─讀《胡適禪學案》有感之一〉，收在《滄海文集》，頁 245-54。

3. 幻生，〈宗密荷澤法統辨〉，收在《滄海文集》，頁 255-77。

4. 楊曾文，〈敦博本壇經及其學術價值〉，收在《佛光山國際禪學會議實錄》（高雄：佛光出版社，1990），頁 157-58。

5. 游祥洲，〈論印順法師對壇經之研究〉，收在《佛光山國際禪學會議實錄》，頁 190-205。

6. 傅偉勳，〈壇經惠能頓悟禪教深層義蘊試探〉，收在《佛光山國際禪學會議實錄》，頁 206-25。

7. 楊惠南，《惠能》（臺北：東大圖書公司，1993）。

但是，就解決胡適禪學研究的問題來說，上述著作的作用，仍不出本篇之前所探討的。即以楊曾文所提的《敦博本壇經》來說，[89]和原先《敦煌本壇經》在內容上是一致的，唯一的優點是錯字較少、文字較無脫落。但在研究的作用上，並不能有大突破的參考效果。所以不用再一一詳細介紹。[90]

十一、當代海峽兩岸相關研究的近況概述

（一）龔雋在〈胡適與近代型態禪學史研究的誕生〉一文中提到：「如果我們要追述現代學術史意義上的禪學史研究，則不能不說是胡適開創了這一

---

[89] 楊曾文《敦煌新本六祖壇經》（上海：上海古籍出版社，1995）出版。

[90] 例如在楊曾文《敦煌新本六祖壇經》後，有有周紹良的《敦煌寫本壇經原本》（北京：文物出版社，1997）出版。鄧文寬、榮新江的《敦博本禪籍錄校》（南京：江蘇古籍出版社，1998）出版。李申、方廣錩的《敦煌壇經合校簡注》（太原：山西古籍出版社，1999）出版。但在研究的作用上，並不能有大突破的參考效果。

新的**研究典範**。於是整個近代以來作為現代學術的禪學研究都不需從胡適的禪學研究說起、無論是新材料的發現、禪史新問題的提出、以及對於禪學史的方法論等方面，胡適都起到了開立風氣、樹創新規的『**示範**』作用。」[91]

但是戰後臺灣志文出版社的新潮文庫，雖有大量的鈴木大拙所出版英文版《禪學隨筆》的中譯本出版，也往往提及忽滑谷快天的早期英文禪學著作 *The Religion of The Samurai* 的書名。可是也僅此而已，並沒有後續的相關研究。

至於忽滑谷快天的大多數禪學著作，除了與胡適有關的《禪學思想史》在海峽兩岸分別出現中譯本之外，可以說只在臺灣佛教學者討論日治時期的臺灣佛教學者如林秋梧、林德林、李添春等時，會一併討論其師忽滑谷快天的禪學思想。但僅限於出現在《南瀛佛教》或《中道》上的部分文章而已，[92]此外並無任何進一步的涉及。[93]

忽滑谷快天的《禪學思想史》，當代的大陸版是由朱謙之中譯，上海古籍出版社出版，此譯本未譯出原書的印度禪部份；在當代的臺灣版是譯本，譯者郭敏俊，共分五冊，於 2003 年在臺北大千的出版社出版。不過，由於忽滑谷快天的早期英文禪學著作 *The Religion of The Samurai*，實際上是西方知識界，在了解新渡戶稻造的英文版《武士道》之後、以及鈴木大拙所出版的英文版《禪學隨筆》各書之前，最重要的禪學思想著作，並且其後也對鈴木大拙、忽滑谷快天其後的禪學想史研究、乃至對胡適受忽滑谷快天其後的禪學想史研究的影響，都被二位大陸學者的新著所忽略了：一是周裕鍇，《禪宗語言研究入門》

---

[91] 見龔雋、陳繼東，《中國禪學研究的入門》（上海：復旦大學出版社，2009），頁 7-8。

[92] 曾景來的翻譯，主要是登在台灣佛教會館所出版的《中道》各期。忽滑谷快天的原書出版資料為：《禪學批判論》附「大梵天王問佛決疑經に就て」1 冊，明治 38 年東京鴻盟社（駒大 108-28）。

[93] 釋慧嚴雖有下列論文發表：（一）〈忽滑谷快天對台灣禪學思想的影響〉，此文先發表於《第六次儒佛會通論文集》（華梵大學、民國 91 年 7 月），後再作補充發表於《人文關懷與社會發展、人文篇》（高雄復文圖書出版社、2003 年），最後收於《台灣佛教史論文集》（春暉出版社、2003 年 1 月）。（二）〈林秋梧（證峰師）的佛教思想探源〉，為華梵大學所舉辦的【第七屆儒佛會通暨文化哲學】會議論文。其最新版，收在慧嚴法師，《台灣與閩日佛教交流史》（高雄：春暉出版社，2008），頁 549-578。但仍無涉及其與胡適有關的《禪學思想史》之相關討論。

　　（上海：復旦大學出版社，2009）。二是龔雋、陳繼東，《中國禪學研究入門》
（上海：復旦大學出版社，2009）。我認為是不妥的。

　　（二）國內學者對於鈴木大拙的最新研究，可考參考林鎮國，〈禪學在北美
的發展與重估：以鈴木禪與京都禪為主要考察範圍〉[94]和蔡昌雄的〈當代禪宗哲學
詮釋體系的辯證發展——以「開悟經驗」的論述為焦點〉一文。特別是蔡昌雄的
全文，其要旨是「在針對禪學詮釋體系的代表性論述進行梳理，以初步釐清當代
禪宗哲學辯證發展的思想線索。研究焦點放在各詮釋體系對禪宗『開悟經驗』的
不同論述上，以『開悟經驗是否可能』的認識論問題，以及『開悟經驗以何種方
式進行理解』的方法論問題，來評析各個詮釋體系以及體系間辯證發展的關係。
闡述的當代禪宗哲學包括鈴木大拙禪學西傳迄今的發展，觀點則跨越日美兩大學
術圈。實際分析針對『鈴木禪學』、『京都禪學』、『批判禪學』及『整合禪學』
四個主要詮釋體系進行評論。」[95]但是，此一論點，仍是有爭論的。[96]

　　（三）大陸人民大學佛教與宗教學理論研究所的張雪松博士，雖於近年來
在北京大學的權威刊物《哲學門》上撰寫專論，探討〈兩岸佛學研究風格比較：
以江燦騰與樓宇烈對胡適禪學研究評述為例〉，並提到說：他是「選取江燦騰
先生的《當代臺灣人間佛教思想家：以印順導師為中心的薪火相傳研究論文
集》（臺北：新文豐出版公司，2001 年），與樓宇烈先生的《中國佛教與人文
精神》（北京：宗教文化出版社，2003 年），特別是兩位先生在他們這兩部論
文集中對胡適禪學研究的評述，進行一番比較，闡釋兩岸佛教學者在佛學研究
方法上的異同」。[97]

---

[94]　參考林鎮國，〈禪學在北美的發展與重估：以鈴木禪與京都禪為主要考察範圍〉，國科會專案研究
　　計畫成果，編號：892411H004019.pdf，頁 3-5。

[95]　蔡昌雄，〈當代禪宗哲學詮釋體系的辯證發展——以「開悟經驗」的論述為焦點〉，《新世紀宗教
　　研究》第六卷第三期（台中縣：宗博出版社，2008.03），頁 1-40。

[96]　相關批評，可見見龔雋，陳繼東，《中國禪學研究的入門》，頁 34-48。

[97]　見張雪松，〈兩岸佛學研究風格比較：以江燦騰與樓宇烈對胡適禪學研究評述為例〉，《哲學門》，
　　總 17 輯，第九卷第一期（北京：2008 年 9 月）。後全文收入《複印資料・宗教》2009 年第 4 期。

　　其後，龔雋和陳繼東合著的《中國禪學研究入門》一書，也受張雪松的此文論點之影響，同樣認為「樓宇烈在《北京大學學報》1987 年第三其上所發表的《胡適禪宗史研究評議》一文，該文在柳田著作的基礎上，進一步補充了胡適日記和在北大圖書館所藏胡適藏書中的題跋等資料，來說明他禪學研究的貢獻」。[98]

　　至於與我相關的部分，他則說「江燦騰也在柳田的基礎上，先後發表了《胡適禪學研究開展與爭辯—第一階段（1925-1935）的分析》與《戰後臺灣禪宗史研究的爭辯與開展——從胡適到印順導師》（見《中國禪學第二卷，北京：中華書局，2003》兩文，分別從日本禪學者忽滑谷快天對胡適的影響，或是禪學思想研究在中國所引發的論辯（包括早期大陸以及 60 年代臺灣）等兩方面，補充了柳田禪學研究中所疏略掉的問題。」然後，他對樓宇烈和我的相關研究，作出如下的論斷：「此外，和與佛學界仍然陸續有關於胡適禪學研究的評論性文章，但大抵不出上述所列著作品的範圍，故不一一舉列。」[99]

　　並且，根據張雪松本人的看法，他知所要撰述此一〈兩岸佛學研究風格比較：以江燦騰與樓宇烈對胡適禪學研究評述為例〉專文動機，是要說明：「（前略）樓先生和江先生，足以分別代表海峽兩岸一流的佛學研究者。（所以他）選擇這兩位先生進行比較，還在於兩人所表現出來的差異性，更能夠突出海峽兩岸佛學研究風氣的不同。」[100]

　　又說他：「之所以突出兩位先生關於胡適禪學研究的述評來進行比較，一方面是由於他們二位均在這一領域發表了十分重要而且彼此不同的見解；另一方

http://www.rendabbs.com/redirect.php?tid=2349&goto=lastpost

[98] 見龔雋，陳繼東，《中國禪學研究的入門》，頁 9。

[99] 見龔雋，陳繼東，《中國禪學研究的入門》，頁 9。

[100] 張雪松，〈兩岸佛學研究風格比較：以江燦騰與樓宇烈對胡適禪學研究評述為例〉《哲學門》第九卷第一期。後全文收入《複印資料·宗教》2009 年第 4 期。http://www.rendabbs.com/redirect.php?tid=2349&goto=lastpost。

面，也是由於胡適禪學研究，在近代佛學研究的學術史上佔據了十分顯赫的位置，兩位先生各自獨立進行佛學研究，前後『不約而同』地選擇了這樣一個研究問題，就可見這個問題對兩岸佛學研究的重要性了。胡適的禪學研究在海內外產生了巨大的影響，至今仍是值得我們關注的學術史問題。」[101]

可見，大陸方面，已逐漸將我和北大哲學系的資深教授樓宇烈兩者相提並論。所以，我才要在本章中，又結合大批新資料和增補長篇新註，再改以今題發表，以回應葛兆光對我的討論的質疑和疏失，並就教於張雪松博士和其他相關學者對我的各項重要的商榷之處。

十二、結論與討論

以上經過了篇幅不算短的討論後，對胡適的禪學研究，大致可以歸納出幾點較明確的學術貢獻和一值得我們反思的相關學術批評問題：

1、胡適的禪學研究，是近代中國學人中，研究時間持續最久的。由於時間久，才能不斷地向學界傳遞訊息，影響面也相對增大。

2、**胡適的禪學研究**，是伴隨著新史料的發現。而且他將此史料發現的學術效應，迅速推廣到國際學術界。不但開拓了新的研究視野，也使他在神會的研究問題與「楞伽宗」的確立問題上，據有先驅性的國際地位。這在中國學人中，是沒有第二人可相比的。因此，他在本書中，可**作為戰後現代性宗教學術研究典範的薪火相傳最佳例證**，應是**無可爭議**的。[102]

3、胡適的研究方法學，是以文獻的考據為主，用禪宗史的各種史料相對

---

[101] 張雪松，〈兩岸佛學研究風格比較：以江燦騰與樓宇烈對胡適禪學研究評述為例〉《哲學門》第九卷第一期。後全文收入《複印資料‧宗教》2009 年第 4 期。http://www.rendabbs.com/redirect.php?tid=2349&goto=lastpost。

[102] 所以，龔雋在〈胡適與近代型態禪學史研究的誕生〉一文中也同樣提到：「如果我們要追述現代學術史意義上的禪學史研究，則不能不說是胡適開創了這一新的研究典範。」見龔雋，《中國禪學研究的入門》，頁 7-8。

比，以揭穿其中隱含的「作偽」成份。所以他是用找證據的方式，大膽地向傳統的禪宗史料挑戰。因此他自己承認：「破壞面居多」。雖然如此，如果沒有此一來自胡適的嚴厲質疑，中國禪宗史的研究，可能沒有今天這樣的面貌和水平。他實際上促使中國禪宗史研究，產生了一個新的反省，是一種必要的刺激品。這大概屬於開風氣大師的主要功用吧！

4、胡適是善於發現問題和勇於提出質疑的。假使沒有這一特質，他的學術影響面，不會如此大和如此強。縱使他錯解了，或常被批評為「大膽」和「武斷」，可是批評者仍然在他的問題意識籠罩之下。換言之，胡適的論斷，不管正確與否，都使別人有文章可作。若無胡適的論斷在先，中國禪學研究，在中國學人間，將寂寞多矣！

5、雖然印順在證據的解讀上，超越胡適。但我們必須將印順視為後期的禪學研究者，是在胡適去世多年後，運用各種新史料和新研究意見，來提昇自己的研究水平。就這一點來說，他實受惠於胡適的先前貢獻。若非胡適發現新史料和提出新觀點，日本學界不會有如此多的回應和研究成果，同樣地也使印、冉失去了就此一主題發言的機會。因此，胡適的研究和印、冉之間，形成一種批判式薪傳作用。

6、胡適之後，中國學者之間，已罕有新禪宗史料的重要發現。《敦博本壇經》，雖有校勘上的功能，但它在國際學界大量的史料發現和豐富研究成果的對比之下，顯得發現時間稍晚，作用較小。因此，就國際禪學界來說，中國學界能發揮影響力的人，也就不多了。

7、印順可能是唯一的例外，但若無日本學者的既有史料整理，他也無從進行如《中國禪宗史》一書的深度研究。此種中日學界的大環境差異，令人思之，倍加感慨！

8、戰後在臺灣有一些不滿胡適批判論點的臺灣佛教僧侶和居士們，雖曾此互相串連和大量撰文反駁胡適的否定性觀點，其中某些態度激烈者，甚至以

譏嘲和辱罵之語，加諸胡適身上或其歷來之作為。[103]

　　但是，佛教史家與印順學專家侯坤宏教授則認為：胡適雖也研究佛學，但他在心裏上，其實是反佛的，不過，他生平曾一再強調做研究，一定要有證據才能說話，因此就其治學方法與嚴謹的心態來說，是很值得我們稱讚的。

　　可是，像這樣的科學理性治學觀點，在一些佛教界的人士看來，就等於是在對虛雲和尚這樣才、德兼備者的大不敬。換言之，胡適所提出的一切質疑，對於那些以信仰取向為認知重心的佛教界人士來說，就是意在「破壞佛教」，就是假借其所標榜的「考據」之名，來「作謗佛、謗法、謗僧勾當」，以及意圖「向青年散播反宗教思想毒素」。[104]

　　因此，侯坤宏教授評論兩者說，有些佛教界人士的批判像胡適等著名的世俗學者之相關論點，其實是站在「護法、護教」立場，而做出的激烈反駁和抗議行為，當然不能說彼等過激的行為或言論，都完全是「理性的抗議」表現。這是因為胡適是學者，佛教人士若要與他論辯，還是要從學術角色下手才行。

　　他舉例說，就像胡適對《虛雲和尚年譜》提出質疑的這件大爭議，原是在正常學術規範裏可以被允許的理智行為，不論對或錯，都可以接受以同樣方式所形成的再批評或反質疑。[105]

---

[103] 樂觀曾特編輯，《鬧胡說集》（緬甸：緬華佛教僧伽會，民國 49 年 6 月），頁 1。

[104] 樂觀編輯，《鬧胡說集》，頁 1。

[105] 以上侯坤宏的相關討論，可參見江燦騰主編《戰後漢傳佛教史》（台北：五南，2011）第七章〈捍衛自教立場？抑或維護信仰自由？（1949-2011）戰後台灣佛教六十多年來「護法運動」相繼出現的再檢討〉中的詳細說明。

第十四章　戰後兩岸提倡傳統應用禪學的代表性人物南懷瑾：一位精明的現實主義者！

　　活過九十四歲（1918-2012），並已在前幾年過世的南懷瑾其人，雖是一位曾在海峽兩岸，長期提倡傳統應用禪學的代表性人物。但由於他的一生各種作為，在本質上，更像是一位類似明初姚廣孝（道衍）和劉基（伯溫）兩者混合的現代版奇人，一位精明現實主義，所以他在當代海峽兩岸的華人社會中，堪稱是一位極為傳奇和名氣響亮的宗師級人物。

　　因而，長期以來，在兩岸有很多政商名流，都以能夠拜在「南（懷瑾）老師」的門下為榮。例如陳水扁總統執政後期，曾因「巴紐建交醜聞案」而搞得下臺前的民進黨執政當局灰頭土臉的外交大掮客金紀玖其人，之所以能長期遊走在臺灣藍（國民黨）綠（民進黨）政商界的豐沛人脈之間，所靠的，其實也只是「南老師的弟子」這塊重要的敲門磚而已。

　　此因金紀玖時常在臺灣各種重要的社交的場合，把他作為「南懷瑾弟子」的這一殊榮身分，不時掛在嘴上，並藉以攀緣上，像李登輝主政時期的國民黨「大掌櫃」劉泰英[1]。因為劉泰英本人，據說也曾拜在南氏門下，成為弟子之一，兩人既屬系出同門，交情自然大不相同。

　　並且，根據當年國民黨雲林縣選出的立法委員張碩文，對金紀玖的長期觀

---

[1]　見謝古菁，〈金紀玖、劉泰英熟識曾同重建災校〉報導，曾提到：「10億元外交醜聞案，重要關係人之一金紀玖，外傳和國民黨大掌櫃劉泰英關係匪淺，原來，九二一大地震後，苗栗卓蘭2所國小受損嚴重，當時劉泰英擔任國民黨投管會主委，認養震災學校後，委由金紀玖的力甲營造公司興建，校方剪綵典禮上，兩人還曾經合影留念。」
http://www.tvbs.com.tw/news/news_list.asp?no=yehmin20080506120840

察，認為：「因為他（金紀玖）是南懷瑾的門生，所以說，對面相啦、手相，他有提出他的一些看法。」[2]可見，在臺灣這位新生代的政治人物眼中，南懷瑾的門下，如金紀玖其人，之所以能善於察言觀色，其實就是得力於南懷瑾本人，所精通相人術的傳授，才能如此的與眾不同。

一、從蔣經國總統時期的倉皇出奔北美到李登輝總統時期的涉入「兩岸密使」交流

但，更令人訝異的是，曾在一九八五年七月，因害怕蔣經國對他的猜忌、或整肅而倉皇出奔北美的南懷瑾[3]，居然在蔣經國死後的李登輝當權時期，透過同屬李登輝的親信兼南懷瑾的弟子蘇志誠和鄭淑敏兩人，於一九九一年在香港促成兩岸「密使」的聚會。露時[4]，立刻便震驚了當時臺灣的朝野各界人士。

因當時大家最大納悶的，也最好奇的，其實是：南懷瑾這號人物，到底他和大陸方面的高層，有何特殊關係？否則為何他能如此神通廣大地促成兩岸的「密使」聚會？並且又是透過他昔日在臺的弟子們來進行？

儘管如此，此事迄今雖已隔二十九年（1991-2020）之久了，相關的新聞

---

[2]　見張嘉玲，〈外交醜聞/金紀玖建中同學胡定吾、焦仁和〉
　　http://news.pchome.com.tw/politics/tvbs/20080506/index-12100710493405339001.html

[3]　見王興國，《臺灣佛教著名居士傳》（臺中：太平慈光寺，2007），頁 454。

[4]　2000/07/11《聯合晚報》的記者郭淑敏報導，曾提到：「（民國）八十三年新黨立委郁慕明在立院揭露蘇志誠擔任密使事件時，蘇志誠的密使工作還在進行式，蘇說，郁慕明的資料來自於中共高層情報，當時中共內鬥，部分人士想破壞江澤民，不想讓江在兩岸關係進展上有歷史地位。」同報導中，也提到：「……九二年（民國八十一年）參與會談的許鳴真以探親名義秘訪臺灣，會見了李登輝總統。蘇志誠說，許鳴真來臺後，與李登輝談得非常好，『許鳴真還來了好幾次，都由我來接待』。蘇志誠透露，後來大陸方面主動提醒他，『南懷瑾太複雜，不要被他利用了。』」
　　http://residence.educities.edu.tw/gramsci/News24.htm

也陸陸續續提到了不少當時的內情或過程[5]，但因當時參與密會的雙方當事人，都堅決不肯完全吐實之下，所以當時的真相如何？迄今仍是一團迷霧。因此，對於像南懷瑾這樣謎樣人物，我們要如何對其有所了解呢？以下我試著從現代臺灣佛教史的角度，來加以觀察和綜合評述。

二、從在大陸地區颳起的「南懷瑾熱」旋風到多面人角色的爭議問題

首先，我們可以發現到，當代在大陸地區出現的「南懷瑾熱」，其實是源於南氏自一九八七年起，結束其多年的旅美生涯，移居香港，再利用蔣介石的繼承人蔣經國，在其執政的後期，所實施的政治解嚴、和兩岸因之而逐漸恢復交流的早期有利時機，以香港為大陸境外最近據點之便，積極展開其對大陸學界、政界、乃至工商界的廣泛人脈的建構拉攏和多邊資源的鉅額投入。因而能立刻，在當時的大陸各界，造成極為聳動和快速高度被接納的顯著傳播效果，

---

[5] 2008/04/12 的《今日新聞》，在〈兩岸密使列傳誰牽線？謎樣人物南懷瑾〉的新聞報導中，則提到：「90 年代的密使任務，到底是誰居中牽線？綜合各方說法，是大陸官方請來當代國學大師南懷瑾居中牽線，南懷瑾一直是個謎樣人物，憑著一身的國學素養，他在兩岸三地的政商名流間行走自如。……2000 年 7 月 23 日，南懷瑾弟子吳瓊恩說：『楊尚昆身邊的親近，叫做楊斯德嘛，就他們兩位負責（兩岸），當楊負責的時候，他到香港跟南老、跟蘇志誠，蘇志誠後來接觸，資訊當然是層層往上，最後簽到江澤民看了。……』」而同日，在《今日新聞》的政治新聞〈兩岸密使列傳蘇志誠為李江傳話　提前告知對岸終止戡亂〉中，更提到如下的訊息：「……在 1990 年代初期，前總統李登輝派出了密使蘇志誠穿梭兩岸，建立了和中共領導人江澤民的傳話窗口，當時還提前告知了臺灣將終止動員戡亂、以及李登輝要訪美的消息。這起密使內幕在 2000 年時，照片被公諸於世，才爆發開來。……幾次的密使任務，尤其以 1994 年 4 月這趟，直接打通了李登輝和江澤民傳話的窗口，北京當局幾經來回磋商，終於決定由蘇志誠從臺灣前進澳門，再持假簽證進入珠海，與時任中共辦公廳主任曾慶紅會面。為了安全起見，李登輝還要求持美國護照的鄭淑敏先行探路。……不過，原本保密到家的兩岸密使，終究在 2000 年由當時負責牽線的南懷瑾弟子魏承思公佈了蘇志誠密會的照片，而蘇志誠等人也接受監察院的調查。」雖然報導如此，但因當事人對真正的內情仍未完整公開，所以真相如何？可以認定至今，仍依然是一團謎。

http://tw.news.yahoo.com/article/url/d/a/080412/17/x5qi.html

使其在大陸學界，以上海復旦大學為中心，被「火紅」的關注程度，堪稱當代罕有其比。

可是，在南氏此一快速成功的背面，我們也可以清楚地觀察到：相較之南懷瑾其人，於當時在大陸之所作所為，事實上，在當時，在境外的華人中，並無有任何一位學者、文化人、或哪一位宗教師，敢於像他（南氏）那樣宣稱：從一九八九年起，就要在他的故鄉浙江省，與中國政府合作，共同出資修建從金華到溫州的鐵路，全長二五一公里，有隧道六十六座長思時三一公里，橋樑一二五座一四公里，造價一億七千萬美元，而他個人願意投資八％，其餘二十％由中國政府投資。並且，自一九九一年起，此投資陸續進行。……

因此，我們可以合理的料想，在當時大陸地區正處於急需外界投入大筆資金的改革開放前期，各界在面對南氏以如此空前的大手筆祭出上述金光閃閃的鉅額敲門磚之後，豈有不立刻引起轟動和被大陸地區廣為傳播或高度肯定的道理？

更何況，在此同時，他又進一步成立了所謂的「光華教育文化基金會」，親自擔任董事長，並藉此展開其對，大陸地區數十所重要大學的，所謂文化研究經費之獎勵和補助。因而，使原有多方面著作的南氏本人，立刻就成為自己此舉的最大受益人。

因為，他過去所撰寫的各種著作，此時立刻大量在大陸，被出版和被討論，特別是以上海復旦大學為中心，更迅速激起一股「南懷瑾熱」，並朝各處擴散。

然而，隨著這股「南懷瑾熱」在大陸學界和社會快速擴散的同時，我們也可以發現：同樣在上海復旦大學校內，也有部分學者如朱維錚教授，以及另一位知名學者張中行先生，公開撰文，開始對南氏的著作嚴謹度或對傳統經典自由詮釋的方式，展開強烈的質疑和學術貶抑。

因此，當時南懷瑾的所作所為，在兩岸一般學界、或宗教界人士的認知中，

其實是相當分歧的。例如雖然有些人，把他高高地捧為：「一代國學大師」、「著名佛教居士」、「易學大師」、「密宗上師」、「當代道家」、「現代隱士」等[6]；但同時也有一些學者，將其低低地貶為：喜借交際名人炒作身價的「江湖騙子」，而他的一些刻意的作為，也被批評為，只不過是一種「江湖騙術」而已。[7]

　　不過，曾經編輯《南懷瑾全集》的魏承思，對於這些來自各方歧異的批評或稱謂，他並不同意，因他個人認為：「南懷瑾一生行跡奇特，常情莫測」，因而他說各界對南氏的「這些稱謂似是而非，因為每一種說法都只涉及了懷師學問人生的一個側面，而猶未識其詳」[8]。

三、作為戰後兩岸提倡傳統應用禪學的代表性人物：南懷瑾，其實是一個精明的現實主義者！

　　作為戰後曾在海峽兩岸，長期提倡傳統應用禪學的代表性人物，一位精明的現實主義者：南懷瑾，在他的漫長人生中，曾有長達三十六年（1949-1985）

---

[6]　2007 年 07 月 18 日，劉放在《廣州日報》的一篇報導〈「隱士」南懷瑾：「國學大師」還「江湖騙子」？〉中有一段話，即是如此提到南懷瑾：「……其實，早在五十餘年前，南懷瑾就已經聲名鵲起。1976 年，根據南懷瑾演講輯錄的《論語別裁》在臺灣出版，受到狂熱追捧，到 1988 年時已再版高達 18 次之多。1990 年，復旦大學出版社將《論語別裁》等南懷瑾著作引進大陸，同樣掀起『南懷瑾熱』。時至今日，『南懷瑾』這個名字已經堪稱『名播遐邇』，譽之者尊稱其為『國學大師』、『一代宗師』、『大居士』，但圍繞著他和他的作品的爭議也從來沒有停止過，毀之者直斥其不過是一個『江湖騙子』、『篡改三教混淆古今』。」
http://art.people.com.cn/BIG5/41389/6002720.html

[7]　上海復旦大學教授朱維錚，則認為南懷瑾被稱為「國學大師」之名「是言過其實」，因為「南懷瑾的名字在廣泛傳播中，常常和各界名人聯繫在一起，這一點也為不少人所詬病，被認為是借名人炒作自己的『江湖騙子』。南懷瑾曾經的閉關修行、晚間打坐修行，甚至他每天不吃早餐，中餐和晚餐一小碗稀飯的飲食習慣，都被不少人質疑為是將自己刻意打扮成『奇人異士』的一種『江湖騙術』。」
http://big5.huaxia.com/wh/whrw/2007/00648464.html。

[8]　這段話是魏承思在編輯《南懷瑾全集》的〈前言〉中所提到的。
http://www.tangben.com/WYmanbi/2002/nanpreface.htm

之久，是在臺灣度過的。

而這三十六年當中，又都是臺灣地區在政治上正於處於「戒嚴時期」（1949-1987），也是蔣氏父子兩代強勢主宰臺灣政局的時期。所以要觀察南氏其人生平的所思和所為，以及要為其作較正確的歷史定位，事實上是可以透過此段他個人多變的人生際遇和學思活動來理解。

至於撰寫此一評述之文的我，作為一位現代臺灣佛教史的學者，其實是在一九四九年出生的，所以南懷瑾在臺活動期間，有三十六年（1949-1985）之久，是和我的生命史相重疊的。

因此我生平，雖沒有和南懷瑾本人，有過任何交情，但由於我個人也喜歡廣博閱讀儒釋道三教的諸多典籍，也的確下功夫讀過，南氏在臺出版的部分佛學，或道家的相關著作，並曾在自己的著作中，正式介紹過南氏其人的事蹟和批評過南氏的禪學見解[9]。因而，基於這樣的時代背景和學術觀察，以下我試圖對南氏其人提出幾點個人的評論意見，以就教於當代兩岸各界的高明之士，看看是否有當：

一、從整體上來看，南氏可說是具有傳統漢文化通識學養的綜合性文化人，而不是宗教性強烈的宗教家。因此，他其實是極類似明初姚廣孝（道衍）和劉基（伯溫）兩者混合的現代版奇人。

所以，他論學上雖折衷三教，認為儒家像飯店、佛教像百貨公司、道家像藥房，三者皆有其功能和必要，但儒家還是與日常生活最息息相關，不可一日或缺。因而他日後最暢銷，也最具個人自由詮釋特色的《論語別裁》一書，也最能反映出他的生平志向和所學的豐富人生歷練。

二、相較於同時期在臺灣有重大影響的李炳南和印順兩者，李炳南因任職孔家後代孔德成的秘書，所在詮釋《論語》時，態度嚴謹而保守，因而讀者甚少，影響極微；反之，南懷瑾則在宣稱可以全體和有機的通讀《論語》一書的

9　見江燦騰，《當代臺灣佛教》（臺北：南天書局，2002，二版一刷），頁 65；頁 162-163。

自信之下，採取所謂「以經解經」的自由詮釋方式，結合現代人的合理性生活思考，使《論語》的內涵和思維，魔術般地變成兼具現代性及趣味性的實用生活之書，因而大受現代讀者的歡迎，影響極大。[10]可是，不嚴謹的「過度詮釋」，也所在多有，所以大陸學者對此部分的強烈批評，也是其來有自，而非無的放矢。

　　至於，在南氏所自負的佛學和禪學方面，相較於印順的精深和通透，南氏的相關著作內容，不但思維極為傳統而且學術性不高，卻極為目空一切。然而，根據我的實際觀察，南氏生平號稱早年在大陸時期，曾多處參訪川藏地區的顯密僧侶，以及自稱曾多年閉關和曾閱完大藏全藏[11]，但他對重要的中觀系經論及三論宗典籍，其實是相當陌生的。而其所出版的《楞伽大義今釋》[12]、《楞嚴大義今釋》[13]等書，雖有名氣，也只是用心性論的思維加上其自認的修行經驗，擇要式地用白話翻譯而已。論其見識，尚不及明代禪僧對同類經典的注釋水平；對近代國際學界相關研究的現況，更是陌生至極。可以說，他根本不配在此領域，享有現代學術的發言權。

　　至於，他最引為自負的禪學部分，由於我曾從學界友人處[14]借得南氏收藏的日本著名禪學家忽滑谷快天的《禪學思想史》一書[15]，所以我有理由判斷，在禪史料和禪學史的認知上，南氏應曾獲益於忽滑谷快天的《禪學思想史》。而具體的證據就是，因忽滑谷氏的《禪學思想史》一書，未曾涉及日後敦煌文

10 參考張崑將，〈正統與異端：南懷瑾與李炳南的《論語》詮釋之比較〉，臺大「東亞經典與文化」研究計畫、臺師大國際與僑教學院合辦，《2008 東亞論語與國際學術研討會論文集》（臺北：臺大校區行政大樓第三會議室，2008/03/08-09），頁 11-21。

11 見王興國，《臺灣佛教著名居士傳》，頁 447。

12 南懷瑾，《楞伽大義今釋》（臺北：老古文化出版社，2002）。

13 南懷瑾，《楞嚴大義今釋》（臺北：老古文化出版社，1996）。

14 蔣義斌教授。

15 忽滑谷快天，《禪學思想史》（東經：玄黃社，1925），分上下兩卷出版。

獻的禪學資料[16]，所以南氏同樣也對此一領域陌生，故他也無從就此問題和國際學界對話。

事實上，在臺曾威權一時的南氏禪學，並未有出色的後繼者出現，如今也幾乎煙消雲散，不再具有任何重要的影響力！

三、另一方面，因南懷瑾個人生平雖求知欲甚強，而政治意識形態卻相對薄弱，所以他絕非任何現代意義下的黨工或政客；當然他也絕非對現代不公社會持嚴厲批判態度的社會運動者。所以他其實是一位「精明的現實主義者」，因此遇到任何身分的變化或職業的遷移，都不會令他為難和不易適應。

四、而他對傳統三教文化的熱愛和深刻體悟，以及對各種實用雜學的學習，則具有常人罕有的好胃口和特強的消化能力。

五、最後，南氏生平雖一向精明老到，有時也可能撞牆。例如，南懷瑾一九四九年到臺灣後，曾集資在臺灣北部的基隆開「義利行」船運公司，買了三條機帆船，航行於琉球和舟山之間運貨販賣。這本來是一個大有前途的商業經營，可是後來國民黨的軍隊從舟山撤退時，就徵用了他賴以為生的三條機帆船，使他血本無歸[17]。他的第一次發財夢，自然隨之幻滅！

至於他在一九八五年間，之所以倉皇地逃離正處於生平事業鼎盛時期的臺灣，是因為他有四年之久的時間，是在臺灣自己的臺北道場[18]開設黨政軍和社會各界名流的特別講習班[19]，講授的課程又是像《陰符經》、《戰國策》、

---

[16] 見江燦騰，〈胡適禪學思想的爭辯與發展——第一階段（1925-1935）的分析〉，《中國近代佛教思想的爭辯與發展》（臺北：南天書局，1998），頁503-542。

[17] 參考王興國，《臺灣佛教著名居士傳》，頁448。原出處為，練性乾，《我讀南懷瑾》（上海：復旦大學出版社，1999），頁51-53。

[18] 此處所指的就是南氏於1980年將其「大乘學社」新址，所更名的「十方叢林書院」。見王興國，《臺灣佛教著名居士傳》，頁454。

[19] 當時南氏曾撰一對聯：「白屋讓王侯，座上千杯多名士；黃金如冀土，席前百軰屬英雄。」轉引自王興國，《臺灣佛教著名居士傳》，頁454。

《史紀》等屬於傳統謀略、數術之類的歷史知識[20]，這無異於地下國師之流的指導行徑，所以當然會引起以特務出身的蔣經國之猜忌。[21]

　　更何況，當時臺灣正面臨臺美斷交後的重大變局，而蔣氏愛將王昇系的過度弄權和一九八五年爆發嚴重的「蔡辰洲十信弊案」，都促使蔣經國決心瓦解和清算相關的首腦人物。所以當時重要涉案關係人的南氏，當然非及時逃離臺灣不可。

　　不過，南氏和弟子只在美國滯留至一九八七年年底，就再轉到香港。此次他開始積極地尋求和大陸當局的聯繫和多方示好。而這時他對追隨者，也提出一個既響亮又靈活（特別是政治正確）的新投資口號：「共產主義的理想，社會主義的福利，資本主義的經營，中華文明的精神！」[22]

　　我們由以上所引的這一段既響亮又靈活（特別是政治正確）的新投資口號，就可以清楚無比的看出，南氏其人生平，作為一個「精明的現實主義者」之處世哲學，和其所以能自在地縱橫於兩岸複雜政商關係的過人圓滑之處。

　　所以，根據以上述，我們若將南懷瑾其人定位為：「戰後兩岸提倡傳統應用禪學的代表性人物：一個精明的現實主義者」，應是對南氏其人最好或恰如其分的稱謂。

---

[20] 見王興國，《臺灣佛教著名居士傳》，頁 454。

[21] 南氏曾在初到美國時，寫了一首詩：「不是乘風歸去也，只緣避迹出鄉邦。江山故國情無限，始信尼山輸楚狂。」轉引自王興國，《臺灣佛教著名居士傳》，頁 455。

[22] 參考王興國，《臺灣著名居士傳》（臺中：太平慈光寺，2007），頁 448。原出處為，練性乾，《我讀南懷瑾》（上海：復旦大學出版社，1999），頁 51-53。

第十五章　解嚴以來「現代禪在家教團」在臺灣大都會區的崛起及其頓挫轉型

　　本章以下的研究，是探討有關戰後臺灣現代新漢傳佛教「在家教團」中，最核心但同時也是最具代表性的研究指涉對象及其相關爭辯問題。此因正如我們從事研究臺灣戰後現代舞的發展時所將遭遇的狀況那樣。

　　亦即當我們研究正式進入有系統和更深入地相關詮釋與變革歷程的精確描述時，雖也不能、或不應該有任何否認蔡瑞月的早期重要啟蒙和貢獻之不當研究企圖，卻仍不能不還是要再回過頭來，重新正確地另行改以擇取林懷民所創立的第一個臺灣職業性現代舞團「雲門舞集」，作為此探統主題的關鍵性分析對象。

　　這是由於除了林懷民所創立的「雲門舞集」長期以來，所呈現的一連串高峰迭起的出色成就之外，還包括整個舞團以現代性經營經驗的呈現和它對其他舞團的實質廣大影響。也可以說，我們若抽去了林懷民和「雲門舞集」，就很難完整理解戰後臺灣現代舞的發展。[1]

　　同樣的，在本章的研究構思中，不論我們如何進行討論戰後臺灣在家佛教的信仰或各類居士佛教團體的組織和活動，假如沒有將其分析的概念提升到「在家教團」（這是在家佛教發展到最高峰的宗教產物），以及將解嚴後最重要的「在家教團：現代禪在家教團」納入對象與問題的探討[2]，則很難完整理

---

[1]　參見江燦騰、陳正茂合著，〈飆舞：林懷民和羅曼菲的舞蹈世界〉，收在《新臺灣史讀本》（臺北：東大出版社，2008），頁 284-293。

[2]　此因彼等是呈現出最具典範性的發展經驗，所以本文暫不討論「新雨」、「正覺同修會」和「印心

解戰後甚至近百年來臺灣在家佛教的發展。

事實上，自明清時代以來，長期流傳於臺灣地區的傳統齋教三派（龍華、金幢、先天），就是傳統「在家教團」的一種。但傳統的齋教三派，雖在戰後戒嚴體制下的不利環境無法成功轉型而趨於沒落，不意味在家佛教徒都不從事「非僧侶主義」的信仰自主性的追求。

因為戰後基督教新信仰型態對民眾、特別是佛教徒的強烈刺激、大量現代西方文明知識或新文化概念的輸入、出版業的高度發達、鈴木禪學著作的風行、資訊的流通快速、教育的機會提高、社會經濟條件的大幅改善、都會化與疏離感的增強等，都促使戰後臺灣民眾有意願和有能力去從事新信仰的追求。所以我們在現代禪在家教團創立者李元松的身上，可以觀察到上述影響的清楚軌跡。

因而，反映在此等「在家教團」的規範和信仰內涵上，則處處都可看出有民主觀念和合議制運作的強調、理性化和多元性知識的高度攝取、注重溝通與協調、與學界往來密切、在財務上透明化和謹慎取用等。所以，研究解嚴後的臺灣佛教「在家教團」的發展與頓挫，即是研究戰後在家佛教信仰型態或歷史現象的最核心和最具代表性的主題和問題。

另一方面，本章的研究，若就其重要性來說，則無論就其研究對象和主題，都可以有效釐清戰後臺灣社會現代化發展的大環境之下，特別是在長期的政治戒嚴正式宣告結束、一元化的中央佛教組織隨之開始鬆綁、而宗教自由的發展環境也瞬即成為現實的可能之後，已鬱積多年而正蓄勢待發的臺灣在家佛教徒，將追尋和建構彼等的信仰內涵、活動或表現的方式、組織型態或制度規範的制定等，是值得觀察的。所以本研究的對象和主題，即是觀察戰後臺灣社會文化史中重要新事物的指標之一將「現代禪在家教團」的經驗作臺灣戰後、乃至近百年來臺灣在家佛教的「教團」作為研究的主軸者，可見其重要性。

禪學會」等在家教團體。

　　因而，本章之作，即是為其研究進行重要的奠基探討，使其真正的學術史定位和相關的詮釋觀念，都可以有所突破和完整的呈現。

一、有關「在家教團」概念、定義和解說

　　何謂「在家教團」？在本章中，對於「在家教團」的這一概念使用和其定義的內涵，可有如下相關解說：

　　1. 它雖是臺灣佛教的「非出家眾組織」之一、卻非屬於傳統的「在家居士團體」之任何一種。

　　2. 它並無傳統「僧尊俗卑」的心態，且根本不遵循傳統佛教徒，以僧尼為皈依師的原信仰倫理。

　　3. 所以，它不但擁有本身所清楚主張的「在家教團意識」，而且還擁有本身的強烈、獨立自主的「教團」規範、組織和運作之實際表現。

　　4. 因而，它的正確名稱是「在家教團」，而非「出家教團」或「居士團體」。

　　5. 儘管如此，因它事實上迄今為止，仍無像明清以來臺灣傳統齋教三派那樣，有鮮明地與「出家佛教僧尼」有徹底正面對抗的決裂意識和相關的顯性作為。所以，它既有異於「傳統臺灣齋教三派」的宗教意識和相關作為，也不能視其為「傳統臺灣齋教」直接衍生物。因此我新創「新齋教」這一概念用語，[3]可以考慮作為與「在家教團」另一同義詞來使用。

　　而根據以上的概念使用和定義的內容，來檢驗迄今為止，國內外研究現況，則在當代臺灣學者中，確曾以臺灣佛教「在家教團」這樣的分析概念，作為探索的主要觀察角度和想觀面向，並將當代臺灣最具代表性的「在家教團」：「佛教現代禪在家教團菩薩僧團」觀察和研究方式來說，其實只有我於 2007

---

[3]　見江燦騰，〈戰後臺灣齋教發展的困境〉，江燦騰、王見川合編，《臺灣齋教的歷史觀察與展望——首屆臺灣教齋教學術研討會論文集》（臺北市：新文豐出版公司，1994），頁 269。江燦騰，《臺灣佛教百年史之研究》（臺北市：南天，1996）。

年 12 月 15 日於高雄市由中華佛寺協會所舉辦的，「臺灣佛教的過去、現在與未來學術研討會」所發表的簡報型論文：〈解嚴前後臺灣佛教的在家教團：發展與頓挫（泡沫化？）〉一文而已。

因為我於這篇論文中，曾在〈前言〉說明的部分，特別分析解嚴與臺灣佛教「在家教團」出現的密切相關性，並用「轉型」來界定「現代禪在家教團由禪轉淨」的「頓挫」，以及用「泡沫化」來界定「維鬘由暫停活動到永久解體」的「頓挫」發展。

其次是，在該文中對於「在家教團」的概念定義，我當時的相關說明如下：

（一）它所分析的兩個對象「維鬘佛教傳道協會」和「佛教現代禪在家教團菩薩僧團」），都「不附屬於」由出家眾所組織和所指導的「純在家居士共修團體」。

（二）所以它們是相對於「出家教團」的「在家教團」，其特徵是：有很明顯的「在家教團意識」。因為它們不只如此鮮明主張，而且毫無傳統「僧尊俗卑」的心態，並各自擁有強烈、獨立自主的「教團」規範、組織和運作之實際表現。

而臺灣學界的相關研究，在我之前，通常是使用（臺灣佛教中的）「新興教派」、[4]「新興教團」、[5]「禪修型新興佛教」[6]這幾個分析概念，所以彼等所側重的，其實是與「新興」有關的特徵，而非「在家教團」的特定概念。

相對於此，我不但首先使用「在家教團」這一新分析概念，同時也強調「在家教團」是各種與「出家僧團」明顯存在著相互對立的特徵、意識形態與組織運作等。我則是結合教團史的變革和教團內外思想的衝突兩者，來進行歷史發

4　見楊惠南，〈解嚴後臺灣佛教新興教派之研究——楊惠南教授訪問現代禪創立者李元松老師〉，收在李元松，《禪的傳習》（臺北：現代禪出版社，2000 年），頁 213-284。

5　見羅國銘，《臺灣當代在家佛教中的維鬘傳道協會——一個區域性佛教新興教團的探討》（臺北：新文豐出版公司，2006 年），頁 69-70。

6　鄭志明，《當代新興佛教——禪教篇》（嘉義：南華管理學院，1998 年），頁 1-55。

展的描述。而這一研究取向也是和楊惠南在〈從印順人間佛教探討新雨社與現代禪在家教團的宗教發展〉中，[7]單從思想對立面來看的衝突不一樣。

　　不過我在該文中，對相關過程的描述雖簡明清晰，卻欠詳細和深入。其比較重要的研究結論是，能明確指出：李元松在 2006 年 10 月 16 日所發表的〈李元松向佛教公開懺悔啟事〉全文，其實可以有二種完全不同的解釋：（一）它可以純從表面照字義來解釋，即「斷裂──由禪轉淨」的解讀立場（慧淨比丘者流，可能作如是解讀）；（二）也可以看作是病危時所採用的一種臨時應變的退讓策略，即另一派作「繼承──禪淨一如」的不同解讀（其他不認同者，可能作的如是解讀）。

　　於是，在其後的發展上，便出現：2007 年 12 月 10 日，另一新的「象山淨苑」正式啟用，並宣告：「繼承──禪淨一如」的開始揚帆快樂出航。而我和藍吉富教授，就是在當天於現場致詞和代為宣告者。[8]

二、有關解嚴後臺灣佛教「在家教團」得以崛起的開放 環境之相關研究論述

　　戰後臺灣佛教的發展，因解嚴和〈人民團體法〉的修訂，而使之前因「戒嚴體制時期」（1949-1987）所凍結的佛教中央組織一元化，開始鬆弛和逐漸

---

[7]　楊惠南，〈從印順人間佛教探討新雨社與現代禪的宗教發展〉，《佛學研究中心學報》5（2000）：275-312。

[8]　然而，這一實際的歷史發展，在羅佳文於二〇〇五年七月撰寫〈從「現代禪」到「淨土宗彌陀念佛會」：宗教團體的轉型〉的長篇研究時，仍無法理解何以會出現第一種「斷裂──由禪轉淨」的急遽轉型。另外，釋禪林在《心淨與國土淨的辯證──印順與人間佛教思想大辯論》（臺北：南天書局，2006）一書中也大篇幅的從各種角度解讀〈李元松向佛教公開懺悔啟事〉全文，但不能料到的是，現代禪內部其後會出現的，另一派新解讀和新做法。因此歷史學的研究，是無法將未發生的事實，當預言來處裡的。否則，便很容易出現類似筆者以上所述的其後會出現翻盤或截然相異的意外結果，致使研究者先前的種種推論，都可能完全失效。

趨向多元。[9]

　　而因〈集會遊行法〉的制定和 1987 年 11 月 2 日開放「大陸探親」政策的實施，也使佛教徒的正常集會、遊行和赴大陸從事兩岸的佛教交流，都逐漸趨於正常化和頻率大增以及範圍擴大。[10]

　　有關這一變化，我曾指導羅國銘進行相關研究，所以，以下的摘述，可以視為我與羅國銘兩人共同思考的結果：

　　（一）臺灣經濟的發展，由 1950 年至 1960 年，是仍處於第一次進口替代階段；1961 年至 1971 年，則是到了出口擴張階段。而第二次進口替代，則發生在 1971 至 1981 年初；並且從 1984 年起，即朝全面自由化的開放政策發展。

　　由此看來，整個 1960 年代，雖可視為戰後臺灣經濟發展的重要轉捩點。但 1961 年至 1983 年間，才真正使臺灣的社會變遷，由農業社會成功地推進到工商業的社會型態。亦即，在 1960 年代後的富裕，使得臺灣人更有能力進行宗教生活的培養。而且，鄉下人口集中到城市，也開始使這些人，在都市不同生活情境的刺激下，開始培養以不同的眼光，學習以新的技術，處理舊的問題。所以，臺灣社會和臺灣的經濟發展，幾乎是同步互動和朝向週期性的轉型。

　　（二）外在情勢第二種重大轉變，是臺灣地區在政治上，由戒嚴時期逐漸朝向解嚴。轉變的關鍵，是在 1971 年中共進入聯合國，而臺灣也同時退出該國際組織；1978 年，中共更進一步和美國建交，而臺灣也同時和美國斷交。原先伴隨戰後外國政治力和經濟力而在臺佔有優勢且快速擴張教勢的西洋在臺教會，便因此一優勢政經關係的斷絕，而出現發展困頓的瓶頸。

---

[9]　陳美華在〈臺灣佛教二十年來的展現〉一文，也對此有簡明的論述。見王宏仁、李廣均、龔宜君主編，《跨界——流動與堅持的臺灣社會》（臺北：群學出版有限公司，2008），頁 299-321。但是筆者新書《臺灣佛教史》（臺北：五南出版公司，2009），則對此有更詳細的多篇說明。

[10]　臺灣佛教界和大陸佛教界的恢復交流，是隨著一九八七年十一月二日的「大陸探親」政策開放，而逐漸展開的。在此之前，臺灣佛教界是政府政策的忠實擁護者，特別是在長期的「戒嚴體制」下，佛教的領導階層，大都具有良好的黨政背景，批判共產政權，是彼等一貫的立場。因此，初期佛教界赴大陸交流，其實有藉「探親」的名義在進行的。

　　到了 1987 年，臺灣正式宣布解除戒嚴，也對臺灣本土佛教的發展，帶來最關鍵性的影響——因在此之前，中央級的佛教組織，主要是中國佛教會及其所屬的各分會組織，而其它非屬中國佛教會的組織，在發展上受到了極大限制——解嚴後，宗教組織的活動控制，大幅解除。[11]此後，佛教在社會潮流的激盪下，也開始邁開大步，關懷社會議題，甚至參與政治運動。

　　（三）不過，在實體法的影響發面，1989 年〈人民團體法〉通過後，當代臺灣佛教團體才一個個的成立起來。[12]而隨後幾年的變化，更是驚人，例如：1988 年，解除報禁；1991 年，結束「動員戡亂時期」，廢止「臨時條款」；1993 年，有線、無線電視網解禁。一些新興教團，於是紛紛與傳媒結合，形成全島性的巨幅傳播網。

　　再者，因為「中國佛教會」的長期組織一元化，既然只是由於特殊的「戒嚴體制」環境，才能維持下來的。正如在「戒嚴體制」下，立法院、監察院和國民大會的老代表，也曾長期藉口「維護大陸的法統」，而拒絕定期改選一樣。所以，解嚴後，由於〈人民團體法〉已在 1989 年元月公佈，第一章〈通則〉的第七條規定：「人民團體在同一組織區域內，除法律另有限制外，得組織二個以上同級同類之團體，但其名稱不得相同。」上述法律上的更動，使得「中國佛教會」在中央級唯一組織的長期主控的權力，宣告終結。佛教組織的多元化，在臺灣成為常態的可能。

　　即以「傳戒」而論，也由於組織的多元化成為可能後，便出現佛光寺和光德寺的兩個不同系統的寺院，在同一年（1993）內，各自傳授「出家戒」的情形。長期以來，被「中國佛教會」所壟斷主控權的局面，在臺灣地區正式被打

---

[11] 江燦騰指出：「基本上，佛教與社會關懷的研究，是和臺灣解嚴後，風起雲湧的社會運動有關。」江燦騰，《臺灣佛教百年史之研究》，頁 88。

[12] 這些佛教團體如「中華民國佛教青年會」、「中華民國現代佛教學會」、「中華佛光協會」、「中華佛寺協會」等。參考楊惠南，〈解嚴後臺灣新興佛教現象及其特質——以人間佛教為中心的一個考察〉，收在《新興宗教現象研討會論文集》（中央研究院社會學研究所：2002），頁 201。

破；也可說，又恢復了原先各寺院，可自行「傳戒」的多元管道之常態。

假如說，「中華佛光協會」是在佛光山的道場系統開展起來的全國性組織，是有別於「中國佛教會」性質的。但在 1991 年 8 月 31 日在高雄市鼓山成立的「中華佛寺協會」，則是「以結合全國佛教寺院」為對象的，依據也是〈人民團體法〉的規定。目前此一組織，加入的全臺寺院，已接近百個單位，也是擴展快速的佛教組織之一。此外，還有「中華民國佛教青年會」、「中華民國現代佛教學會」等全國性組織，也各有其開展狀況。

（四）所以，當代臺灣佛教「在家教團」的出現，也是跟著「戒嚴體制」結束的新變化，才相繼成立的。例如李元松所創立的「現代禪在家教團」（1989-2003）。

所以底下，即針對關於「現代禪在家教團」的個案作全程研究。

三、關於「現代禪在家教團」的「個案全程研究」

此處先就何謂「個案全程研究」作一說明，其實，本章在此，是意指：對這一類的相關研究，可以先從「現代禪在家教團」這兩個研究對象（個案）作「全程」性的研究史的觀察。

亦即就「現代禪在家教團」這個研究「個案」之一來說，我們將其現有的相關文獻中，試著能否先挑出其中的一類，是否具有如下的完整研究內容？包括從「現代禪在家教團」的開始創立、發展、潛修、建「象山修行社區」、到轉型為「彌陀村」和其後「象山淨苑」的崛起這一整個過程。

如果這整個過程研究者都有過進行探討（詳略不拘），則像這一類的相關研究文獻，我們便可將其稱之為，是屬於「個案全程研究」的相關文獻。又因此類研究文獻，其涉及面最為廣泛，頗有助於我們了解整個研究對象的發展之全面性概況，所以將其列為最優先的考察對象。

　　但經過我檢視之後，發現像這樣「個案全程」研究的文獻，事實上只有一篇，即羅佳文於 2005 年 7 月完成的真理大學宗教學研究所碩士論文時所寫：《從「現代禪在家教團」到「淨土宗彌陀念佛會」：宗教團體的轉型》的長篇研究論文而已。[13]可是，對於「現代禪在家教團」的早期史和教內外的思想爭辯來說，羅佳文的研究還是相當表面和簡略的。並且，他也不重視「在家教團」的分析概念，所以和本章的研究取徑是不同的。

四、關於「現代禪在家教團」的「局部研究」

　　接著，我們可以回頭討論「現代禪在家教團」個案的「局部研究」論文，在數量上可謂不少。這跟其活動的資訊公開、著作流通甚廣和接受專訪次數頻繁等因素，[14]都大有關係。

　　這些研究，又可分「外部學者研究」與「教團內部成員研究」兩種。所以，以下我們先討論「外部學者的研究」。

（一）外部學者的研究

1. 鄭志明的研究評述

　　鄭志明的〈臺灣禪修型「新興佛教」初探〉一文，應是臺灣學界最先使用

---

[13] 不過，由於羅佳文的研究，是經過「現代禪教團」特許的，所以能有內部提供的詳細解說資訊，可代表現代禪的正統詮釋觀點，很值得參考。首先，羅佳文是以宗教社會學的概念來界定「宗教運動」和觀看所謂「臺灣新興宗教現象」（第二章），然後才相繼討論：（一）現代禪「教團的創立、發展與轉型」（第三章）、（二）「教團轉型前後的內外互動」（第四章）、（三）「都市叢林的創造：象山修行社區與彌陀村」（第五章）。另外，他還整理出四種簡明的附錄：〈現代禪教團發展大事記〉、〈現代禪教團創始人李元松生平大事記〉、〈淨土宗彌陀念佛會發展大事記〉、〈淨土宗彌陀念佛會領導人釋慧淨大事記〉。以上，這些對於了解現代禪「由禪轉淨」的過程相當有幫助。

[14] 這些頻繁的訪問資料，都彙歸在李元松，《昔日曾為梅花醉不歸——經驗主義的現代禪心版》（臺北：現代禪出版社，1996）一書。與佛學界和其他宗教人士等書信或訪談的資料，則彙歸在李元松，《禪的傳習》（臺北：現代禪出版社，2000）一書。

「禪修型」的──「新興佛教」的分析觀念。[15]但，他在使用這一觀念時，還對此特別作了詳細的解釋，他說：「……其實『新興佛教』一詞可以純屬學術名詞，與『新興宗教』的詞性相同。『新興宗教』是指另一類的宗教，『新興佛教』是指另一類佛教，甚至是指不是傳統佛教，有不是佛教的意思，但它又打著佛教的招牌，自稱為佛教。『新興佛教』是專有名詞，專指這一類宗教團體，而非指『新興化』的佛教團體。『新興化』的佛教團體本質上還是傳統佛教，不可稱為『新興佛教』。」[16]另外，他又認為：「禪修型的新興佛教完全是一種市場取向的宗教團體，而且是無中生有，在短時間中快速壟斷部分宗教市場，就必須靠強有力的宗教宣傳策略，以強化信徒與教團間供給與需求間的互動關係。」[17]

所以，他雖也介紹了部分李元松和「現代禪在家教團」的領導風格、教團運作狀況等，甚至認為「現代禪在家教團」是臺灣佛教界的「一股清流」，[18]但他將「現代禪在家教團」和其他三個團體：彭金泉的「大乘禪功學會」、清海無上師的「禪定學會」和妙天禪師的「印心禪學會」相提並論，所以他其實是嚴厲批評「現代禪在家教團」也同樣屬於「無中生有」和「非佛教」之異類「新興佛教」。因此，其推論和學術定位與如今「現代禪在家教團」被當作臺灣佛教「在家教團」的特質或屬性來看待，可謂完全不相應。[19]又，鄭志明除上文之外，其後雖另有〈李元松和現代禪在家教團〉一文，[20]但因其有關現代禪在家教團的創立、組織、相關人員，如傳法長老、指導老師、宗長、執行長

---

[15] 此文收在《臺灣佛教學術研討會論文集》（臺北：1996），頁 247-264。

[16] 鄭志明，〈臺灣禪修型「新興佛教」初探〉，《臺灣佛教學術研討會論文集》，頁 261-262。

[17] 鄭志明，〈臺灣禪修型「新興佛教」初探〉，《臺灣佛教學術研討會論文集》，頁 263。

[18] 鄭志明，〈臺灣禪修型「新興佛教」初探〉，《臺灣佛教學術研討會論文集》，頁 258。

[19] 羅佳文也認為鄭志明的觀點，和教團實際的發展狀況，相去甚遠。見羅佳文，〈從「現代禪」到「淨土宗彌陀念佛會」：宗教團體的轉型〉，頁 23。

[20] 此文收錄於《當代宗教與社會文化──第一屆當代宗教學術研討會論文集》（嘉義：1999），頁 59-18。

的資格等問題，介紹雖詳，卻新意無多，故在此可以不必多論。

2. 楊惠南的研究評述

　　楊惠南發表的論文〈人間佛教的困局——以新雨社和現代禪在家教團為中心的一個考察〉，[21]則是一個震撼彈！因為這是根據他於 1998 年元月一次以書面提問李元松筆答、另一次則針對李元松筆答的部份再作追蹤訪談。

　　這原是執行中央研究院社會研究所籌備處瞿海源教授的大型研究計畫「新興宗教現象及其相關問題」之子計畫「解嚴後臺灣佛教新興教派的研究」，由楊惠南教授負責。但，所謂「臺灣佛教新興教派」的研究對象：一、是預計要研究：**現代禪在家教團、新雨佛學社、維鬘傳道協會、萬佛會、佛教青年會、生命關懷協會**等幾個「主要的佛教新興教派」，二、是將：**佛光山、法鼓山、中臺山、慈濟功德會**等「傳統佛派」所具有的「新興現象」也列入研究對象。我們從上述的說明，就知道這是一個定義寬鬆、甚至有點濫用「佛教新興教派」一辭的綜合性研究。例如**佛教青年會**，只是新成立的佛教團體或組織，而**生命關懷協會**則是新成立的佛教環保團體或組織，居然也被列為解嚴後的「佛教新興教派」之一，可見其定義的寬鬆和濫用。

　　無論如何，由於楊惠南教授是以嚴肅態度，對現代禪在家教團從事大範圍的深度學術訪談，畢竟有別於現代禪在家教團先前的各次訪談內容。所以訪談全文，於 1998 年 3 月在現代禪在家教團的內部刊物《本地風光月刊》第 25 期「如實」登出。但，1999 年 10 月，楊惠南教授發表的〈人間佛教的困局——以新雨社和現代禪在家教團為中心的一個考察〉一文，卻是以現代禪在家教團和新雨社兩團體與印順人間佛教思想歧異的主張，作為印順的「人間佛教」之對立面（「困局」），來進行說明或加以批判的。[22]而楊教授在論文中除點出

---

[21] 楊惠南此文是一九九九年十月發表於「印順導師思想之理論與實踐學術研討會」（桃園：佛教弘誓文教基金會）的會議論文。

[22] 楊惠南在其論文的「提要」中，非常清楚地說明自己探討的角度和側重點如下：「印順導師所提倡的『人間佛教』，儘管在臺灣佛教界逐漸成為主流思想，但卻遭遇一些困局。其中，來自新雨社和

兩者（印順與現代禪在家教團和新雨社）歧異或認知衝突之外，[23]也連帶延伸先前外界、特別是來自「出家僧團」對現代禪在家教團（新雨社在此省略，以下同）的各種質疑，所以事實上幾等於是一次對現代禪在家教團發展和主張的澈底總清算。

在這些強烈質疑和批判中，楊教授幾乎是用現代禪在家教團的內部祕件和透過早期參與又先後離開的多位幹部的訪談，而一舉「揭發」了下列嚴重事實：

(1)儘管李元松沒有正面承認現代禪在家教團的創立理念和一貫道有關；但是，一貫道顯然對他有某種意義的影響。一、是三教經典的研讀，將他薰習成一個講究「人情義理」的修行人。二、是一貫道階級嚴明的教團組織、帶著神祕色彩的傳教方式、後學對前人和長輩的唯命是從，乃至親情倫理的重視等等，相信或多或少都會影響現代禪在家教團的組織架構。另外，一貫道原本是個祕密宗教，由於政府將它列為「邪教」，一貫道在政府禁止傳教的時代，為了規避政府的取締，採取祕密傳教的方式；內部組織及其運作，也相當神祕。

現代禪的批評，顯然無法漠視。這兩個臺灣當代新興佛教教派，對人間佛教的批評，主要有兩點：一、『人間佛教』不曾提供一套具體的修行方法。二、『人間佛教』所強調的『不急求解脫』的思想，被視為不關心究極的解脫。本文試圖透過這兩個新興教派的訪談和調查，來說明以上這兩點批評的成因」。見〈人間佛教的困局——以新雨社和現代禪為中心的一個考察〉。

[23] 這些歧異或認知衝突，楊教授認為，可包括下列各點：（一）印順「人間佛教」特重凡夫菩薩的這一特質，則是現代禪所極力批判的理念。他們以為，代表大乘佛教的菩薩，決不是「凡夫」，而是體悟了「空性」的人。（二）印順主張：「不修禪定，不斷煩惱」乃至「不證實際」的論點，現代禪和新雨社也不接受，特別是印順主張的「不證實際」，更是現代禪批評最力的一點。（三）印順只重視原始佛教的人間性或人本主義，而不強調修戒、定、慧，以證「果」位；而這點，受到了現代禪的強烈批判。他們一致認為，印順的著作裡，缺乏明確指導讀者修行的道路。不求證入「實際」「果」位的說法，更被視為違背了佛典的明訓。（四）印順只重視初期大乘佛教，而忽略，甚至批判後來的大乘佛教（特別是在中國發展出來的禪宗、淨土宗、密宗），現代禪採取批判的態度。這也是現代禪和印順分道揚鑣的主要原因之一。所以楊惠南總結以上看法，認為：「印順推崇原始佛教和初期大乘佛教。大體說來，新雨社接受了原始佛教的教義；卻強烈批判（初期）大乘佛教。而現代禪，則一方面接受了原始佛教「四果」的修證階位，二方面接受了初期大乘佛教，特別是龍樹所弘揚的菩薩精神和『空』的哲學。但另一方面，卻又偏愛在中國（和日本）所發展出來的禪宗和密教。」見〈人間佛教的困局——以新雨社和現代禪為中心的一個考察〉。

浸淫在一貫道九年之久的李元松，很難不受這種祕密傳教方式的影響。因在他創立的現代禪在家教團裡，即常有印著「禁止外傳，禁止盜閱」的密件。

(2)現代禪在家教團有所謂「外禪內密」的說法；其中，「外禪」（對外以禪修為號召），是大家所熟知的；但是「內密」（對內以密宗的規矩管理教團），卻少有人了解。現代禪在家教團講求理性、民主、平等（平權），應該是「外禪」的部分；至於「內密」，傳統密宗裡的上師崇拜，恐怕才是維繫教團運作的真正動力。這說明現代禪在家教團所走的路線，不是單純的禪，而是禪與密互相結合的綜合體。

(3)現代禪在家教團的禪法特色是「情慾紓解」與「授記證果」：首先，紓解情慾的訴求，確實是現代禪在家教團迅速吸引一批現代青年的原因之一。無疑地，它是現代禪在家教團活力的最大來源之一。再者，現代禪在家教團曾有男女關係處理不當的傳聞，儘管這些傳聞可能僅止於空穴來風，但不能不承認和紓解情慾的這一道次第有關。

最後，現代禪在家教團早在創立初期，李元松即採用原始佛教的四果、四向，來判定他自己以及現代禪在家教團同修的修行階位。他先把自己判定為「慧解脫阿羅漢」（亦即依智慧而解脫煩惱的阿羅漢），而把多位追隨他的同修分別判定為初果、二果、三果。儘管多年後他本人也承認「最後證明這些都無效的」，因而自我否定了當時授記弟子果位的妥當性；但到當前為止，他還是認為自己是一個「永斷三結」的「法眼淨學習菩薩道」的行者。

(4)「佛教現代禪在家教團菩薩僧團」是 1989 年 4 月，由祖光傳法長老（李元松）所創立的，之後立即受到傳統佛教僧俗的嚴厲批評。特別是一些因故離開現代禪在家教團的人士，幾乎都心懷怨恨；這對一個宗教團體來說，相當少見。……[24]

---

[24] 見楊惠南，〈從印順的人間佛教探討新雨社與現代禪的宗教發展〉，《佛學研究中心學報》第五期（臺北：2000），「後記」說明

　　但，楊教授論文中所「揭發」的上述各論點，在口頭發表時，立即受到講評者林朝成教授的強烈質疑。**林朝成**教授的質疑意見如下：

　　(1)新雨社和現代禪在家教團所關心的問題，並沒有聚焦在人間佛教的理念。臺灣新一代的佛教徒，大都研讀過印順的作品，不能因此認定他們都是人間佛教的追隨者或進一步的開創者。

　　(2)新雨社以原始佛教為依歸，依據原始佛教的僧團戒律，在家人不可以接受出家人頂禮。但是新雨社，卻有人主張在家人可以接受出家人頂禮。這也是新雨社分裂的原因之一。

　　(3)情慾的處理問題，在新雨社的社員當中（尤其是教師團），一直有爭議。新雨社的出版刊物，是否適合刊登本章所附「修行日誌一則」這類的文章，也是新雨社內部意見紛歧，進而導致分裂的原因之一。

　　(4)現代禪在家教團似乎看輕學術研究的重大意義。現代禪在家教團要求更具體的、細部的、經驗實證的指導方式，因此不滿足於印順原則性的修行講述。這和現代禪在家教團是一個修行團體，有密切關係。

　　(5)證果不是印順人間佛教的核心問題。印順不強調證果，是否可以說是印順人間佛教的困局？其實，現代禪在家教團授記果位的失敗，是很嚴重的問題。

　　(6)現代禪在家教團的「內密」個性，如何實踐「外禪」所強調的理性、民主、平等的禪法？這個困局現代禪在家教團如何解決？[25]

　　至於**現代禪在家教團**方面，也立刻發出數千份信函，由其研究部主任溫金柯撰文，指陳了楊文有下面的兩點缺失：

　　(1)引用資料老舊；

---

[25] 見楊惠南，〈從印順的人間佛教探討新雨社與現代禪的宗教發展〉，《佛學研究中心學報》第五期（臺北：2000），「後記」說明。

(2)（內容）數處明顯疏誤。[26]

但是，楊惠南本人對於以上的質疑，除了針對現代禪在家教團此兩點指摘，作兩點答辯之外，[27]也因應林朝成教授的質疑，而改以〈從印順的人間佛教探討新雨社與現代禪在家教團的宗教發展〉的篇名，正式發表論文。[28]至此，楊教授未再重大修訂自己的上述觀點。

所以，楊教授在其後（2002 年 3 月），雖又發表〈解嚴後臺灣新興佛教的現象與特質——以「人間佛教」為中心的一個考察〉的研究長文，報告其對「解嚴後臺灣佛教新興教派的研究」的綜合成果。但因當時，是由我本人應邀擔任講評，我即曾質疑其對「解嚴後臺灣佛教新興教派」定義過於寬鬆，且相關史料的解讀也欠嚴謹，但仍肯定其能對涉及研究主題範圍的廣泛資料，都用心地搜集和解讀，雖仍不免過於傾向以印順的「人間佛教」思想來判準一切，因而有失公允（客觀性稍有不足），卻依然不失為迄當時為止該主題或該領域中最重的學術成果之一。儘管如此，該文雖一方面對了解「解嚴後臺灣佛教新興團體」崛起的發展脈絡大有幫助，另一方面卻對關於當前現代禪在家教團的相關研究，無進一步的突破可言，所以我們在此，可以不必再討論此文的其他種種觀點。

---

26 見楊惠南，〈從印順的人間佛教探討新雨社與現代禪的宗教發展〉，《佛學研究中心學報》第五期，「後記」說明。

27 楊惠南的原文如下：首先，所謂「資料老舊」，指的應是拙作僅以現代禪創教初期的一些「密件」為依據。現代禪以為，拙作忽略了現代禪其後所立下的《宗門規矩》，以致才有現代禪是「外禪內密」的結論。其實，拙作所引《宗門規矩》的次數，並不下於這些「密件」的引用次數。只是本人認為，這些「密件」，對於現代禪創教性格的了解，更為重要。其次，所謂拙作「數處明顯疏誤」，應該是指相關人士的訪談記錄部分。這些訪談記錄，容或有對現代禪誤解或批評之處，拙作實無權隨意加以更改。楊惠南，〈從印順的人間佛教探討新雨社與現代禪的宗教發展〉，《佛學研究中心學報》第五期，「後記」說明。

28 楊惠南，〈從印順的人間佛教探討新雨社與現代禪的宗教發展〉，《佛學研究中心學報》第五期（臺北：2000）。

3. 大陸學者何建明的研究評述

　　大陸學者何建明於 2004 年，分別於《普門學報》第十九期，發表〈當代臺灣佛教與基督教間的一場深層次對話——現代禪在家教團教團與中華信義神學院對話初探（一）〉和，第二十期發表〈當代臺灣佛教與基督教間的一場深層次對話——現代禪在家教團教團與中華信義神學院對話初探（二）〉共兩篇研究長文。

　　根據何建明的說法，這是關於「現代禪在家教團與中華信義神學院之間的對話，是二十一世紀伊始發生在臺灣地區的一場頗有深意的宗教對談，也是近百多年來中國的佛耶對話最有目的性和系統性的一場交流」。「這場對話從 2000 年 6 月開始，一直持續到 2003 年元月。雙方先後進行了七次當面對談和十多次書面對談，就宗教對話的原則與態度、『至高者』信仰和『因信稱義』等重要問題，進行了廣泛深入的討論。對談始終是平等的、開放的與充滿感激的」。

　　所以，何建明先在文中，「回顧了近百年中國耶佛對話的歷史行程，並以此切入以現代禪在家教團與中華信義神學院為代表的當代臺灣的耶佛對話，然後分別從對談雙方的背景和立場、雙方對談經過、對談的根本問題與焦點問題等方面，對現代禪在家教團與中華信義神學院之間的對談作了初步的個案探討。這場對話雖然可能還要繼續，但是從目前已經取得的成績看，對於多元處境下的新時期宗教間對談如何走向深入、如何面對對談所可能帶來的改宗問題等，都非常具有借鑒意義。」[29]而與這一「宗教交談」的相關資料，也由現代禪在家教團教研部主編為《佛教與基督教的交會——現代禪在家教團與中華信義神學院的對話》一書。這些資料和研究，其實也代表現代禪在家教團

---

[29] 香港中文大學崇基學院宗教與中國社會研究中心出版，《以當代臺灣為例看近代中國佛教與基督宗教的對話：現代禪與中華信義神學院的對話初探（專文報告系列 15）》（2004.3）對該文的扼要的解說。

在教內遭受嚴厲批判之後，重新在教外進行新的交流，並獲大陸學者的重視。

4. 大陸學者邢東風的研究評述

　　因此，在何建明之外，另一個旅日的大陸學者邢東風（日本愛媛大學法文學部教授），也早於 2001 年總第 10 期的《佛學研究》年刊（北京：中國佛教文化研究所）即發表〈淺談「現代禪在家教團」的理念和實踐〉的專文。[30]

　　但是，就邢東風的專文來看，其實全文只是在對現代禪在家教團進行同情的理解而已。以他的話來說，他是如此看待現代禪在家教團的：「自二十世紀八〇年代以來，臺灣社會出現了諸多新興宗教，其中包括一批屬於佛教信仰系統的新興教派，他們不僅在理念信仰、修行方式、組織系統、管理體制以及宗教生活等方面，作出新的理解和嘗試，而且與傳統佛教展開積極的對話，並向臺灣以外地區進行傳播和交流，成為當代漢語佛教世界中一個值得注意的新動向。李元松的『現代禪在家教團』即是其中之一。『現代禪在家教團』並不熱衷於表面的弘法事業而注重內心的修證，並提出了一套頗具現代性的新型佛教理念，在臺灣佛教界引起相當大的反響，在中國大陸亦受到關注。考察這一新興宗教現象，不僅有助於把握現代佛教發展的最新脈動，而且對於探索佛教在現代條件下的發展前景亦有啟發意義。」[31]所以，他根據現代禪在家教團本身的說法，來解說現代禪在家教團的相關理念和特色及其與傳統佛教的分歧。

　　亦即，他其實採取和楊惠南教授的批判性論點正相反的角度，換言之，他不再以「傳統佛教（文中明白指出是以印順為代表）」的觀點，作為主要判別認知對錯的基準，而是盡力說明現代禪在家教團何以如此主張？以及何以其

---

[30] 邢東風，〈淺談「現代禪」的理念和實踐〉一文，原載於《佛學研究》（北京：中國佛教文化研究所，2001）總的 10 期，頁 236-249。此文後來增補後，收到邢東風，《禪宗與『禪學熱』》（北京：宗教文化出版社，2006）一書中，頁 513-547。

[31] 邢東風，〈淺談「現代禪」的理念與實踐〉，《禪宗與『禪學熱』》，頁 513。

會不同意印順的觀點？所以他此文才會被李元松視為生平知己，還親赴日本
拜訪歡談。所以邢東風此文的意義，充其量只是代表當代大陸學界理解現代禪
在家教團的一個樣板罷了，並無其他重要的學術意義。

5.　「人間佛教思想」與「現代禪在家教團」理念之爭的相關研究評述

　　由於繼楊惠南教授的強力批判現代禪在家教團之後，釋昭慧和我也合編
《世紀新聲：當代臺灣佛教的出世與入世之爭》，[32]對印順的批評者提出重要
的學術反批判。

　　不過，此舉並非針對現代禪在家教團本身而發，主要是針對其他一些援引
現代禪在家教團觀點以攻擊印順觀點的異議者；至於現代禪在家教團理念的
主要新批評者林建德，則出版《諸說中第一：力挺佛陀在人間》一書，[33]與現
代禪在家教團教研部主任溫金柯的多篇長文觀點，正好針鋒相對，而其訴說的
主要重點，就是力辯印順觀點的無誤和現代禪在家教團所有批評的非當。

　　至於現代禪在家教團陣營方面，由其教研部主任溫金柯，也曾先後表兩本
專書：《生命方向之省思──檢視臺灣佛教》和《繼承與批判印順人間佛教思
想》（臺北：現代禪在家教團，2001），[34]以反擊來自教界學者（包括印順本
人）的批評。可是，彼此雙方爭論的風波，卻始終餘波盪漾。

　　其實雙方爭論的議題並不新鮮，幾乎都已在楊惠南教授先前的批評論文
中都提及了，差別的其實只是各自要再堅持多久而已，所以這其實是一場不會
有結論的雙方意志力和信念的相互角力罷了。

　　於是，針對上述雙方的各自堅持點的相關論述，如何能採取平等客觀的交
互呈現的方式，來進行長期學術思想發展史的必要觀察和系統論述，便成為當

[32] 釋昭慧，江燦騰編著，《世紀新聲：當代臺灣佛教的入世與出世之爭》（臺北市：法界出版社，2002）。

[33] 林建德，《諸說中第一：力挺佛陀在人間》（臺南縣：中華佛教百科文獻基金會，2003）。

[34] 溫金柯，《生命方向之省思──檢視臺灣佛教》（臺北市：現代禪出版社，1994）。溫金柯，《繼承與批判印順法師人間佛教思想》（臺北市：現代禪出版社，2001）。

時學界極迫切的一大學術課題。於是在我個人的建議和邱敏捷教授共同指導的條件下，選由釋禪林來撰寫此一重要的專書《心淨與國土淨的辯證——印順導師人間佛教大辯論》，[35]試圖把近二十年來的各家辯論的觀點都力求客觀地一一呈現，而作者本身卻不下最後判斷。

所以作者釋禪林，將以上述所提及的各家論述（包括以上未曾提及的海內外學者在內），凡有涉及現代禪在家教團和印順爭論的重要觀點，都按其時間順序，分別加以摘述和進行舖陳，並使其原本歷史作用得以「忠實」地再現。如此一來，此書堪稱是在資料和論述上都是最完整的。[36]但因現代禪在家教團其後「由禪轉淨」的問題，並不在其論述的範圍之內，所以，此書也只能當作關於**現代禪在家教團理念爭辯史**的「局部研究」來看待了。

（二）「現代禪在家教團」內部的學者研究

現代禪在家教團內部的學者研究，除了教研部主任溫金柯之外，並無其他可稱為重要的相關論述。而溫金柯的兩本主要論述專書，以上也扼要說明過了，可以不必再提。

但，李元松過世一週年時，溫金柯在《李老師紀念文集》中刊登兩篇重要文章，〈現代禪在家教團的真理觀〉和〈懷念上師——我對上師往生前二三事的思索〉，[37]這兩篇文章，前者是溫金柯從現代禪在家教團的理念和心法，如何在李元松的帶領下轉向他力的彌陀信仰。雖然有點保留，但基本上，都是力陳「禪淨一如」的觀點，而非單向的由禪入淨之變革。

後者是對李元松生前發表的〈李元松向佛教公開懺悔啟事〉一文，採用

---

[35] 釋禪林，《心淨與國土淨的辯證——印順導師人間佛教大辯論》（臺北市：南天書局，2006）

[36] 見原書〈昭序〉，釋禪林，《心淨與國土淨的辯證——印順導師人間佛教大辯論》（臺北市：南天書局，2006），頁1-2。

[37] 溫金柯，〈現代禪的真理觀〉，收入《李老師紀念文集》（臺北：淨土宗文教基金會，2004），頁547-636；溫金柯，〈懷念上師——我對上師往生前二三事的思索〉，收入《李老師紀念文集》（臺北：淨土宗文教基金會，2004），頁221-250。

「權」與「實」的兩種解讀方式，意圖呈現不能照原來字面解讀的新解讀。

換言之，李元松生前發表的〈李元松向佛教公開懺悔啟事〉一文，是應認為是「權說」而非「實說」。如此一來，溫金柯才得以在 2007 年 12 月和華敏慧共創「現代淨」的根本道場「象山淨苑」，而重新出發。[38]

五、探討後對於相關問題的多層解說及其歷史重建

本章經過以上探討後，又根據從 2008 年至 2020 年，近 8 年來的持續觀察，於是我們有如下的最新發現：

一、「現代禪在家教團」的前期發展史的重建與相關問題。根據以上的研究資料，我們可以了解：現代禪在家教團是由李元松於 1989 年春，率領其短期禪訓班的眾弟子所創立的「佛教現代禪在家教團菩薩僧團」。

由李元松擔任祖光傳法長老，撰寫各種〈傳法教材〉、制定「宗門規矩」、「道次第」、「血脈圖」、「發願文」，並以「本地風光」為現代禪在家教團的根本心法。[39]

現代禪在家教團於 1989 年春天創立時，隨後於同年九月在臺北市龍江街成立「根本道場」，10 月成立出版社，12 月創辦《現代禪在家教團》月刊，並設立「修行法要指導專線電話」。這是第一年的情形，可以看出很擅於利用現代大眾傳播的各種媒體和工具來傳達其理念。

第二年（1898），發展更為快速和驚人。它在短期內，即將影響範圍迅速

---

[38] 本文審查委員之一，建議有關李元松與現代禪的討論，有兩種資料值得參考：1、2009 年 8 月，溫金柯撰有〈敬述先師李元松先生的「現代禪」思想〉，有意識地論證「現代禪」融攝漢傳佛教傳統與現代性之特質，值得參考。2、王永會著《中國佛教僧團發展及其管理研究》（2003，巴蜀書社），第五章第三節有相關論述，將現代禪置於臺灣佛教人間化脈絡中討論，可資對照大陸學界之看法。筆者在此特致感謝。現已在附錄中轉引。

[39] 羅佳文，《從「現代禪」到「淨土宗彌陀念佛會」：一個宗教團體的轉型》（臺北縣：真理大學宗教學研究所碩士論文，2005），附錄一：現代禪發展大事記。

擴充到臺灣東北部、中部和南部。並且，還出現以下嶄新的各種觀念、作法和組織具體化的歷史現象：以「現代禪在家教團」、「現代禪在家教團七」、「現代禪在家教團標幟」三項，向中央標準局提出專利申請，並於同年八月獲得通過。這是臺灣宗教史上的創舉，可謂史無前例。所以，儘管「現代禪在家教團」的用語，並非李元松首創，但以上述方式，提出商標式的專利申請，則是首開先例。

雖有外界的質疑聲浪出現，但李元松仍於當年正式成立「佛教現代禪在家教團弘法團」。於是現代禪在家教團其「在家教團」的具形組織，至此可以說，已初步完成。

至於，隔年（1989）6 月成立的「宗務委員會」和 11 月成立的「戒律委員會」，只不過是針對現有組織領導和運作所需，再進一步的組織調整和功能區隔而已。

在教團才成立 2 年餘，並正處於快速成長和擴張有利發展的「黃金期」階段的現代禪在家教團，雖然各項組織都日趨完備、名聲迅速大增、各界因好奇、認同或被李元松個人獨特的宗教魅力所吸引等，而有大量的新加入者願為弟子，其中甚至包括有數位已正式受戒的比丘尼，也正式拜在李元松門下。

可是這種顛覆傳統「出家」高於「在家」的新佛教倫理的變革，以及仿早期佛教為弟子「授記證果」的挑戰性作法，卻面臨以出家僧侶共三十五位為主組成的「正法輪弘法團」的反撲，向其提出包括：教團名稱、修行次第和教義詮釋等各項質疑。

現代禪在家教團雖奮力為自身辯護，卻無足夠的強毅抗壓性，於是隨者風暴的持續，現代禪在家教團從李元松開始，逐漸退縮和進行各種自我調整：例如不再主動談論修行的果位、不再為弟子授記、或更改現代禪在家教團的修行位階，但仍無法沖淡「出家」對其強烈的敵意。於是現代禪在家教團開始準備進入長期潛修和轉型。

　　二、「現代禪在家教團」中後期的急遽轉型，及其開創者死前公開懺悔的
震撼歷程。現代禪在家教團是在 1994 年，正式宣佈進入潛修期。但在之前，
李元松已於 1992 年退出組織領導，僅稱「傳法長老」，後來又自稱「念佛人」，
整個教團事務改由「全體指導老師會議」領導，並增設「宗教心理協談中心」。
此外，原先規劃的「臺中龍樹會館」於當年四月如期啟用，隔月「印經會館」
也正式成立，並交由在教團內的「比丘尼」弟子負責會館事務。但這些都是先
前強勢發展的餘波盪漾而已。因而，發行量最大的《現代禪在家教團》月刊，
在當年十月就改為雙月刊，到一九九四年八月就正式停刊。

　　但在其組織的調整上，現代禪在家教團是於 1993 年 2 月，正式向政府主
管機關登記成立為全國性的「財團法人現代禪在家教團文教基金會」。到 2001
年時，所成立的第二個現代禪在家教團基金會，則是以創始人李元松的傳法
「祖光」之名設立的「財團法人祖光教育基金會」，其重點在於「教育」下一
代（小蜜蜂）的成長。

　　1993 年合法登記的「財團法人現代禪在家教團文教基金會」，並無法改
善現代禪在家教團和出家眾持續存在的緊張狀態，特別是當代佛學大師印順
長老正式在佛教刊物《獅子吼》第 11/12 期 1993 年 11 月）發表〈「我有明珠
一顆」讀後〉長文，強力反批現代禪在家教團對其批評的各項論點。[40]因為李
元松在其書《我有明珠一顆》（1993 年 8 月）中提到：許多當代佛教徒之所
以排斥禪徒或禪宗，是受印順批評傳統禪宗言論的影響所致。[41]

　　印順則認為：他過去對傳統禪宗的批評，可能「障礙」了現代禪在家教團
的發展，而非「影響禪宗的式微」。而當時，最支持現代禪在家教團的著名佛
教史學者藍吉富，也同樣反對李元松對印順「影響禪的式微」的批評。藍認為：

---

[40] 釋印順，〈「我有一顆明珠」讀後〉，《獅子吼》第 11/12 期（1993 年 11 月），頁 1。
[41] 李元松，《我有明珠一顆》（臺北：現代禪出版社，1993），頁 23-26。

當代臺灣根本無正統禪宗的傳承，更何來有印順影響禪的式微之舉？[42]另外，印順又嚴重質疑說：如果《妙雲集》著作造成現代禪在家教團的障礙，錯將禪宗列真常唯心系說法，但是李氏卻又覺得「我認為這是需要再探究的」，以及為何李氏後來又再向「我懺悔，應該是可以而說是不太離譜」？所以他認為：「……現代禪在家教團的創立者，應該負起相當的責任！」[43]

針對印順長老的重量級沉重批評，現代禪在家教團在隔年（1994）由其教理研究部主任溫金柯撰文發表〈佛教根本思想辯微：敬覆印順法師《我有明珠一顆》讀後〉。其中，有二段是值得重視的。

其一，溫提到：「印順導師認為，現代禪在家教團根本不瞭解大乘菩薩道的精神，因此再怎麼推崇《般若》與《中觀》也是枉然。但是我們認為問題的實質是現代禪在家教團與印順法師在法義抉擇上有所差別。……就是現代禪在家教團強調解脫與菩薩道的共通性。」[44]

其二，溫認為：其師李元松體認佛教乃特重「如實智慧」的宗教，亦是般若思想的核心，而印順導師卻據以評斷批評現代禪在家教團不說發菩提心，慈悲心，輕視菩薩道，所以溫再質疑：「除非法師不贊同李老師所說的在究明真相的般若前提下，才所謂的『大乘的菩薩道』；除非法師認為不問其是否有『如實智』……倘不是法師對佛教根本思想的認識尚有待商榷，便是法師對這一段文字的解釋有誤。」[45]

在前述的雙方爭論在法義抉擇上的有所差別，其實只是爭論：社會性（發菩提心，慈悲心）是否必須與智慧性（如實智）並重或列為優先？就大乘菩薩道的印度原意來看，當然印順的詮釋是正確的；但李和溫則認為：對於宗教本質的根本認知，除非有智慧性（如實智）作為必要條件，否則空有社會性，也

---

[42] 這是藍吉富告訴筆者的。
[43] 釋印順，〈「我有一顆明珠」讀後〉，《獅子吼》第 11/12 期（1993 年 11 月），頁 4。
[44] 見溫金柯，《生命方向之省思：檢視臺灣佛教》（臺北：現代禪出版社，1994），頁 60。
[45] 見溫金柯，《生命方向之省思：檢視臺灣佛教》，頁 54。

無法達成。所以社會性是被其排在第二順位的。

　　現代禪在家教團在堅持智慧性是大乘菩薩道的第一義，而社會性只是第二順位之後，再加上李元松以本人的實修經驗和體悟進行對此主張的背書，雖無法在當代臺灣佛教界獲得普遍的共鳴或認同，卻順利成為其內部修法的高度共識和強大凝聚力，並反映在其後長期潛修時，教團對外活動的相對封閉性和保守性，使其性格反而接近小乘佛教的修道態度。

　　由於上述的外界強大反彈聲浪和強大壓力，現代禪在家教團在 1994 年 2 月宣布：臺灣北部所屬教團的共修會，開始進入「潛修期」。當年五月又宣布：臺灣南部所屬教團的共修會，也進入「潛修期」。至於中部，則因「臺中龍樹會館」於 1992 年 4 月才正式啟用，硬體俱全，且發展狀況良好，儼然已成為第二根本道場，所以不但未列為「潛修道場」，還在 1994 年 3 月，將新創辦的刊物《本地風光》雙月刊，在臺中地區廣為發行（1998 年 5 月為止）。然後，在當年 6 月，教團正式決定：（一）停辦《現代禪在家教團》雙月刊（8 月正式停刊）、（二）縮編根本道場的編制、（三）也不再收受任何「入室弟子」。（四）北部道場則全面進入漫長的潛修期。

　　但就現代禪在家教團的真正發展而言，卻顯然出現吊詭的矛盾現象：一方面，從「都會型叢林社區──象山修行社區」的規劃和規模逐漸擴大（1996-2002），都相當成功。另一方面，卻對自己能否「建立臺灣第一清淨教團」和「直至培育出百位悟境堅固的傳法老師」的理想與信心，越來越無把握，甚至到最後連自己修行是否正確和有效，也產生強烈的懷疑和自我否定的極端吊詭現象。

　　可是，儘管現代禪在家教團費盡力氣，向各方學界或教界人士申明被扭曲或要求為其主持公道，並在 2000 年 8 月發表〈823 宣言〉，宣稱：「今後」對於各方的批評或指教，不論對或錯，現代禪在家教團強烈希望「都不予回應！」將一心深入止觀漢佛學研究，徹底脫「辯誣」之漩渦。然而，溫金柯隔

年卻出版其重要的反駁著作《繼承與批判印順人間佛教思想》一書，另外佛教界的「如石法師」和大陸學者「恆毅博士」也對其表示聲援，甚至展開對印順論點的全面批判。

此一來，迅即遭來包括：李志夫、性廣尼、昭慧尼等多位重要學者，如排山倒海般的強烈反批判。於是現代禪在家教團李元松，一方面雖於 2002 年 4 月 26 日，透過昭慧尼牽線，正式皈依印順長老門下，一方面也卸下宗長職務，可是由於實際未曾真正放棄原先的論點，所以相關爭論也依然持續進行中。最後，由於李元松本人健康開始惡化，[46]終於導致「現代禪在家教團網站」完全關閉（2003 年 9 月），並且，教團的走向急轉直下。

2003 年 10 月 15 日，李元松由於健康惡化，於是，繼 9 月決定關閉「現代禪在家教團網站」之後，在當天先率眾弟子和本身正式皈依經由網路結識不久的唸佛僧侶，即專事「弘揚彌陀宏願—善導門」的慧淨比丘；然後，再將現代禪在家教團原在「象山修行人社區」長期舉行的「密嚴共修會」，宣佈改為專門唸佛的「彌陀共修會」。隔日（16），又透過網路發表〈李元松向佛教界公開懺悔啟事〉，其中主要是提到自己生平最得力的修行「方法」，居然在病中證明「使不上力」，因而其正確性相當「可疑」。連帶他也嚴重懷疑自己在現代禪在家教團時期的「悟道」非真，所以他為此向「佛教界公開懺悔」。

〈李元松向佛教界公開懺悔啟事〉的發表，一時之間，震撼了個佛教界。但其真正意涵為何？它可以從表面照字義解（慧淨比丘者流如是解讀）；也可以看作是病危時所採用的一種臨時應變的退讓策略。（其他現代禪在家教團的不認同者如是解讀）。

三、「現代禪在家教團」在李元松死後的教團分裂與迄今的新局開展。雖然在李元松本人於當天，曾匆促進一步宣佈取消現代禪在家教團的「傳法制度」，改「中觀書院」為「淨宗書院」，和改「象山修行人社區」為「彌陀村」

46　此一內情，是由現代禪華敏慧前秘書長，特地告訴筆者的，特此致謝。

之後，以及在當年 11 月 21 日，由教團全體會議通過皈依慧淨比丘和迎請慧淨比丘為「彌陀共修會導師」之後。甚至李元松本人在當年 12 月 10 日辭世之前，於大眾「唸佛聲」中安寧渡過，也只是在初期明顯支持慧淨比丘的「斷裂──由禪轉淨」的解讀立場而已，而另一派「繼承──禪淨一如」的不同解讀立場，依然存在。

因此，從 2008-2020 年夏季，這八年來得所出現的三條不同發展路線，其情況分別介紹如下：

1. 慧淨比丘所帶領的「淨土宗念佛會」，在部分前現代禪弟子的護持下，繼續發展，在臺灣、中國大陸、馬來西亞、新加坡、香港、澳門、美國、加拿大等地增加了一些的新道場。[47]但由於該派的主導者慧淨比丘有他自己的思想與行持。因此，這一派的發展，可以說與「現代禪在家教團」的發展，並無實質的關係可言。

2. 2006 年 4 月開始參加「正覺同修會」的前副宗長**張志成**，於 2020 年 6 月 16 日發表〈前正覺同修會張志成老師的公開懺悔與聲明〉，透露他已於 2018 年 8 月正式向「正覺同修會」請假，2020 年 6 月 4 日致函蕭平實，正式退出「正覺同修會」。[48]

3. 2007 年 12 月 10 日，正式啟用的「象山淨苑」，是由華敏慧、盧世國、溫金柯等四、五位現代禪弟子，於 2006 年 2 月開始自行組成小共修會，重新研讀並整理李元松的淨土與禪的著作。

開始的時候，並沒有固定的聚會場所。第二年年底，正式啟用「象山淨苑」，

---

[47] http://www.plb.tw/tc/dojo.aspx

[48] https://langyage.pixnet.net/blog/post/13785317-%E5%89%8D%E6%AD%A3%E8%A6%BA%E5%90%8C%E4%BF%AE%E6%9C%83%E5%BC%B5%E5%BF%97%E6%88%90%E8%80%81%E5%B8%AB%E7%9A%84%E5%85%AC%E9%96%8B%E6%87%BA%E6%82%94%E8%88%87%E8%81%B2%E6%98%8E

並定名為「現代禪淨土念佛會」，成立「現代淨」網站[49]，起初只有透過網路公開資訊，並未刻意對外弘法。

在此期間，漸有幾位過去的現代禪成員或李老師海內外的私淑者來訪而加入，也有新成員從網站得知而加入。其中最重要的是，前現代禪高雄共修會負責人楊碩誠，過去長期在中國大陸經商，返臺後，2010 年 4 月，正式在象山淨苑參與共修。

2010 年 12 月 26 日，在新加入者的要求下，舉行了「徹」字輩弟子的皈依儀式。[50]2012 年楊碩誠赴大陸，在佛法熱中者的請求下，開課傳授止觀打坐和般若正見課，受到相當程度的歡迎。2015 年，成立三芝禪訓中心。

從 2010 年開始有新的入室弟子以來，到 2020 年 8 月為止，已有來自兩岸與馬來西亞、新加坡、澳大利亞等地的超過百位成員，授予法名。目前師資有 6 位傳法老師，十餘位助教。

因此，除臺北根本道場象山淨苑之外，還依序成立了深圳、上海、北京共修會，及馬來西亞共修會、新加坡共修會。各共修會如根本道場一樣，每週小組共修。又拜現代科技之賜，也透過通訊軟體，讓散在世界各地的同修在一起分班上課。

從 2016 年開始，現代禪淨土念佛會每年 7 月進行海外旅遊禪訓，12 月李老師往生週年紀念日則在臺北根本道場和三芝別苑（禪訓中心）舉行密集禪訓。屆時來自全世界各地的同修一起上課共修。起初三年暑期禪訓的地方都選在日本，2019 年則選在馬來西亞的檳城。

2020 年因新冠肺炎疫情，無法舉辦。但是透過網路的共修則正常進行。[51]

---

[49]　https://www.modernpureland.org/

[50]　https://www.modernpureland.org/webc/html/book/show.php?num=144&page=14

[51]　https://www.modernpureland.org/webc/html/about/show.php?num=470&page=1&kind=2，

附　錄

　　為了平衡現代禪在家教團的內部觀點，與本書作者所詮釋的外部透視觀點，此處特引述該團首席著名論述家溫金柯先生的舊作一篇（二〇〇九年八月述。刊登於北京中國佛教文化研究所發行之《佛學研究》年刊二〇〇九年）。，讓讀者參照溫金柯先生的論點，與本書作者之間的相互異同之處：

李元松先生與臺灣現代禪的思想

溫金柯

　　提要：「現代禪」是臺灣上個世紀八十年代末發展出來的新思想。它是在漢傳佛教面對新時代挑戰下發展出來的新佛教傾向「人間佛教」的基礎上，重新認識現代科學理性的思潮，與傳統佛教宗派的甚深思想，而融攝為結合傳統與現代質素的新佛教思想體系。在共世間的善行方面，他主張取法於現代理性、民主、科學的精神，並提出如何在現代化的生活中修習禪定與般若的方法。後來又在緣起無我的核心教義下，發展出皈依彌陀的禪淨雙修法門。

　　關鍵詞：李元松、現代禪、禪淨雙修。

一、前言

　　現代的中國文化圈，處在一個價值多元衝突的處境中，傳統宗教與文化的價值，以及外來的各種思想與觀念，都有人試圖持守與挑戰。在如此混亂與爭

鬧的處境下，一切中外的思想元素，似乎都有可能被重新認識與重新定位；而且人們在此中，自覺或不自覺地在心中浮現的問題意識，是這些思想因素，是否可能為下一階段中華文化的發展，提供充滿活力的資糧。在這樣的背景下，佛教作為已經定根在華夏文化土壤中的一種傳統宗教，主要的努力方向表現為「傳統的再復歸」與「結合現代價值」兩方面課題。也就是一方面，從對傳統的再認識中，尋找適合現代人的靈感，另一方面，也要在認識外來思想中，得到發展傳統思維的啟發。

在當代漢傳佛教的發展趨勢中，「復歸傳統」的趨勢，如以虛雲老和尚為依歸的禪宗，與以印光大師為圭臬的淨土宗，都在一般佛教徒心中逐漸形成極高的權威，為固守漢傳佛教的傳統奠定雄厚的基礎。而在「結合現代價值」的趨勢方面，則是繼承楊仁山的新佛學運動一脈下來的歐陽漸、呂澂與太虛、印順、巨贊等人，在佛教新思想趨向上再進一步開展。中國大陸與臺灣的佛教界，近年被多方所標舉的「人間佛教」，都應該可以歸於此脈絡下來理解。

李元松先生在一九八九年創建的臺灣現代禪教團，其思想脈絡之歸屬，如果從李先生的學思歷程來看，印順法師的影響可以說是他深入理解佛教的開始。但是觀察李先生的思想形成，應該進一步回溯其修學佛法之前，更早的學習歷程，即可發現它同樣經歷著傳統與現代價值之間的往復抉擇。

二、現代禪思想的出發點：印順法師為代表的現代佛教思想

李先生天資聰穎、性格早熟，十三歲小學畢業後，就因為想要幫助家計，而自願放棄升學，並在菜市場幫助父母照顧攤子的同時，在當時仍為臺灣政府所取締，但是在民間快速傳播的「一貫道」中學習。李先生曾自述：「自幼家裡深受貧病之苦，少年之途頗為坎坷，因此『人生無常』之感特深，對人生之

苦迫性也特別有體會，所以小學畢業前就接觸到一貫道。希望幫父母親忙，也就沒再升學。」「一貫道」的信仰與思想，屬於宋元以後「無生老母」信仰體系下的教門，主張「三教合一」，且採用鸞乩宣教，是相當保守、傳統而且具有迷信色彩的教門。李先生在一貫道的教育下，熟讀四書、老莊、六祖壇經、金剛經等通行的三教經典。後來，在稍為年長的朋友的影響下，「十七、八歲之後，開始接觸心理分析、邏輯、語意學，以此基礎閱讀西洋哲學。」接觸西方哲學與邏輯、語意學，使對於現代化的理性思維有了初步的認識；李先生當時熟讀馬斯洛、佛洛伊德、佛洛姆等當代精神分析著作，對於西方反省現代理性化的界限也有初步的了解。

可能是在現代思維的影響下，他在成年以後，漸漸不滿足於一貫道，而開始接觸佛教。李先生的自述是：「我之所以進入一貫道，是被一股追求安身立命的熱忱所驅使。雖然，當時並不曉得什麼是真理，不過內心非常渴盼得到；換句話說，我是在摸索真理。前前後後大概是在一貫道待了九年，九年當中，可以說是把整個生命投入其中，最後之所以讓別人以為我脫離一貫道，是因為我想找的答案，沒有在一貫道中獲得解答。在這樣的情況之下，我暫時離開了一貫道的團體，開始參加佛教團體的活動，主要的目的是想追求一個讓自己安心的法門。」

李先生在傳統的三教經典與現代精神的衝突中，以佛教作為其尋訪的主要對象，從思想的系譜來看，並不是偶然的。因為在各種傳統宗教中，在融入現代化、理性化質素最多，且最為精緻的，應屬前述「人間佛教」的一系。而且當時適逢印順法師的《妙雲集》在臺灣學佛知識青年圈中颳起旋風的年代，許多在城市中新成立的佛教團體，紛紛開班向社會青年推廣《妙雲集》的閱讀。

李先生說：「第一次參加佛教團體的活動是『能仁學會』舉辦的『法輪班』，以研讀印順導師的《妙雲集》為主。」「在我退伍之後，當一接觸到印順法師的《妙雲集》思想，立即察覺到這正是我突破人生思想進一步開拓心靈

所必須的資糧——至此新的眼界展開，而我也在此時正式踏入佛教的領地！接觸印順法師的《妙雲集》，我稱之為人生的第三個貴人。因為沒有印順法師《妙雲集》思想的啟迪，我不會成為純粹的佛教徒，也無法窺探中觀思想的甚深義，當然也就可能永遠與實修實證的禪無緣。《妙雲集》思想是我追尋明心見性一個無比重要的踏板。」從這個歷程可以看到，李先生是在傳統宗教與現代理性的共同影響下，契合於印順法師的新佛教思惟，並在此新佛教思惟下奠定其對佛教義學的掌握。

三、肯定傳統宗派的價值

印順法師對於佛教義學的抉擇，是歸本於《阿含》而立足於龍樹的《中觀》。李先生曾經明確的說過，現代禪的核心思想是《中觀》的緣起無我論。但是，李先生也在學修的過程中，無法認同印順法師斥責傳統的佛教宗派——禪、密、淨土重視修證的傾向，而認為恰恰相反，這些傳統宗派有不可磨滅的價值。他說：「研讀《妙雲集》前後大概五年，之後我產生了一個困惑，那就是為什麼實際的身心總是距離經典那麼遠？或者說為什麼經意能夠懂，卻感受不到？我覺得自己的思想和心境之間有一道鴻溝隔絕，所以想要不發脾氣做不到，想要不擔憂做不到，想要平息紛飛的雜念也做不到……這種情形更使我生起一個疑問：如此混濁的身心所理解的佛法會是真的佛法嗎？在數度重新翻閱《妙雲集》的文句，我並沒有在其中找到可以助我突破瓶頸的養料。相反的，過去曾因印順法師的態度，使我對它產生懷疑擱置一旁的禪宗和密教的典籍，卻在此時給我一線生機，指引我勇猛修練禪定才是突破瓶頸消弭這道鴻溝的途徑。我由此開始精勤打坐，經論典籍也暫拋一邊，偶有閱讀則僅就可令自己身心輕安並生起無常之警惕的法語反覆吟詠，而全副的精神都用在修定、修觀。修定、修觀常常會使人在日常生活中或正在用功時，獲得前所未有的喜悅

和覺受，其中有的被稱為『開悟』；當然從現在的經驗來看，開悟分很多種，有深有淺有真有假，只是悟者當時通常不自知，有的甚至以為自己從此沒事了，就這樣一誤十年八年乃至一輩子。而我算是比較幸運，一次悟境的出現，通常三兩個小時，也有三兩天的，而最長的一次頂多也是一個月，自己便發現這是不徹底的悟；而這主要是得力於般若中觀思想的基礎，以及對禪密祖師的行履的崇敬和自我策勵。」從這樣的描述，可以看到李先生透過既虔敬又批判的實踐，在印順法師的影響下，又走出了印順法師的侷限，而重新認識傳統佛教宗派的價值。經過三年努力的精進實踐，李先生在 1988 年 3 月，自認為得到了根本的安心。

由於他在修學的過程中，與當時的佛教知識青年界有較多的互動，因此，當他獲得大安心之後，許多都市中的青年佛教團體，也紛紛邀請他開課授禪。其中，文殊佛教文化中心，還將他的授課講義出版，編輯者將書名取作「與現代人論現代禪」。這是「現代禪」之名的由來。這本書的序言，分別由宏印法師及黃國達居士寫序，這兩位都是當時在知識青年中提倡印順法師《妙雲集》思想的知名人物。而現代禪教團的成員，主要就是從各個不同地方授課所接觸到的學員，在課程結束之後，仍然願意跟隨學習的；他們每週定期在李先生的家中聚會共修，因為人數眾多，李老師的居家根本無法容納，而興起組織新佛教團體的念頭。

四、創立漢傳佛教新宗派的嘗試

李先生創立現代禪教團時，撰寫了《佛教現代禪菩薩僧團宗門規矩》，把「現代禪」的制度與思想清楚地表述出來。《宗門規矩》曾經幾次修訂，並在修訂時，透過現代禪出版的刊物或附在書籍中對外發表，也曾出版過單行本。在 1996 年 3 月在《禪門一葉》中收錄的為其最後一次修訂的版本。《宗門規

矩》表達的觀念非常豐富，其內容為：

　　一、它首先表達的是創立現代漢傳佛教新宗派的意向。《宗門規矩》第一章是現代禪的血脈圖：「祖禪明心徹見法性，悲願如海廣度有情」。這一方面表達了現代禪的大乘佛教立場，另一方面，訂立血脈圖（即師弟相承的法號字輩排序）的本身，就具有創立宗派的明確意涵。當代臺灣的漢傳佛教徒，尤其是具有現代化傾向的，經常在被問到「你修什麼宗派？」這類問題時，往往有不知如何表達的困擾。

　　事實上，傳統的宗派也已經無法正確表述他們的信仰內涵。但是，「創立新宗派」似乎是一個未曾明言的禁忌。

　　現代禪的這個舉措，曾經引來不少的批評。但是李先生往生後，臺灣佛教界幾個的主要大團體，如法鼓山宣告成立「中華禪法鼓宗」，慈濟功德會也成立「慈濟宗」，而佛光山在更早以前，就以「宗長」稱呼星雲法師，雖然他們未曾明言「佛光山宗」，但其僧服的顏色稍稍不同於其他，能使人一眼即能辨認，且佛光山在實際上具有明確的宗派意識與宗派組織，也是不爭的事實。

　　這些都說明了建立漢傳佛教的新宗派，是趨勢之所在，而李先生可能是較早清楚地表達此意的人。《宗門規矩》第二章，以六個條目說明現代禪的「宗風」，即：

　　一、學佛從培養人格、擴充經驗領域開始。

　　二、修行以科學精神、禪定個性為基礎。

　　三、證量的目標是無我與大悲。

　　四、師資執事的資格以德行為主。

　　五、弘法重人道精神。

　　六、教團採行議會制，以清淨如實之境為理想。

　　前三條表達的是「現代禪道次第略圖」的要點，後三條則為現代禪教團制度的精神。現代禪的教法與教團制度，都體現著融合傳統與現代的精神。《宗

門規矩》第三章為「現代禪道次第略圖」說明現代禪的修道觀，第四章、「組織圖表」及第五章「制度與法規」介紹教團制度與運作的原則。第六章「同修須知」則為對《宗門規矩》本身的說明。

關於現代禪對於佛教制度的構想，筆者有〈現代禪的戒律觀〉一文可以參考。本文主要處理現代禪的思想，以下將就這方面再詳加分別解說。

五、現代禪的思想特色

《宗門規矩》第三章即「現代禪道次第略圖」，這是李先生對於佛法修學次第的整理，展現了他對現代價值與佛教修證之道的融貫。筆者曾在過去的著作中，這樣概括其內容：「前三個道次第，培養學人成為具有『開放心靈』的健康人格，履行責任義務的『人道精神』和民主、平權、愛心等『現代人的修養』，以及『穩定的個性』『清醒的神智』的禪定個性。這是進入修證之道前的道基，為不捨世間的大乘性格打下堅實的基礎。第四個道次第之後，即專心致志於空性的體認、煩惱的斷除。然後再從空性的體證出發，傾盡一切皆燃燒的利他，廣學多聞，向一切種智智者的方向無休止的邁進。這樣清晰嚴整的次第施設，既符合先具足『世間善行』，後修『出世間行』的修學次第；又具備先斷見惑，後斷思惑；先契入『根本智』，後充實『後得智』的佛法通則；既呼應新時代世間智者的價值觀，又統貫佛法大小顯密的修證心要。」

1. 新時代的世間善戒

在這裡應當進一步說明的是，「現代禪道次第」認為，修道之前的基礎，即傳統佛教所強調的「世間善行」，主要是以「五戒」、「十善業道」來表述。李老師則認為，傳統的戒條已經在歷史上被過度詮釋，乃至於變成僵化的教條主義，甚至還存在著禁欲主義的傾向，早已偏離佛教戒律原來有的以「世間善良德行」為戒的「中道精神」；因此主張要本著這樣的精神，重新樹立現代佛

教徒的戒律觀，也就是以現代社會強調的「遵紀守法」、「理性的涵養」、「民主的胸襟」、「人道的精神」等等為共世間善行之戒，而且在此同時，面對每一個人既有的情感、欲望、興趣、嗜好等，則認為最好尊重現代心理學的共同結論，即採取正面肯定的態度，而非壓抑制止的態度，只要是在沒有違背法律、風俗，也沒有傷害他人的前提是，都應該儘量去發揮、儘量去滿足，來作為健全人格的穩定基礎。這是李老師在現代佛教徒的戒律觀方面，最具有特色的看法。這些看法，或許在一般社會人士看來，根本是就是無須爭論的常識，但在既有的佛教環境下，可能有些人覺得他的表達方式太過於挑戰傳統了。

2. 禪定的個性

　　現代禪道次第的第三為「鍛鍊氣勢磅礴的意志力，二六時中行住坐臥，無前瞻無後顧地傾宇宙之力活在眼前一瞬」。李先生認為，禪定的修練主要在於形成禪定的個性。它一方面有攝心技巧的練習，但更主要的乃是透過人生處境的反省，而建立起禪定的人生觀，從而建立起禪定的個性。李先生曾經說明：「在修習禪定的單方面，現代禪比較重視的是『隨息』和日常生活的『念念分明』。」無論是「新時代的世間善戒」還是「禪定的個性」，都可以看到現代禪強調健全的人格為修習佛法的基礎的信念，以及就在日常生活中奠定修學佛法之基礎的用意。另外，再從佛教的高度來看，戒學與定學雖然都是共世間的善法，但是佛教在這方面的論述亦足以給社會提供良好的典範。這即是李老師現代禪教團的兩大使命之一：「推廣成熟人格的心靈藝術，提升良好的現代社會文化」。

3. 見道的兩種不同途徑及佛教的修證原理

　　在第四到七個道次第，李先生安立了「聞思修證」四個慧學階段的要訣，並在其下並列了「屏息諸緣，不生一念地凝神諦聽，接受禪門傳承口訣的直指」的另一條路。李先生在這裡明確指出的是，在佛教中一直都存在著修行人更多地根據止觀的修習，漸次沿著「聞、思、修、證」的次第體解佛法的階段；以

及弟子更多地依仗師長的指點，而直接由聞而悟入的事實。前者稱為「隨法行人」，後者稱為「隨信行人」。李先生認為，禪宗的直指人心、言下頓悟，以及密宗依上師修習傳承口訣的方法，即是後一種方法的流衍。

要言之，李先生認為，佛法在這一階段的修習，就是把「緣起無我」的教義，變成個人的人生態度、生命信念的過程。它可以透過對經典義理的抉擇理解、吟詠沈思、觀察自己的潛伏心態與緣起空義的相違，到完全的認可這即是無可疑惑的宇宙人生的真相的過程；也可以是在有證量證德的師長的指導下，依憑清淨的信心而體會到「緣起無我」的精義，並深信這即是人生的真相，與具有智慧的態度。換言之，無論是多依自己的智慧反省而獲得體認，與多依師教而破疑解惑，到了後來都能全然的信解見至，其結果就是相同的了。

這兩個修學脈絡，李先生稱前一個為「止觀雙運」，後一個為「直指人心」。而在後一種中，李先生又發展出另一種稱為「本地風光」的禪法。這兩者的真正不同在於：前者是透過學人自己的思維、反省、扭轉、放下而得到對緣起空義的肯定，而後者則是透過對師長的信仰，直接認取解脫知見，換言之是透過師長的威德與弟子的信心而得到對緣起空義的肯定。

基於這樣的認識，李先生認為，佛教千言萬言，不過是用不同的方式，幫助人們體得無執無礙的解脫心要而已；不同的宗派所開展的不同方便，也同樣都是為了傳遞佛陀的解脫經驗而已。因此，他對於佛教不同宗派的判攝，認為他們都是能夠引導人們體證涅槃的佛法，而其主要的差異，在於採用的方法不同，所造成宗教性格上的表面差異。李先生在一九九三年出版的《我有明珠一顆》說：「根據我的體驗，阿含經的境界、般若經的境界，及禪的境界是平等不二的，只是下手處的方法有所不同而已。……這個差別就如剛才所比喻的，有自三點鐘方向走，也有從六點直接走的，但目的都是為了達到十二點的位置。」在一九九八年出版的《阿含・般若・禪・密・淨土──論佛教的根本思想與修證原理》中，李老師將比較的範圍從阿含、般若、禪，擴及到密教與淨

土。他說：「幾年來有個看法我依舊沒變：阿含二十歲，般若三十歲，禪宗四十歲，密教五十歲，淨土六十歲。阿含、般若、禪、密、淨土都是佛法，這些宗派一流的修行者他們在廢棄貪瞋、止息顛倒夢想的境界都是平等不二的，但我個人方便地安立他們成熟度的高下時，並不涉及他們修證的深淺，而是依準他們涉俗、入俗的程度，以及導引眾生歸涅槃的積極程度和方便善巧以論之。」

4. 現代禪教法的大乘性格

現代禪道次第圖以下的內容，是敘述如何從見道邁向一切煩惱盡淨的解脫，以及從解脫中，湧起大悲心，廣學無量方便，廣度一切有情。在這裡，李先生表達的佛法觀點是：解脫心並不障礙大悲心的生起，相反的，大悲心是解脫者自然湧生的心境。而在此中，「後得智」，也就是能力與方便的有無與廣狹，是解脫者在寂靜無為之中，能否「大作夢中佛事，廣度如幻眾生」的主要差別。因此，一個法門能不能稱為大乘，或者是否具有大乘的性格，在於前引的「依準他們涉俗、入俗的程度，以及導引眾生歸涅槃的積極程度和方便善巧以論之」而決定的。現代禪的教法，從道基階段共世間善行開始，即重視肯定情感、欲望，以及肯定興趣、嗜好的價值，並與世間同步，肯定守法重紀、民主、人道、愛心性格的培養，再加上重視在日常生活中修習禪定與智慧的特質，都能夠引導學習佛教的人，在不知不覺中，培養不捨眾生的個性，以及不斷增廣見聞、學習方便智的可能性。現代禪教法的大乘性格是這樣建立起來的。

六、現代禪思想的發展：從「以禪為本」到「以淨攝禪」

現代禪的思想，基本上在李先生一九八九年初成立教團，撰寫《佛教現代禪菩薩僧團宗門規矩》中的《現代禪道次第略圖》時大抵確立；但是不到三年，到一九九二年初開始有另一個重要的轉向，即對淨土宗的仰讚與皈依。

　　現代禪教團在成立之初，以「禪」為名，李先生構想的是一個以科學、理性、人道的禪風廣泛地與社會大眾接觸，而在內部則以禪門心法深造弟子的教團。在《現代禪宗門規矩》第四章、「組織圖表」的兩側，李先生以左右兩側的一對聯語表達這樣的理想：「培養悲智雙運的大修行者，再創契應時代的祖師禪風；推廣成熟人格的心靈藝術，提升良好的現代社會文化」。但在現代禪教團成立三年之後的一九九二年，李先生開始在教團內部鼓勵一部份同修兼習淨土念佛，進而發展到自己也發表〈皈依彌陀〉一文，來表達其信仰傾向的轉變。其後，在相關的著述中，李先生經常表達對於淨土信仰的讚歎，以及自己皈依彌陀的心情。李先生對現代禪弟子專門講授淨土信仰的課程，主要有：一九九三年四到八月講，並將錄音帶公開發行的《這輩子最幸福的事》（共七講），以及一九九五年現代禪教團開始潛修之後，對同修講課的實況錄音，李老師後來選擇其中十三堂課，成為一套錄音帶，寄贈給現代禪同修聽聞修習。二○○三年春，李老師在往生之前數個月，又以全體現代禪同修為對象，講授「淨土念佛九堂課」，是為李老師最後正式的教授。

　　李先生由禪者轉為信佛人的歷程，筆者有〈現代禪的真理觀──從「自由的靈魂」到「信心的英雄」〉一文詳加舖陳。如果從思想的辯證發展來看，李先生認為皈依心的產生，乃是無我智的自然結果。他說：「皈依最難也最高，只有無我的人才能皈依。」「建立皈依三寶的生命態度──身口意行為確實趣向佛、法、僧，這是人類有生之年所能達到的最高修行境界。」他甚至認為，「如果宗教徒對於『自己是軟弱、卑微、渺小、有限的存在』這項事實稍有疏忽，或體認得不夠真切，則他們不會真的敬畏至高者，並且他們的宗教修為，頂多也只能到達某一種層次之下──無論佛教徒或基督教徒，都無法契入他們的理想境界。」

　　李先生曾在一九九五年的講授中，提到完整的現代禪思想，不能以他最早的兩本書，即《與現代人論現代禪》一、二集為代表，而應該加上彌陀信仰，

即「禪淨雙修」。他總括為：「發出離心，攝心念佛」八個字。他在二○○三年講授的《淨土九堂課》中，指出：以念佛為行門，即是禪淨雙修之道。他說：「現代禪的學習是『禪淨雙修』，活著的時候應努力做無顛倒想的人，死後往生彌陀淨土。活著的時候，做一個覺悟的人，包括看破、放下、聽佛法、思惟、打坐，這都是活著應過的生活。但真正淨土宗的修法，就是念佛。」「念佛法門會讓人親證涅槃，這是經驗；但上師的信仰是，沒有現證涅槃，念佛也會往生。」「念佛可以讓弟子很快契入涅槃、向涅槃；就算沒有向涅槃，百年之後往生彌陀淨土，也好。」換言之，「發出離心，攝心念佛」即是今生親證涅槃與來世往生極樂、現前當來兩益的殊勝法門。這裏也清楚地表達了「攝禪於淨、歸本於淨」的想法

七、結論

　　李元松先生，於二○○三年十二月往生，得年四十六歲。綜觀其一生探索佛法的歷程，立基於於印順法師所代表的現代派佛教思想，在此基礎上，回頭肯定傳統禪、密、淨土等宗派的價值，甚至在最後以「禪淨雙修」的淨土信仰為其最後的定論。從思想的系譜看，可以說重新經歷了當代漢傳佛教各個主要領域，而進行了重新的反思與定位。可以說，李先生的一生，以其誠懇的生命追尋之態度，與漢傳佛教傳統與現代各派，進行了深刻而激烈的對話，同時也在此過程中，形成「現代禪」高度融攝佛教的傳統與現代各派元素的新的佛教思想體系。雖然，李先生的這些思想成果，可能還有些地方可以進一步的發揮與闡明，以與在當代的複雜的思想衝突中的漢傳佛教作更多的對話。可惜天不假年，但是既有的內容已經極為豐富，有興趣探索傳統與現代佛教思想出路的思想者，已經可以找到很多可資參考的題材。

　　李元松先生已出版書籍：

1.《與現代人論現代禪》，臺北：現代禪出版社，1989 年 11 月四版。

2.《千秋萬古一禪師》，臺北市：現代禪出版社，1993 年 1 月初版。

3.《我有明珠一顆》，臺北市：現代禪出版社，1993 年 9 月初版。

4.《禪的修行與禪的生活》，臺北市：現代禪出版社，1994 年 2 月初版。

5.《昔日曾為梅花醉不歸—經驗主義的現代禪新版》，臺北市，現代禪出版社，1996 年 2 月初版。

6.《禪門一葉》，臺北市：現代禪出版社，1997 年 7 月出版

7.《阿含‧般若‧禪‧密‧淨土》，臺北市：現代禪出版社，1998 年 2 月出版。

8.《古仙人道》，臺北市：現代禪出版社，2000 年 6 月出版。

9.《禪的傳習》，臺北市：現代禪出版社，2000 年 12 月出版

10.《李元松老師語錄》，臺北市：淨土宗文教基金會出版，2004 年 12 月。

李元松未出版著作：

1.《密嚴二會淨土法門》逐字稿，內部發行。

2.《2003 年上師開示淨土課程》講義，內部發行。

溫金柯已出版作品

1.《繼承與批判印順法師人間佛教思想》，臺北市，現代禪出版社，2001 年 8 月初版。

2.《繼往與開新—從現代禪到淨土信仰》，臺北市：淨宗出版社，2005 年 7 月初版。

未刊稿：

1.〈現代淨土宗要義初探—讀《這輩子最幸福的事》〉，收在溫金柯的個人網頁。

2007 年 12 月 9 日象山禪苑開幕之二

李元松往生十四年紀念

大陸名禪學研究者楊曾文教授在現代禪交流

史學家藍吉富演講右邊（黑衣）李元松

李元松與現代禪信徒

李元松與組織內的知識社群對話

現代禪為慈濟一攤血事開記者招待會

筆者（右）與藍吉富先生在象山禪院開幕現場

第十六章 解嚴後當代臺灣新創立的兩大宗派之歷程觀察及其反思：「中華禪法鼓宗」與「慈濟宗」的「去印順化」真相

　　本章的提出，是基於近年來臺灣本土佛教界相繼宣佈成立的新「宗派」，相當有新聞性，也頗能引發社會上一些關心者，想去一探其背後究竟的強烈動機。

　　第一個先創立者，是著名的聖嚴博士（1913-2009）。因他曾於 2005 年 10 月 21 日，在其法鼓山落成大典之後，接著便正式宣布成立了「中華禪法鼓宗」。

　　而此一時機，恰在一代佛學大師印順導師，於 2005 年 6 月 4 日過世之後，才四個多月而已。因而它也同時開啟了當代臺灣佛教界，逐漸進行其「去印順化」的契機。此外，隨即也逐漸加劇了當代臺灣各道場之間，對社會宗教資源之爭取和新策略之相繼採用。

　　所以 2006 年 12 月 16-17 日時，總部在臺灣東部花蓮地區的著名「慈濟功德會」，正式宣佈「慈濟宗」的成立。而這其實也可以視為對上述新狀況的「證嚴式回應」。因此，有必要對其創立的相關周邊問題，進行解析。

一、「法鼓宗」與「慈濟宗」之宗派創立前期史比較

　　對於不了解「法鼓宗」與「慈濟宗」的創立前期史的本書讀者來說，以下若立即進行此兩者的宗派性質異同問題，不但會覺得突兀且費解，同時也呈現

論述過於跳躍式的理解斷裂狀況。

因此，以下先簡述「法鼓宗」與「慈濟宗」的創立前期相關形成與在地轉型的歷史。

（一）現代禪學與都市企業結合，聖嚴的法鼓山獨樹一幟

1996 年 10 月 6 日，聖嚴在經過三年多的籌畫後，已正式舉行開發第一期工程，占地達六十甲的「法鼓山」奠基大典，預計將於西元 2000 年完工，工程經費十二億元據稱已經籌措完畢。

典禮當天，聖嚴並邀集內政部長林豐正、縣長尤清、考試院副院長關中、教育部長吳京、各黨立監委及影藝圈名人到場觀禮，來自全國各地出席的信眾也多達萬餘人，過程中還舉行了一項別開生面的地宮安寶儀式，把一七○件佛教文物埋入地底，等到西元 3000 年之際才予開啓。

而這些活動的最主要目的，據稱都是爲了勸募第二期工程款項所作的暖身運動。據釋果選表示，下一期的建設重點是把法鼓人文社會學院擴充爲大學，加上其他建築的經費，預計約需七○億元。

聖嚴於十四歲時，便在江蘇狼山廣教寺出家，1949 年隨軍隊逃難來臺而入伍，1960 年從國防部情報偵查單位正式除役，不旋踵即投奔農禪寺東初老人門下，第二次剃度出家。

1. 聖嚴從小出家，勤於文字弘法

聖嚴是一位勤於撰述的佛學作家，所以在他投奔東初門下之際，早已是佛教界大眾媒體的聞人，經常用「張采微」、「醒世將軍」等筆名，在刊物上以文字弘法。他的師父東初當時在北臺灣佛教界也是一位大山頭，孫立人將軍的夫人張清揚曾協助農禪寺最先在臺出版大藏經，東初還發行《人生月刊》，即連星雲在臺初期，也得靠這份佛教雜誌打開知名度。

然而，東初、聖嚴這二位師徒因都是佛教界的名人，所以他們二人的結緣

可謂相得益彰，但也可以說是微妙相剋的。據指出，東初老人收納聖嚴爲弟子的盤算之一，是希望聖嚴一手接辦《人生月刊》，但是聖嚴自忖出家的目的並非替東初作廉價勞工，故而他入門一年多就因不願編寫佛學刊物，而轉往高雄美濃朝元寺閉關六年，專心潛修、著述，再經由張曼濤居士的介紹，於 1969 年 3 月，負笈前往日本立正大學留學，並在歷盡艱辛的求學生活後，於 1975 年拿到文學博士學位。

2. 榮列國建會代表，返臺接任農禪寺住持

湊巧的是，聖嚴在日本的這段期間，臺灣社會剛好面臨一連串重大事件的連續衝擊，首先是臺灣於 1972 年退出聯合國，緊接著是臺日斷交與蔣介石過世，而 1975 年 4 月間蔣經國正式上臺後，便運用召開國建會的方式，每年邀請學者返臺，藉以網羅人心。聖嚴剛好從立正大學獲得博士學位，便因此獲列爲佛教界的國建會代表。

獲選爲第四屆國建會代表，可說是聖嚴一生的重要轉捩點，因爲當時的國建會代表都是眾所欽羨的社會名流，因此他有機緣得以與蔣經國、蔣彥士、李煥、潘振球、姚舜和謝東閔等人認識，其中特別是時任教育部次長的陳履安，還特地邀請聖嚴到他家談佛學與學佛的問題，由此而打開了聖嚴與高層政要間的方便之門。

雖說如此，聖嚴在國建會上出盡風頭，卻也在臺灣佛教界引起不同的評價，再加上美國方面有教界人士邀請，所以他沒有停在臺灣發展，反而束裝前往美國，在紐約等地自立門戶改行當禪師，自立門戶。經過一年多，東初老人突然於 1977 年圓寂，這項噩耗逼使聖嚴不得不立刻回國，但也有助於他回臺接收道場的機運。

從 1960 年投靠東初門下，到 1977 年這段長達十六、七年的時間，事實上聖嚴可說兩手空空，沒有一處屬於自己的道場可供發揮，所以他必須把握住農禪寺更換接班人的機會。

　　聖嚴自知本身對農禪寺貢獻很少，倘若單憑博士學歷和佛教界聲望就想晉身住持之位，恐怕很難服眾，因此聖嚴就趁辦喪禮的時機，把全省佛教界有名望的和國民黨黨政大老全都邀到農禪寺，因為這些「貴賓」都會贊同讓東初的「博士」弟子接班，藉以提升佛教界的學歷水準，大家同沾一份光榮，所以聖嚴就順理成章地繼承農禪寺的住持。

　　可是中華佛學研究所目前的所在地，則由東初的另一弟子接管，聖嚴回臺接班的結果，事實上已使得一個王國分裂為二。

　　此外，聖嚴一向用臺灣的「第一位博士」來標榜自己，但是他所主持下的中華佛學研究所，雖然還稱得上是佛教界較具規模的，但因定位不清，一直都沒有建立起本身應有的學術地位，它仍然是臺灣佛學生到外國留學的預備學校。

3. 興建法鼓山基業，肩挑佛學教育重任

　　自從 1989 年起，聖嚴開始興建法鼓山基業，作為他人生第二個事業的起點。聖嚴必須這麼做的理由是：第一，農禪寺的土地將因「關渡平原開發計畫」而遭徵收；第二，中華佛研所需要一個永久的所址，而現在租用的地方，並不利於長遠的發展。「智慧型」的聖嚴深知自己起步較晚的不利處境，為求從佛光山、慈濟兩大勢力之中突圍而出，他必須設法作市場區隔。

　　聖嚴頭上頂著「海外博士」的光環，當年返國後便獲張其昀邀為文大哲研所教授及中華佛研所所長，因此他就把興辦佛教高等學府「法鼓人文社會大學」的成敗，拿來當作是佛教界有沒有明天的訴求，使推展佛教高等教育的重責大任，很順利地落在他的肩膀上。

　　如此一來，法鼓山事業的興衰就變成是臺灣佛教界，未來能不能發展的整體性問題。這種運用經營佛教百年大計的高等教育作策略性的訴求，很容易就能與積極傳燈的佛光山以及關注慈善事業的慈濟，形成市場上的區隔，難怪法鼓山的名號，很快地就傳遍各地。

可惜的是，法鼓山興學的訴求，其實本身具有階段性的限制。它在 1989年至 1992 年間提出時的確非常有效，但教育部隨後決定開放設立私立大學，緊接著華梵人文工技學院、慈濟醫學院、佛光山附屬下的南華管理學院就相繼搶先成立，由中國佛教會籌辦的玄奘大學也將開始招生。

這種客觀佛學教育形勢的重大轉變，使得法鼓山創辦佛教高等學府的時效性盡失，再也不像當初那般吸引人了，再加上 1990 年代國外一流大學的佛教界博士人才，如雨後春筍般湧現，聖嚴在佛學教育界原先所擁有的高學歷優勢，如今已經不再特別突出了。

4. 講禪結合都市企業

備感市場行銷管道日蹙的聖嚴，數年前趕緊提出「心靈環保」、「人間淨土」的口號，以臺北市的安和分院爲活動重鎮，力求結合企業人士，把宣教弘法的中心指向都市，推銷「禪與企業管理」等新產品，希望經由這種新的行銷策略來擺脫困境。

聖嚴推出法鼓山的企畫案時，一般信徒的反應都異常熱烈，初期每個月的善款據說曾有多達千萬元以上者，如今恐怕全盛時期已過。

現在爲要成就法鼓山事業，各種開銷必定大增，而如果臺灣經濟景氣沒有大幅度的改觀，未來的募款活動能否在這次奠基大典之後，順利恢復盛況，實在很難預料。同時，佛教界大家爭相興辦大學的結果，是否會造成教育資源的嚴重浪費，對佛教的長遠發展可能會帶來非常不利的後果。

處在佛教大學市場競爭如此激烈的景況下，聖嚴想要把法鼓山建設成一個世界性的佛教修學中心，這椿宏願的實際達成與當前的預期目標，中間的差距到底會有多大，未來將是外界衡量法鼓山基業成功與否的最佳指標。樂觀的人士認爲，法鼓人文社會學院成功的機率相當大，可是道場的經營恐會遭遇困難；相對地，悲觀者則預料兩者成功的機會都不大。看來聖嚴努力從目前的農禪寺轉型爲超大型的佛教企業，仍將有一番苦心的掙扎。

5. 特工、博士、大法師

　　1996 年 10 月 6 日當天，出席法鼓山奠基大典的人士都曾聽到一陣陣悅耳的樂聲，那是由國防部示範管弦樂團的六十名官兵所演奏的，另外還有由軍方色彩較濃的華視，包括總經理張家驤親自出馬，派員替這場相當熱鬧的盛典撐場面，可見國防部與聖嚴交情之深。

　　其實聖嚴和國防部的淵源甚早，他在部裏待了三年多才退役。據聖嚴於 1994 年獲行政院新聞局頒發「金鼎獎」的自傳式著述中，表明在 1956 年 8 月，他的工作單位改到了臺北，「那是因爲考取了國防部的一個情報偵搜單位，從事於無線電通信情報的偵搜工作。」

　　他對工作的內容進一步描述稱：「那時候，雖然跟中共隔著臺灣海峽，但是，每天都面對著中共的無線電通信人員，連他們的性別、姓名，甚至年齡都清楚。雖然他們不知道我們的存在，或者是已經知道，可是不知道我們究竟是誰。這種工作，完全是看個人的勤惰而向上級提供成績。我還算是一個相當盡職的工作人員，所以也得到了幾次獎勵。」

　　可見，聖嚴從小出家，經歷了戰亂、軍旅生涯、二度出家，到如今已是名聞國際的一位禪學大師，如此傳奇性的人生經歷的確罕見。

　　但是，身體一向不太健朗的聖嚴，在 2005 年雖正式宣佈自己的法鼓山是新命名的「中華禪法鼓宗」根本道場，卻在 2009 年 2 月 3 日下午四點多，以多種併發症病死於從臺大醫院返歸法鼓山途中。

　　在其〈遺言〉中的第三條提到：凡是由他所創立即負責的道場，「均屬法鼓山的法脈」；第四條則說：「法鼓山宗本山方丈一職，不論由內部推舉，或從體系外敦聘大德比丘、比丘尼擔任，接位之時亦接法統，承繼並延續法鼓山的禪宗法脈，亦不得廢止法鼓山的理念和方向，是為永式。」

　　可是，「中華禪法鼓宗」的理念和方向，就其禪學的精確內涵來看，其實是含混和不完整的，因此，他的繼承者究竟要如何對其繼承和再詮釋，也有待

考驗。

（二）臺灣奇蹟造就慈濟王國

慈濟功德會慈善事業的創辦於 1960 年代中期，時間上與佛光山相近，但實際崛起的時間則甚晚，並且與臺灣在 1970 年代末期，外交環境的丕變及經濟快速起飛，有著非常密切的關係，再加上當時臺灣社會對東部原住民的原罪感，進而激發慈濟聲望的急遽膨脹，締造臺灣空前龐大的慈善事業。

因在 1971 年以前，臺灣社會基本上還是相當貧窮，而慈濟功德會在 1966 至 67 年間即已出現，但當時即使在花東地區活動了將近十五年，它會員的成長一直非常緩慢。

在此之前，1955 至 65 年間可說是基督和天主教會在臺灣發展的黃金時代，當時的教會在臺灣是一個資源豐富的宗教，包括提供麵粉、奶粉及醫療等極具民生價值的物品，神職人員既有學問又有拯救世人的道德使命，教勢的發展可說如日中天，吸引了大批的臺灣知識份子加入傳播福音的行列。

然而，隨著臺灣於 1971 年退出聯合國，繼而於 1979 年與美國斷交，從前在經濟上和人員上積極支援在臺各教會的外國機構及資源，便逐漸退出臺灣，或把人力和資源移轉到比臺灣更需要的中國大陸，所以一度在臺迅速擴張的基督教聲勢，便開始走下坡，但也因此促使臺灣的教會走向自力更生的道路上。

當證嚴於 1979 年前後向臺灣社會發出在花蓮蓋醫院的呼籲時，正巧基督和天主教會的資源已開始萎縮，無力再在東部蓋新的醫院，非但如此，教會醫院在此時也無法避免與其他醫院相類似的陋規，其中尤以開刀之前必須先繳保證金的規定最受外界詬病。證嚴在目睹一位原住民婦女因繳不起保證金而被醫院拒收，因此血流滿地的慘狀，方才立下助人的心願，從號召社會善心人士捐錢蓋醫院開始，一步步搭建起慈濟功德會一呼萬應的慈善事業。

由此可見，證嚴事業的快速成長，實際上是基於其在東臺灣建醫院的呼

籤，處於當時的時代背景而言，是非常具有神聖性的。

因在當時的東部原住民，就好比被政府遺忘掉的一群，並且當地的醫療資源極端缺乏，生活異常困苦，故而原住民的問題便成為當時臺灣社會有良知者的原罪。

這也便是後來臺灣女權運動，一開始即從關懷原住民雛妓問題著手的原因。所以，要怎樣關懷東部原住民，在當時是一項相當能夠打動臺灣社會人心的議題。於是，她從事如下的慈濟佛教事業建設：

1. 宣稱要蓋一座不必繳保證金的醫院

證嚴希望蓋一座不需繳交保證金就能醫病的醫院，在別人有難之際及時伸出援手，這是一種佛教普渡精神的具體表現。因此在這段期間的佛教雜誌，都一致贊同支援證嚴的呼籲，在社會上也獲得極大的回響。

事實上，全臺灣教會的牧師、神父、修女等神職人員，他們過去對臺灣醫療方面的貢獻是任何佛教界人士或團體都無法與之比擬的，可是證嚴發願的時機，正值基督教聲勢處於退潮時期，教會的力量伸展不開來，蓋一家在東部的佛教醫院已經沒有面臨教會醫院競爭的威脅；同時在臺大醫學院的全力支援下，為慈濟醫院的成功奠下了極佳的基礎。

此外，到了 1981 年之後，臺灣已出現了一批靠炒作土地而發財的大暴發戶，這些人為求贖回良心，便把具有濟貧扶弱特色的慈濟醫院當作一個著力點，樂於出錢、出力來幫助東部的居民，使濟貧扶弱的傳統民間道德力量再度擡頭，蓋一家醫院來照顧東部的民眾，此刻變成大家都樂意的事。由於這些主、客觀條件的成熟，證嚴的心願很順利地便得到實現。

2. 小手冊大功效，證嚴聲望家喻戶曉

不過，出乎大家意料之外的是，慈濟功德會在蓋好醫院之後，它的聲勢立刻扶搖直上，會員的增加非常神速，的確令人始料所未及，但這首先還須歸功於一位名叫陳慧劍的居士，由他所寫成的《證嚴和他的慈濟世界喔》這本小書

冊，隨著慈濟醫院仁心仁術的濟世表現，把證嚴的個人魅力散播到全臺各地，使臺灣樂善好施的道德傳統，再度從社會上的各個角落甦醒了過來。

據瞭解，這本書一經出版便流通了三十多萬冊，威力的確驚人，書冊把證嚴描述得儼如現代的活觀音，如此既滿足了人們對傳奇性人物的仰慕心理，又樹立了證嚴在宗教上的權威，讓許多真正熱心公益的人找到了追隨的對象。

另外，證嚴擁有一項在當時佛教界比較缺乏的優點，那就是在錢財方面絕對公私分明。在那個時代裏，一般道場的帳目通常都是黑盒子，勸募而來的善款往往會不知去向，因而社會上對少數住持在道德或操守上所產生的質疑都會不分青紅皂白地怪罪整個佛教界。

3. 帳目絕對清楚，臺大醫院共襄盛舉

可是證嚴的作法明顯地有所不同，她即連靜思精舍的產權都是由自己家人替她買下的，一切自食其力，絕不虧欠信徒分文，也沒有錢被師父私下用掉的懷疑。而一旦牽涉到錢財的用途，證嚴都會完全交由董事會來共同決定。因此，證嚴很快地就成了佛教界崇高道德的典範。

再就經營手法來說，證嚴為要取信於社會，她把慈濟醫院的所有權和經營權分開，把經營權委託給在臺灣最具公信力的學術機構，也就是每年聯考都是最高分的臺大醫學院。慈濟醫院的院長、醫師等重要幹部，最初都是從臺大聘請過來的，這等於是兩個機構的共生結合，使慈濟醫院就好像是臺大在花蓮的分院，這項十分巧妙的安排，讓慈濟醫院在東部輕易地建立起醫療權威的地位，同時也使證嚴由此而贏得了世俗社會的權威。

4. 媒體資源豐富，慈濟效應所向披靡

慈濟功德會臻至今日的成功，其實還得感謝證嚴的弟弟王端正，這位出身自媒體記者的人物，非常瞭解掌握媒體關係的重要性，他不斷利用各種管道讓媒體替慈濟造勢，包括買廣播時段、電視時段，慈濟又擁有自己的刊物，可說是目前掌握臺灣媒體資源最豐富的團體之一，而它在媒體宣傳上的投資，恐怕

也是最多的。所以，慈濟只要在政治上不犯錯誤，不要讓國民黨感覺到它有支援反對黨的傾向，那麼它就不會像佛光山一樣，三不五時地總要遇上政治麻煩。

多年來，政府對慈濟功德會的褒獎幾乎持續不斷，國際上的表彰也接二連三，再加上媒體的推波助瀾，「慈濟效應」在短短幾年內便深深地撼動了臺灣的社會民心，使佛教與慈善事業緊緊地相扣在一起。

依此說來，證嚴發迹的時代背景，係在臺灣社會處於轉型期之際，時機上正是外在環境逐漸對佛教發展有利的時刻，她經過十多年的長期摸索，終於發現到能夠扣緊時代心弦的社會議題，一俟她在「後山」發出照顧弱者的人道呼籲，就打中當時社會心理的弱點，因爲大多數的人對東部原住民都有一種原罪感，所以社會上的回應極爲熱烈。

然後，證嚴在經營慈濟功德會的策略上，把宗教性和非宗教性的慈善事業作區隔，讓事業體由臺灣的主流菁英來籌辦和管理，非常正確地規畫了事業發展的方向，再倚靠造神運動及自食其力的優勢，在媒體的充分配合下，很迅速地便征服了臺灣社會，威力之大所向披靡，影響力還漸漸擴散到亞洲之外的地域。

5. 臺灣本土新典範的形成：證嚴尼師「慈濟賑災團」的救援模式

證嚴尼師是臺灣籍的尼師，長期關懷臺灣本土，一直是她佛教事業的重點。她不像出身大陸叢林的星雲法師，有濃厚的「大陸情結；對她而言，「慈濟功德會」的四大志業，只是在關懷臺灣本土社會之餘，進一步對臺灣以外的全人類提供救助與關懷而已！

因此，在 1991 年以前，雖然有許多臺灣著名的法師或宗教團體，紛紛前往大陸朝拜或交流，但證嚴尼師則從未踏上大陸本土一步。直到 1991 年 7 月中，中國大陸遭遇半世紀以來最嚴重的水災，死傷幾近二萬人之多，災區遍及數省，民眾受困或無家可歸者，更數以百萬計。

在這種情況下，臺灣的宗教團體，都本著「人溺己溺」的精神，號召信徒和社會大眾，捐款或藥品、衣物和糧食，以協助彼岸的同胞。

以佛光山星雲法師為例，雖然中共當局對他協助「民運人士」猶存芥蒂，但他前後仍透過紅十字會及其他管道，捐款達五十萬美金之多。

其他的宗教團體，如一貫道等，也捐了大批的款項。可以說，救人第一，而沒有計較是否有信仰上的差別。

但，證嚴尼師的作法，則較之其他宗教人士或團體，在手法上要細膩得多。她本人仍未踏上大陸一步，但她和「慈濟功德會」的一群主要幹部，經過仔細協商後，決定成立「大陸賑災評估小組」，以「佛教慈濟慈善基金會」的名義，前往大陸。這也是中共在 1991 年 5 月中旬，宣佈停發出家人的「臺胞證」以後，首度有臺灣方面的宗教團體，正式申請進入大陸，成員包括：慈濟志業總管理中心副總執行長王端正、慈濟醫院院長曾文賓、臺大醫學院公共衛生系教授陳光和、慈濟榮譽董事張來鴻、慈濟委員李憶慧、以及慈濟醫院社會部工作人員張月昭等，可說是一支很專業性的隊伍。

此一小組在 1991 年 8 月中旬，抵達北京。交涉的對象，是設於中共「民政部」內的「中國抗災賑災協會」。由於該「協會」的李姓副秘書長，是由「民政部救災司」的司長兼任的，因此，慈濟的「評估小組」實際是和中共官方打交道。而慈濟又是來自「佛教」的慈善團體，雙方要如何打交道呢？

如果要避免大量由臺灣各界捐出的款項和救濟物品，被經手的中共官員中飽，最好是悉數透過「紅十字總會」來處理，並可指定用途；而該會保證會按照指定用途，有效地及時送達大陸的十九個省分災區。的確，當時臺灣的各界捐款和救濟物品，也透過此一管道來進行。唯獨「慈濟功德會」突破性地另尋交涉途徑，那麼可能出現怎樣的狀況呢？

其實慈濟的「大陸賑災評估小組」，在臺灣籌組時，已擬定行動的方針：計畫從經濟支援、物質援助及醫療防疫著手；而原則上，將儘量利用大陸當地

的人力，再配合臺灣方面能提供的經濟支援，以便全力投入救災的工作。證嚴尼師解釋說：「『慈濟功德會』決定將賑災物品，直接送到大陸災區的災民手中，是有雙重意義：（一）將臺灣捐款人的愛心涓滴不漏地送達大陸災民；（二）更深的意義則為啟發大陸同胞的愛心。」顯然地，證嚴尼師有更深一層的打算，並非只是單純的作慈善救助而已！

而王端正代表「評估小組」，在「中國抗災賑災協會」作簡報時，更具體、周詳地提出慈濟的賑災構想：

一個目的：賑濟受災地區同胞，讓他們能渡過難關熬過秋冬。

二項原則：（一）直接原則。（二）重點原則。

三種不為：（一）不談政治。（二）不搞宣傳。（三）不刻意傳教。

四種物質：提供（一）醫藥。（二）食品。（三）衣物。（四）金錢。

五個希望：（一）雙方合作。（二）人力支援。（三）交通運輸協助。（四）資料提供。（五）工具配合。

由於慈濟的「評估小組」已表示將會避開宗教和政治的問題，剩下來的，只是如何將錢和東西送出去而已，中共方面豈有拒絕之理？

但中共方面仍然要求慈濟，能比照聯合國的方式：將所有的物質折合現金，交由「中國抗災賑災協會」統籌使用，為災民蓋房子。

因當時，光是安徽一省，就有三百萬戶安置。至於各災區的醫療隊，及災民的吃、穿等物質，不但有國內外的大批救濟品，中共本身也有能力調度和設法維持。然而，這和慈濟的原先構想，可謂大有距離。於是雙方再盡力協商。

最後原則上，決定維持慈濟的原構想；可是慈濟也同意考慮中共所提，為安徽省災民蓋房子的問題。

結果，慈濟的「評估小組」，將實地勘察資料帶回臺灣後，決定先在安徽的全椒縣為災民蓋十四個「慈濟村」，可安頓九四五戶，並希望在農曆新年前可以搬入居住。另外，為全椒縣的老人，也蓋了九所「敬老院」，以及在江蘇

省興化縣為災民蓋了五六九戶房子。而這些房子不但附有完善的衛生設備，甚至向當地政府爭取到土地所有權，連同房子的所有權證書，一併交給分配到的災民住戶，於是中國佛教史上前所未有的「慈濟村」，就這樣出現在對宗教一向敵意甚深的中共統治區內。

在房子和土地之外，慈濟的工作人，在元旦後，還派人去災戶家裏，發放棉被、棉襖、種子和化學肥料，「敬老院」的無依老人，也發給人民幣六十元的大紅包。難怪災民要感激的說：「又有衣服、又有被子、又有錢、又有化肥、又有種子！有了衛生衣，還有棉襖褲，一切的生活所需都被你們包了，我們永遠忘不了臺灣！」

而慈濟的工作人員，只在發放大紅包時，要那些老人唸一聲：「阿彌陀佛！」以表示是屬於「佛教」的關懷。這樣的輕微「犯規」，也不致引來中共的干涉。可以說，雙方皆大歡喜。

從以上的經過描述，我們可以發現慈濟的作法，是非常有計畫，並且也的確收到了原先的預期效果。雖然對數以百萬計的災民來說，慈濟只照顧了其中的某些幸運者，但在宣傳效果上，卻是難以衡量的。所以上述「慈濟模式」的突破性作法，堪稱是臺灣本土新典範的形成。

而這也是為何近年來，慈濟能正式被大陸國務院核准，成為唯一可以在大陸合法立案和公開活動的臺灣佛教慈善團體的真正原因。[1]

---

[1] 慈濟在大陸的最新發展是，2010-08-20 起，已在江蘇蘇州市正式掛牌成立，成為大陸第一家由境外非營利組織成立的全國性基金會。根據 2010-08-21《中國時報》【大陸新聞中心／綜合報導】〈大愛遠播慈濟在江蘇掛牌〉：「據「新華社」報導，經大陸國務院批准，慈濟慈善事業基金會廿日在江蘇蘇州市正式掛牌成立，成為大陸第一家由境外非營利組織成立的全國性基金會，海協會長陳雲林、大陸國家宗教局副局長齊曉飛等出席成立儀式。報導指出，一九九一年大陸華東、華中遭遇特大洪水，慈濟功德會開始在遭受重創的三省四縣進行大規模的急難救助，並落實中長期的援建工作，近廿年來，慈濟已在大陸累計援建四千四百多戶「慈濟大愛屋」、五十多所學校以及敬老院、婦幼中心、醫療大樓等，並長期開展義診。目前慈濟在大陸進行的慈善援助工作涵蓋廿八個省市自治區，工作項目包括汶川大地震災後重建、甘肅集水抗旱水窖工程暨移民遷村援助、貴州扶貧暨遷村工程等，同時大規模開展貧困學生助學項目、骨髓捐贈、醫療援助、環境保護資源回收等工作。」

二、「法鼓宗」與「慈濟宗」之宗派性質異同問題

解嚴以來，直到當代臺灣，第一個出家禪僧創立新宗派的，是 2005 年 10 月 21 日，由聖嚴法師新創立「中華禪法鼓宗」。此事在本章之前已曾提過。可是，當 2006 年 12 月 17 日，證嚴尼正式宣布「慈濟宗」成立時，筆者立刻便接到許多從各地打來的電話。彼等不斷地追問我，下列的一連串問題，並要我有所回應：

（A）為何慈濟要成立新宗派？

（B）它（慈濟）本身原已存在近四十年之久並已逐漸發展為一個著名全球和巨無霸型態的綜合性佛教文化慈善團體，又不是禪宗的傳承系統，為何要跟著聖嚴法師的後塵，宣佈成立什麼新的「慈濟宗」？

（C）再說，連聖嚴法師的「中華禪法鼓宗」，也同樣無真正在禪學思想上的創新和突破之處，更何況慈濟的生活化通俗佛學詮釋，只是適用於指導「善德實踐」的行動準則而已，並非嚴格知識論定下的佛教思想詮釋，為何也要趕時髦跟著人家成立新的宗派？

但因當時，筆者根本不了解其實際狀況，立刻就被此一突如其來的一連串問題，完全「考倒了」。一時之間，竟不知從何答起？於是之後，便不斷地透過對新資料的追索，和重新排比相關的佛教史事的發展狀況。

因此，迄目前為止，已能初步認為：證嚴尼於 2006 年 12 月 17 日，正式宣佈「慈濟宗」的新成立，應是和之前的兩件事，曾相繼發生有關；而其相關發展的先後順序如下：

一代佛學大師印順導師，已於 2005 年 6 月 4 日過世，但也同時開啟了當代臺灣佛教界某些異議者，進行其「去印順化」的契機。因而聖嚴法師的「中華禪法鼓宗」，雖於 2005 年 10 月 21 日，才正式成立，卻隨即又加劇了當代

---

http://news.chinatimes.com/mainland/0,5245,110505x112010082100224,00.html。

臺灣各道場之間，對社會宗教資源之爭取和新策略之相繼採用。

所以證嚴尼的「慈濟宗」也於 2006 年 12 月 16-17 日宣佈成立，其實是可以視為對上述新狀況的「證嚴式回應」。

（一）「法鼓宗」與「慈濟宗」在宗派屬性上的異同問題分析：以人間佛教思想的衝突和佛教事業資源的爭奪為中心的探討

1. 有關 2005 年先成立的「中華禪法鼓宗」之宗派屬性分析

有關此一問題的探討，應從 2005 年先成立的「中華禪法鼓宗」來觀察，然後再將其和 2006 年時後成立的「慈濟宗」來對比。

事實上，聖嚴法師在 2005 年 10 月，宣佈成立「中華禪法鼓宗」時，便曾有如下相關說明：

（1）「歷經十六年的建設，法鼓山世界佛教教育園區主體建築即將於 2005 年 10 月 21 日落成啟用，系列活動以『大悲心起』為主題；開山大典活動著重在『禁語、持咒、灑淨、開光』，活動全程全區禁語，期以莊嚴肅穆的佛教儀式，開啟你我心中的寶山。」[2]

（2）對於以「大悲心起」作為整體活動之精神指標，法鼓山表示：「法鼓山是一座觀音菩薩的道場，也是一座世界的佛教教育園區，希望透過教育來學習觀世音菩薩慈悲與智慧的精神，開啟每一個人心中的寶山，以達到淨化人心、淨化世界，提昇人的品質，建設人間淨土的目標。」[3]

（3）聖嚴法師也期許「所有參與法鼓山的人們，在感念菩薩的恩澤之餘，也要進一步做千手千眼觀音菩薩的化身，起大悲心，彼此相互關懷」。[4]

---

[2] www.ddm.org.tw/event/1021ddm/index.htm。

[3] 對於以「大悲心起」作為整體活動之精神指標，法鼓山表示：「法鼓山是一座觀音菩薩的道場，也是一座世界的佛教教育園區，希望透過教育來學習觀世音菩薩慈悲與智慧的精神，開啟每一個人心中的寶山，以達到淨化人心、淨化世界，提昇人的品質，建設人間淨土的目標。」www.ddm.org.tw/event/1021ddm/index.htm。

[4] www.ddm.org.tw/event/1021ddm/index.htm。

（4）關於「法鼓宗」成立的背景說明，根據法鼓山的官方網頁資料，如下所述：「1989 年法鼓山創立時，聖嚴法師揭櫫『提昇人的品質，建設人間淨土』的核心理念，為往後的建設與法務推展，建構了堅若磐石的基礎」，「承繼曹洞與臨濟兩大禪宗法脈，聖嚴法師容攝各宗派，開創出符合現代人使用的漢傳禪法，並於 2005 年正式揭櫫此『中華禪法鼓宗』之大纛，期望能超越隔閡，共同邁向『人間淨土』的目標。」[5]

（5）至於聖嚴法師本人對此成立的相關背景，在其〈承先啟後的中華禪法鼓宗〉的談話中，更曾詳細提到：「晚近因為有人批評漢傳佛教的缺失，是在於沒有修證及教學次第，甚至也不合印度阿、中觀等之法義，於是便有人對於漢傳佛教失去研修的信心。」「中國漢傳佛教的特色，就是完成於中唐，迄今依舊遍及全國的禪宗；而漢傳禪佛教的特色，其實就是釋迦牟尼佛化世的本懷。法鼓山的傳承即是漢傳禪佛教，因為是中華民族佛教的一個流派，所以稱為『中華禪』。」

「我從東初老人和靈源老和尚承接了曹洞和臨濟兩個宗派的法，其中曹洞宗默照禪本來已經斷絕，是我根據曹洞宗的著作，自行研究出默照禪的修法，然後自己去修、去體驗它，才復活了曹洞宗的默照禪。同時我也接觸到韓國、日本乃至越南的禪佛教，我把這些新見聞運用在中國傳統的禪法中，除了保持頓悟法門的特色，也在頓中開出次第的漸修法門，融合成一獨特而現代的禪風。因為是創新的，所以另立了『法鼓宗』。」[6]

可是，聖嚴法師在上述的談話中，雖曾明確提到：「晚近因為有人批評漢傳佛教的缺失，是在於沒有修證及教學次第，甚至也不合印度阿、中觀等之法義，於是便有人對於漢傳佛教失去研修的信心。」

卻沒有直接點明，這是在此之前現代禪的創始人李元松的主張，以及其與

---

[5]　見 http://www.ddm.org.tw/event/master_shengyen/ddm.html。

[6]　見 http://www.shengyen.org.tw/big5/op16.htm。

印順導師長期爭辯的焦點。這是論述上，我們必須不能放過的外在問題點之一。

　　此外，印順導師的追隨者之一的釋性廣尼師，在身為佛教史家的我之建議下，以「人間佛教禪法」的提倡，正式開啟臺灣本土新禪學的現代化思想。

　　事實上，在此之前，聖嚴法師本人也曾特別邀請我，指導其門下，研究聖嚴法師本人的禪學思想（他認為我是他當代的少數知音）；但因其門下不願其師的禪學思想，被我定位為屬於應用性質的「社會禪」，所以改請李志夫教授指導。[7]

　　我則轉而以原構想，指導佛教弘誓學院的院長釋性廣，教其改寫原以第一名畢業於玄奘大學宗教研究所的碩士論文，並建議其改以「人間佛教禪法及其宗教實踐」為書名，來吸收印順禪學思想的精華、並融合在自己禪修上的新體會，從而建構了其新時代的現代佛教禪學思想。因此，她堪稱為近四百年來臺灣女性禪學家的第一人。[8]所以，面對此一新的強勢競爭者，聖嚴也必須有所回應。而這也是在論述上，我們必須不能放過的外在問題點之二。

　　所以，聖嚴法師過世之前，寄給我的新禪學著作，就是《聖嚴法師教話頭禪》一書。此書於 2009 年 1 月，由法鼓文化出版，列入【智慧海 41】，並於同月 16 日題字贈給我。[9]可是，根據此書，我在即將出版（2009/03/23）的《臺灣佛教史》一書中，便極慎重地增補了一段，對其新成立的「中華禪法鼓宗」，之如下的禪學定位：

　　　聖嚴從小出家，經歷了戰亂、軍旅生涯、二度出家，如今已是名聞國際

---

[7]　韋琮瑜，〈李志夫教授序〉，《聖嚴法師的禪學思想》（臺北：法鼓文化出版社，2002），頁 3-5。

[8]　釋性廣，《人間佛教禪法及其當代實踐》（臺北：法界出版社，2001），頁 9-15。

[9]　這是回報我不久前曾送他的新書──我寫的《聖域踏尋：近代漢傳佛教史的考察》（臺北蘆洲：博揚文化出版社，2008）。我在此書封面人物中，以聖嚴列為其中的六位之一，此外我也是臺灣曾正式評論其留日博士論文的學者，相關論文也收入其中。所以他也以書回報。

的一位大禪師，如此傳奇性的人生經立的確罕見。但是，身體一向不太健朗的聖嚴，在 2005 年雖正式宣佈自己的法鼓山是新命名的「中華禪法鼓宗」根本道場，卻在 2009 年 2 月 3 日下午四點多，以多種併發症病死於從臺大醫院返歸法鼓山途中。在其〈遺言〉中的第三條提到：凡是由她所創立即負責的道場，「均屬法鼓山的法脈」；第四條則說：「法鼓山宗本山方丈一職，不論由內部推舉，或從體系外敦聘大得比丘、比丘尼擔任，接位之時亦接法統，承繼並延續法鼓山的禪宗法脈，亦不得廢止法鼓山的理念和方向，是為永式。」[10]可是，「中華禪法鼓宗」的理念和方向，就其禪學的精確內涵來看，其實是含混和不完整的，因此，他的繼承者究竟要如何對其繼承和再詮釋，也有待考驗。

2. 有關 2006 年後成立的「慈濟宗」之宗派屬性分析

假如以上，對於新成立十數年（2005-2020）的「中華禪法鼓宗」的學術論斷，是可以成立的，那麼相對於其後一年多才成立的「慈濟宗」，其宗脈思想的傳承與論述，可以說，雙方只有在下三點上，是共同的，除外則完全不同。雙方共同的三點是：

一、同樣以觀世音菩薩的「大悲心」，作為其宗教實踐的根本原則。

二、同樣從事現代型態的社會關懷與注重生態環境之改善。

三、同樣遭受來自印順導師追隨者的「人間佛教思想」之批判或貶抑。因而，彼等在印順導師過世之後，選擇新的方向再度出發，乃成其應有的思維邏輯與行動對策。

但是在「法鼓宗」和「慈濟宗」彼此之間，以兩大佛教事業對手互相競爭的發展型態，而出現於不久之前的臺灣佛教歷史上。[11]

---

[10] 見江燦騰，《臺灣佛教史》（臺北：五南出版社，2009），頁 412。

[11] 因為，像這種佛教團體彼此之間在發展生態上相互衝擊的宗教現象，其實早在臺灣政治解嚴後，由於佛教組織已可以多元化發展時，就正式啟動了。

特別是慈濟功德會的會員，號稱達 400 餘萬人之多，卻有半數以上，是快數增加於 1990 年之後。這使臺灣其他各大道場的發展，相形之下便遜色許多。

因此，底下擬從順著當時這樣激烈競爭的環境趨勢，針對雙方所當時還須共同面對來自印順導師及其追隨者的「人間佛教思想」強力衝擊問題，來進行其變革歷程的觀察：

（1）解嚴以來，當代臺灣佛教界最具思想影響力的「人間佛教思想」，在其歷經從 1986 年到 1989 年的激烈辯論之後，於 1989 年時，已被當代臺灣佛教界所普遍肯定，並蔚為各大道場（除中臺禪寺之外），用來詮釋彼等本身佛教事業的立論思想根據，和彼等涉入社會關懷的行動指導原則。[12]

所以當代最多元和最歧異的「人間佛教思想」，便宛如一股混濁地滾滾洪流，開始橫溢於各道場的文宣或口語傳播上，其來勢之洶湧和強勁，甚至連大陸對岸的許多佛教學者，都深受衝擊和影響。而其中，尤以太虛的「人生佛教」和印順的「人間佛教」之別，構成了彼此溯源時的思想依據。

（2）但是，以印順的「人間佛教」思想作為批評標準的詮釋觀點，也被楊惠南教授和邱敏捷博士相繼提出和展開對與其相異者的強烈批判。

所以，包括慈濟在內所推展的「預約人間淨土」和聖嚴極力宣揚的所謂「心靈環保」之說，都一概被楊、邱兩人，貶抑為「不了義」的「世俗諦」佛教思想，連帶其所作所為，也是同樣屬於未能正本清源的「別度」思想。[13]

（3）這雖非當時的臺灣佛教界，所願普遍承認的合理批判，甚至於也一度曾激起如石法師、現代禪教理部主任溫金柯和佛光山慈容尼師等人的激烈反駁。[14]但從當時的發展趨勢來看，彼等所持的反批判聲浪，在印順導師尚健在的有生之年，顯然都被其既淵博又崇高的佛教大師聲望和其一批有力的追

---

[12] 見釋禪林，《心淨與國土淨的辯證：印順導師與人間佛教大辯論》（臺北：南天書局，2006），頁 1-14。

[13] 見釋禪林，《心淨與國土淨的辯證：印順導師與人間佛教大辯論》，頁 71-80。。

[14] 見釋禪林，《心淨與國土淨的辯證：印順導師與人間佛教大辯論》，頁 86-145。

隨者，所掩蓋了。彼等在此一時間內，便只能暫時屈鬱地繼續等待適當的時機來臨，再進行全力反撲的行動。

（4）因此，自從印順導師在 2005 年 6 月 4 日過世之後，由於彼等過去所不易對抗的佛教思想巨人——印順導師——既已消失於人間，則彼等當時除了在寫悼念文之時，仍會礙於情面，而不得不對印順導師的佛學巨大成就，表示一點欽慕和讚佩之外，事實上，彼等在私底下，則是快速進行其「去印順化」的反向作為。

例如，聖嚴法師於宣佈成立「中華禪法鼓宗」的同時，在其法鼓山的道場內，一律只准許講說其著作內容或思想；以及自即日起，開始禁講「印順導師的人間思想」，已成為其徒眾們必須奉行的「共識」了。換言之，當時聖嚴法師「去印順化」的反向作為，其實是和其於 2005 年 10 月，正式宣佈成立「中華禪法鼓宗」之時間點，是密切關聯且相互辯證發展的。

（5）而佛光山的星雲法師，在作法上，是全力推廣其本身「星雲法師的人間佛教模式」到無以復加的氾濫程度，並與聖嚴法師一樣，也宣稱他自己是繼承異於印順思想的「太虛人生佛教思想」。

（6）至於曾被楊、邱兩人猛批、但仍長期尷尬地保持沉默的慈濟方面，則是在太虛和印順的思想之外，當其剃度師——印順導師於 2005 年 6 月 4 日過世後不久，便更加強調其早期所宗奉的《無量義經》思想之深刻影響和其長久相關之思想淵源的說明；其後她甚至於 2006 年 12 月，據此，而正式宣佈成立了「慈濟宗」。

（7）儘管在外表上，證嚴尼仍不忘提及印順生前對她的影響；[15] 又說她是

---

[15] 她說：「我們要常常記住，記住人間導師是我的師父（印順法師），是你們（靜思精舍常住二眾）的師公，在這麼近的時代，相傳與叮嚀『淨心第一，利他為上』。心地要清淨，我們還要再處眾入群，這就是本來的道理。」（講於 2005 年 11 月 14 日靜思精舍）轉引自釋德傅，〈法之體現：以慈濟志工身體經驗為例〉，慈濟大學宗教與文化研究所碩士論文，2005。

印順導師第二代傳人，而眾多的「慈濟人」則是第三代傳人。[16]

不過，我們只要看下列這幾段話，就知道其經典思想詮釋的「主體性」何在了。例如她老早就提到：

> ……有人說我是將佛法「革新」的人，也有人說將佛法「革命」，這些話，我覺得都太極端了。也許有許多研究佛教的學者並不同意我這句話。我的理論就將佛法「復古」。佛陀在我的心目中不是神，也沒有什麼廣大神通，而是一個活生生的人；既是一個人，他的生活就和常人一樣。（講於 1993 年 8 月 1 日靜思精舍）[17]

事實上，她此處所說的佛陀是非超人化的解脫者，和 1925 年在東京增上寺召開的第一屆「東亞佛教大會」的結論之一，完全一致。[18]

因此，這裡的「復古」之說，從 20 世紀前期的佛教新潮流來看，完全可以找到和其主張類似的思想根源的。

此外，她也基於佛法在現代社會上應用的需要，所以她主張要跳開經文的難懂之處，以生活的日常性觀點，來重新靈活詮釋。[19]所以，她有一次便提到：

---

[16] 她提到：「我的師父上印下順導師，也這麼說：『佛法不離此時、此地、此人。』佛法到底多深？我們大家都很相信，我們的時間離得並不遠，若是要說過去諸佛菩薩、祖師大德，好像離我們很遠，而今我的師父，我們才三代這樣傳下來而已。在今年（2005）的六月間，他已經圓寂了，他的法身還是在我們的心目中，也就是所傳的法，還是在我們心裡。所以法脈相傳，我的師父的理念：佛法不離此時、此刻；此地，在我們現在這個世界、這個環境裡；此人，你、我、大家在現在。所以我會常說：時間、空間、人與人之間，這無不都是佛法，無不都是普遍的真如本性。」（講於 2005 年 11 月 13 日靜思精舍）轉引自釋德傳，〈法之體現：以慈濟志工身體經驗為例〉，慈濟大學宗教與文化研究所碩士論文，2005。

[17] 轉引自釋德傳，〈法之體現：以慈濟志工身體經驗為例〉，慈濟大學宗教與文化研究所碩士論文，2005。

[18] 見江燦騰，《臺灣佛教史》，頁 213。

[19] 例如她說：「不論哪一部經，過去的人探討經的註解都不曾一樣，何況我們在這個社會，一定要跳開經文中的艱澀，提出來用在生活中。」轉引自釋德傳，〈法之體現：以慈濟志工身體經驗為例〉，慈濟大學宗教與文化研究所碩士論文，2005。

> 有誰教我呢？這都是我自己靜思密慮突破的道理。[20]

但是，這不能一概而論，因為她早期所接受的庭野日敬所新譯《法華三部經》，其新穎、現代化、理性化和生活化的明暢解說內容，事實上足可供其日後在應用《法華三部經》時，得心應手，無師自通。

所以，日蓮宗立正佼成會的庭野日敬會長，即是其長期私淑的一位非常稱職的現代解經家。

而這是為何她會在 2007 年 2 月 27 日接受「立正佼成會」所頒發的「第24 屆庭野和平獎」，並願意於同年 5 月 5 日向來訪的現任會長庭野日鑛，承認她在出家初期，曾請人從日本購回庭野日敬新譯《法華三部經》，並深受其影響的真正原因。但是，證嚴尼師本人的佛教思想又是如何呢？

她為何又宣稱她所創立的「靜思法脈」其實已存在幾十年，並且是以庭野日敬的《新譯法華三部經》為其思想的啟蒙和應用的依據。

三、附錄：來自資深的重量級印順研究者藍吉富教授的對於成立「慈濟宗」的相關評論

在當代臺灣的佛教界和學術界都居資深的重量級印順研究者藍吉富教授的看法，最值得重視。

因藍教授多次在電話中談及相關的問題，並表示「對中華禪法鼓宗」和「慈濟宗」的相繼立宗必要性，他認為因其與歷史上常見的佛教慣例出入頗大，恐怕必須另做解讀。

---

[20] 此外，在說到她與印順的師徒關係時，她亦說道：「我皈依導師時，導師只給我六個字：『為佛教，為眾生』。數十年來，我謹遵師訓，然而師徒之間的緣，拉得很長，有時我去西部探望導師，儘管語言口音不太能透徹了解，不過導師給我的是人格教育，所以能心領神會，清楚自己該怎麼做而自我鞭策。（證嚴法師 2005:272） 轉引自釋德傅，〈法之體現：以慈濟志工身體經驗為例〉，慈濟大學宗教與文化研究所碩士論文，2005。

　　所以，直到最近，他才對於其中關於慈濟創辦人證嚴尼師和其師印順長老的人間佛教思想之間的相互關係，做出最清楚的公開評論和歷史定位——

　　這是因為專研印順人間佛教思想的邱敏捷教授，從二〇〇九年八月一日起，開始著手其國科會專題研究計畫——《印順學派的成立、分流與發展》（NSC 98-2410-H-024-015）。

　　此研究計畫為深入探討印順學派的形成、分流與賡續發展之脈絡，特別規劃訪談數位該學派人物，以及對該學派有相當認識與了解，甚至做過研究之學者、專家。而其第一位受訪者，即是藍吉富教授。

　　該次訪談時間是：二〇〇九年九月十二日（星期六）下午六點半至九點半；訪談地點在臺北市衡陽路的滬揚閣餐館。其中有一段關鍵的對答如下：

　　邱敏捷問：「（前略）另外，二〇〇三年〈臺灣佛教思想史上的後印順時代〉，為何沒有將釋證嚴及其『慈濟功德會』列入討論？」

　　藍吉富的回答是：「證嚴法師傳承的，是印老的精神，去做社會實踐，如環保啦，救災啦，這是一種社會實踐，不是學術，所以不能算是一種學派。學派是學術研究的，是思想的。

　　證嚴法師所推動的慈濟事業有相當卓越的貢獻，但並不是『學派』的內容。你的題目是《印順學派的成立、分流與發展》，把『證嚴與慈濟功德會』歸到學派來討論是有待商榷的。證嚴法師的團體，**其弘法焦點不在佛學思想。**既然我們講的是學派，就不應該將不同性質的內容加起來。**我認為證嚴法師不宜列入印順學派的這個範圍內：第一，她不是學術界人物，她的特長不在佛學思想；第二，她後來有講一點思想，但思想也不是與印順學相符，只能說她是印老的弟子而已。**

　　證嚴法師很傳統，**印老在學術方面的特色，她都沒有繼承下來。證嚴法師有她的創意，**她是先以德化人，然後一群被感化的人就集合起來，幫助她成就這個慈濟事業。印老是以佛學研究與開展為志，主要是『立言』；證嚴法師則

是立德、立功。我將佛學分為『基礎佛學』、『理論佛學』和『應用佛學』。
證嚴法師的成就在『應用佛學』這方面，到處都看得她的『靜思語』，幾乎每
一家素食餐廳都有，而且那些都是她自己講的，很不容易。」[21]

換言之，如今連一向發言極為謹慎的藍吉富教授，都已公開指稱：「她（證
嚴法師）後來有講一點思想，但思想也不是與印順學相符，只能說她是印老的
弟子而已。」可見，「慈濟宗」的成立與其師印順法師的人間佛教思想無關，
是很明顯的事實。上述藍吉富教授的公開談話，即是最具體的證明。

四、簡單的本章結論

其一、聖嚴法師過世之前，寄給我的新禪學著作，就是《聖嚴法師教話頭
禪》一書。此書於 2009 年 1 月，由法鼓文化出版，列入【智慧海 41】。

可是，根據此書，我在即將出版（2009/03/23）的《臺灣佛教史》一書中，
便極慎重地增補了一段，對其新成立的「中華禪法鼓宗」，之如下的禪學定位：

> 聖嚴從小出家，經歷了戰亂、軍旅生涯、二度出家，如今已是名聞國際
> 的一位大禪師，如此傳奇性的人生經的確罕見。但是，身體一向不太
> 健朗的聖嚴，在 2005 年雖正式宣佈自己的法鼓山是新命名的「中華禪
> 法鼓宗」根本道場，卻在 2009 年 2 月 3 日下午四點多，以多種併發症
> 病死於從臺大醫院返歸法鼓山途中。在其〈遺言〉中的第三條提到：凡
> 是由她所創立即負責的道場，「均屬法鼓山的法脈」；第四條則說：「法
> 鼓山宗本山方丈一職，不論由內部推舉，或從體系外敦聘大得比丘、比
> 丘尼擔任，接位之時亦接法統，承繼並延續法鼓山的禪宗法脈，亦不得

---

[21] 見邱敏捷，〈《印順學派的成立、分流與發展》訪談錄──以藍吉富教授為對象〉，載《妙心》雜誌
114 期（2009 年 11 月），頁 11-19。

廢止法鼓山的理念和方向，是為永式。」[22]可是，「中華禪法鼓宗」的理念和方向，就其禪學的精確內涵來看，其實是含混和不完整的，因此，他的繼承者究竟要如何對其繼承和再詮釋，也有待考驗。

其二、雖然證嚴尼師認為《無量義經》中有一段：「靜寂清澄，志玄虛漠，守之不動，億百千劫」十六字經文，是慈濟近四十年來，特有的臺灣本土佛教實踐哲學之核心指導思想。

所以每次談到《無量義經》時，她就滿心歡喜！尤其上述的十六字經文，每天都在她腦海中浮現！並一再宣稱：慈濟近四十年來的巨大成就，就是依照這十六字的指導原則所形成。[23]

在本章中，我雖不直接挑戰這樣的說法，是否以偏概全？而是改從其周邊問題的探討，來呈現其宗教實踐哲學的獨特性和最大有效性。

但在另一方面，本章也分別從外在大環境變化的諸多良好助緣，以及其在進行宗教慈善實踐時，能事先精心規劃和設定有效、或深具可行性的目標達成點、及其最終達成的巨大成效等方面，來說明其行動的合理性和有效性。而認為這就是理性化的現代管理模式，結合佛教簡易實踐哲學靈活指導、和運用的臺灣本土佛教新典範之最著名實例。

因而，本章事實上是，透過對「慈濟宗」成立背景的溯源性回顧和針對證嚴尼師自早期以來其獨特的臺灣本土佛教實踐哲學與其師印順導師人間佛教思想的根本差異及其所衍生的互相衝突狀況，來說明當代臺灣人間佛教思想的相互衝突、各大佛教事業團體發展的資源爭取（如慈濟與法鼓山之間）和「去印順化」新趨勢的反向發展，才是2006新的「慈濟宗」之所以會建立的真正原因。

---

[22] 見江燦騰，《臺灣佛教史》（臺北：五南出版社，2009），頁412。
[23] 釋證嚴，《真實之路——慈濟年輪與宗門》，頁52-56

　　亦即，我認為 2006 年月，「慈濟宗」的新成立，應和之前的兩件事相繼發生：（一）印順導師於 2005 年 6 月 4 日過世，以及（二）聖嚴法師的「中華禪法鼓宗」2005 年 10 月 21 日成立，有最直接的關聯。

　　或者反過來說，若無前述兩件事情的相繼發生，我認為根本不會、甚至於也無必要有「慈濟宗」的正式宣佈成立之舉。

附錄　海峽兩岸現代性佛學研究的百年薪火相傳：新佛教史的體系性建構與批判性佛教思想詮釋的辯證開展

　　由於本書的議題，只是限定在東亞現代批禪學思想四百年的形成史，其他面很少涉及，所以特將此篇作為全書附錄，以供讀者參考。

　　當代臺灣學界現在普遍認為，有關 1949 年以來的中華民國在臺灣發展的學術研究史，是特殊「雙源匯流」的歷史劇變所形成：[1]因為，在此之前的「中

---

[1] 此一「雙源匯流」的詮釋觀念，是參考楊儒賓教授的原始說明，其要點可摘錄如下：「（前略）一、在臺灣紀念中華民國百年，有極特殊的歷史背景。在民國三十四（一九四五）年以前，臺灣在法理上不稱中華民國，它與中華民國是平行的發展線。民國三十八（一九四九）年以後，臺灣屬於中華民國，但做為原來中華民國地理主體的中國大陸卻另立政權，從國際的政治觀點看，『中國』這個概念分裂了，『中華民國』與國際政治認定的『中國』也是平行發展的兩條線，『中華民國』的實質內涵反而與『臺灣』高度重疊。百年的『中華民國』具有複雜曲折的內涵，其領土、人民、國際承認各方面都歷經滄變的變遷。這種複雜的結構是中國境內其他地區罕見的，這也是『中華民國─臺灣』最特殊的構造。『中華民國─臺灣』的複雜內涵在百年人文學術的傳承上，反應得更加凸顯，臺灣的學術異於其他華人地區者，在於此島嶼的學術源頭不是單元的，它明顯的具有中、日兩國的源頭。二、做為滿清帝國最早進入現代化的一個省，這個島嶼的成員基本上是由漢人與少數原住民組成的，其原始的學術表現不可能不奠立在以漢文化為主軸的基盤上展開；但身為最早被編入日本帝國的這塊殖民地，其殖民母國乃是近現代歐美地區以外最早也是最成功仿效現代學術體制的國家，所以臺灣的現代性學術機制也不可能不受到日本強烈的塑構。一八九五年臺灣被併入日本後，臺灣被迫參加了日本的現代化行程，這種殖民地現代化的規模極大，其變邊是結構性的，學術的現代化是其中極重要的一環。論及人文學科的現代化，一九二八年成立的臺北帝國大學是個指標性的事件，在此之前，帝國日本在語言調查、人種調查、風俗習慣調查方面雖已投進不少人力物力，但直到爭議中的臺北帝國大學成立後，整個現代學術的機制才有明顯的座標作用。三、到了一九四九年，隨著史無前例的大移民蜂擁而至，也隨著史無前例的大量文化學術機構渡海而來，學術生態丕變，臺灣學界不可能不重新接上一九四九年之前中國大陸的學術傳承。四、而中國大陸的人文學術研究在十九世紀至二十世紀之交建構現代的學術機制時，通常也會參考日本的經驗，至少在草創時期，我們明顯的看到現代日本學制的影響。中國在十九世紀末後有股『以日本為師』的風潮，它給現代中

華民國」主權區域，並不及於日治時期（1895-1945）的臺、澎地區。反之，1949年後「中華民國」在大陸的主權區域，也已被「中華人民共和國」所取代。

　　可是，由於有前述的特殊的「雙源匯流」歷史現象之出現和其後的相關發展之事實存在，所以本文在論述時，也將二者之一「臺灣流」，追溯到日治時期；並且，在 1949 年以來的學術史發展，也只就臺灣地區而論，並不及於大陸佛學界研究的戰後發展（但在有論述必要時，仍會扼要提及）。

　　不過，在以下有限的篇幅中，要論述近百年來迄今的現代性佛學研究的傳承與開展，除非是進行精要的解說和擇要的評論，否則不是流於泛泛的表象描述，就是淪為空洞的常識性評述。[2]

　　事實上，就整個百年來（1912-2011）的海峽兩岸的現代佛學研究業績而論，主要的成果是在佛教史和思想史，其餘的如經濟史、藝術史或文學史，相對上是較為薄弱的。

　　在另一方面，湯用彤（1893-1964）在《漢魏兩晉南北朝佛教史》（1938）一書的佛教史典範性成就，長期被過於高估和不恰當地將其視為後人迄今仍無法企及或難以超越的學術高峰，卻無視於其學術方法學的脆弱性和論述視野的過於保守性或狹隘性這些嚴重的缺陷，才導致整個中國中古時期佛教史

國人文學術的傳承烙下極深的印痕。然而，現代日本在打造現代性的國家、國民、學術時，它所憑藉的思想資源往往來自於傳來的中國文化，比如朱子學提供的概念系統，即以曲折的方式進入了現代學術術語之林。臺灣處在中、日兩大政治勢力交鋒的前緣，它的歷史命運很明顯的深深烙上中、日兩國文化的影響，但臺灣人文學界的兩個源頭卻遠比字面所示的要複雜。五、雙源頭的概念之複雜深遠，不僅在源頭處的『中』、『日』兩詞語的文化內涵互文指涉，更在於一九四九年之後的『中華民國─臺灣』的人文學術發展迥異於以往的階段。（後略）」轉引自二〇一〇年國科會「百年人文傳承大展計畫」的〈摘要〉說明。此外，文中各項的編號，是原文所無，由本文作者自行添加，以助讀者了解。

[2]　即以 2008 年武漢大學所出版的《佛學百年》一書為例，有當代數十位作者參與撰稿，全書篇幅更達數十萬字之多，有關現代中國佛學研究的百年論題，也幾乎無所不包。可是，讀畢全書，仍難以讓讀者清楚和精確的了解：近百年來，在中國境內所發生的現代佛學研究，真正的學術意義何在？更不要說，可以進一步要求說明其中的傳承與開展，又是如何進行的？其面臨的問題點、或其真正的學術困境何在？可見，要能宏觀又能精要的連貫，其實是非常難的研究史撰寫。

的現代學術傳承，陷於無法直接擴展的學術困境。

反之，支那內學院傑出學者呂澂（1896-1989），以其《內學年刊》為主要的發表園地，充分利用現代性國際佛教學術最新研究成果、堅持非宗教性的精研與批判的研究進路、溯源古印度各派宗教哲學並檢視其流變，然後將原始佛教的經典、教理和思想三者進行現代性的重新梳理和再詮釋，因而不只能與當時的國際最新現代佛學研究的成就相互爭輝，在某些部分，呂澂個人的成就，甚至猶有過之而無不及，如〈雜阿含經勘定記〉和多卷本《藏要》的精校本出版，都是這類傑出的學術成果。但是，像這樣的世界級佛教學者的卓越成就，卻長期被整個中國佛教學界輕估和忽視。

因此，臺灣佛教學者林鎮國教授，最近曾提及此事，並感慨說：近百年來，中國佛教人物曾有的巨大社會影響和佛教學者研究所產生的微弱影響，兩者似乎不成比例，也不一定有其相關性。這是本文幾乎可完全同意的精確論斷。但，本文擬溯源論述民國百年間現代佛學研究的香火相傳史，自有其重要的知識流變探索、觀察與反思、借鏡或再出發的多重作用和深遠的意義在。

以下，本文即以精要的研究成果和相關研究為中心，並分成：（一）1949年以前海峽兩岸的現代性佛學研究史回顧、（二）1949 年以來臺灣本土的現代性佛學研究史回顧，共兩大不同階段和兩岸不同主權轄區的特殊歷史情境下（有關的進一步說明詳後），進行民國時期近百年來的現代性佛學研究的傳承與開展的相關扼要探討。[3]

3　本文撰寫之前，葛兆光教授用電子郵件，傳給我如下的相關報導和他個人的相關看法：「（前略）為了進一步推動中國的佛教史研究，加強東西方的佛教史研究方法上的交流，復旦大學文史研究院於 2010 年 9 月 24 至 26 日，召開了以『佛教史研究的方法與前景』為主題的學術討論會。在首日的開幕式上，復旦大學文史研究院院長葛兆光教授致辭。他談到，二十世紀上半葉，中國佛教史的現代研究還是很有發明和自成特色的，表現在：一、中國學界研究佛教史的歷史學特點開始形成；二、已出現一批具有良好語言能力的人；三、已注意了佛教史的語境。此時的研究不僅不遜於西方，某些地方還勝過西方。然而，此後卻在學科制度、研究方法和資料上面受到限制，使得研究過多地集中在一些慣常的套路裡面——人物、宗派和經典，有畫地為牢之虞。從黑田俊雄的著作，特別是其關於「顯密體制論」的論述中，他感到一個新的思路和新的方法，特別是新的歷史解釋模型，也

　　但在論述之前，有必要先說明，何謂「現代性佛教學研究」？否則讀者將不明白，我在本文中，所據以進行析論的認知角度為何？和所指出的學術評鑑基準或相關指涉的主體標的何在？

　　簡單來說：所謂「現代性佛教學研究」，應具有以下幾大特徵：

　　（a）它是非以信仰取向為主的相對客觀性學術論述或相關探討。

　　（b）它的研究的方式，是以有根據的知識材料，先進行最大可能的鑑識比較、再繼之以必要的分析與批判、歸納和組合，而後才據以提出系統性的專業報告，以供學界對其進行公開的檢視、批評、或參考、引述。

　　（c）它是類比於近代科學研究的方式，當其在正式專業期刊發表之前，會先被設有匿名的雙審查制度所嚴謹檢視，並且必須多數同意之後，才能正式刊載。

　　（d）它的論述的邏輯，必須是無前後矛盾的一貫性陳述、和非由主觀性或非「內證式」的所形成的任意性雜湊結論。

　　（e）它的歷史性的宗教現象或具體殘存的古文物證據，實際構成近代以來國際相關學界長期致力探討的最大聚焦之處和絕大多數的論述主體。

　　（f）它的傳統佛教聖言量的權威性，除非先透過精確的研究和檢視，並能證明其合理性和來源性，否則在形成現代佛學研究的論據上，毫無可採信的價值。

　　也因為有以上這樣的學術研究環境的存在，所以新衍生物：「專業佛教研

許會改變很多東西。中國古代佛教史研究界，也應考慮一種新的理論、方法與框架，來改變六十年來習慣的研究套路。為此，他提出了以下三個題目：（一）對中國佛教史研究傳統的反思：中國佛教史研究者為何忽略與印度、中亞、日本佛教之關聯？二十世紀二三十年代之後，中國佛教史研究中語言知識與訓練為何缺失？（二）歐美、日本對中國佛教史研究的新進展與新取向究竟是怎樣的？（三）該如何重新檢討佛教史與政治史、藝術史、社會史等領域的綜合研究方法？來自中國、美國和日本的十餘名與會代表，圍繞上述三個議題進行了深入的探討，取得了豐碩的成果。」非常有啟發性，特此致謝。此外，關於原始佛教和藏傳佛教或佛教語言學的研究，非我所長，我將不對其進行評論。

究學者」和「專業佛教研究或教育機構」，以及相關的研究方法學或相關論述，才可能大量出現（雖不一定全然合乎專業佛教學術研究所需的各項標準和相關條件）。

一、1949 年以前海峽兩岸的現代性佛學研究史回顧

（一）日治時期的臺灣現代佛學研究史回顧

　　臺灣在 1895 年起，即由日本進行統治，前後達 50 年（1895-1945）之久。而辛亥革命爆發（1911）和中華民國的建立（1912），是在此之後的第 16 年，因此，就臺灣地區的現代性佛學學術研究的開展來說，早在民國建立之前，就已展開了。

　　但，這不是基於純學術的需要而展開的現代佛學研究，它是伴隨殖民統治的宗教行政措施的需要、與基於臺灣民眾屢屢藉宗教號召其他民眾大規模反抗殖民統治的慘痛教訓，而展開的基礎性資料調查與彙整的現代性宗教（包括佛教在內）的資訊精密解讀和法制化定位與分類的優秀學術成果。[4]

　　這也是亞洲地區的華人宗教研究，在荷蘭著名的漢學家高延（John Jakob Maria de Groot）已先後發表其 *The Religious System Of China*（《中國宗教制度》）的第一冊（1892）和 *Sectarianism And Religious Persecution In China*（《中國的各教派與彈壓》）（1901）等劃時代的巨著之後，[5]在中國宗教法制史或

---

[4]　為了達到此一目的，所以在明治 34 年（1901）成立了「臨時臺灣舊慣調查會」，由民政長官後藤新平兼任會長，但實際的調查工作和資料學術解讀──「法制化」的定位基礎──則委由京都帝國大學的法學專家岡松參太郎博士和織田萬博士兩位來負責。這其實是中國法制史或臺灣法制史上的空前嘗試，其艱鉅和重要性，自不必說。必須注意的是，負責此事的岡松參太郎是以「法學家」而非以「宗教學家」來加以解讀和重新定位。

[5]　高延對傳統中國的儒家禮俗制度和歷代──特別是有清一代──所謂民間教派或眾多秘密教派，作了極深刻的探討，特別是 John Jakob Maria de Groot 的相關著作不同於日後韋伯式的理念型比較論述，他是貨真價實地奠基於大量漢文原典或原始資料的純歷史詮釋，故雖無驚人偉論，但容易作相

臺灣宗教法制史上的空前嘗試，其艱鉅和重要性，自不必說。

因而，若純就宗教史學史的角度來看，負責此事的岡松參太郎博士（1871-1921）的專業，與之相較是稍有遜色的，但若從落實在具體的「法制化」層面來說，則岡松參太郎博士的解讀和重新定位，堪稱當代獨步，遠非日後負責全臺宗教調查的丸井圭治郎（1870-1934）的相關調查撰述所能比擬。

不過，當代學者對於日治時期的宗教研究論述，除大量引自《臺灣日日新報》、各期《臺法月報》、各期《南瀛佛教》、各期《臺灣佛教》、《宗報》和臺灣總督府宗教類公文檔案彙編[6]的資料性記載之外，最常被引據的著述，就是由丸井圭治郎在 1919 年，向當時臺灣總督明石元二郎（1864-1919）所提出《臺灣宗教調查報告書》第一卷。[7]

關文獻還原和具廣泛參考價值。

[6]　從現有日治初期的官方公文書來看，在宗教行政實務上，除頒布新的宗教法規之外，其實還留有官方對駐臺各宗日僧行為操守的秘密調查報告，也建立了初步的臺灣社寺臺帳的登記資料。

[7]　這是因余清芳發動「西來庵事件」以後，丸井歷經將近四年（1915–1919）的辛勤調查，所誕生出來的新結晶。可是，除了較詳的統計數字、較細的內容解說之外，基本上丸井的全書論述模式（包括分類和架構），都承襲了岡松參太郎的上述從第二回到第三回的研究成果。但是，丸井圭治郎對臺灣舊慣寺廟的管理人制度，曾有兩段重要的批評，他說：「雖然住持原應是作為管理寺廟的代表，但在臺灣，寺廟財產的管理大權，幾全掌控在管理人的手中，住持的權力反而很小，和顧廟差不多。這大概是因臺灣大規模的佛寺，為數極少，只有臺南開元寺、臺北靈泉寺及凌雲寺數所而已，故通常一般寺廟僅安住幾名僧侶，專供做法會之用，其他方面，諸如宗教知識、禮儀應對等方面，只有少數有住持的水準，絕大多數是沒甚麼程度的。管理人，以前原稱董事或首事。管理之名，是日本領臺以後，若有董事，就以董事，若無董事，就以爐主或廟祝為管理人。因要申報寺廟的建地、附屬田園，才開始以管理人作為寺廟的代表，可管理財產，任免和監督廟祝、顧廟，以及掌理有關寺廟的一切事務。管理人通常是自有財勢的信徒中選任，其任期不確定。一般的情形是，其祖先若對該寺廟有特別的貢獻，則其管理人之職為世襲。又寺廟田園的管理和寺廟一般法務的經手，是分開管理的，因此管理人若有數人，而其祖先曾捐田產給該寺廟者，則其子孫按慣例，代代都管理田園。不過，當前所見，名實相符的管理人甚少。此因舊慣土地調查之時，匆促間，雖有管理人名目的設置，而不少奸智之徒趁機上下其手，以管理人之名，暗圖私利。等到此管理人過世以後，其子孫又再專斷的自任為該寺廟的管理人之職，並且對管理人的職權又不清楚，往往廟產都散盡了，還不聞不問。此類管理人，每年能明確提出寺產收支決算帳目的，為數極少。通常是將廟業田園，以低租長期佃給他人耕作，甚至有管理人為謀私利，居然自己跟自己簽約佃耕者。像此類的管理人，不但稱不上是寺廟產業的保護者，反而應該視為盜產之賊才是。」（原文日文，筆者中譯）。見臺灣總督府（丸井圭治郎）編著，《臺灣宗教調

　　但是，有關佛教和齋教的如何定位問題，是關鍵性的所在，所以，丸井圭治郎於 1918 年 3 月起，即曾以〈臺灣佛教〉為題，發表長篇論文於《臺法月報》的第 12 卷第 3 號和第 4 號。在日治時期 50 年當中，丸井的這篇，是首次專以〈臺灣佛教〉為論述的中心。但，丸井的文章一登出，就被柴田廉投書在同刊物加以質疑：（一）是否可以單獨抽出〈臺灣佛教〉來論述而不兼及其他？（二）丸井對「佛寺」的分類似乎有問題？（三）丸井對臺灣宗教盛行祭祀的批評，似乎缺乏同情的理解並容易招來本地人的反感。丸井當然一一加以否認和反駁。事實上，戰前有關到底要「朝向日本佛教化」或「仍舊維持臺灣佛教本土化」的爭論，即由此時正式展開。

　　柴田廉是日治時代少數以社會心理學角度研究臺灣宗教信仰特質和民族性心理的宗教行政人員，其《臺灣同化論—臺灣島民の民族心理學的研究》（臺北市：晃文館，1923）一書中的相關論點，在其出版不久後，即深刻影響剛渡海來臺，並受命展開全島第二次宗教調查臺灣宗教的增田福太郎（1903-1982），所以他也和柴田廉同樣認為：「若將臺灣人的宗教僅就形式上單純地分為道教（Tao-kau）、儒教（Zu-kau）、佛教（Hut-kau）等，則不能完全理解其本質，而是應當全面的掌握這由道、儒、佛，三教互相混合而成的一大民間宗教。」[8]因此，有關當時臺灣佛教史的研究，除部分田野調查筆記之外，無專著探討。在他的調查報告中，齋教方面，尤其令他困惑，[9]幾乎全靠其主要助手：臺籍學者李添春（1898-1977）的資料提供。

　　到了皇民化時期的「寺廟整理」，日本學者宮本延人雖保留了最多的資料，

　　查報告書（第一卷）》（臺北：臺灣總督府，1919），頁 77-78。

[8]　見增田福太郎，《臺灣之宗教》，頁 3；而本文此處索引的中譯文，是由黃有興先生主譯，見原書中譯本（2003，自印暫定本），頁 2。

[9]　增田福太郎的相關論述觀點問題，可參考江燦騰的兩篇論文：（一）、〈增田福太郎對於媽祖信仰與法律裁判的神觀詮釋〉，《臺灣文獻》第 55 卷第 3 期（2004.6），頁 231-248，和（二）、〈增田福太郎與臺灣傳統宗教研究：以研究史的回顧與檢討為中心〉，《光武通識學報》創刊號（2004.3），頁 211-242。

並且戰後宮本又出版了《日本統治時代臺灣における寺廟整理問題》（奈良：臺灣事情勉強會，1988）增訂版。但是，基本上是缺乏研究成果的。

　　反之，臺籍學者李添春，在 1929 年時，曾受總督府文教局社會課委託調查的《本島佛教事情一班（按：應為「斑」）》為初版手稿和其先前曾在 1925 年時，因參與在日本召開「東亞佛教大會」，並替臺灣代表之一的許林擔任現場發言的翻譯，而從許林處獲悉不少臺灣齋教的掌故和史料。於是，在其駒澤大學的畢業學位論文，即以〈臺灣在家三派之佛教（按：即齋教三派，先天、金幢、龍華）〉，而獲頒「永松獎」。此後，李添春又結合先前岡松和丸井這兩者提出的相關宗教調查資料，[10]除在日治時期發表多篇臺灣佛教的相關論述之外，[11]在戰後更成為其編纂《臺灣省通志稿卷二：人民志・宗教篇》中，有關臺灣佛教史論述的官方標準版內容，影響至為深遠。[12]

　　由於時值大正昭和之際的日本現代佛學研究的高峰期，所以，當時的留日佛教學者如高執德（1896-1955）、李孝本、林秋梧（1903-1934）、曾景來（1902-

---

[10] 這是李添春首次將臺灣齋教與出家佛教合併觀察的整體思維，可以比較其在戰後論述的觀點。見李添春，〈臺灣佛教特質（上）〉，《南瀛佛教》第 18 卷 8 月號（1940.1），頁 8-17。〈臺灣佛教特質（下）〉，《南瀛佛教》第 12 卷 9 月號（1940.9），頁 13-21。

[11] 見李添春，〈寺廟管理人制度批判（1）〉，《南瀛佛教》第 12 卷 1 月號（1934.1），頁 6-9。〈寺廟管理人度批判（2）〉，《南瀛佛教》第 12 卷 2 月號（1934.2），頁 7-11。〈寺廟管理人制度批判（3）〉，《南瀛佛教》第 12 卷 3 月號（1934.3），頁 2-5。

[12] 過去從事臺灣史的研究者、或想研究臺灣宗教的人，從李添春編纂的《臺灣省通志稿卷二：人民志宗教篇》中，獲得關於書中第三章第三節對齋教（在家佛教）三派的詳細說明（幾佔全部佛教篇幅的一半）。以後王世慶於 1971 年增修時，幾未更動。直到瞿海源於 1992 年重修時，才根據宋光宇、鄭志明、林萬傳三位有一貫道背景的學者研究，將「齋教」搬家到「其他宗教」，和一貫道並列，似乎又回到岡松在第二回報告時的「雜教」立場了。但，不論如何，李添春畢竟是戰後官修文獻的主要奠基者，應無疑義。而由大陸學者王興國提出的最新研究，〈為臺灣佛教史研究奠定基礎的李添春〉的專文，是根據江燦騰先前的研究成果和觀點，再細分為：一、〈臺灣近現代佛教發展的親歷者〉，二、〈開臺灣齋教研究先河〉，三、〈提出了研究日據時期臺灣佛教的一種思路〉。但是，新意無多，參考價值不大。王興國的此文，是載於其著的《臺灣佛教著名居士傳》一書（臺中：太平慈光寺，2007），頁 415-442。

1977）[13]等人，都深受忽滑谷快天批判禪學思想[14]和社會主義思潮的影響，[15]不

---

[13] 有關曾景來的本土客家籍農村的生活背景、日治時代最早科班佛教中學教育與留日高等佛學教育、最先從事原始佛教佛陀觀的變革、探討道德倫理思想的善惡根源、大量翻譯日本禪學思想論述和建構臺灣傳統宗教民俗的批判體系等，都是臺灣近代宗教學者中的重要指標性人物，卻長期被臺灣學界的相關研究所忽略了。迄今有關曾景來事跡的最清楚討論，是大野育子的最新研究所提出的，因其能提供曾景來留日時的學籍資料、留日返臺的婚姻、工作和家庭，以及曾景來著作中的反迷信研究與批判等。見大野育子，〈日治時期臺灣佛教菁英的崛起——以曹洞宗駒澤大學臺灣留學生為中心〉，頁 53-54；頁 136-137 頁 161。但是，她對曾景來 1928 的重要學位論文〈阿含の佛陀觀〉，並未作具體討論，對曾景來的倫理學著述，也完全忽略了。此外，于凌波在其《現代佛教人物詞典（下）‧【曾普信】》（臺北縣三重市：佛光文化事業有限公司，2004），頁 1167-1168 的關說明，是迄今最詳細和能貼近戰後臺灣佛教史經驗的。至於釋慧嚴對於，〈曾景來〉，其說明內容如下：「曾景來（年代：1902.3-?），亦名曾普信，高雄美濃人，是李添春表舅曾阿貴的三男。禮林德林師為師，1928 年 3 月畢業於駒澤大學，次年 3 月 18 日任特別曹洞宗布教師，勤務於臺中佛教會館。1931 年任曹洞宗臺灣佛教中學林教授，1932 年至 1940 年以總督府囑託身分，勤務於文教局社會課，負責《南瀛佛教》的主編工作。1949 年任花蓮東淨寺住持，至 1965 年退任。1973 年視察美國的佛教，回臺後著有《日本禪僧涅槃記》。而留日期間（1921~1929），先就讀於山口縣多多良中學林二年，畢業後，繼續在駒澤大學研鑽 6 年，其間師事忽滑谷快天，與其師林師皆心儀忽滑谷快天。1938 年著有《臺灣宗教と迷信陋習》一書，是一部體察國民精神總動員的旨趣為一新風潮，提倡打破改善臺灣宗教和迷信陋習的著作，時逢徹底促進皇民化運動的時期，故此書的出版，頗受當局的重視。」見《臺灣歷史辭典》（臺北：遠流出版社，2004），頁 0884-0885。可以說，相當簡單和欠完整。因于氏已明確指出：曾景來是 1977 年過世的，但是，釋慧嚴的說明，則對此事，無任何交代。再者，在《南瀛佛教》的各期，曾景來除撰述佛教或臺灣宗教的文章之外，可能是擔任多期該刊的主編，必須增補版面和增加趣味，所以譯介不少佛教文學或非佛教文學作品，值得進一步介紹其業績，也可為臺灣近代文學史增加部分新內容。至於他的有關善惡問題與宗教倫理研究，也可見曾景來，〈善惡根源之研究（一）〉，《南瀛佛教》第 4 卷 5 號（1926.9），頁 22-23；〈善惡根源之研究（二）〉，《南瀛佛教》第 4 卷 6 號（1927.12），頁 17-20；〈善惡根源之研究（三）〉，《南瀛佛教》第 5 卷 1 號（1928.1），頁 29-38；〈善惡根源之研究（完）〉，《南瀛佛教》第 5 卷 4 號（1928.5），頁 38-41；〈戒律底研究〉，《南瀛佛教》第 6 卷 4 號（1928.8），頁 26-38；〈罪惡觀〉，《南瀛佛教》第 8 卷 7 號（1930.8），頁 39-42；〈自我問題〉，《南瀛佛教》第 11 卷 4 號（1933.4），頁 10-11；〈人為財死鳥為食亡〉，《南瀛佛教》第 11 卷 8 號（1933.8），頁 10。

[14] 關於「批判禪學」的研究問題。忽滑谷快天的大多數禪學著作，除了與胡適有關的《禪學思想史》在海峽兩岸分別出現中譯本之外，可以說只在臺灣佛教學者討論日治時期的臺灣佛教學者如林秋梧、林德林、李添春等時，會一併討論其師忽滑谷快天的禪學思想，但僅限於出現在《南瀛佛教》上的部分文章而已，此外並無任何進一步的涉及。另一方面來說，日治時期的臺灣佛教僧侶曾景來和林德林兩人，大正後期和昭和初期，彼等在臺中市建立「臺中佛教會館」和創辦機關刊物《中道》雜誌，就是直接以其師忽滑谷快天的禪學思想，作為推廣的核心思想。所以曾景來曾逐期刊載所譯的《禪學批判論》（附「大梵天王問佛決疑經に就て」一冊，明治 38 年東京鴻盟社）一書。而林德林則翻譯和出版《正信問答》（原書《正信問答》1 冊：（甲）、大正 15 年東京光融館；（乙）、

但開始探討非超人化的人間佛陀，也強烈批判臺灣傳統宗教迷信、主張純禪修持與積極敦促改革落伍的臺灣宗教崇拜模式，並激烈辯論如何面對情慾與婚姻的相關現實改造問題。

　　此外，由於新僧與在家佛教化的新發展趨向，在當時的傳統儒佛知識社群間，曾一度產生彼此認知角度和信仰內涵差異的集體性強烈互相激辯的宗教論述衝突，[16]此種影響的相對衝擊，也迅速反映在當時留日佛教學者如高執德、

昭和 17 年臺中佛教會館。

但是，迄慧嚴法師 2008 年最新的研究《臺灣與閩日佛教交流史》（高雄：春暉出版社）出版為止，在其書的第四篇第三章〈臺灣僧尼的閩日留學史〉（原書，頁 504-578），雖能細膩地分析忽滑谷快天的《正信問答》和《四一論》，可是，仍然未涉及有關之前思想源流的《禪學批判論》與《曹洞宗正信論爭》。

[15] 大野育子的最新研究〈日治時期臺灣佛教菁英的崛起——以曹洞宗駒澤大學臺灣留學生為中心〉，是定義「佛教菁英」為：「所謂『佛教菁英』是指日治時期由臺灣前往日本，在日本佛教系統大學內深造的臺灣人，他們是臺灣佛教史上首次出現具有高學歷的佛教知識份子，由於具備相當深度的佛學素養，流利的日文能力，因而成為日治時期佛教界的佼佼者。」大野育子主要是根據《駒澤大學百年史》的相關資料，來論述該校佛教學科的「佛教菁英」，前往日本學習佛學的意義之所在，以及彼等返臺後所呈現的宗教思想與其在日本所受教育之關聯性。

可是，在思想上源流，她很明顯地是忽略了忽滑谷快天的「批判禪學」之思想的重要啟蒙和影響，甚至於她也忽略了 1926 年由河口慧海所著的《在家佛教》（東京：世界文庫刊行會）一書和 1924 年由豐田劍陵所著《佛教と社會主義》（東京：重川書店）一書的重要影響。因前者所主張的「在家佛教」理念和後者以社會主義思考佛教思想的新課題，都是當時臺灣留學生的主要課外讀物之一，這只要參看殘留的《李添春留學日記手稿》內容，就不難明白。此外，釋宗演的《佛教家庭講話》（東京：光融館，1912）一書，更是林德林和曾景來師徒，作為彼等製訂《在家佛教憲法》的重要依據，但是，此一事實，也同樣並未被大野育子的最新研究所提及。

[16] 參考江燦騰，〈日據時期臺灣新佛教運動的開展與儒釋知識社群的衝突——以「臺灣佛教馬丁路德」林德林的新佛教事業為中心〉，載《臺灣文獻》第 51 卷第 3 期（2000 年 9 月），頁 9-80。此外，翁聖峰，〈《鳴鼓集》反佛教破戒文學的創作與儒釋知識社群的衝突〉，其主要論述觀點如下：「……論述《鳴鼓集》除精熟其文獻，尚須配合崇文社所有徵文、徵詩與傳媒，才能充分掌握問題的全貌。《鳴鼓集》反佛教破戒文學的創作與其維護倫常規範是一體兩面，互為表裡的，論者或以『色情文學』稱之實未允當。詮釋《鳴鼓集》固然不容疏離當前的生命處境與價值觀，然亦須注意儒學與佛學的核心價值，方不致使問題流於以今律古，才能較周延闡釋儒釋衝突的文化意義。」《臺灣文學學報》第 9 期（政大臺灣文學研究所，2006.12），頁 83。此外，釋慧嚴，〈推動正信佛教運動與臺灣佛教會館〉一文說明，是其新著《臺灣與閩日佛教流史》中的一小節內容。但此文，其實是據江燦騰先前的相關研究成果，再另補充新材料，故其新貢獻有二：（1）、討論林德林接受忽滑谷快天「法衣」的拜師經過。（2）、討論林德林在臺灣佛教會館，從事社會救助的「臺中愛生院」經營狀

李孝本兩者所撰寫的反排佛論學位論文內涵[17]和林秋梧對朝鮮知訥禪師的經典名著所做的《真心直說白話註解》（臺南：開元寺，1933），都相繼展現出和當時日本佛教學者新研究成果發表幾近同步的有效吸收，[18]並能具一定新論述特色的優秀表現。

　　但是，由於中日戰爭的爆發和其後官方的高度管制與過度干預或介入，所以，現代佛學的研究，此後直到戰爭結束時為止，除「皇道佛教化」[19]的數種新「佛教聖典」編輯與出版之外，即全告停滯和無重要的成就。

況。這些資料說明，都出自《臺灣日日新報》的各項報導，所以頗有新意。見釋慧嚴，《臺灣與閩日佛教交流史》（高雄：春暉出版社，2008），頁 579-584。

[17] 舉例來說，高執德在駒澤大學的 1933 年學位畢業論文《朱子之排佛論》，資料詳盡、體系分明、批判深刻，應是臺灣本土知識份子所撰批判儒學論述的前期鼎峰之作。可惜的是，臺灣當代的諸多儒學研究者，甚至於連高執德有此巨著的存在，都毫不知情。事實上，繼高執德之後，同屬駒大臺灣同學會的吳瑞諸在 1933 年的「東洋學科」由小柳司氣太和那智陀典指導的〈關於大學諸說〉和同校「佛教學科」的李孝本，也在小柳司氣太和境野哲的聯合指導之下，於 1933 年撰寫了另一長篇《以明代儒佛為中心的儒佛關係論》的駒大學位論文。另一方面，我也觀察到：在當代臺灣學界同道中，雖有李世偉博士於 1999 年出版《日據時代臺灣儒教結社與活動》（臺北：文津出版社）、林慶彰教授於 2000 年出版《日據時期臺灣儒學參考文獻（上下）》二冊（臺北：學生書局）、陳昭瑛教授於 2000 年出版《臺灣儒學：起源、發展與轉化》（臺北：正中書局）、以及金培懿的〈日據時代臺灣儒學研究之類型〉（1997《第一屆臺灣儒學研究國際研討會論文集》，頁 283-328）等的相關資料和研究出現。可是，此類以儒學為中心的專題研究和相關資料，共同的缺點之一，就忽略了同一時期還有臺灣佛教知識菁英群（知識階層）的思想論述或文化批判。

[18] 例如久保田量遠，《支那儒道佛三教史論》（東京，東方書院，1931）和常盤大定，《支那に於ける佛教と儒教道教》（東京：財團法人東洋文庫刊行，1930）兩者出書時，都是和高執德與李孝本在日寫相關論文的時間接近。

[19] 關正宗在其博士論文，稱日治時期的臺灣佛教為「皇國佛教」，所以關正宗在其博士論文的標題全文，即書寫為〈日本殖民時期臺灣「皇國佛教」之研究：「教化、同化、皇民化」的佛教〉（2010年，國立成功大學歷史研究所博士論文）。可是，我不能同意他的此一論文名稱的，因為在當時日本殖民政府的國家體制中，只有跟天皇統治正當性有關的國家神道，才是官方施於全民的教育目標和崇拜對象，所以皇民化時期所改造的臺灣佛教，才正式被稱為「皇道（化的）佛教」。但，這種特殊時期的「皇道（化的）佛教」名稱，就其性質和適用範圍，並不能等同於「皇國（化的）佛教」，因佛教只是全日本官方統治下各轄區中的眾多民間宗教之一，所以，稱其為「皇國（化的）佛教」，並不精確，也與真正的歷史事實不符。此書最近出版時，雖內容略有刪減，並易名為《臺灣日治時期佛教發展與皇民化運動：「皇國佛教」的歷史進程（1895-1945）》（蘆洲：博揚，2011）。但其書名中「皇國佛教」的用語，與真正的歷史本質不符，則與未出版前無異。

（二）民國以來的大陸現代佛學研究史回顧（1912-1949）

民國時期大陸地區的現代佛學研究史的發展，雖深受近代歷史批判意識和新出土佛教文獻的兩者影響，但，起步甚晚、也未有現代性大學正規學制的教學系統或公立專業佛學研究所的全力推動。縱使在蔡元培（1868-1940）主持下的北大所開設的相關佛學課程，既缺乏現代性的專業師資擔任相關課程，[20]也未積極引進國際的相關專業學者來授課和相互進行學術交流。所以，有關近代中國的現代性學術研究，都是來自外緣的偶然刺激和迫於佛教本身的生存面臨嚴重危機的緊急需要所勉強開展的。

不論是清末楊仁山（1837-1911）所創辦的「金陵刻經處」（1866）或「祇洹精舍」（1908），乃至民國之後才由歐陽漸（1871-1943）所創辦的「支那內學院」（1922）與釋太虛（1890-1947）所創辦的「武昌佛學院」（1922）、「漢藏教理學院」（1932）[21]或所接管的「閩南佛學院」（1927），其主要的功能，都是在設法透過新教育內容或再確認舊經典的教理內容，以便使受教者得以據以適應新世代大變局下的相關信仰環境，並藉以緩解來自官方的廢棄論、或無用論的強硬政策壓力。

換句話說，現代性的佛學研究，雖有其必要性，但卻是附屬性的第二義的「工具性」功能考量和配合性的靈活運作。因此，不論楊仁山、章太炎（1869-1936）、譚嗣同（1865-1898）、康有為（1858-1927）等人的佛學思想著述，如何有其時代性的思想價值和相關巨大的社會影響，卻與現代性的佛學研究，並無密切關連性。連歐陽漸、梁漱溟（1893-1988）和熊十力（1885-1968）的相關佛學著述，也都是屬於如此性質。

來自日本現代佛學界論述的強烈之刺激，最先反映在梁啟超（1973-1929）的相關佛教史的研究上，梁啟超的多篇佛教史論述，都是早期中國佛教史傳播

---

[20] 當時曾先後擔任相關課程的許季上、梁漱溟和熊十力三者，都非現代性的專業師資。

[21] 漢藏教理學院創辦的原先功能，主要是要溝通漢藏的宗教文化交流與改善彼此的政治關係。

與流傳的重要課題。所以，影響所及，除少數的例外，迄 1949 年為止的中國佛教史研究，都是屬於宋元之前的早期中國佛教史研究。但是，對於中國佛史研究的體系建構處理，基本上是按朝代變革與相關譯經史的前後脈絡，來分項說明。日本佛教史家境野哲（1871-1933）前期的《支那佛教史綱要》（1905）和後期的《支那佛教精史》（1935）兩書，都是如此處理的。[22]

　　但，如此處理，所以能有新意，是因為過去並無連貫的《中國佛教史》，因此其書自然成為開創性著述。再者，此時大量的佛教古文獻，已在中亞和敦煌石窟被相繼發現，連失傳千載的隋唐「三階教文獻」也被日本學者矢吹慶輝（1879-1939）以社會學的新研究法，撰成劃時代的博士論文，所以日本學界以高楠順次郎（1866-1945）和渡邊海旭（1872-1933）為首，開始集合高麗藏等各版藏經，進行互校和重新分類，並大量納入新佛教文獻和日本佛教相關論述與圖像資料，因而具有現代學術權威的大套書和資料庫《新修大正藏》（1924），便繼新編的《大日本佛教全書》（1919）、《佛教大年表》（1919）、《卍續藏》[23]三者的重要出版之後，堂堂問世。因此，按新佛教資料進行論述

---

[22] 雖然，臺灣旅日學者林傳芳曾在〈塚本善隆著《中國佛教通史》第一卷　新書評介〉一文提到：「近代日本的佛學研究，成績輝煌，早已博得國際學界的讚譽。然而，近一世紀來，無疑的，以文獻學（亦卽言語學）以及哲學的研究為中心，所謂佛教原典的研究與佛教思想的研究方面，出了不少名學者，而所收到的成果也非常豐碩。至於對佛教史學的關心，實落後於哲學的、文獻學的研究約五十年，特別是對於中國佛教史的研究，要降至 1921 年龍谷大學教授山內晉卿的《中國佛教史的研究》的刊行，才算是這方面的第一部著述的問世。1935 年東京大學教授境野黃洋的《中國佛教精史》，1938 年東京大學教授常盤大定的《中國佛教的研究》、《後漢至六朝的譯經總錄》刊出後，對中國佛教及佛教史的研究才漸次引起人們的注意。可是境野、常盤二博士的著作，大抵以譯經史作為中心，這從他們二人所作的中國佛教史的時代區分即可以明瞭。」《華岡佛學學報》第 1 期（臺北：1968 年），頁 241-244。但，我認為，這應是就戰後日本佛學界的觀點來看，才可能是如此。因早在 1906 年，當境野哲（黃洋）出版《支那佛教史綱要》一書，就已被充份注意，所以才有蔣維喬於 1927 年時，將其全文譯出，另加上蔣氏增補的清代佛教史部分，於是編成一部較完整的《中國佛教史》一書出版。

[23] 這是 1905 年至 1912 年之間，由前田慧雲、中野達慧等編集收錄《大日本校訂藏經》（卍大藏經）所未收者，而成此續藏，內容主要以中國撰述內容為主。出版時，由京都藏經書院刊行。

和建構相關的中國佛教史，不但可能，而且也為時不長。從境野哲的《支那佛教史綱要》到湯用彤的《漢魏兩晉南北朝佛教史》的相關著述，之所以能夠順利出現，主要都是受益上述大環境的有利變化。

但是，傳統上，中國境內的各種佛教藏經，除少數如明清之際所編民間版的《嘉興藏》之外，大都是帝制時期的特殊恩賜之宗教寶典，向來非供學者閱讀。此種情況，與近代歐洲的宗教研究條件完全不同，近代歐洲的宗教研究，從來不缺乏大量的教會內部文件和手稿。這是拜宗教改革之賜，因天主教的教區在新教出現之後，不但教會的財產被沒收、教士特權被剝奪、連各教會內部私藏的大量文獻也被搜刮一空，或流入私人收藏、或被新成立的各大學圖書館大量收購，所以從事研究教會史者，從來不缺乏大量的教會內部文件和手稿。

但是，不論胡適或湯用彤，在當時若要參考《新修大正藏》的資料，也許可能，但是，若要參考《明藏》、《龍藏》、《卍續藏》、《高麗藏》或《大日本佛教全書》等相關資料，那就不一定了。因為當時的公私立大學內，都無「佛學研究所」，大學部的佛學課，也只是消化講義內容而已，根本無方法學教導或專業研究討論的讀書會之設置，所以，近代佛教學者在中國境內的出現，是例外，而非常態。

既然如此，那麼呂澂早期在「支那內學院」的現代型佛學研究，為何成就如此卓越？其相關的有利條件何在？首先，呂澂在「支那內學院」或「法相大學」（1923）時期，都是主要教務和相關研究的實際負責人。再者，呂澂非出家僧侶、批判性的研究意識又特強，但與其師歐陽漸堅持的「結論後的研究」態度，卻又完全不同。這是由於呂澂的治學實力，主要是來自於他能具有多種研究佛學的語言特長，是其可以直探各種古佛教原始文獻的最大利器。雖然其能閱讀梵文和藏文的特長，是否與當時在華的俄國學者鋼和泰（1877-1937）有關，迄今尚不得而知？但是，由於呂澂個人能從精校《瑜珈師地論》的複雜內容出發，既已長期大量精讀校比各種梵藏的佛教原典異同之處，又能廣泛和

專注地參閱和吸收當時各國佛教學者的最新經典研究成果與問題的重要探索，於是他才能從根本上進行對一切古代中國經文翻譯的正確性的質疑和異質佛教思想形成的相關背景的系統之解明。

因此，從《內學年刊》第一輯的出版之日（1924）開始，近代大陸地區現代佛學研究的新舊「典範」之徹底改變，其實早已正式在呂澂個人的手裡完成了，卻被長期忽略，相當可惜。但，事實上，呂澂在當年所完成的《藏要》各輯精校本，迄今仍是歷來最佳的佛教文獻學的精品，舉世無雙，令人讚嘆。

但是，在湯用彤出版其成名著作《漢魏兩晉南北朝佛教史》之前，他並非專研中國佛教史的專家，連蔣維喬出版其譯自境野哲的《支那佛教史綱要》（1905）加上增補的清代部分而成《中國佛教史》（1927）一書時，湯用彤是否日後也預備撰寫《漢魏兩晉南北朝佛教史》一書，仍屬未知之數。

事實上，在蔣維喬出書之前，日本學者水野梅曉的《支那佛教近世の研究》（東京：支那時報社，1925 年）、《支那佛教の現狀に就いて》（東京：支那時報社，1926 年）兩書，已相繼出版，其內容都和其增補的清代部分有關，因此，雖無法斷定蔣維喬的「抄襲」是包括其號稱自撰的清代部分，但其在學術上並無優先性和開創性，則可以確定。所以，蔣維喬出版的《中國佛教史》一書，意味著國人當時在佛教史論述上的不足和有欠嚴謹。

但是，其後，湯用彤成名作《漢魏兩晉南北朝佛教史》一書的正式出版，雖能自成格局，論述新穎和詮釋體系，也堪稱相對完備。但是，此書的重大學術缺陷，也同樣暴露無遺。湯用彤成名之書，其實主要是多年教學講義的彙編而成，因此，他實際在大學部教學時，應已可以讓學生充分明白論述內容和相關出處。但是，對於進一步的學術探討，像：現代型佛學研究的問題意識如何形成？國際學界的研究現況如何？新的研究領域如何開拓？近代新佛教史料的發現與運用狀況如何？這些問題或相關素材，或許在湯用彤他個人可以接觸、了解和運用的範圍，他無疑會有所參考和加以吸收。

可是，從其《漢魏兩晉南北朝佛教史》一書的撰述內容和方法來看，吾人實難以對其高估和過於肯定。因為，其書的注釋，都簡要至極，讓讀者無從據以進一步思索不同文獻內容和異質的思想詮釋。再者，像他對於碑刻文物史料和造像與石經、乃至對於三階教的歷史發展和敦煌文獻的不夠重視等等，反映在其成名作《漢魏兩晉南北朝佛教史》一書中的學術處理，都只是基本上的點到為止。因此，注定他的學術成就，日後不可能有出色的傳承者：因為根本無可繼承。

但是，胡適的中古禪學研究和陳垣的有關明清之際的中國佛教史研究，迄今彼等的影響為何仍未消退？

就胡適（1891-1962）的中古禪學研究來說，他之所以被視為民國以來現代性宗教學術研究的典範學者之一，並非他撰寫了大量的中國佛教學術研究著作，或是他的所有中國佛教學術研究論述或相關資料的蒐集，都具有第一流的高學術價值。胡適的中古禪學研究，不同於湯用彤寫《漢魏兩晉南北朝佛教史》一書的通史性論述，他是最早吸收忽滑谷快天（1867-1934）的《禪學思想史》上（1923），下（1925）二冊的最新研究成果。

而忽滑谷快天的《禪學思想史》的最新研究成果，不只有二十世紀歐美學者對早期印度梵文學中有關瑜珈思想的資料引述和類比中國禪學思想或下啟原始佛教禪修方法學的各種中印禪學思想史的長期變革史的扼要介紹；更重要的是，他不但充分吸收在他之前同宗學者孤峰智燦（1879-1976）寫《禪宗史》（1913）一書中的印中日三國的禪學傳承史架構。而且，他更在幾位駒澤大學校內傑出的研究助手協助之下，按不同於《新修大正藏》的資料，亦即他是以運用收有大量中國佛學著述資料的《續藏經》相關禪宗史料為主來進行其相關研究，不但嚴格互校其中的疑誤之處和進行綜合性的禪學思想史的新體系建構，以及綱領式的提示其所涉及的傳承與變革史的關鍵性解說。因而，這

項空前學術成就，迄今仍無比肩者。[24]

事實上，忽滑谷快天早在 1905 年出版的《禪學批判論》一書的附錄，即根本上否定禪宗重要經典《大梵天王問佛決疑經》的真實性，他是日本近代以實證批判史學方法，成功建構第一部完整從印度到中國的《禪學思想史》的第一人。而胡適的早期中古禪宗史研究，就是直接得力於忽滑谷快天的《禪學思想史》一書的相關批判性研究成果。但，胡適的偉大之處，是他獨能率先將神會的關鍵性角色和其可疑的歷史作用，當作論述的焦點和貫串思惟的主軸，並首開使用敦煌禪宗史料研究從達磨到神會的新禪宗史，並因此而成為國際學界廣為引述和長期相繼檢討的關鍵性研究業績。

可是，從之後的相關研究來看，不論法國學者戴密維的《土蕃僧諍記》（1952）或其後柳田聖山寫的《初期禪宗史書の研究》（1967）和關口真大寫的《達磨の研究》（1968）、《達磨大師の研究》（1969），在析辨和詮釋相關的禪宗思想問題時，其嚴謹性、豐富性和細膩性三者，都明顯超越胡適的治學內涵。這也是吾人今日有必要再深思和有所改進的地方。

至於陳垣（1880-1971）的有關明清之際的中國佛教史研究，迄今他的影響為何仍未消退？若從國際學術研究的相互影響來看，陳垣的有關明清之際的中國佛教史研究，雖有很高的學術評價，但所能發揮的後續學術影響，其實並不大。

可是，陳垣（1880-1971）的有關明清之際的中國佛教史研究，有其幾項獨到之處：

---

[24] 忽滑谷快天的著作，在敦煌文獻發現後，似乎被大大的貶低其影響力，但我論證胡適受他的影響，才對神會的研究有突破，也就是胡適雖較之矢吹慶輝的發現敦遠新禪學文獻為晚，卻能發現矢吹慶輝所沒看出的神會問題，其關鍵就是胡適從忽滑谷快天的書，發現了神會與南北禪宗之爭的問題提示所致。其後，由於柳田在日本佛教界研究禪宗史的泰斗崇高地位，所以他兩度引述我關於忽滑谷快天對胡適影響的長段談話，又被日本學者山內舜雄在其著的《道元の近代化》（東京：大藏出版社、2001），〈第一章道元近代化過程〉的頁 54-55，分別照引。然後，又論述該重估忽滑谷快天的學術地位，乃至為其過世百年編全集以為紀念。

其一、有關晚明滇黔地區的佛教課題，是由陳垣開創性的提出相關考據成果，並使世人首次注意此一地區佛教史的相關狀況和其具有的特殊時代（晚明抗清後期）性意涵。

其二、陳垣的《清初僧諍記》（1941）一書，不但具有民族意識，並能善用學界少用的《嘉興藏》相關禪宗史料，所以頗能激勵人心和一新學界的眼光。

其三、陳垣的《中國佛教史籍概論》（1942）和《釋氏疑年錄》（1938）兩書，都是屬於「工具類」的參考書，其中並無任何思想的討論，但能專以各項資料的多種出處互相精詳考校，將陳氏生平擅長的清代考據學的細密優點，發揮到淋漓盡致的境地。

所以，其後，不論是曹仕邦的《中國佛教史學史：從東晉到五代》（1999）一書或藍吉富的《佛教史料學》（1997）一書，在佛教史料的運用上，都有一定程度是受到陳垣治學經驗的影響。

另一方面，戰前在大陸地區的兩大重要經卷發現，一、在陝西省西安的開元寺和臥龍寺的舊藏《宋代磧砂版漢譯大藏經》的發現和重新影印出版。二、1933 年在山西省趙城縣廣勝寺發現的《金刻大藏經：宋藏遺珍》和其後的刊行。

因此，1936 年的《日華佛教研究會年報：現代支那佛教研究特輯號》，將胡適新寫的〈楞伽宗考〉一文、鈴木大拙新寫的〈禪宗の初祖とてしの達磨の禪法〉一文與此兩大重要經卷發現的解說（由的屋勝、塚本善隆兩者分別執筆），放在一起出版。這也代表了當時（1936）在大陸境內最重要的現代佛學研究狀況。

二、1949 年以來臺灣本土的現代性佛學研究史回顧

（一）戰後戒嚴時期（1949-1987）的現代性佛學研究史回顧

戰後臺灣地區，在整個戒嚴時期（1949-1987），可作為現代性佛教學術

研究典範的薪火相傳最佳例證，[25]就是近八十六年來（1925-2011）從大陸到臺灣胡適禪學研究的開展與爭辯史之相關歷程解說。

此因戰後臺灣佛教學術的發展，基本上是延續戰前日本佛教學術的研究的學風和方法學而來。而這一現代的學術潮流是普遍被接受的，這與戰後受大陸佛教影響佛教界強烈的「去日本化佛教」趨勢恰好形成一種鮮明的正反比。

儘管當時在來臺的大陸傳統僧侶中，仍有部份人士對日本學界出現的「大乘非佛說」觀點，極力排斥和辯駁，[26]甚至出現利用中國佛教會的特殊威權對付同屬教內佛教知識僧侶的異議者（如留日僧圓明的被封殺事件即是著名的例子）。[27]但是不論贊成或反對的任何一方，都沒有人反對開始學習日文或大量在刊物上刊載譯自日文佛學書刊的近代研究論文。

這種情況的大量出現，顯示當代佛教學術現代化的治學潮流，足以衝破任何傳統佛教思維的反智論者或保守論者。具體的例子之一，就是印順（1906-2005）門下最傑出的學問僧人演培（1917-1996），不但是為學習佛學日文才從香港來到臺灣，並且他才初習佛學日文不久之後，就迅速譯出戰前日本著名佛教學者木村泰賢（1881-1930）的《大乘佛教思想論》（1954），並加以出版。

然而，戰後偏安於臺灣地區的佛教學術界，其學術研究的業績，雖有印順傑出研究出現，但僅靠這種少數的例外，仍缺乏讓國際佛學界普遍性承認的崇高聲望和雄厚實力，加上當時來臺的多數大學院校、或高等研究機構的人文社會學者，仍帶有「五四運動」以來濃厚的反迷信和反宗教的科學至上論學風，因此不但公立大學的校區嚴禁佛教僧尼入內活動，相關佛教現代化的學術研

---

[25] 龔雋在〈胡適與近代型態禪學史研究的誕生〉一文中提到：「如果我們要追述現代學術史意義上的禪學史研究，則不能不說是胡適開創了這一新的研究典範。」見龔雋，《中國禪學研究入門》（上海：復旦大學出版社，2009），頁 7-8。

[26] 闞正宗，《重讀臺灣佛教：戰後臺灣佛教（正篇）》（臺北：大千出版社，2004），頁 140-152

[27] 闞正宗，《重讀臺灣佛教：戰後臺灣佛教（正篇）》，頁 148-169。

究，也不曾在正式的高等教育體系裡被普遍接納或承認。

唯一的例外，是由新擔任南港中央研究院的院長胡適博士，所展開的中古時代中國禪宗史的批判性研究，不只其學術論點曾透過新聞報導，廣泛地傳播於臺灣社會的各界人士，連一些素來不滿胡適批判論點的臺灣佛教僧侶和居士們，也開始藉此互相串連和大量撰文反駁胡適的否定性觀點，其中某些態度激烈者，甚至以譏嘲和辱罵之語，加諸胡適身上或其歷來之作為。[28]

其後，又由於胡適和日本著名的國際禪者鈴木大拙（1870-1966）兩人，於 1953 年間在美國夏威夷大學的相關刊物上，曾有過針鋒相對的禪學辯論，更使反胡適者找到強有力的國際同情者，於是趁此機緣，鈴木大拙的多種禪學相關著作，也開始被大量翻譯和暢銷於臺灣的知識階層之中，且風行臺灣地區多年，影響至為深遠。[29]因此，胡適和鈴木大拙兩人，都對戰後臺灣教界的禪

---

[28] 樂觀法師曾特編輯，《鬧胡說集》（緬甸：緬華佛教僧伽會，民國 49 年 6 月），在其〈引言〉有如下激烈批胡之語：「查胡適他原本是一個無宗教信仰者，在四十年前，他主張科學救國，與陳獨秀領導五四運動，打倒『孔家店』，破除迷信，即本此反宗教心理，現刻，他對《虛雲和尚年譜》居然公開提出異議，若說他沒有破壞佛教作用，其誰信歟？分明是假借『考據』之名，來作謗佛、謗法、謗僧勾當，向青年散播反宗教思想毒素，破壞人們的佛教信心，一經揭穿，無所遁形，⋯⋯（中略）衛護佛教，僧徒有責，我們這一群旅居緬甸、越南、香港、菲律賓、印度、星洲的僑僧，對祖國佛教自不能忘情，自從胡適掀起這個動人的風潮之後，全世界中國佛弟子的心靈都受到震動！覺得在當前唯物主義瘋狂之時，玄黃翻覆，群魔共舞的局勢情況之下，胡適來唱這個『反佛』調兒，未免不智，大家都有『親痛仇快』之感！」頁 1。

[29] 當時，是：一、鈴木大拙著，李世傑譯，《禪佛教入門》（臺北：協志工業社，1970），先行從日文本譯出。其後，則是以志文出版社的【新潮文庫】為中心，先後從英文原著中譯出的鈴木禪學作品，就有：二、鈴木大拙著，徐進夫譯，《禪天禪地》（臺北：志文出版社，1971）。三、鈴木大拙著，劉大悲譯，《禪與生活》（臺北：志文出版社，1974）。四、鈴木大拙著，孟祥森譯，《禪學隨筆》（臺北：志文出版社，1974）。五、鈴木大拙、佛洛姆著，孟祥森譯，《禪與心理分析》（臺北：志文出版社，1981）。六、鈴木大拙著，徐進夫譯，《歷史的發展》（臺北：志文出版社，1986）。七、鈴木大拙著，徐進夫譯，《開悟第一》（臺北：志文出版社，1988）。八、日文傳記，是秋月龍珉著，邱祖明譯，《禪宗泰斗的生平》（臺北：天華出版社，1979）。九、禪藝方面，鈴木大拙著，劉大悲譯，《禪與藝術》（臺北：天華出版社，1979）。十、鈴木大拙著，陶陸剛譯，《禪與日本文化》（臺北：桂冠出版社，1992）。十一、基佛類比方面，鈴木大拙著，徐進夫譯，《耶教與佛教的神祕教》（臺北：志文出版社，1984）。十二、淨土著作方面，鈴木大拙、余萬居譯，《念佛人》（臺北：天華出版社，1984）。

學思想認知，曾發生了幾乎不相上下的衝擊和影響。[30]

　　另一方面，必須注意的，是胡適的這種處處講證據的治學方式，在佛教界同樣擁有一些同道。他們不一定完全贊同胡適對佛教的批判，但是不排斥以客觀態度來理解佛教的歷史或教義。而其中堅決遵循胡適禪宗史研究路線的是楊鴻飛。他在 1969 年 5 月，投稿《中央日報》，質疑錢穆（1895-1990）在演講中對胡適主張《六祖壇經》非惠能所作的批判，[31]因而引起臺灣地區戰後罕見的關於《六祖壇經》作者究竟是誰？神會或惠能的熱烈筆戰。

---

[30] 有關這方面的研究史回顧，有兩篇較完整的論文，可供參考：（一）莊美芳，〈胡適與鈴木論禪學案--從臺灣學界的回應談起〉，1998 年 1 月撰，打字未刊稿，共十一頁。（二）邱敏捷，〈胡適與鈴木大拙〉，收錄於鄭志明主編，《兩岸當代禪學論文集》（嘉義：南華大學宗教文化研究中心，2000 年 5 月），頁 155-178。此外，邱敏捷在另一篇論文中，又提到說：「首先，陳之藩於 1969 年 12 月 9 日在中央副刊上發表〈圖畫式與邏輯式的〉（《中央副刊》，1969 年 12 月 9 日，第 9 版）；翌年底，楊君實也撰文〈胡適與鈴木大拙〉（《新時代》10 卷 12 期，1970 年 12 月，頁 41）。1972 年元月，英人韓巴壺天對『禪公案』的詮釋」。此外，針對鈴木大拙的禪學觀點有所批判，並就「禪公案」提出詮釋觀點的代表人物應首推巴壺天（1905–1987）。他與當時之釋印順有所交往，其在「禪公案」的論著對後輩晚學產生不少影響作用。巴氏認為「禪」是可以理解的，他不苟同鈴木大拙《禪的生活》（Living by Zen）所提「禪是非邏輯的、非理性的、完全超乎人們理解力範圍」的觀點。他指出：「自從日人鈴木大拙將禪宗用英文介紹到歐美以後，原是最冷門的東西，竟成為今日最熱門的學問。不過，禪宗公案是學術界公認為最難懂的語言，參究瑞福（Christmas Humphieys）蒐集鈴木大拙有關禪的七篇文章，編為《Studies inZen》，由孟祥森譯，臺北志文出版社以《禪學隨筆》列為新潮文庫之一發行問世。鈴木大拙的〈禪——答胡適博士〉，即係書中一篇。從此以後，鈴木大拙的禪學作品，自日文或英文本相繼譯成中文版。半載後，《幼獅月刊》特刊出「鈴木大拙與禪學研究專輯」，除了將上述的楊文載入外，又有邢光祖的〈鈴木大拙與胡適之〉。再過一個月，胡適用英文寫的〈中國的禪——它的歷史和方法〉由徐進夫譯出，刊在《幼獅月刊》總號 236 號。至此，胡適與鈴木大拙兩人所辯難的問題，才漸為國內學者所關注，陸陸續續地出現了回應性的文章。1973 年朱際鎰〈鈴木大拙答胡適博士文中有關禪非史家所可作客觀的和歷史性的考察之辨釋〉、1977 年錢穆〈評胡適與鈴木大拙討論禪〉、1985 年傅偉勳〈胡適、鈴木大拙、與禪宗真髓〉、1992 年馮耀明〈禪超越語言和邏輯嗎——從分析哲學觀點看鈴木大拙的禪論〉，以及夏國安〈禪可不可說——胡適與鈴木大拙禪學論辯讀後〉等數篇，均是回應胡適與鈴木大拙論辯而發。」見邱敏捷，〈巴壺天對「禪公案」的詮釋〉，《臺大佛學研究》第十六期（臺北：臺灣大學文學院佛學研究中心，民 97 年 12 月），頁 230-231。

[31] 見張曼濤主編，《六祖壇經研究論集》（臺北：大乘文化出版社，1976），收在「現代佛教學術叢刊」，第 1 冊，頁 195-204。

　　不過，1969 年在臺灣展開的那場禪學大辯論，主要的文章，都被張曼濤（1933-1981）收在《六祖壇經研究論集》（臺北：大乘文化出版社，1976），列為由他主編的「現代佛教學術叢刊」一百冊中的第一冊。而張曼濤本人也是參與辯論的一員。[32]他在首冊的〈本集編輯旨意〉中，曾作了相當清楚的說明。尤其在前二段對於胡適的研究業績和影響，極為客觀而深入，茲照錄如下：

　　　　《六祖壇經》在我國現代學術界曾引起一陣激烈諍論的熱潮，諍論的理
　　　　由是：「《壇經》的作者究竟是誰？」為什麼學術界對《壇經》會發生
　　　　這麼大的興趣，原因是《壇經》不僅關係到中國思想史上一個轉換期的
　　　　重要關鍵，同時也是佛教對現代思想界一個最具影響力的活水源頭。它
　　　　代表了中國佛教一種特殊本質的所在，也表現了中國文化，或者說中國
　　　　民族性中的一份奇特的生命智慧。像這樣一本重要的經典，當有人說，
　　　　它的作者並不是一向所傳說的六祖惠能，那當然就要引起學術界與佛
　　　　教界的軒然大波了。這便是近四十年來不斷繼續發生熱烈討論的由來，
　　　　我們為保存此一代學術公案的真相，並為促進今後佛教各方面的研究，
　　　　乃特彙集有關論述，暫成一輯。列為本叢刊之第一冊。
　　　　胡適先生是此一公案的始作俑者，雖然他的意見，並不為大多數的佛教
　　　　有識之士所接受，但由於他的找出問題，卻無意中幫助佛教的研究，向
　　　　前推展了一步，並且也因而引起了學術界對《壇經》廣泛的注意，設非
　　　　胡先生的一再強調，則今天學術界恐怕對《壇經》尚未如此重視，故從
　　　　推廣《壇經》予社會人士的認識而言，我們仍認胡適先生的探討厥為首
　　　　功，故本集之編，為示來龍去脈及其重要性起見，乃將胡先生有關《壇

---

[32] 張曼濤的文章有 2 篇登在《中央日報》的副刊上，一篇是〈關於六祖壇經之偈〉；一篇是〈惠能
　　與壇經〉。其中後一篇，已收入《六祖壇經研究論集》，頁 245-51。他用筆名澹思發表。

經》之論述，列為各篇之首。[33]

　　從張曼濤的說明，可以看出 1969 年的《六祖壇經》辯論，正反雙方，都是接著胡適研究的問題點而展開的。這一先驅性的地位，是無人可以取代的！但這場辯論的展開，已在胡適逝世後的第七年了。

　　所以，雖然胡適本人在 1962 年春天，即已病逝於臺灣，但其禪學研究所點燃的巨大學術爭辯的烈火，依然繼續在佛教界熊熊地燃燒著。

　　而印順的《中國禪宗史》（臺北：正聞出版社，1971）一書，就是因為那場因胡適禪學研究論點所激起的爭辯，所引發的最新研究成果。日本大正大學在其頒授文學博士學位的〈審查報告書〉，其最後的結語是這樣的：

> 本論文對舊有的中國禪宗史將可以促成其根本而全面的更新。於是，本論文的問世對於學術界貢獻了一部而卓越的精心創作。[34]

　　這也是二十世紀以來，唯一以禪宗史研究，獲頒日本博士學位和擁有如此高評價的國人著作。可以說，由胡適發掘新史料和提出新問題開始，經過了將近半個世紀，才有了如此卓越的研究成果。播種者胡適和收穫者印順，都各自扮演了重要的角色。

　　當然，張曼濤和印順兩者的學術貢獻，並不只在上述的中國禪宗史研究的文獻編輯和專書論述這一點業績而已。

　　事實上，張曼濤於 1974 年，在中國佛教會的道安（1907-1977）大力支持之下，曾克服巨大文獻資訊的艱難，而彙編出《中華民國六十年來佛教論文目錄》，蒐錄相關資料達十五萬七千多筆，並附有索引和相關作者查詢線索，是

---

[33] 見《六祖壇經研究論集》，〈本集編輯旨意〉，頁 1-2。

[34] 此報告文，由關世謙中譯，改名為〈《中國禪宗史》要義〉，收在藍吉富編，《印順導師的思想學問》（臺北：正聞出版社，1985 初版），頁 333-40。

其在 1978 年彙編和出版「現代佛教學術叢刊」的重要前期預備工作。至於他在大谷大學的碩士論文《涅槃思想研究》（臺北：大乘文化出版社，1991 年），也是戰後臺灣關於印度佛教思想史現代性學術研究的上乘之作。

　　不過，戰後最優秀的關於印度佛教唯識學思想的現代性學術研究論述，是來自南臺灣的葉阿月（1928-2009）。她曾於戰後初期，受教於高執德的「延平佛學院先修班」。其後，因高執德橫遭「白色恐怖」下的政治冤獄而慘遭槍決（1955），葉阿月深感內疚，[35]為報師恩，特矢志前往高執德昔日留日時期的駒澤大學深造，專攻唯識學，於 1963 年畢業。其後，考入東京大學印度哲學研究所，於 1966 年，以〈中邊分別論三性說之研究：以真實品為中心〉的畢業論文，獲頒碩士學位。這是歷來第一次由臺籍本土佛教學者，獲日本公立佛學研究所頒授關於印度唯識學研究碩士學位的現代性專業學術論述。

　　受此鼓舞，於是，同年（1966）春末，葉阿月再入同校的博士班攻讀，由該校著名學者中村元（1912-1999）親自指導，並於 1972 年以〈唯識學における空性說の特色〉，獲頒博士學位；旋即返臺，從此長期任教於臺灣大學哲學系。[36]1975 年，葉阿月在臺出版其日文版《唯識思想の研究：根本真實としての三性說を中心にして》（臺南：高長印書局）一書，是其生平學術論述的最高峰之作，一時頗獲來自學界的高度稱譽。但因其日文版全書，始終未能譯成中文出版，且其生平，雖能持續治學嚴謹，但孤傲難處、中文論述又非其所長，所以終其一生，都未能產生巨大的典範性研究效應。[37]

---

[35] 此為葉阿月親自告訴我的內情，時間在 1994 年春天，地點在其研究室。

[36] 事實上，根據〈故董事長葉阿月博士行狀〉一文，所提到的詳情如下：「1969 年，葉阿月博士課程修畢，先受臺大哲學系主任洪耀勳教授聘為講師，1972 獲得東大 PH.D.文學博士回臺大復職時，被當時系主任成中英教授聘為專任副教授，並於 1979 年成為教授。在臺大講授『唯識』、『印度哲學史』及梵文等課程。任教期間，頗受前輩學者，哲學大師方東美教授之器重提攜。葉博士教學之餘，仍研究不斷。」http://fgtripitaka.pixnet.net/blog/post/29019424。

[37] 根據〈故董事長葉阿月博士行狀〉一文，雖也曾提到葉阿月於「1987 年，翻譯中村元博士著作《印度思想》，並於 1996 年在臺灣由幼獅出版社出版。1980 年，將其著作《超越智慧的完成——梵漢英藏對照與註記》在新文豐出版社出版。1990 將《心經》從梵文原典譯成口語中文。1974 年 12 月

　　至於印順的現代性大量佛學著作，已如綜合佛教思想大水庫般地，在當代華人的佛教學界間廣為流傳和被研究，因此有「印順學」的研究顯學現象，正在當代佛學界開展。[38]此外，他對「人間佛教思想」的倡導與推廣，也有大量的追隨者出現。但，在此同時，來自不同立場的教界批判者，也相繼出現。[39]所以，這是正在發展中的未定型但非常重要的思想傳播潮流，值得今後繼續對其關注和探索。

　　由於儒佛思想的互相交涉，長期以來，即是研究中國思想史的主要傳統論述與思惟內涵的組成部分，因此，延續民國以來歐陽漸、梁漱溟和熊十力以來的儒佛思想的相關論述傳統，戰後以熊十力北大高徒自居的牟宗三（1906-1995）其人，不同於馮友蘭（1895-1990）、方東美（1899-1977）、唐君毅（1909-1978）和勞思光（1927-）四者的佛學論述，而是以《佛性與般若》（臺北：學生書局，1977）兩巨冊（這是牟氏受印順相關佛教論述的研究影響之後），立足於當代新儒家的立場，來進行脫離歷史相關脈絡性的中古佛學精義的新解與新判教的自我建構。

　　因此，嚴格而論，牟宗三這兩巨冊書的相關內容，其實是一種異質的新佛教思想體系的現代書寫，所以其書雖能在析論時，邏輯推論相當精嚴、和在進行相關概念詮釋時，也表現得相當深刻和極富條理性，但是全書如此詮釋，是否會有流於過度詮釋的嫌疑？以及是否能與原有歷史的發展脈絡能夠充分符應？卻是大有商榷餘地的。[40]但無論如何，牟宗三的此一《佛性與般若》兩巨

發表佛學著作《以中邊分別論為中心比較諸經論的心清淨說》。另曾在臺大哲學評論（1985/1-），發表有唯識思想的十二緣起以中邊分別論為中心的論文，（1987/1）發表中邊分別論之菩薩『障礙』與『能作因』之學說的論文，（1989/1）發表窺基的『心』與『行』之學說的論文，以及以『心經幽贊』為中心等文章，其他論文及在中外學會發表之論文不計其數，無法一一介紹。葉博士學識深厚，可說是著作等身，令人欽佩」。http://fgtripitaka.pixnet.net/blog/post/29019424。但，筆者的上述論述，仍與事實接近。

38　參見邱敏捷，《「印順學派的成立、分流發展》訪談錄》（臺南：妙心寺，2011，初版）。

39　參見釋禪林，《心淨與國土淨的辯證──印順導師與人間佛教思想大辯論》（臺北：南天書局，2006）。

40　例如賴賢宗就曾嚴厲批評牟宗三的此書論述，他說：「牟氏認為天臺的『一念無明法性心』並未能

冊的全書內容，仍算具有現代學術研究的大部分特質，所以也堪稱是戰後臺灣現代佛學論述的高峰成就之典範著作之一。

戰後臺灣在專業的現代佛學研究期刊方面，張曼濤在編《華崗佛學學報》之前，於 1976 年為主編《道安法師七十歲紀念論文集》（臺北：獅子吼月刊社）的相關內容，集當時張氏所邀集的國內外諸多著名學者所合刊的內容，已達堪與現代型國際專業佛學研究論述相比肩的最高水平。

此後，不論張曼濤所編的《華崗佛學學報》或釋聖嚴的中華佛學研究所所長期支持的《中華佛學學報》，其研究主題內容的多元性與豐富性，雖有高度成長，但，若要論其是否有專業性的重要突破表現，則包括《中華佛學學報》在內的多種佛學研究學報，可以說從未在超越過 1976 年出版《道安法師七十歲紀念論文集》時的最高水平。

有關 20 世紀的現代中國佛教史論述方面，以臺灣地區來說，逃難僧釋東初於 1974 年春天出版的《中國佛教近代史》上下兩冊（臺北：東初出版社），[41]是此一領域的最重要的研究奠基者：此書以明清佛教迄第二次戰後的劇烈變局為時代經緯、以釋太虛（1889-1947）所主導的中國佛教近代改革事業為論述的核心，彙編各種佛教史料以成書，篇幅極浩繁，全書熱切護教之情亦躍然紙上，故難列入論述精嚴的通史性著作之林。但釋東初以釋大虛逝後的第一代

如陽明心學之真正的『存有論的創生』，只是『縱貫橫說』，而非陽明心學之『縱貫縱說』，而天臺的『縱貫橫說』的目的只在『作用的保存』（作用的保存則來自儒家的良知心體，而非佛智），天臺的『不斷斷』和『圓』最後表現為一連串的『詭詞』（弔詭之言詞），牟氏認為這就是天臺『不斷斷』的『圓教』的實義和歸趣。極其明白的是，牟氏認為佛教之究極和歸趣只是『團團轉的圓』和『一連串的詭詞』，這樣的論斷雖然在牟氏自己的論說中也自成體系，但卻帶有對佛教的極大的偏見，和佛教的自我詮釋之距離太大了，充滿了儒家護教的封閉心態。」見賴賢宗，〈論吳汝鈞《天臺佛學與早期中觀》所論的中觀學及佛性取向的詮釋〉，《東吳哲學學報》第 3 期（臺北：1998），頁 43-51。

[41] 此書由臺北東初出版社發行，再版為 1984 年，列為《東初老人全集（一）》，日譯版是河村孝照改編、椿正美翻譯的濃縮版，於 1999 年由日本傳統文化研究所出版。此日譯本影印資料，承陳英善教授提供，特此致謝。

佛教改革事業追隨者為職志，藉編史以表彰之，可謂繼釋印順於 1950 年編成
《太虛大師年譜》（臺北：正聞出版社）的另一放大普及版，雖精嚴不及前書，
仍具高度參考價值，故差堪與前書並稱為雙美。

　　但，在此之前，因已有日本學者水野梅曉的《支那佛教近世の研究》、《支
那佛教の現狀に就いて》兩書，以及藤井草宣的《最近日支佛教の交涉》（東
京：東方書院，1933）一書，而此三者又皆為論述自清代以來迄戰前有關中日
佛教及中國佛教近代變局的權威觀察報告，且其內容曾被直譯或改寫而構成
釋東初該書之部分內容，卻未被清楚交代原書出處，所以若純就嚴格學術而
論，難說其非釋東初之書的學術瑕疵。而這也是我等今日讀者，在讀釋東初之
書時，切不可忽略者。

　　此外，有旅美華裔學者陳榮捷（1901-1994）於 1953 年出版其《現代中國
宗教的趨勢（*Religious Trends In Modern China*）》，[42]對中國國民政府於內戰
逐漸失利而尚未撤離大陸之前的近代中國佛教及其他宗教發展狀況，亦曾作
了簡明又精到的權威觀察；其中，尤以有關熊十力及其《新唯識論》的新佛教
哲學思想，被舉為與釋太虛和歐陽漸（竟無）的唯識思想並稱，而在創新方面
較後兩者為更優的新觀點，是首次被介紹到西方學界者，並引起一定程度的後
續影響。[43]

　　中共取代國民政府建立新中國政權之後，又有美國學者唯慈（Holmes
Welch）遍訪當時流亡在香港、臺灣、新加坡、馬來西亞、緬甸、泰國以及菲
律賓等地的多位中國僧侶，然後以大量訪得的口述資料（占第一冊內容三分之
一）和頭等文獻資料（亦占第一冊內容三分之一）兩者對照、並嚴格篩選以增
其內容的可信度；他是自 1961 年起，開始撰寫研究報告：先於 1967 年由哈佛

---

[42]　此書有出版不久即有德文和西班牙譯本，1974 年又有日譯本，而中文本由廖世德翻譯，有陳榮捷本
　　　人作序，於 1987 年由臺北的文殊出版社印行。

[43]　據陳榮捷教授的說法：「此後學術研討會、博士論文、期刊文章專論熊十力者，已超過十宗矣。」
　　　見陳著《現代中國宗教的趨勢·中譯本序》，頁 3。

出版社出版首冊《中國佛教的實踐》（*The Practices of Chinese Buddhism 1900-1959*），[44]1968 年再出版第二冊《佛教復興在中國》（*The Buddhist Revival In China*），至於第三冊《毛澤東治下的佛教》（*Buddhism under Mao*）則出版於 1972 年，約當中共爆發文化大革命的中期，所以批判性極強，但也限於出版時代過早，有關二十世紀最後三十年所謂「改革開放」之後的重要大變遷狀況，便無法在書中涉及。

可是，唯慈的研究堪稱典範性的成就，並且早於釋東初的《中國佛教近代史》三年出版，所以真正為二十世紀中國佛教史的全面研究奠定學術基礎者，當歸之唯慈其人，且其在此一領域的學術成就，迄今仍還無有能比肩者，以至於後來者，都還直接或間接受其研究成果之影響。[45]

儘管如此，就二十世紀最後三十年的中國佛教發展現況來說，迄今都停留在重要僧侶的佛教事業或對其所持佛教思想的相關詮釋，雖間或也有介紹「改革開放後」的大陸宗教法規、佛教教育狀況或學術研究者，但除了與現實關涉不深且敏感性低的佛教學術研究成績較為可觀之外，其他方面皆缺乏較深刻或較嚴謹的對於大陸佛教現實面的真相之研究。換句話說，有關教團現況的深入探討或反思，迄今仍存在不少禁區而遲遲難以展開。

至於釋聖嚴（1931-2009）對於《明末中國佛教之研究》（臺北：學生書

---

[44] 此書的史料及方法學，可見其第一冊《佛教的實踐‧序》，中譯本由包可華和阿含譯出，改名《近代中國的佛教制度》，列入藍吉富主編，《世界佛學名著譯叢》82/83（臺北：世華出版社，1988）。

[45] 但是，相對於此，香港佛教聯合會、香港佛教僧伽聯合會、友聯研究所三者，也於 1968 年共同委由聯合書報發行公司出版《中國大陸佛教資料彙編：1949-1967》，這是根據當時大量來自大陸的相關原始佛教資料，並分為八大部以呈現其全部內容，其名稱為：第一部中共的宗教政策；第二部中共成立初期的佛教；第三部中國佛教協會；第四部大陸佛教徒的活動；第五部大陸佛教的典章文物；第六部大陸佛教的教育研究及出版工作；第七部大陸佛教徒生活情況；第八部西藏喇嘛教的情況；另有附錄（一）中共「佛教工作」面面觀；（二）虛雲和尚雲門事變記。此外在該書中還有各部的簡明提示和重要評論，並附有釋覺光所寫的短〈序〉。因此該資料彙編，也可說相當程度反映了當時香港佛教界對中共初期統治下大陸佛教現實遭遇的深沉關懷和反思。因而此資料彙編雖非屬正式的學術研究撰述，但其參考價值實不亞於唯慈後來才出版的第三冊書：《毛澤東治下的佛教》（*Buddhism under Mao*）》的學術貢獻。

局，1988）的立正大學博士論文（1975），雖曾遭日本著名學者荒木見悟譏評為屬於「護教書」性質的無學術助益的偏頗研究，[46]卻是戰後深刻影響臺灣諸多後進學者，[47]相繼投入明代佛教史研究的重要開山之作。

（二）解嚴迄今（1987-2011）的現代性佛學研究史回顧

解嚴以來，臺灣當代的現代性佛學研究，主題更為多元和相關成果更為豐碩。

首先，在現代佛學研究的工具書方面，若不計以翻譯為主的相關佛教辭典，則以藍吉富所主編《中華佛教百科全書（10 冊）》（臺南：妙心寺，1994）、吳汝鈞主編的《佛教思想大辭典》（臺北：商務印書館，1992）和于凌波（1927-2006）編著的《現代佛教人物辭典上‧下》（高雄：佛光出版社，2004），堪稱是戰後臺灣本土佛教研究相關工具書中，比較具有學術內涵與新條目的說明者。其中，尤以于凌波本人（1927-2006）所編著的《現代佛教人物辭典上‧下》是由大量相關的當代傳記資料所構成，所以是三者中，最有特色和最常被參考者。

在引進國際現代佛學研究的新趨勢方面，雖然歸國學人傅偉勳（1933-1996）教授大力提倡「詮釋學」的多層次研究進路，也撰寫關於日本禪師《道元》（臺北：三民書局，1996）的精彩研究。但是，傅偉勳的論述，[48]大多是奠基於二手研究資料的歸納性主題論述，所以能有鼓吹學界的新嘗試作用，但並未真正形成有效的典範性研究傳承。反之，其門下高徒林鎮國的《空性與現代性》（臺北：立緒，1999）一書的出版，真在當代海峽兩岸都引起相應的學

---

[46] 陳玉女，《晚明佛門內外僧俗交涉的場域》（板橋：稻鄉出版社，2010），頁 20。

[47] 像釋果祥、江燦騰、釋見曄等人都是受其影響者。

[48] 傅偉勳主要的相關著作，計有：《從西方哲學到禪佛教》（臺北：東大圖書，1986）、《批判的繼承與創造的發展》（臺北：東大圖書，1986）、《從創造佛教詮釋學到大乘佛學》（臺北：東大圖書，1990）。

術共鳴和一定程度的後續效應。日本當代的「批判佛教」問題和歐美多角度的現代性佛教詮釋學，可以說，都是由《空性與現代性》一書的多篇主題，所提供給當代臺灣佛教學者的重要資訊來源。

1999 年時，由江燦騰親自主持《空性與現代性》一書的集體學界評論活動，也在臺北清大的月涵堂公開舉行：由林安梧、賴賢宗、曹志成等當代少壯派佛教學者共同參與相關主題的哲學辯駁。此後，賴賢宗開始撰寫有關佛教詮釋學的多種著作；[49]而大陸的新銳佛教學者龔雋，更是延續林鎮國在其《空性與現代性》一書的相關探討課題，並以更大規模的方式，繼續推動有關歐美學者對於「批判佛教」的探討和新禪宗史研究的相關課題。此外，呂凱文、釋恆清、吳汝鈞等，也相繼探討有關「批判佛教」的問題。所以，這是有實質擴展性的現代佛學研究發展。

黃敏枝的《宋代佛教社會經濟史論集》（臺北：學生書局，1989），是戰後臺灣史學首開宋代佛教社會經濟史系列研究的重要專書；[50]此外，這也是繼早期大陸學者何茲全（1911-2011）、陶希聖（1899-1988）等人提倡研究中國社會經濟史以來的戰後在臺新發展。

但是，戰後現代佛學研究的最大收穫是，有關佛教史的相關研究。在臺灣佛教史研究方面，江燦騰的十餘種著述，公認是戰後臺灣佛教史學的主要建構者和集大成的專業學者。[51]闞正宗、侯坤宏、王見川、李玉珍四位學者，也各

---

[49] 賴賢宗的相關著作有：《佛教詮釋學》（臺北：新文豐，2003）、《當代佛學與傳統佛學》（臺北：新文豐，2006）、《如來藏說與唯識思想的交涉》（臺北：新文豐，2006）、《海德格爾與禪道的跨文化溝通》（北京：宗教文化，2007）、《道家禪宗與海德格的交涉》（臺北：新文豐，2008）等書。

[50] 黃敏枝還另撰有《唐代寺院經濟的研究》（臺北：臺灣大學文學院，1974）一書。

[51] 在江燦騰的十多本著作中，有六種值得一提：（A）《臺灣佛教百年史之研究》一書（臺北：南天書局，1996），曾獲第一屆臺灣宗教學術金典獎。（B）六十四萬字的《日據時期臺灣佛教文化發展史》一書（臺北：南天書局，2001），是博士論文（2000）的改寫出版，並曾獲第二屆臺灣省傑出文獻工作獎。（C）至於《臺灣佛教史》一書（臺北：五南出版社，2009），則是歷來全面性書寫近三百年多來（1662-2009）臺灣佛教通史、並正式出版的第一本專書。（D）2005 年，榮獲行政

有擅長領域。闞正宗：長於佛教史料蒐集；[52]侯坤宏：長於佛教政治史和經濟史；[53]王見川：長於齋教史料蒐集和研究；[54]李玉珍：長於佛教女性與社會研究。[55]

在明清佛教史方面，王俊中的《五世達賴教政權力的崛起》（臺北：新文豐，2001）一書，堪稱天才型的東亞漢藏佛教史最新研究論述，書中所陳述的邊地多國共治的新詮釋觀念，洋溢著當代臺灣新本土佛教學者的特殊歷史情懷與深層的未來性憂慮。新銳佛教學者廖肇亨，對於明代新禪宗文化的多重視野的大量探討與多篇現代書寫，從情慾、戲曲、詩文、傳記和相關思想等，都呈現新佛教社會文化史的鮮明風貌。

相對於廖肇亨的新禪宗文化的多重視野研究，陳玉女的《明代佛門內外僧俗交涉的場域》（臺北：稻鄉，2010）和《明代二十四衙門宦官與北京佛教》（臺北：如聞，2001）、《明代的佛教與社會》（北京：北大出版社，2010）各書，都是由明代佛教社會史的豐富史料和相關宗教人物活動層面的多篇詳細探討專文，所組構而成的堅實研究成果。其中，有關明代佛醫的新主題研究，以及提出大量相關的日文佛教研究成果評介，都是歷來有關明代佛教社會史

院陸委會所屬中華發展基金會大陸出版品甲級補助，在大陸地區，由中共最具學術權威性的中國社會科學出版社所出版有關臺灣近百年現代化佛教發展經驗的第一本專書《新視野下的臺灣近現代佛教史》。（E）2010 年，又由大陸官方的宗教文化出版社，出版其兩岸歷來第一本《二十世紀臺灣佛教文化史研究》。（F）2010 年，更進一步榮獲教育部的專款補助，為建國百年讓學術詮釋歷史的宗教學門類唯一計畫專書撰寫。此書：《戰後臺灣漢傳佛教史：從雙源匯流到逆中心互動傳播的開展歷程》，在 2011 年的 4 月初，也已由五南出版社隆重出版。

[52] 見闞正宗，《重讀臺灣佛教：戰後臺灣佛教（正、續編）》（臺北：大千佛教出版社，2004）、《臺北市佛教會六十周年特刊》（臺北：臺北市佛教會，2007）、《中國佛教會在臺灣——漢傳佛教的延續與開展》（臺北：中國佛教會，2009）。其〈戰後臺灣佛教史料的查找與運用〉一文，收在其《臺灣佛教史論》一書，頁 395-417，介紹相當詳盡。

[53] 侯坤宏的重要相關論述，可參考江燦騰、侯坤宏、楊書濠著，《戰後臺灣漢傳佛教史：從雙源匯流到逆中心互動傳播的開展歷程》（臺北：五南出版社，2011）一書中，由侯坤宏執筆的各章。

[54] 王見川，《臺灣的齋教與鸞堂》（臺北：南天書局，1996），是其代表作。

[55] 李玉珍，《唐代比丘尼》（臺北：學生書局，1989 年）一書，是戰後第一本比丘尼研究的專書。

研究中，並不多見的優秀學術成就。

不過，在陳玉女之前，劉淑芬的《中古的佛教與社會》（上海：古籍出版社，2008）一書，已是利用大量碑刻史料與從事中古佛教各類社會史主題的新探索。而這類研究的新形態之所以能夠出現，主要是二十世紀後期歷史學研究朝向歷史社會學發展的轉型反映所逐漸形成的。

但是，黃運喜的《中國佛教近代法難之研究》（臺北：法界，2006）和江燦騰的《中國佛教近代思想的爭辯與發展》（臺北：南天，1997）二書，大不同於戒嚴時期的釋東初撰寫的描述性非嚴謹現代佛教史研究，而是以專業的歷史學研究方式，分別探討中國佛教近代所遭遇的多次來自官方公權力濫用的嚴重困境與近代中國漢傳佛教思想史的長期變革相關問題論述，因此都堪稱引據精嚴和視野透闢下，治學「勤勉厚實」的優良史著。

在有關佛教人物的傳記研究方面，李筱峰的《臺灣革命僧林秋梧》（臺北：自立晚報社，1991）、楊惠南的〈臺灣革命僧——證峰法師（林秋梧）的「一佛」思想略探〉[56]和江燦騰的〈從大陸到臺灣：近代佛教社會運動的兩大先驅——張宗載和林秋梧〉[57]是各有突破的作品，但仍以李筱峰對林秋梧的思想研究，成就最大。[58]

---

[56] 見楊惠南，《當代思想的展望》（臺北：東大出版社，1991），頁 45-74。楊惠南是用如來藏思想來解說林秋梧的「一佛」思想，又批評他是「空想的社會主義者」。

[57] 此文收在江燦騰，《臺灣佛教與現代社會》（臺北：東大出版社，1991），頁 3-36。我是在就讀臺灣大學歷史研究所博士班時，因被解嚴後所強烈釋放的本土研究意識所衝擊，才由原先研究明清和民國時期的中國佛教史，轉為專攻臺灣近現代史。研究初期，我是先延續李筱峰關於林秋梧參與佛教社會的課題，然後再進一步以臺灣本土佛教四大法派的教團史為研究重點，並因此開啟學界此後全面進行研究日治時期臺灣佛教的新風氣。其後我在博士論文中，更以「臺灣新佛教運動的開展與頓挫」，討論其中所涉及的宗教政策、同化問題、日臺佛教平行發展、新舊佛教藝術創作、儒釋知識社群的衝突、本土教團的改造和戰後的發展等問題，而展開長達六十四萬字的大篇幅探討。

[58] 日治時期的臺灣本土佛教改造運動裡，出身日本駒澤大學同學會的本省籍佛教精英像：高執德、林秋梧、李添春、曾景來、李孝本等人，都發揮了相當大的作用。不過，在過去的臺灣佛教史中，只有林秋梧一人，較為學界所知。因發掘林秋梧生平事跡的李筱峰先生，曾先後寫了兩本專書：第一本是《革命的和尚——抗日社會運動者林秋梧》（臺北：八十年代出版社，1979）、第二本是《臺灣

　　此外，雖然戰後也出版了有關僧侶的個人自傳、生平報導、死後的悼文集、向社會大眾推銷宗教形象的宣傳傳記等，在數量上也相當多，卻不一定可以當作有學術研究意義的成果來探討。[59]不過，《白公上人光壽錄》（臺北：十普寺，1983），卻是少數的例外。因編者在編輯時，是能兼顧到史料的多元性、相關性和客觀性。[60]

　　至於釋信融有關中共佛教史著名人物《巨贊法師研究》（臺北：新文豐，2006）的相關優秀研究，不但是兩岸此一主題的開創性作品，如今在大陸地區，此書也成為兩處「巨贊紀念館」的標準版陳列物，堪稱論述一流。

　　在佛教藝術史的研究方面，陳清香的《臺灣佛教美術的傳承與發展》（臺北：文津，2005），內容雖很豐富，但相關史料錯誤卻不少，又缺乏清楚的定

革命僧林秋梧》（臺北：自立晚報社文化出版部，1991）。由於作者李筱峰先生早期即從事臺灣政治民主化運動，又是學院科班出身的臺灣史研究專家，再加上林秋梧為他的親人之一，因此他對林秋梧的探討，不但主題新穎、題目聳動、內容豐富，書中更洋溢著他對臺灣文化運動乃至佛教現代化的深切關懷之情，所以林秋梧的大名，可以說在李書一問世，即不脛而走，廣為人知。影響所及，一般學界談及日治佛教界，即不期然而然地，以林秋梧為代表。至於和林秋梧同時崛起的夥伴，則依然掩埋歷史塵土中，等待被有心人挖掘，然後可以探頭出土，重見天日。雖然如此，關於環繞林秋梧周遭的佛教史研究，李著也存在著極大的不足。例如開元寺本身的內部問題、佛教知識精英的集體思想取向的問題、高執德事件的相關問題，都是可以再檢討的。

此外，近年來，釋慧嚴也對林秋梧的思想研究，也提出數篇新作。見釋慧嚴所撰：（一）〈忽滑谷快天對臺灣禪學思想的影響〉。此文先發表於《第六次儒佛會通論文集》（華梵大學、民國91年7月），其後，略作補充，並先發表於《人文關懷與社會發展、人文篇》（高雄復文圖書出版社、2003年）；再收入其書，《臺灣佛教史論文集》（春暉出版社、2003年1月）。至於（二）〈林秋梧（證峰師）的佛學思想探源——〉，此文原為華梵大學所舉辦的【第七屆儒佛會通暨文化哲學】會議論文。之後，此文內容，也再收入其新書：《臺灣與閩日佛教交流史》（高雄：春暉出版社，2008），頁549-578。

[59] 基本上，學術的傳記，應具備至少下列幾個條件：一、資料是可考證的，或可證實非是虛假的。二、資料的主要來源，不能只靠傳主身提供的。三、對有爭議性的資料，有能力判斷或考證真相。四、對佛教的環境、慣習和時代相關背景，具備一定程度的理解。五、對研究的對象，能加以檢討或批評。因此，有些僧侶的個人傳記，雖具有極大的可讀性，或在自敘生平時相當真實，都不能放在本文的此處來討論。

[60] 因此，此書雖是用來祝賀白聖法師八十歲生日的應酬著作，其中充滿了對白聖的推崇，也是顯而易見的。但這一本達九百五十多頁的「編年體」著作，列有極豐富的參考資料，每年按僧伽、教團、社教、政經四大項來編排，兼容並蓄，無異是一部近代中國佛教史的綱要，所以很值得肯定。

義陳述和不具備明確有效的分析概念，所以不能成為嚴格的臺灣本土現代佛教藝術標準著作。[61]

林保堯的中國中古佛教藝術史研究，長期追隨日本塚本善隆的研究模式，研究成果雖多，領域過窄，特色並不突出。但近期的《山奇大塔：門道篇》（新竹：覺風，2009）一書，是林保堯領隊親赴印度進行著名印度「山奇大塔」的精細田野紀錄，是標準本性質的田野調查教學的實用手冊。

至於兼具可讀性和專業性的《中國佛教美術史》（臺北：東大，2001）一書，是李玉珉（長期服務於臺北故宮博物院）的非凡力作，堪稱是臺灣本土佛教藝術史研究學者的一流作品。但，李玉珉的全書內容，完全與臺灣本土現代佛教藝術的表現無關，則是其致命的學術缺陷。

有關佛教文學研究方面的代表性作品，可舉丁敏的《佛教譬喻文學》（臺北：東初，1996）一書，是海峽兩岸唯一專論此一性質的優秀作品。至於有關佛教儀式的相關研究，汪娟的《唐宋古逸佛教懺儀研究》（臺北：文津，2008）專書，是善用敦煌古文獻專研過去學者很少觸及的唐宋時期古逸佛教懺儀的系列課題，堪稱當代獨步的學術表現。至於洪錦淳的《水陸法會儀軌》（臺北：文津，2006）一書，對於有關水陸法會的探討，已能一定程度的清楚解明從唐

---

[61] 陳清香的研究模式的缺陷，也反映在所指導的研究生論文的寫作上，茲以郭祐孟的論文為例來說明。郭祐孟原為陳氏在中國文化大學藝術研究所碩士班的授課學生，且其畢業論文〈臺南法華寺的佛教藝術及其源流考〉（1995年6月畢業），就是由陳氏所指導，所以在研究方向和處理主題的方式，即深受陳氏影響。此一論文（本文連所附的圖像參考資料）近四百頁，卷軼龐大。主要集中於處理臺灣早期最古老的佛寺之一臺南法華寺內現有建築格局、佛雕造像風格、觀音壁畫——大悲出相——及南臺灣相關寺院中的「大悲出相」的圖像風格及源流研究。此一探討，無疑是沿襲陳清香〈臺灣早期觀音像造型源流考〉的研究課題，但更深入和更突出。特別是臺灣南部流行甚廣的通俗觀音信仰造型——「大悲出相」——被此文作了極深入的研究。然而，就學術研究的嚴格要求來說，此文存在著嚴重缺陷。例如在探討「大悲出相」時，經常花極大的篇幅去追溯它的早期源流和發展，卻忽略了史料本身的證據和相互的聯繫性是不足的。又探討的對象，有不少是重彩的粗糙作品。因此，郭氏的研究，在主題的開闊上是有貢獻的，在文化的意義上也值得肯定。但就論文的學術水平來說，則不十分突出。郭氏另有關於臺灣地區彌勒圖像及其背景的幾篇論文，可是，其過重遙遠的背景之缺點依舊，在論點上也無太多新意。因此，可以置之不論。

代到明代的相關變革，所以也是此領域少見有突破之作。[62]

不過，有關神異僧的特殊崇拜化研究，王見川的《從僧侶到神明──定光古佛、法主公、普庵之研究》（中壢：圓光佛學研究所，2007）一書和其對於民國虛雲禪師實際年齡的新探索，在史料發現和論述角度上，都有新突破。[63]至於臺灣東部的佛教史研究，李世偉的〈戰後花蓮地區佛教發展初探〉，是「以花蓮地區為範圍，依其特質分成『正信佛教』與『民間佛教』兩類，鉤勒其歷史發展的基本樣貌及相關活動」。[64]相當有新意，能算是先驅性的論述之一。

可是，林美容從「本土化」的立場出發，將早期臺灣佛教稱為「岩」或「巖仔」的佛教道場，加以統計，試圖建立早期「民間佛教」的歷史面貌，以別於後來受出家僧侶影響的「正規佛教」。[65]可惜，此種道場，並非唯一專屬「民間佛教」者，故將其抽離出來，加以統計，實無重要意義可呈現。因此，無法用來解釋早期「民間佛教」的普遍現象。唯有將庵、堂、寺等一併加以考慮，

---

[62] 相關的最新研究，還可參考：陳省身，《普濟幽冥：瑜伽焰口施食》（臺北：臺灣書房，2009）一書，此書的當代田野調查資料，是最權威的精確報告，但關於歷史溯源的說明，則顯有不足。

[63] 此外，王見川的〈還「虛雲」一個本來面目：他的年紀與事蹟新論〉一文，利用虛雲本人所編的《增校鼓山列祖聯芳集》、《星燈集》，以及高鶴年的《名山遊訪記》、《佛學叢報》等民國時期佛教史料，重新探討虛雲年齡後，仍然認為《虛雲年譜》《虛雲法彙》中有誇大、虛構、篡改等不實處，虛雲本人其實只「活了九十歲左右」。《圓光佛學學報》，第 13 期，2008 年 6 月，頁 169-186。此一對於虛雲實際年齡的新考定，與胡適先前所作同一主題的質疑研究，實可以先後輝映。

[64] 李世偉認為：「由於花蓮屬後開發地區，佛教活動亦晚於西部各地，清代僅有三個民間佛教寺廟，日據時期隨日本移民來到而有不少日本佛教，惟影響有限；戰後國府透過『中國佛教會』強化對佛教界的控制，中佛會花蓮支會率先於各縣市成立。花蓮之『正信佛教』於戰後始大量創建，此與其後發展地區有關，著名之道場如東淨寺、淨德精舍屬基隆靈泉寺系統，彌陀寺屬宣化上人所屬『法界佛教總會』，而後來居上乃成為臺灣著名大道場者為 1966 年創立之『慈濟功德會』，於慈善、醫療、教育、文化事業具有所成。花蓮之『民間佛教』歷史較早，其道場性質近於民間信仰型態，就祭祀神言，除主神釋迦牟尼佛外，雜揉諸多民間信仰之神祇，相關神明感應與神通事蹟也極多；同時，大型的民間佛教道場也形成聯庄組織，與地方關係極為密切。」《圓光佛學學報》第 10 期（2006），頁 23。

[65] 林美容的此類研究，計兩篇，即：〈臺灣佛教的傳統與變遷：巖仔的調查研究〉，收在臺灣師範大學主編，《第一屆本土文化學術研討會論文集》（臺北：1995 年 4 月），頁 701-22。從南部地區的「巖仔」來看臺灣的民間佛教〉，載《思與言》，卷 33 期 2（臺北：1995 年 6 月），頁 1-40。

才能說明。因此，林美容的此一研究方式，大有商榷餘地。

至於解嚴以來的佛教兩性平權議題的倫理學研究，則釋昭慧（1957-）的《佛教倫理學》（臺北：法界，1995）和《律學今詮》（臺北：法界，1999）等各書，都是其最具代性的相關力作。[66]

不過，從另一方面觀察，自解嚴以來，有關當代臺灣本土人間佛教思想的形成及其社會實踐的不同路線之爭，卻又特別激烈和壁壘分明。此因臺灣傳統佛教的信仰意識形態，在解嚴之前的仍是相當牢固和保守的。直到 1986 年時，

---

[66] 此類著作，所反映的時代意義如下：雖然臺灣佛教兩性平權運動與與女性新禪學家的出現，雖直到 21 世紀初，才躍上歷史舞臺，但其發展歷程卻為時甚久。此因 1949 年之後，大量大陸逃難來臺的出家僧侶，以白聖法師等為首，透過匆促在臺恢復組織和活動的「中國佛教會」所主導的，傳授戒律活動與頒發受戒証明，成功地，以大陸「江蘇省寶華山式的佛教傳戒制」度為基調，在臺順利地，重塑出家女性比丘尼的清淨神聖形象，並成為戰後臺灣社會，最能接受與認同的主流。彼等從此，就代替，類似臺灣傳統「齋姑」，在「齋堂」的功能和角色那樣，擔負起全臺灣佛教，大大小小各佛寺內，各種日常性事物的處理。例如，彼等須妥善應對來寺功德主，或信眾們宗教需求等所以彼等其實是，寺中事務處理重要負責人。也就是說，彼等在寺院中，是各種雜務或大小庶務的，主要的擔綱者，同時也是，寺中男性比丘的重要助理。正如家庭主婦，在一般家庭中，無可代替的地位一樣。可是，其實質地位並不高。其背後真正原因是，儘管戰後，臺灣佛教出家女性比丘尼的清淨神聖形象，已被社會或佛教信徒認可，但由於受到傳統印度佛教戒律中，「男尊女卑」的落伍意識形態的深層影響。所以從戰後初期，到解嚴前，臺灣佛教的出家女性寺內地位，相對於寺內出家男性來說，仍甚卑微。儘管在事實上，她們的總人數，要多於出家男性的三至四倍之多，並且彼等，在出家資歷、佛教專業知識、教育程度，和辦事經驗等各方面，除少數例外，一般來說，若與出家男性相比，是毫不遜色的，甚至於，尤有過之者。但是，傳統宗教意識形態之積習難改，所以在相對的成熟條件不具備時，就是有心要改變，也不易成功。此種情況的改變，正如解嚴後政局劇變一樣。亦即，臺灣佛教兩性平權運動，在解嚴後的新發展和最後能成功，除有昭慧尼及其眾多追隨者的堅毅努力之外，不可諱言，是亦步亦趨地，繼之前臺灣社會婦運的成功，而展開的，故曾受惠於之前婦運的經驗和成果，也是無庸置疑的。我們須知，臺灣社會在解嚴前後，在婦運團體所出現爭取新兩性平權運動中，曾分別針對現代女權新思潮、兩性平等新概念，在教育、立法、公共輿論三方面，提出強烈訴求；再結合相關社會運動的急劇催化，不久，即大有斬獲，並大幅度地，改善或提升臺灣社會兩性不平權的非正常狀況。從此以後，這一重大成就，就成為已通過立法，和可以透過教育傳播的臺灣現代主流思想和生活模式的重要內涵。於是，受惠於此社會改革成功的影響，以改革急先鋒的昭慧比丘尼為首，戰後新一代的臺灣的佛教女性們，也相繼提出彼等對傳統佛教戒律中「男尊女卑」的落伍觀念強烈的質疑和絕不妥協的凌厲批判。而彼等之所以能以出色精研的新佛教戒律專業知識為依據——主要是吸收一代佛學大師印順的原有相關知識精華——作為與其出家男性對手論辯時，才得以致勝的強大利器。因此，在歷經一場，激烈的相互論辯，與對抗後，當代臺灣佛教，兩性平權的改革運動，終於渡過其驚濤駭浪般的爭議階段，逐漸走出開放的坦途。

才發生真正的大改變。[67]

　　等到 1989 年時，已經在當代臺灣佛學界歷時三年多的關於印順人間佛教思想的爭辯問題，立刻在印順本人當年出版《契理契機的人間佛教》（新竹：正聞出版社）的有力學術背書之下，成為代表其一生佛教著作的正式且唯一的思想標籤。

　　以此作為分水嶺，從此臺灣佛教界所爭論的人間淨土思想問題，已被化約成為贊成或反對兩者立場，以及印順和星雲兩者的人間佛教理念，何者更具有社會的實踐性問題。

　　江燦騰是當代首先將印順視為是對太虛思想的「批判性繼承」者，而認為依星雲所走的佛教路線，他應該算是太虛思想的「無批判繼承」者，並公開指出：印順曾對星雲人間佛教思想中的融和顯密思想，有所貶抑的情形。[68]

---

[67] 此年，臺灣新一代的宗教學者以未註冊的方式成立「東方宗教討論會」，開始每用一次進行嚴格的宗教學研討和當代佛教新學術議題之倡導，次年期末年會召開，由於道教學者李豐楙的建議，由就讀於臺大歷史研究的筆者，提出以印順導師的淨土思想為中心的相關論述，並邀請任教於臺大哲學系的楊惠南教授擔任筆者論文的評論者，當代臺灣學術界的精英多人亦曾參與此一論題的討論。所以此一新佛教學術議題，宛若被點燃的火藥庫，立刻爆炸開來，成為此後多年海峽兩岸佛教學者大量重估印順、太虛兩者的人生佛教與人間佛教之別的契機。等時序進入 1989 年時，當時的臺灣地區。由於已是到了官方宣布政治全面解嚴之後的第三年了，並且蔣氏在臺政權的第二代強人領導者蔣經國氏，也在其嚴重的糖尿病所引起的心臟疾病惡化後，導致提早死亡，而繼其位者正是當時當擔任副總統的臺籍人士李登輝，於是臺灣現代史上首次出現無強人統治的民主化時代。當時反映戰後臺灣社會各種弊政的大型街頭群眾運動，也因之立刻如風起雲湧般地，經常出現臺北市離總統府不遠的各街道上，所以當時，不只官方在政治權力的運作曾遭到民間各種不同政治立場的反對勢力之連番挑戰。正是在這樣的氛圍之下，1989 年當年，代表戰後臺灣人間佛教思想的兩大路線倡導者：印順和星雲，分別提出其相關的著作和新觀點的詮釋。尤其後者星雲，他曾於 1989 年以「如何建設人間佛教」為議題，在 1990 年舉行一場國際性學術會議，表明他對人間佛教的看法，並以佛教現代化為主題，作為改善佛教的準繩，強調佛教「現代語言化」、「現代科技化」、「現代生活化」、「現代學校化」等四項。為走入時代，將佛法散播各角落，可見星雲有意將人間佛教引領到現代化。其後，則繼續加以詮釋系統化，而成為所謂「星雲大師的人間佛教」。

[68] 印順導師曾指出，臺灣推行人間佛教傾向，以目前：「現代的臺灣，「人生佛教」、「人間佛教」、「人乘佛教」，似乎漸漸興起，但適應時代方便多，契合佛法如實，本質還是「天佛一如」。「人間」、「人生」、「人乘」的宣揚者，不也有人提倡「顯密圓融」嗎？」釋印順，〈契理契機之人間佛教〉，頁 65

　　可是，作為印順思想的忠實追隨者的邱敏捷博士，在其博士論文中，則一反江燦騰的並列方式，而是以印順的人間佛教思想，作為其評判他人佛教思想是否正確的最後依據。所以她因此一舉將包括佛光山、慈濟功德會和法鼓山等，當代臺灣各大佛教事業場的人間佛教思想，一概判定為屬於「非了義」等級的「世俗化」人間佛教思想。[69]

　　事實上，邱敏捷博士的各項論點，並非屬於她獨創的新見解，而是延續其博士論文指導教授楊惠南，對慈濟功德會和法鼓山，這兩大佛教事業道場的人間佛教思想之批判觀點而來。

　　因為楊氏認為，不論是慈濟功德會所主張的「預約人間淨土」或法鼓山所創導的「心靈環保」，都是屬於過於「枝末性」的社會關懷和過於「唯心傾向」的淨土認知。他認為此兩大佛教事業道場，不敢根源性地針對官方和資本家的汙染源，提出徹底的批判和強力要求其改善，[70]反而要求一般的佛教信眾以《維摩詰經》中所謂「心淨則國土淨」的唯心觀點來逃避問題，[71]所以他指責這是「別度」的作法，而非「普度」的作法。[72]

---

[69] 邱敏捷〈印順導師人間佛教思想：臺灣當今其他人間佛教之比較〉，此篇文章早期發表於《人間佛教薪火相傳：印順導師思想理論實踐學術研討會》，之後，作者又略事修改，已收入邱敏捷，《印順導師的佛教思想》一書（臺北：法界，2000 年 1 月），頁 133-160。

[70] 楊惠南於 1994 年 12 月，以〈當代臺灣佛教環保理念的省思以「預約人間淨土」和「心靈環保」為例〉，提出社會關懷解決方案。直接針對慈濟功德會所發起「預約人間淨土」，和法鼓山「心靈環保」，認為當代佛教推動環保最具成效兩大團體，這方面的成就是有目共睹，就事論事，這兩大團體只在「『量』上限定於幾個環保面相」，更值得注意的是，工業污染（化學污染）、核能污染，這些都是「來自於資本家和政府」。見《當代》，第 104 期（1994 年 12 月 1 日），頁 40-41。

[71] 楊惠南的批評是：檢視當代臺灣佛教環保運動，之所以侷限在「浪漫路線」的「易行道環保運動」的範圍之內，原因固然在於主導法師保守的政治理念態度，……把環境保護和保育，視為「內心」重於「外境」這件事，如果不是錯誤，至少是本末倒置的作法。見楊惠南，〈當代臺灣佛教環保理念的省思以「預約人間淨土」和「心靈環保」為例〉，《當代》，第 104 期，頁 40-41。

[72] 楊惠南認為，「大乘佛教所發展出來的『（半途型）世俗型』的普渡眾生」，「還是同樣強調物質的救渡」，相反的，「大乘佛教的普渡眾生，有出世的意義·『目的型』的救渡」。並指出：「世俗」型的物質救渡，又可細分為二種：其一是一個一個、小群一小群，或一個區域的……筆者（楊惠南）稱之為「別渡」……以致成為「頭痛醫頭，腳痛醫腳」的「治標」救渡法。……他們寧可假

　　所以，邱敏捷博士的持論立場，其實是將其師楊惠南教授的此一論點，再擴大為，包括對佛光山星雲的人間佛教思想的理念和做法在內的，全面性強力批判。[73]

　　其後，在佛光山方面，雖然立刻遭到由星雲女徒慈容尼師的撰文反駁，[74]但如純就佛教義理的思維來說，慈容的反駁觀點，是無效的陳述，所以同樣遭到來自邱敏捷博士針鋒相對地論述強力回擊。[75]因此，其最後的發展是，雙方既沒有交集，也各自仍然堅持原有的觀點，[76]不曾有任何改變。

　　至於有關「在家教團」的研究，則是江燦騰對於有關戰後臺灣佛教「在家佛教團體」所探索的最核心、也是最具代表性的主題和問題。因為不論我們如何進行討論戰後臺灣在家佛教的信仰或各類居士佛教團體的組織和活動，假如沒有將其分析的概念提升到「在家教團」（這是在家佛教發展到最高峰的宗教產物），以及將解嚴後的兩個最重要的「在家教團」：維鬘與現代禪納入對象與問題的探討[77]，則很難完整理解戰後甚至近百年來臺灣在家佛教的發展。[78]

日到郊外檢垃圾，然後回到廟裏說「唯心淨土」，宣說「心靈環保」，卻不敢向製造污染的資本家的政府抗議。另外一種「世俗」型的救渡，乃是透過政治、經濟、社會制度，全民……這樣的救渡，筆者才願意稱之為「普渡」。楊惠南，〈臺灣佛教現代化的省思〉《臺灣佛教的歷史與文化》，頁288-289。

[73] 邱敏捷，〈印順導師人間佛教思想：與當今臺灣其他人間佛教之比較〉，曾發表於 1999 年弘誓文教基金會主辦，【第二屆「人間佛教薪火相傳」學術研討會】（臺北：南港中研院國際會議室），其後收入邱敏捷，《印順導師的佛教思想》（臺北：法界出版社，2000），頁 133-160。

[74] 慈容，〈人間佛教的真義——駁斥邱敏捷女仕的謬論〉，《普門》第 243 期（1999 年 12 月），頁 2-3。

[75] 邱敏捷，〈答《普門》發行人之評論：「人間佛教的真義」〉，《普門》第 245 期（2000 年 2 月），頁 16-19。

[76] 見邱敏捷，〈當代「人間佛教」的爭辯——記數年前的一場大風暴始末〉，《當代》復刊 97 期（2005 年 7 月號），。頁 54-61。

[77] 此因彼等是，呈現出最具典範性的發展經驗，所以本文暫不討論「新雨」、「正覺同修會」和「印心禪學會」等在家佛教團體。

[78] 事實上，自明清時代以來，長期流傳於臺灣地區的傳統齋教三派（龍華、金幢、先天），就是傳統

　　此外，最新的教團史論述，是「慈濟宗」與「法鼓宗」在「印順流」的「人間佛教思想」強烈衝擊下的相對反映——印順圓寂後的「去印順化」行動。此因解嚴以來，當代臺灣佛教界最具思想影響力的「人間佛教思想」，在其歷經從 1986 年到 1989 年的激烈辯論之後，於 1989 年時，已被當代臺灣佛教界所

「在家教團」的一種。但傳統的齋教三派，雖在戰後戒嚴體制下的不利環境無法成功轉型而趨於沒落，不意味在家佛教徒都不從事「非僧侶主義」的信仰自主性的追求。因為戰後基督教新信仰型態對民眾、特別是佛教徒的強烈刺激、大量現代西方文明知識或新文化概念的輸入、出版業的高度發達、鈴木禪學著作的風行、資訊的流通快速、教育的機會提高、社會經濟條件的大幅改善、都會化與疏離感的增強等，都促使戰後臺灣民眾有意願和有能力去從事新信仰的追求。所以我們在現代禪創立者李元松或維鬘主導者王儒龍的身上，都可以觀察到上述影響的清楚軌跡。

因而，反映在此等「在家教團」的規範和信仰內涵上，則處處都可看出有民主觀念和合議制運作的強調、理性化和多元性知識的高度攝取、注重溝通與協調、與學界往來密切、在財務上透明化和謹慎取用等。所以，研究解嚴後的臺灣佛教「在家教團」的發展與頓挫，即是研究戰後在家佛教信仰型態或歷史現象的最核心和最具代表性的主題和問題。另一方面，若就其重要性來說，則無論以其研究對象和主題，都可以有效釐清戰後臺灣社會現代化發展的大環境之下，特別是在長期的政治戒嚴正式宣告結束、一元化的中央佛教組織隨之開始鬆綁、而宗教自由的發展環境也瞬即成為現實的可能之後，已鬱積多年而正蓄勢待發的臺灣在家佛教徒，將追尋和建構彼等的信仰內涵、活動或表現的方式、組織型態或制度規範的制定等，是值得觀察的。所以本研究的對象和主題，即是觀察戰後臺灣社會文化史中重要新事物的指標之一，可見其重要性。

但，何謂「在家教團」？在本文中，對於「在家教團」的這一概念使用和其定義的內涵，可有如下相關解說：1. 它雖是臺灣佛教的「非出家眾組織」之一、卻非屬於傳統的「在家居士團體」之任何一種。2. 它並無傳統「僧尊俗卑」的心態，且根本不遵循傳統佛教徒以僧尼為皈依師的原信仰倫理。3. 所以，它不但擁有本身所清楚主張的「在家教團意識」，而且還擁有本身的強烈、獨立自主的「教團」規範、組織和運作之實際表現。4. 因而，它的正確名稱是「在家教團」，而非「出家教團」或「居士團體」。5. 儘管如此，因它事實上迄今為止，仍無像明清以來臺灣傳統齋教三派那樣，有鮮明地與「出家佛教僧尼」有徹底正面對抗的決裂意識和相關的顯性作為。

所以，它既有異於「傳統臺灣齋教三派」的宗教意識和相關作為，也不能視其為「傳統臺灣齋教」直接衍生物。因此我新創「新齋教」這一概念用語，可以考慮作為與「在家教團」另一同義詞來使用。

而根據以上的概念使用和定義的內容，來檢驗迄今為止，國內外研究現況，則在當代臺灣學者中，確曾以臺灣佛教「在家教團」這樣的分析概念，作為探索的主要觀察角度和相關面向，並將當代臺灣兩大最具代表性的「在家教團」：「維鬘佛教傳道協會」和「佛教現代禪菩薩僧團」加以合併觀察和比較的研究方式來說，其實只有我於 2007 年 12 月 15 日於高雄市由中華佛寺協會所舉辦的，「臺灣佛教的過去、現在與未來學術研討會」所發表的簡報型論文〈解嚴前後臺灣佛教的在家教團：發展與頓挫（泡沫化？）〉和〈解嚴後臺灣佛教「在家教團」崛起與頓挫：研究史回顧與檢討〉的專論而已。《思與言》第 48 卷第 1 期（2010，03），頁 191-238。

普遍肯定，並蔚為各大道場（除中臺禪寺之外），用來詮釋彼等本身佛教事業的立論思想根據，和彼等涉入社會關懷的行動指導原則。

所以，當代最多元和最歧異的「人間佛教思想」，便宛如一股混濁地滾滾洪流，開始橫溢於各道場的文宣或口語傳播上，其來勢之洶湧和強勁，甚至連大陸對岸的許多佛教學者，都深受衝擊和影響。[79]而其中，尤以太虛的「人生佛教」和印順的「人間佛教」之別，[80]構成了彼此溯源時的思想依據。

但是，以印順的「人間佛教」思想作為批評標準的詮釋觀點，也被楊惠南教授和邱敏捷博士相繼提出和展開對與其相異者的強烈批判。所以，包括慈濟在內所推展的「預約人間淨土」和聖嚴所極力宣揚的所謂「心靈環保」之說，都一概被楊、邱兩人，貶抑為「不了義」的「世俗諦」佛教思想，連帶其所作所為，也是同樣屬於未能正本清源的「別度」思想。[81]

這雖非當時的臺灣佛教界，所願普遍承認的合理批判，甚至於也一度曾激起如石法師、現代禪教理部主任溫金柯[82]和佛光山慈容尼師等人的激烈反駁。[83]

但從當時的發展趨勢來看，彼等所持的反批判聲浪，在印順導師尚健在的有生之年，顯然都被其既淵博又崇高的佛教大師聲望和其一批有力的追隨者，所淹蓋了。彼等在此一時間內，便只能暫時屈鬱地，繼續等待適當的時機來臨，再進行全力反撲的行動。

79　見釋禪林，《心淨與國土淨的辯證：印順導師與人間佛教大辯論》（臺北：南天書局，2006），頁1-14。

80　江燦騰，〈論太虛大師與印順導師對人間佛教詮釋各異的原因〉，《當代臺灣人間佛教思想家：以印順導師為中心的薪火相傳研究論文集》頁106。

81　所以，包括慈濟在內所推展的「預約人間淨土」和聖嚴極力宣揚的所謂「心靈環保」之說，都一概被楊、邱兩人，貶抑為「不了義」的「世俗諦」佛教思想，連帶其所作所為，也是同樣屬於未能正本清源的「別度」思想。

82　見溫金柯，《繼承與批判印順人間佛教思想》（臺北：現代禪出版社，2001）。

83　見釋禪林，《心淨與國土淨的辯證：印順導師與人間佛教大辯論》，頁83-145。

　　因此，自從印順導師在 2005 年 6 月 4 日過世之後，由於彼等過去所不易對抗的佛教思想巨人[84]——印順導師——既已消失於人間，則彼等當時除了在寫悼念文之時，仍會礙於情面，而不得不對印順導師的佛學巨大成就，表示一點欽慕和讚佩之外，事實上，彼等在私底下，則是快速進行其「去印順化」的反向作為。

　　例如，聖嚴法師於宣佈成立「中華禪法鼓宗」的同時，在其法鼓山的道場內，一律只准許講說其著作內容或思想；以及自即日起，開始禁講「印順導師的人間思想」，已成為其徒眾們必須奉行的「共識」了。換言之，當時聖嚴法師「去印順化」的反向作為，其實是和其於 2005 年 10 月，正式宣佈成立「中華禪法鼓宗」之時間點，是密切關聯且相互辯證發展的。

　　而佛光山的星雲法師，在作法上，是全力推廣其本身「星雲法師的人間佛教模式」[85]到無以復加的氾濫程度，並與聖嚴法師一樣，也宣稱他自己是繼承異於印順思想的「太虛人生佛教思想」。

　　至於曾被楊、邱兩人猛批、但仍長期尷尬地保持沉默的慈濟方面，則是在太虛和印順的思想之外，當其剃度師—印順導師於 2005 年 6 月 4 日過世後不久，便更加強調其早期所宗奉的《無量義經》思想之深刻影響和其長久相關之思想淵源的說明；[86]其後她甚至於 2006 年 12 月，據此，而正式宣佈成立了「慈濟宗」。

---

[84] 印順本人曾直接指出，臺灣推行人間佛教傾向，以目前：「現代的臺灣，『人生佛教』、『人間佛教』、『人乘佛教』，似乎漸漸興起，但適應時代方便多，契合佛法如實，本質還是『天佛一如』。『人間』、『人生』、『人乘』的宣揚者，不也有人提倡『顯密圓融』嗎？」釋印順，〈契理契機之人間佛教〉，頁 65。這是對星雲當時作為的非指名批判，讓星雲相當為難。

[85] 星雲曾於 1989 年以「如何建設人間佛教」為議題，在 1990 年，舉行一場國際性學術會議，表明他對人間佛教的看法，並以佛教現代化為主題，作為改善佛教的準繩，強調佛教「現代語言化」、「現代科技化」、「現代生活化」、「現代學校化」等四項。為走入時代，將佛法散播各角落，可見星雲有意將人間佛教引領到現代化。

[86] 鄭凱文，〈從證嚴法師對《無量義經》之詮釋探究其「人間菩薩」思想意涵〉，慈濟大學宗教與文化研究所碩士論文，頁 41-42。

　　所以，江燦騰在其《戰後臺灣漢傳佛教史：從雙源匯流到逆中心互動傳播的開展歷程》一書的第 11 章〈追憶漫漫來時路（1895-2011）〉的主要內容，就是要透過對慈濟宗成立背景的溯源性回顧、和針對證嚴尼師自早期以來其獨特的臺灣本土佛教實踐哲學與其師印順導師人間佛教思想的根本差異及其所衍生的互相衝突狀況，來說明當代臺灣人間佛教思想的相互衝突、各大佛教事業團體發展的資源爭取（如慈濟與法鼓山之間）和「去印順化」新趨勢的反向發展，才是 2006 年新的「慈濟宗」，之所以會建立的真正原因。

　　而以上，就是有關本文所論主題：「臺灣佛學現代性研究」的「百年薪火相傳」中：「新佛教史的體系性建構」與「批判性佛教思想詮釋」的辯證開展之全部討論內容。

三、結論

1. 在民國百年的現代佛學研究歷程中，相對於國際學界的研究輝煌業績和學術研究制度化的機構設置與多領域專業學術人才的長期持續培養這幾點來說，兩岸的研究環境和人才培育等各方面，都距離理想的水準尚遠。

2. 可是，相對於民國時期兩岸的儒學研究和其他非佛教類的宗教與民俗信仰的研究成果來說，現代佛學研究的著述成果，則是最豐富和具有多元特色的。這意味者，縱使在整體不盡理想的研究環境中，民國時期的現代佛學研究，仍是能持續開展和出現不少佳作的。

3. 非信仰取向的現代佛學研究，往往是零散地分布在正式體制內的不同學術單位。因此，聚焦和累積的巨大推進成效，往往不易持續性的快速增長，導致最具研究潛能的可造之材，也需耗費多年的艱辛治學和自我改進，否則是很難與國際學界的同領域學者，互爭長短的。

4. 從百年的發展歷程來看，臺灣地區的現代佛學研究環境，還是具有較大的自

由度和更能與現代性社會發展接近同步的豐富圖書設備和實質宗教發展的各種相關資訊之獲取。因而，解嚴後的當代臺灣地區，雖無再度出現如：呂澂、胡適、陳垣或印順這樣的研究巨人，但卻有區域性佛教現代史或斷代佛教社會文化史各類優秀的著作相繼出現。所以，百年薪火相傳的意義，就是以 1949 年為界的前後期學術研究的兩代繼承過程中，不只沒有完全斷裂過，反而是更善於轉型和多元化。

5. 宛如長期在學術的瓦礫堆中，逐漸能掃平相關的研究障礙，並開始以嶄新思維角度來建構具有批判性思想內涵的現代性專業新佛教史，就是本文觀察百年迄今的貼近譬喻和堪稱為切近實情的最後論斷。[87]

---

[87] 本文的全文撰寫，是由筆者獨自執筆，但所論述範圍之廣和涉及主題之複雜，卻是極難為的各種現代佛教學術研究課題，所以，未能把相關者都悉數且周延的析論者，仍有太多。但若僅以在本文所能論及的範圍之內來說，勉強可以自認論述的態度尚稱嚴謹，取材上也堪稱精審。不過，林鎮國教授於 2011 年 5 月 26 日，在其仔細讀過本文初稿之後，便曾對於拙文的初稿內容，有如下精闢的評論意見和相關重要建議：「燦騰兄：文章千古事，得失寸心知，更何況是歷史論斷文章，別人很難置喙。百年佛學，篇幅上如何安排？解嚴迄今這二十幾年，在大作（中略）的篇幅，建議是否可酌增？這階段在臺灣的佛教研究，起碼可從漢傳佛教、藏傳佛教、梵巴佛教等領域，評述其中史學、文獻學、教義學、哲學、文學、藝術等研究業績。除了學者，也可從機構（中華、法光、圓光、華梵、玄奘、佛光、南華）、刊物（《中華佛學學報》、《臺大佛學研究》、《諦觀》、《正觀》……）分類敘述。人的評點，最為不易。我瞭解你想藉此文提出貫通式的史觀，不想寫流水帳。然既點了名，就無法避免是否持平的問題。例如，中華佛研所（法鼓佛教學院）的梵藏佛教研究、新一批學者的巴利佛教研究、天臺佛教研究在臺灣的突出發展，民間佛教研究……等，這些十分多元的『現代』研究業績，是否需要一提？如果以『現代』佛學研究為敘述主軸，那麼近二十年在臺灣的成績，從大歷史的角度來看應有其適當的評價。這當代部分豈止是『聞見世』？我們都身在其中，其費斟酌，可想而知。以上謹略陳淺見，供參。」筆者完全同意他的看法。如今，有關解嚴以來的討論篇幅，雖已大為增詳，但若要將全部涵蓋在內的各主題都有所論述，筆者仍自覺本身的能力實在太有限了。例如蔡耀明和賴賢宗兩教授的相關佛教哲學詮釋內容，我完全無能力了解和進行評論。因此，只有略過不提。釋惠敏、陳英善和丁仁傑等相關論述，情況也類似，所以，同樣選擇不提。對於林教授以上的高明建議，也只能等待他日再另行增補了。

國家圖書館出版品預行編目(CIP) 資料

東亞現代批判禪學思想四百年：從當代臺灣本
土觀察視野的研究開展及其綜合性解說/江燦
騰著. -- 初版. -- 臺北市：元華文創股份有限
公司, 2021.04-
面； 公分

ISBN 978-957-711-204-0 (第2卷：平裝)

1.禪宗 2.佛教史 3.文集 4.東亞
226.68   110002013

東亞現代批判禪學思想四百年(第二卷)
──從當代臺灣本土觀察視野的研究開展及其綜合性解說

江燦騰 著

發 行 人：賴洋助
出 版 者：元華文創股份有限公司
聯絡地址：100 臺北市中正區重慶南路二段 51 號 5 樓
公司地址：新竹縣竹北市台元一街 8 號 5 樓之 7
電　　話：(02) 2351-1607　　傳　　真：(02) 2351-1549
網　　址：www.eculture.com.tw
E-mail：service@eculture.com.tw
出版年月：2021 年 04 月 初版
定　　價：新臺幣 480 元

ISBN：978-957-711-204-0 (平裝)

總經銷：聯合發行股份有限公司
地　址：231 新北市新店區寶橋路 235 巷 6 弄 6 號 4F
電　話：(02)2917-8022　　傳　真：(02)2915-6275